学术中国丛书

XUESHU ZHONGGUO CONGSHU

儒家的当代阐释

汪传生
高云球 ◎主编
季国清 ◎著

人民出版社

丛书序言

　　人文科学通向 20 世纪的台阶和走出 20 世纪的通道是同一种哲学理论：胡塞尔开创的现象学给 20 世纪的新年钟声编进了意识世界自导的旋律和节奏，后现代哲学家为 20 世纪的除夕晚餐加入了人类自酿的美酒和佳馔。两者一而贯之地论证了一个伟大的真理——人类是使用自己意识世界的特殊编码来认识我们周边的事物——就连我们的直觉和知觉都是如此，它们是我们和现实世界的接口。但是，它们却常常与历史合谋，欺骗我们的理性和知性。这就是梅洛·庞梯的《知觉现象学》一书中所揭示的真理：直觉和知觉并不是独立地使用现实的模型和标准来理解世界和感知世界的现实状态，而是翻开意识的旧账在现实中寻找和其匹配的内容。科学程序中有一个最让人迷惑的环节，就是科学观察。在美国科学哲学家汉森之前有谁能想到，观察其实是在理论指导之下进行的。可事实就是如此，人类是一种历史性的动物，就像地球上的动物是基因的历史性决定一样，我们是被意识的历史性决定。

　　自然科学使用同一种理念，既打开了 20 世纪的神秘门户，又关闭了 20 世纪的科学礼堂，这种理念就是相对性原理。爱因斯坦的狭义相对论和广义相对论充分证明了宇宙中的一切参照系都是相对的，任何置身于其

中的事物都和参照系处于相互作用之中。相对的真正含义就是——世界上没有绝对独立的背景和舞台，它们都和上面的演员和导演处于互动之中。所以说，爱因斯坦的相对论是人类有史以来最伟大的科学发现。在20世纪的尾声，人类的三大科学与其繁衍的三大技术——生物科学和基因技术、信息科学和网络技术、材料科学和纳米技术把世界装点得如诗如画。这三者都贯穿着相对性原理，生物科学和基因技术的前沿成果即克隆技术完全证明了我们可以把生物的时间性反演，这就是用成熟的体细胞克隆生物体表现型的认识论实质；信息科学和网络技术则显示了可能世界既可以是空间和时间四维的与一体的，又可以是只有时间一维的，这里的相对性含义非常明显；材料科学和纳米技术的相对性在纳米材料的性能和特征中体现得非常明显：纳米材料有量子隧道效应，就是突破势垒的能力，用一句最通俗的话说，就是能够脱离限制它们的那个世界。自然科学在20世纪的成果综合起来就是说，作为我们人类的他者的自然界和宇宙整体都是现实化和直接性的。或者换句话说，世界是四维的，时间和空间永远紧密地连在一起。

这种对比告诉我们一个颠扑不破的真理——世界在不停地创造现实，人类永恒地落后于现实，人类和世界现实性的距离，就是考验人类的最高标准。尽可能缩短和世界现实性的距离，就是我们的唯一追求。人类是必须区分成民族、民族国家、社会群体、政党、宗教派别等类型的，那么，每一种群体内部的竞争和比较唯一的标准自然也是和世界现实性的距离。

20世纪人类关于语言的研究有许多重大突破。语言并不是一个透明的可以让思想自由通过的实体，语言既塑造思想又扭曲思想，语言同时还塑造人和人类；人创造自己的创造者，而人的创造者又创造出人类，即整体性的和未来性的人本身。于是有许多哲学家对于语言有精辟的论述：海德格尔说，语言是人类的家园；奥斯丁说，语言超越于言说语言的人本身；罗素说，语言和世界同构；维特根斯坦说，语言是一个独立的游戏体系。于是，人类和世界的距离就表现在我们的语言里，每一种语言都有与其对应的人类群体。那么，这种语言的符号世界和世界的现实性的距离就是这个人类群体的现实水准。在那些原始人的群落中，他们的语言没有一句和世界的现实性相关。于是我们说，他们落后于时代。如果一个群体的语言和这个群体的现实之间存在着相当大的距离，我们就说，这个群体背叛了自己的语言，或者他们的语言背叛了这个群体，这种背叛的实质就是这个群体的最大灾难。

语言世界的元素是语句，即那些独立使用的语言最小单位，语句的集合是一个无限开放的无穷集。但是，这个集合可以区分成两个特征鲜明的子集合：一个子集合是那些日常使用的不断重复的语句，另一个子集合是那些第一次创新出来的语句的集合。人类要想追上自然界和宇宙的步伐，就要不断创新出这第二个集合。

认识世界的深化就表现在语言的语义层面上。当世界能够被语言分类和命名的时候，世界就进入了人类的视野并成为了人化世界的一部分，当世界被语言分解为越来越小的单位和归纳为越来越大的单位时，世界就在发展和进步。世界的这种性质是世界和人类的相互作用，是世界创造神性和人类创造世界的双向超越。当世界在言说，就是自我在言说，就是未来在言说。

用语言创新，是人类中一个特殊群体的特殊功能——这个特殊群体就是知识分子。知识分子的这个群体非常独特，他们必须是以个体的形式相互之间相对独立工作的人群，每一个人都要用自己独特的构造语言的能力，来生产那些还没有在世界上出现的语句，甚至是还没有出现的语词，还能构造那些只在语言中存在，而在世界上根本就不存在的语词和使用这些语词的语句。语言的使用就是形成话语，话语是语言在现实中的具体形式，并以系统的方式构成一个整体——就是他们在缩小语言和世界的直接距离。

《学术中国》系列丛书是由洛杉矶东方意识形态研究院主持的大型系列丛书。目前的研究计划包括以下系列：第一是比较宗教学，主要是基督教和儒教的思想体系的异同以及它们能否携手并进，或是相互否定，加之谁优谁劣，哪一个更能和现实合拍；第二是现实中国研究系列，这部分主

要是中国现状提出的研究问题；第三是东方制度的数学模型研究系列。

我们的信心和勇气只是梦想变成事实的主观动力，还要有学业有成和造诣超群的同仁支持和帮助。我们期待着这一计划能够凝聚一批远见卓识的学者，同心协力让《学术中国》的嫩苗成长为参天的大树。

燕山大学和人民出版社对这一套丛书给予了最大的支持和方便，对于他们慧眼识真表示由衷的钦佩和感谢。我们真诚地希望把这套丛书做到尽善尽美，这既是我们的愿望，我们的期待，更是我们的预见。

是为序。

汪传生　高云球

2007 年 3 月 6 日

于美国洛杉矶东方意识形态研究院

目 录
CONTENTS

自序　详解孔教

（一）迷惑

我是当代最知名的小品演员赵本山和宋丹丹的小品《昨天今天明天》中一句台词所概括的——"生在旧社会长在红旗下"的那一代。我的祖父是一位私塾先生，教书让他赚了殷实的家业。而我的父亲却是一个斗大的字不识几筐的半文盲，解放后只好靠打工维持家庭的生活。他把未读好书的遗憾作为200%的宗教费给了我。他向我讲述的那些内容，除了"书中自有黄金屋"、"少壮不努力，老大徒伤悲"之类的警句之外，全都是关于孔子的圣贤故事和孔子的伟大传说。这些说教既给了我以动力也给了我以压力。我走进小学就期待着书本和老师能把关于孔子与伟大祖国的悠久、伟大、辉煌的关系，在大雅之堂的神圣场合为我解释清楚。然而，我怀着怅惘和失落走出了小学。到了初中还是一无所获地拿了毕业证走人。不过，在初中阶段又有了一点新的感受：当时的中国似乎对孔子的形象不太爱护和崇敬，时不时还有我半懂不懂的对于孔子的批评。到了高中，一切事

情都已明了了：新中国不再把孔子当成国家级的圣人。这种家庭和社会的张力让我真的百思不得其解。我父亲是一个老实得让人不敢相信的人，在我的记忆中他从来都是克己奉公，言行一致，大公无私，心地坦诚的。他干活非常卖力气，对于公家的事从来都是兢兢业业。他得的奖状数不胜数。所以，我不怀疑他的真诚，尤其是他对没有崇敬孔子把书读坏了，更是忏悔不已。然而，社会为什么就对于中国数千年来的崇敬对象抱否定态度呢？

谜团一：为什么对于孔子的评价在一夜之间就判若两个世界？

随着年龄和知识的增长，特别是随着阅历和经验的增加，我对于前面的问题似乎有点理解了。我从来没有过我们的时代比任何时代都伟大的那种认识。我可不是像哈耶克那样有什么先见之明，只是因为我不是时代的宠儿和骄子。教我数学的老师是我的班主任，一个在海外有亲属的华侨，他可能是急于找到一个能表现的机会，来让人看看他对于自己的上司是多么忠诚和虔敬，我就这样成了他的垫脚石，他老找我的麻烦。所以，我没有念完高中就只好弃学，而以另一种身份参加高考。从此之后，我便不再有幸运沾身。

20 世纪 70 年代中期，伟大领袖对于那个时代的一代最知名的学者郭沫若点名批评他对于孔子的看法，领袖的那首诗实在是朗朗上口，许多人对其倒背如流。我知道对于孔子来说，大概要盖棺论定了。我对于孔子也的确没有什么好感，在我心头并没有什么遗憾之类的东西留下来。只觉得这一回孔子咸鱼翻身的可能性应该是零了。

20 世纪 80 年代中期，中国的事情进入了一个所谓改革的年代。改革主要是对于经济领域中不适合生产力发展的那些规章制度和经济运作方式进行改革这是改革的初始定调。我不知道是什么力量促使，竟然在这个年代中，举国把相关的学者和国外的专家，都请到孔子的老家山东曲阜召开了据说是中国有史以来最大的一次学术会议。一个火车专列直通曲阜。动作和动静都把人搞糊涂了。

谜团二：为什么有如此南辕北辙的学术观点大变化？

"文革"中我外语专业毕业。在那个时代中国是世界革命的灯塔，外国人学中国话还差不多，怎么还学什么外国话呢？外语这东西在那个时候就等于封资修的代名词。我们这些外语系的学生还没有人待见，没有地方要我们，只好储备加提高，就去了军队农场接受解放军的再教育。批判时无论是批谁，批哪一种思想体系，批孔子是绝对少不了的。当时认为孔子思想是大毒草，孔子是中国几千年落后和停滞的总根源，孔子是诛杀进步人士的刽子手……尤其是对于我们这些多少念点书的人置身在一群把"别墅"念"别野"，把"狙击"念"阻击"的大兵之间，就更少不了这道程序了。

我们的指导员是一个浙江人，大概念过高中之类的学校。他最大的本事就是变着法把上级的指令解释成他自己的理解，时常也会弄出点新花样来，不少比喻还真挺贴切。一次，他又给我们讲批孔的重要性了。他煞费苦心地找出了一个我们都万万想不到的比喻：他说孔子的那一套就像臭豆腐——闻着臭，吃着香。别看你们在批孔子的时候，积极卖劲，一旦离开会场就把孔子思想当臭豆腐吃。他讲完后，我们都对这个大兵肃然起敬了。

我在军队农场是有名的调皮鬼，在全连队是第一个请假回家的再教育对象。我没有管那个，回家一忙就把假期的事给忘了。结果超假归队，受了批判。我对这类批判根本就没有看在眼里，原来他们想象我一定会心事重重，说不定还会郁闷哪，抑郁呀，想不开什么的。这一下他们觉得我是对他们的挑战。这一次可要郑重其事地由指导员找我谈话了。他的中心意思就是说：他现在是我们的指导员，也要算我们的老师辈了。师徒如父子，父亲就是儿子的网纲。所以，无论是谁，都要像儿子对父亲那样对待首长。我真的不知所措了，我的胃里装的那些高粱米差点吐出来，就像那里装了太多的臭豆腐一样。

谜团三：为什么孔子的文化基因这样持久？

直觉这东西总是靠不住，也记不牢，更不用说追根究底了。我对和孔子有关的那些迷惑在事情发生的当口，还是感触颇深的。但是，过去了也就过去了，没有给我留下太多的思索和反思。后来我放弃了人工智能这个活，改行去搞哲学了。之所以会有这样的变化，是因为"哲学"这个词就有点怪，教科书上给出的定义，总是跟实际情况不符。在具体学哲学和研究哲学的时候，又有另外一种莫名其妙的感觉，你觉得你抓住了它，而一到你要表达它的时候，它却溜走了。尤其是中国哲学，无论我们怎么比较和深入，总会感到它就是和西方的那一些想法不一样。我就是带着中国为啥没"辙"这个好奇和怅惘来到了哲学殿堂。不过这"殿堂"的感觉，可是在我深入到哲学的一定深度之后，才有的那点意思。我读哲学的过程中，就发现了一个最让我恨之入骨的问题：这些老外很怪，有的人，就像莱布尼茨、伏尔泰这些人，对于孔子赞不绝口；而像黑格尔、谢林、费希特、赫尔德等一大批人，却把个孔子骂得狗血喷头。特别是那个韦伯，专门写了一本书，叫什么《儒教与道教》，在那里条分缕析，把孔子说得几乎一文不值。读着读着，我心里想你们跟着瞎掺乎啥？我们自己还没有怎样呢？当我在哲学中发现了一点时代感知力之后，情况就不同了。所谓时代感知力就是那种站在时代的特征集合里综合出来的观念和看法。有了这样的思想准备，我才弄明白了，原来西方人也照样是远来的和尚会念经。孔子刚一进西方世界，西方人同样是感到新鲜。好感是油然而生。后来人则是站在时代感知力的前沿，拿时代前边的思想体系看孔子，就不再对其有太多好感了。但是，这样的想法并没有经过学术验证。

谜团四：为什么西方人到了近代向现代过渡的那一时刻对于孔子的好感越来越减弱？

随着我的哲学生涯越来越长，和儒学、与孔子打的交道越来越多了。我读过了许多阐述孔子的书，解读儒学的书。尤其是当代的新儒学，不是宋代的新儒学，真的是读得不少。像牟宗三、唐君毅、余英时、杜维明、刘述先等人的书我几乎都读过，虽然不敢说读得深透和深入。他们能在时代的前沿找到儒学和孔子对于世界的那种永恒"价值"，我由衷地佩服。尤其是牟宗三，他几乎是怀着宗教的虔诚和执著，掀起了用儒学拯救世界的伟大运动。无论是这种胆识，这种气度，这种目标，这种民族自豪感，我都由衷地赞叹不已。的确，牟宗三掀起这场运动的时候，他所在的台湾地区刚刚品尝了失败的苦果不久，整合那里的政治诉求可能比学术需要更大。但这里也反映了一个重大的问题：民族主义在知识分子中始终是一个打不倒驱不走的情怀。其实儒学所代表的民族情结，在大陆也有不少人被其浸透和感染，甚至被其激励和鼓动，也常常表现出复活儒学的冲动和需要。大陆在 20 世纪 80 年代中期，就组织了一大批人编写儒家的道德戒律和规范，其洋洋数百万言。可以说中国内地的儒学氛围肯定不比台湾地区差，甚至还要比台湾地区强劲、强烈，同时也更需要。

（二）还原

我的知识与智力的成长是伴随着批判封建主义和资本主义的文化运动走过来的。对于资本主义，我倒是有一个鲜明的印象，那是因为资本主义在现实中有一个活的样板，资本主义就是美国，美国就是资本主义。这种认识一直陪伴着我到了改革开放的年代。对于封建主义，我始终都糊涂着不知道封建主义是何物。真正明白了封建主义的内涵，则是到了我彻底明白了中国本来就没有封建主义之后，我才知道封建主义究竟是什么货色。但是，我对于一件事记忆犹新：就像资本主义就是美国一样，封建主义就是孔夫子，或称孔老二。由于我对封建主义不了解是什么东西，也就对孔子恨不起来，倒也没有甚好感。只知道他因为道德的缘故竟然杀了少正卯，在鲁国国君的宴会上还杀了一个小丑，只因为小丑的特点就是丑陋。说他杀盗跖我则不人觉得过分，强盗还能不杀吗？用伦理或道德的理由杀人，应该说是和当代的法律不兼容的。但是，那是啥时代呀？也就不怎么对孔子有什么深仇大恨了。

克利普克有本书《命名与必然性》。书中反复说明，只要在历史上经过了命名这一关，就会形成必然。这套关于对权力无限顺服的理论是以孔子命名的，那么，孔子的伟大和强大就是必然性。经过这样命名的中国人仔细想一想大概只有孔子。其他人要么就是没有达到孔子的高度，像孟

子，也经过了命名，但是，他是亚圣，就是差一截。要么就是他们在世时，命名的高度也够了，甚至比孔子还要高。但是，他们说不定哪一天就被人给颠覆了。就连秦始皇这样的开辟中国皇帝时代的人，后人不也是说三道四的都有吗？但是，孔子的学说是超越的，对于任何人都一视同仁，包括孔子本人都不例外。由此我们就又能推导出孔子的学说是绝对的不超越的，即内在性的。因为孔子的学说最核心最坚定最鲜明的内容就是要依据现实权力的需要来决定在世者的人生选择。常被人引用的"君君，臣臣，父父，子子"不就是真实的写照吗？用一句话来给孔子学说作总结，就是孔子缔造了一个绝对不超越的学说，而这种绝对不超越性的学说却又达到了真正的超越性。

这是一个不折不扣的悖论。对于揭示悖论的形式证明，最成功的肯定是20世纪30年代的德国数学家哥德尔。哥德尔的数学成就在于他严格证明了数学系统中最低存在着一个命题，其命题本身与其逆命题在这个系统中都是不可证明的。他证明的方法就是构造哥德尔数。这种哥德尔数处于悖论形式之中。我们给出一个标准的悖论表达式如下：

命题A：命题A在这个系统中是不可证明的。

那么，我们尝试性地给出关于孔子学说的悖论表达式：

命题B：孔子的学说是绝对超越的，但是，孔子学说的具体内容是论证世界本身是绝对不超越的。

命题A与命题B是绝对等价的。

这样有点数学化地介绍悖论，还是会让一些读者感到茫然。我们不妨将其简化成自然语言可以理解的形式。以上悖论在分类上属于罗素悖论。罗素悖论可以表达为"理发师发誓悖论"，即：有一个理发师，他写了一个招牌。招牌上写着：本理发师只给那些不给自己理发的人理发。一个聪明人问他：你给不给你自己理发。这位理发师发现，他无论怎样回答，这句话都不成立。

中国古代社会中传统的知识人遵从孔子的教诲向皇权卑躬屈膝，必须是由一个独立知识分子缔造出来。因为，不是由独立知识分子缔造出来，而是由皇权制造出来，就失去了迷惑性。孔子的确是一个独立知识分子，正如李零对孔子的称呼即"丧家犬"，不正是说他没有依靠任何权势吗？他的确是想找个门庭去孝敬，可惜没有找到。但不能不说，他还是独立的，并且是中国唯一独立的知识分子。正如刚才说的那个理发师一样，孔子的理论也不适用于他自己。这是迄今为止中国唯一一个特例，就像这个理发师是其自己理论的唯一特例那样。

悖论就是杀手。想当年古希腊的毕达哥拉斯学派兴致勃勃地对于数的和谐性坚信不疑的时候，这个学派内部有一个人叫希帕索斯，他竟然发现了正方形的对角线与边长不可通约。于是，他杀死了这个伟大学派的伟大信念。从此之后，悖论这个杀手就一直没有在西方的思想领域消失，始终充当着杀手的角色。但是，这个杀手既杀死那些把悖论装进自己箩筐中的伪理论，同时也给新生的生命腾出一个空位子，让新生的事物代替原来那些被悖论缠身的旧事物。希帕索斯发现了悖论，才有了几何学的产生。整个数学史就是一个悖论牵动创新的历史。数学史的三次重要的转折都是悖论的发现和解决推动的，被称为三次数学危机。希帕索斯是第一次，代价也最高，用自己的生命换来了数学的突飞猛进。第二次则是数学分析诞生的时期，由于数学分析的形式化手段没有完善，而其中最核心的概念即无穷小既是无限小又不是零的内涵构成了悖论。后来的科西和威尔斯特拉斯用一套新的方法论原则解决了这个悖论。第三次则是从罗素发现德国数学家弗雷格的逻辑体系中的悖论开始，直到哥德尔论证了数学的不完全定理结束。哥德尔证明了自我构造的形式化系统永远不能解决自我相关的悖论，这是一个最伟大的精神发现。人类永远不可能达到完美无缺的境界。这是由人类的本质决定的绝对真理。这就是悖论存在的意义。悖论形象的比喻说法就是一个怪圈，它首尾相接，甚至过去和现在，以及将来都能被悖论卷进一个混沌之中。因此，走出悖论，就是光明。人类发现悖论，揭示悖论，解释悖论，解决悖论，悖论就是人类创造的原生力量。相反的，如果害怕悖论，回避悖论，掩盖悖论，悖论就会把与其相关的所有人拉入一个硕大无朋的怪圈之中。这个怪圈就是杀人的精神屠场。

孔子的理论体系是一个典型的悖论。

关于孔子困惑的答案还要到孔子之内去寻找，而中国的事情又毫无例外地都和孔子的命名与学说有关系。中国谜团的答案仍然在孔子的氛围之内。世界忘记了中国并没有走出孔子的樊篱。中国也忘记了自己并没有走出孔子的怪圈。关于中国的事情就构成了世界性的最大困惑。走进孔子，走出孔子，这就是当今世界的迫切任务之一。

（三）突破

这序言的第三节小标题一直让我颇费周折。我掂来掂去好多个选择，都不让我满意。这最后的选择也不是十分理想。我给自己做了一个心理分析，不满意的地方在于我怀疑它是否给人一种咄咄逼人的感觉。这正是中国人那种所谓虚怀若谷的情结。这其实是学术之外的抉择。说实在的，能不能突破，我还真有点担心。

解决关于孔子研究之谜，可以说我摸索了好多年。世界上有一个最鲜明的规律：最大的事情和最小的事情往往相互处于对称性的关系之中。比如宇宙的最大范围和量子一级的结构相似，甚至相同。到现在我才知道，最古老的事情的奥秘，必须要用最现代的手段才能解决。这对于孔子研究也不例外。

美国是一个有时间的国度。来美国之后，对于这种时间性才有了伯格森所说的时间绵延的感觉。而给我最突出的印象就是书的价格。书是我生命中的重要财富。来美国之后，关于书我的最大困惑竟然是美国的书不标明价格，完全是经营者自己定价。书刚刚出版的时候，简直就是不敢问津。而一旦书过了时，价格又低得令人不敢相信。于是，我常常逛旧书市。一生最幸运的机会终于慷慨地落到了我的头上。2005 年秋天的一个早晨，我在洛杉矶 Fair Avenue 的一家农贸市场的大书店中，竟然意外地发现了两本小书，它们简直就是针对孔子的学说写的，全书当然没有一句话是用在了孔子身上。然而，它们又绝对是揭开孔子之谜的钥匙。一本是 *God and Marx*，作者是 Hiley H. Ward，1968 年出版。另一本是 *Jesus and Marx - From Dospel to Ideology*，作者是 Jacqes Ellul，1988 出版。两本书都在说一件事情：神学的归耶稣，意识形态归政府。当然，看到这种表述，自然会想到有关基督教的一句名言：耶稣的归耶稣，恺撒的归恺撒。新的表述的可贵之处则在于把思想体系上升到了更高的层次，甚至比统治者的实际身份更重要。什么是意识形态？意识形态就是官方的思想体系。什么是神学？神学是负责价值的生产和再生产的。一个是给权力涂上色彩和建筑基石的。一个是给价值规定方向和获取原则的。这两者要是结合在一起，那真是权力的双保险闸门。

这两本书给我的启发很大很大。但是，毕竟它们并没有时间性的优势。光借鉴它们和我的解决最古老问题的原则不相符，这个原则就是：一定要在镜像对称的意义上使用最先进的思想武器。我于是又在书店中找到了我最需要的书籍，它们是 *The Short History of Communism*，*Havey and Mao：The Unknown Story*，Chang Jung 与 Halliday 所著。前者花去了我 36 美元，后者整整用了 68 美元。时间性是用金钱换来的，这就是市场原则。自由的市场能够顺畅地运行，就是因为它会在自由原则中把自己的权利用到极致，这就是解构的力量。把这两本书读完，我该明白的都明白了。

如果您在书中读到了和这里的观点立场相似的地方，那是正常的安排。我只是让读者朋友能在同构原则中找到一种乐趣。这个序言是我的思想旅程。如果您从中能够看到您自己的影子的话，那将是笔者最大的愉快和幸福。

是为序。

季国清

于洛杉矶东方意识形态研究院

2008 年 7 月 24 日

一 儒学的结构分析

　　儒学是一个知识系统。和一切知识系统一样，它必须拥有自己的概念体系，并用这些概念构造命题，然后来证明自己所构造的命题的真与伪。所有这些都是显然的和自明的。同时，科学哲学又严格证明了一切知识体系均有自己的研究范式①和研究纲领②，儒学自然也不能例外。但是，人文科学的知识体系有一个鲜明的特点，就是常常把自己的研究范式和研究纲领有意无意地掩藏起来。这就是莫兰所说的"迷失的范式"③。而这些范式和纲领却又是比那些具体的命题更重要的内容。因此，找到儒学的迷失范式和纲领，就是儒学研究的最重要方法。这一章的目的就是要严格定义儒学的核心概念和重要概念，确立起公理体系。它们是研究的最基本出发点，是那些不证自明的最初始命题和整个知识体系的逻辑起点，并且又是

---

　　① 托马斯·库恩（Thomas S. Kuhn）：《科学革命的结构》，第 9～11 页，金吾伦、胡新和译，北京大学出版社 2003 年版。

　　② 伊·拉卡托斯（Lakatos, Imre）：《科学研究纲领方法论》第一章：《证伪与科学研究纲领方法论》，兰征译，上海译文出版社 1986 年版。

　　③ 见埃德加·莫兰（Edgar Morin）：《迷失的范式：人性研究》第一章：《认识论的结合》第 5～7 页，陈一壮译，北京大学出版社 1999 年版。

整个体系最后的归宿。这几乎是人文科学的最大特征，即逻辑起点和体系终点的自我封闭①或称预设条件和终极标准的自我封闭。于是，我们把这一章的最艰巨任务放在对儒学公理体系的研究上。为了实现这一目标，当然必须把所有构造体系的概念一一清理一番，并大致给出一个概念集合的等级阶梯。

核心概念

我们研究的重点是意识形态化的儒学成为孔教的过程。这样，在儒学浩如烟海的文献中就要有所选择。《五经》在儒学中毫无疑义是至高无上的经典之作，但它们只是儒学庞大知识体系的重要组成部分，而在儒学意识形态化过程中《五经》所起的作用就相形见绌了。它们只是学者书斋中的卷头案而已。应该说真正把儒学变成一种官方思想体系即意识形态的则主要是《四书》。更重要的是《五经》中最经典最重要最核心最精髓的精神主旨不仅完全体现在《四书》之中，而且还在《四书》中以最简洁最明晰最突出最画龙点睛的方式表达得一清二楚淋漓尽致。

朱熹编排《四书》，可以说颇费匠心。按写作年代看，《论语》最早，《中庸》次之，然后是《孟子》，最后才是《大学》。《大学》和《中庸》只是《礼记》中的篇章。但是，朱熹却是把《大学》放在首篇，成了统领全书的纲要。《大学》的核心意义和精神主旨就是《四书》指导中国人生存论目标和规定中国人行为准则的最高标志。汉代郑玄的解读可以说一语破的："大学者以其记博学可以为政也"（《礼记注释》）。朱熹正是抓住这一点才将其放在了画龙点睛的位置，并语重心长地教诲读者："大学者，

---

① 这是波普对马克思主义与精神分析学的批评，认为两者是伪科学，原因是不能证伪。其实这种自我封闭或称逻辑起点和系统结论的同一，几乎是一切人文科学的特点。如柏拉图的彼岸世界和此岸世界的哲学理论，其实是其不证自明的公理体系，其最后的结论不同样是为了证明这个预设条件吗？只是到了经济学成熟的时候，这种自我封闭的怪圈才有所改变。

大人之学也"(《四书集注》)。关于把《大学》排在首篇，朱熹引程子之言更是鞭辟入里："子程子曰：'大学孔氏之遗书。而出学入德之门也。'于今可见古人为学次第者，独赖此篇之存，而论，孟次之。学者必由是而学焉，则庶乎其不差矣"(《四书集注》)。于是，朱熹编排整个《四书》的目的就一目了然了：就是要读书人成为出类拔萃的大人物。意识形态化的儒学的核心概念也就迎刃而解了。

儒学有三组系统化的概念集合，则是其核心的核心，重点的重点。这三组概念就是"天、地"，"天下、国、家"和"圣人、君子、小人"。第一组是关于儒学的信仰体系的。这可以说是儒学最深层的内核。第二组是关于人类生存境遇的组织形态和范围的排序，即政治范畴概念的有序集合。第三组则是关于和前者对应的人格档次和能力阶梯排序，即人格范畴概念的有序集合。三者之间存在着相当严整的对应关系。

"天、地"这组概念，对于儒学来说，既像生理学上一个人的头脑和心脏那样重要，又像弗洛伊德的心理学①说中的潜意识那样关键。对于揭示儒学和后来的孔教的本质，这是最不可或缺又是最直截了当的重量级武器。把这组概念的意义和作用阐述清楚，儒学和孔教的发生学问题，发展的路径问题，走向成熟的走向问题，就都迎刃而解了。

无须讳言，"天地"这两个字放在一起，就构成了一种潜在的对比：如同柏拉图的此岸世界和彼岸世界学说②的对比。的确，这两者之间有着惊人的相似，即都把世界区分成二元性的。但是，这两者又有着绝对本质的区别：柏拉图的此岸世界和彼岸世界的划分是纯粹精神性的和纯粹抽象化的；而儒学的天与地的划分则是纯粹现实性的和纯粹表象化的。这就在两者之间划出了一条泾渭分明的界限：柏拉图的学说是哲学，儒家学说是宗教。

天地的对应在儒学中出现并不多见，但是，仍然能够找到其范例。例

---

① 车文博主编：《弗洛伊德文集》第三卷：《精神分析纲要》（1940 年），第 653～655 页，长春出版社 1998 年版。

② 见泰勒：《柏拉图——生平及其著作》，谢随知等译，第 496～508 页，山东人民出版社 1991 年版。

如，"天地之大也，人犹有所憾。故君子语大，天下莫能载焉；语小，天下莫能破焉。《诗》云：'鸢飞戾天，鱼跃于渊'。言其上下察也。君子之道，造端乎夫妇。及其至也，察乎天地。"（《中庸》第十二章）天地融合在一起，广大无比，人还有不能满足之处。因此，君子的话语说大，大到天下不能承载；说小，小到不能在天下被分析至极。《诗经》有这样的句子："鸢鸟飞向天空，鱼儿跳于深水。"这是比喻君子成功的路径彰显于天地之间，自然得就像夫妇之间的关系那样。这其中既有"天地"，鸢鸟飞天比喻上天，鱼儿入水比喻入地。但是，句中又有"天下"，显而易见，"地"和"天下"的外延很相近。不过，"地"总给人以现实化和直接性的感觉，其范围有点受限。这也是儒学中以"天地"对应的方式出现的频率较少的原因。"天地"的结合还有一个哲学上的原因：即两者结合表示"生成"。如"在天成象，在地成形，变化见矣"，又"仰以观于天文，俯而察于地理，故知幽明之故"（《易·系辞上》）。还有比这更明确的阐释："归妹，天地之大义也。天地不交而万物不兴。"（《易·归妹》）这种用法便一直延续了下去，如："夫天地和气，人偶自生也；犹夫妇和气，子则自生也。"（《论衡》卷十八自然篇）这和法国当代哲学家德勒兹的"生成"概念如出一辙。[1]"地"在本体论上和"天"对应的结果，就会产生现实性和直觉性，这就是此岸世界的范围了。于是，"地"转化为"天下"就不会让人感到反常了。所不同的则是："天下"成为一个政治学上的概念，从表层上说，"天下"是指中华民族的政治权力所能达到之处，从深层上说则是指某一个权力核心的放射性能力所能达到的地缘政治范围。因此，《易经》上说："观乎天文，以察时变；观乎人文，以化成天下"（《易·篆·贲》）。这样，"天下"就和另外的两个概念"国"，"家"构成了第二组核心概念。我们将在下一组中展开阐述。

儒学对于天和地的相同、相通的论述还是使用"天地"的组合。"天

---

① Gilles Deleuze: *What Is Becoming*? In The Deleuze Reader, edited by Constantin V. Boundas. Columbia University Press, 1993.

地之道，可一言而尽也：其为物不贰，则其生物不测。天地之道：博也，厚也，高也，明也，悠也，久也。(《中庸》第二十六章)" 又如，"仲尼祖述尧舜，宪章文武，上律天时，下袭水土，辟如天地之无不持载，无不覆帱。辟如四时之错行，如日月之代明。万物并育而不相害，道并行而不相悖。小德川流，大德敦化。此天地所以为大也。(《中庸》第三十章)" 这里的天地对应有强调自然物的一面。"唯天下至诚，……知天地之化育。(《中庸》第三十二章)" 这里的"天下"当然是强调政治上优胜者即天子，"天地"中的"地"自然是指包括自然的广袤世界。孟子也有"天地"的相应的用法："夫君子所过者化，所存者神，上下与天地同流，岂曰小补之哉？(《孟子·尽心上》)"

"天"更多的是以单独的字（但是，不是一个单独的概念）出现的。由于"天"是无所不包无所不在的那个"大全"①的含义和指称，因此，"天"即或单独出现，也不应该把它理解为一个和其他事物完全隔绝的那种存在。像《中庸》第十七章中对舜的赞扬，"天之生物，必因其材而笃焉"，就只能把它理解为一切美好禀赋的集合。孔子所说的"天生德于予，桓魋其如予何？(《论语·述而》)" 与上述引文有相同的内涵。"尽其心者，知其性也。知其性，则知天矣。存其心，养其性，所以事天也。(《孟子·尽心上》)" 前者和亚斯贝尔斯的"大全"没有什么两样；后者则是指最高的权威。

"天"在许多地方则是用作最终的决定性力量和决定性因素。"子畏于匡，曰：'文王既没，文不在兹乎？天之将丧斯文也，后死者不得与于斯文也；天之未丧斯文也，匡人其如予何？'(《论语 子罕》)" 子贡论孔子则说："固天纵之将圣，又多能也"（同上），也是这个含义。孟子所说的"是故诚者，天之道也"(《孟子·离娄上》)，也是这个意思。

当"天命"结合在一起时，"天"则是一种唯一的绝对性因素和绝对性事物。"君子有三畏：畏天命，畏大人，畏圣人之言"（《论语季氏》）。

儒学的结构分析

---

① 这是卡尔·亚斯贝尔斯的哲学概念，《历史的起源与目标》第9页，"普天归一的上帝的超然存在？"魏楚雄、俞新天译。华夏出版社1989年版。

单独使用"命"和"天命"相同:"不知命,无以为君子也。"(《论语·尧曰》)厄运的最高档次也是一种绝对性裁决:"以万乘之国伐万乘之国,五旬而举之,人力不至于此。不取,必有天殃。"(《孟子·梁惠王下》)"天下有道,小德役大德,小贤役大贤;天下无道,小役大,弱役强。斯二者,天也。顺天者存,逆天者亡。"(《孟子·离娄上》)

"天"最后在孟子的笔下成为了一种无所不能无所不知的神秘力量和神秘事物。"天"到此时既是终极的绝对和终极的裁判,又是终极的实践者和终极的操作者。请见下文:

> 万章曰:"尧以天下与舜,有诸?"
>
> 孟子曰:"否。天子不能以天下与人。"
>
> "然则舜有天下也,孰与之?"
>
> 曰:"天与之。"
>
> "天与之者,谆谆然命之乎?"
>
> 曰:"否。天不言,以行与事示之而已矣。"
>
> 曰:"以行与事示之者,如之何?"
>
> 曰:"天子能荐人于天,不能使天与之天下;诸侯能荐人于天子,不能使天子与之诸侯;大夫能荐人于诸侯,不能使诸侯与之大夫。昔者,尧荐舜于天,而天受之;暴之于民,而民受之;故曰:天不言,以行与事示之而已矣。"
>
> 曰:"敢问荐之于天,而天受之;暴之于民,而民受之,如何?"
>
> 曰:"使之主祭,而百神享之,是天受之;使之主事,而事治,百姓安之,使民受之也。天与之,人与之,故曰:天子不能以天下与人。舜相尧二十有八载,非人之所能为也,天也。尧崩,三年之丧毕,舜避尧之子于南河之南,天下诸侯朝觐者,不之尧之子而之舜;讼狱者,不之尧之子而之舜;讴歌者,不讴歌尧之子而讴歌舜,故曰:天也。夫然后之中国,践天子位焉。而居尧之宫,逼尧之子。是篡也,非天与也。《太誓》曰:'天视自我民视,天听自我民听。'之谓也。"(《孟子·万章上》)

下一段话更能让我们认识"天"在儒学中的真正地位与意义：

　　万章问曰："人有言，'至于禹而德衰，不传于贤，而传于子'，有诸？"

　　孟子曰："否，不然也。天与贤，则与贤；天与子，则与子。昔者，舜荐禹于天，十有七年舜崩，三年之丧毕，禹避舜之子于阳城，天下之民从之，若尧崩之后不从尧之子而从舜也。禹荐益于天，七年，禹崩，三年之丧毕，益避禹之子玉箕山之阴。"朝觐讼狱者不之益而之启，曰："吾君之子也"。讴歌者，不讴歌益而讴歌启，曰：'吾君之子也'。丹朱之不肖，舜之子亦不肖。舜之相尧，禹之相舜也，历年多，施泽于民久。启贤，能敬承继禹之道。益之相禹也，历年少，施泽于民未久。舜、禹、益相去久远，其子之贤不肖，皆天也，非人之所能为也。莫之为而为者，天也；莫之致而至者，命也。匹夫而有天下者，德必若舜禹，而又有天子荐之者，故仲尼不有天下。继世以有天下，天之所废，必若桀纣者也，故益、伊尹、周公不有天下。伊尹相汤以王于天下，汤崩，太丁未立，外丙二年，仲壬四年，太甲颠覆汤之典刑，伊尹放之于桐，三年，太甲悔过，自怨自艾，于桐处仁迁义，三年，以听伊尹之训己也，复归于亳。周公之不有天下，犹益之于夏、伊尹之于殷也。孔子曰："唐虞禅，夏后、殷、周继，其义一也。"（《孟子·万章上》）

　　到了这种地步，"天"就已经不再是一个自然的概念和与"地"对称的事物，"天"就从表面上（实质上所谓"天"的超越性其实是为了圣王的超越性，我们将在下文中阐述）获得了超越性的决断能力和超越性的背景能力。"天"就成为了世界上的主宰和世界上的绝对。这也就是一个宗教崇拜的神灵了。对于这种造神的由来和始端，孟子引述孔子的话说出了其来龙去脉："孔子曰：'大哉尧之为君！惟天为大，惟尧则之，荡荡乎民无能名焉！'"（《孟子·滕文公上》）孟子把敬天法祖的开端定在尧那里，未必十分可信。但我们却可以在儒学的著作中找到一些线索。

《尚书·康诰》说："惟弔兹，不于我政人得罪，天惟与我民彝大泯乱。曰：'乃其速由文王作罚，刑兹无赦。'"，意思是：到了这一步（兄弟相残），执政的人不惩罚他们，上天赐给我们周朝老百姓的常法就会大混乱。应该赶快运用文王制定的刑罚，惩罚这些人，不能赦免。① 周朝的一大发明就是把"天"和自己的统治联系起来。《中庸》第十七章引述了《诗经·大雅·假乐》中的话："嘉乐君子，宪宪令德，宜民宜人，受禄于天。保佑命之，自天申之。"再看孟子对于中国古典的尊崇："以大事小者，乐天者也；以小事大者，畏天者也。乐天者保天下，畏天者保其国。《诗》云：'畏天之威，于时保之。'"（《孟子·梁惠王下》）再举一例："《诗》云：'天之方蹶，无然泄泄。'泄泄犹沓沓也。"（《孟子·离娄上》）孟子对自己继承前人思想体系的成就最自我欣赏的大概是这一段引述《诗经》的话："商之孙子，其丽不亿。上帝既命，侯于周服。侯于周服，天命靡常。殷士肤敏，裸将于京。"（《孟子·离娄上》）翻译过来即是：殷商的子孙后裔，人数不止万亿。上帝既然已授意，便向周朝行臣子之礼。都对周朝行臣子之礼，可见天意也会转移。殷商之士英俊伶俐，到镐京参加喝酒的祭礼（《诗经·大雅·文士》）。在这段话中，"上帝"和"天"同时出现。把"上帝"理解为在天上掌管天地一切事物的人格神似乎比较恰当。"天命"当然就是这个主宰天地事物的至高无上的权威的命令了。到什么时候把"上帝"的意志、决定和作为合并到一个简单的"天"这个范畴之中，"天"变成至高无上的话语权力，我们现在似乎找不到确切的文献说明。但是，在中国历史上有一个十分重大的事件，肯定和这种变化关系密切。

这个事件就是大名鼎鼎的"绝地天通"。

"绝地天通"这个事件最早记载在《尚书·吕刑》一文中。"民兴胥渐，泯泯棼棼，罔中于信，以覆诅盟。虐威庶戮，方告无辜于上。上帝监民，罔有馨香德，刑发闻惟腥。皇帝哀矜庶戮之不辜，报虐以威，遏绝苗

---

① 译文参考了《尚书》第 342 页，钱宗武与江灏译著，台北地球出版社 1994 年版。

民，无世在下。乃命重、黎，绝地天通，罔有降格。群后之逮在下，明明棐常，鳏寡无盖。"意思为：苗民互相欺诈，纷乱不堪，言而无信，背叛誓约。许多受了刑罚和侮辱的苗民都向上帝申告自己无罪。上帝考察苗民社团，发现那里没有仁德的政绩，倒是充满了刑罚的腥气。颛顼哀怜无罪被杀的人，重罚那些施行虐刑的人，灭绝行虐的苗民，断绝他们的后代。又命令重主持神事，黎负责管理民众，禁止民间和神相通的法术，神和民众再也不能相互通信和对话了。高辛、尧、舜相继在下，都重用贤德的人，实行通常的管理方法。从此之后，孤苦无靠的人有了陈述自己苦衷的机会。① 这段话最低告诉了我们，人间的主宰做了上帝的事情，并且人世的最高权力隔绝了普通民众和神交往的权利和路径。

对于上面的这段话，不仅我们现代人理解困难，就是古代人也同样存在理解的障碍。《国语楚语》记载了楚昭王向观射父询问关于"绝地天通"的事："'《周书》所谓重黎实使天地不通者何也？若不然，民将能登天乎？'对曰：'非此之谓也。古者民神不杂。民之精爽不携贰者，而能齐肃衷正，其智能上下比义，其圣能光远宣朗，其明能光照之，其聪能彻听之，如是则明神降之，在男曰觋，在女曰巫。……于是乎有天地神民类物之官，是谓五官，各司其序，不相乱也。民是以能有忠信，神是以能有明德，民神异业，敬而不渎。故神降之嘉生，民以物享，祸灾不至，求用不匮。及少皞之衰也，九黎乱德，民神杂糅，不可方物。夫人作享，家为巫史，无有要质。民匮于祀，而不知其福，烝享无度，民神同位。民渎齐盟，无有严威。神狎民则，不蠲其为。嘉生不降，无物以享。祸灾荐臻，莫尽其气。颛顼受之，乃命南正重司天以属神，命火正黎司地以属民。使复旧常，无相侵渎，是谓绝地天通。其后之苗复九黎之地，尧复育重黎之后不忘旧者，使复典之。'"

上述这段文字表达的字面意义，我想有一点古文知识的人都不会陌生。但是，它所蕴涵的宗教学意义和政治学意义可就非同凡响了。中国在史前文化上的最大特点在这里体现得非常充分。中国的皇帝，不仅有能力管辖

儒学的结构分析

① 译文参考了《尚书》第528页，钱宗武与江灏译著，台北地球出版社1994年版。

地上的万物和人类的同僚，还有能力管辖上帝行为和爱好。"神狎民则，不蠲其为"，这可不行，必须由皇帝出面进行一场清理整顿。这就要既断绝神人的交通，也要断绝人神的交通。皇帝不仅仅管理地上的百姓，还要管理天上的上帝。因此，要说"绝地天通"仅仅是断绝了神人的来往，由皇帝来垄断和神的交往，这是对于这段话的错误的理解。中国的皇帝所能拥有的话语权力实际上已经超过了天上的上帝。在此情况下，上帝作为有位格的神，已经失去了必要性。一切神秘的事物，一切超越的事物，一切绝对的事物，再也不必要集中在拥有位格的上帝身上，只要集中在神秘的超越的绝对的以及抽象的"天"那里就完全可以充当皇帝话语权力的神秘的背景和舞台了。因为，当皇帝需要建立合法性时，"天"这个既无位格又无具体的既神秘又无所指的渗透物是一个可资利用的法宝。"绝地天通"不是仅仅断绝了普通人和神的交往，而是由皇帝垄断了一切神权和民权。对此，张光直先生作过非常明确的论断："古代，任何人都可以借助巫的帮助与天相通。自天地交通断绝之后，只有控制着沟通手段的人，才握有统治的知识，即权力。于是，巫便成了宫廷中必不可少的成员。①"又说："通天的巫术，成为了统治的专利，也就是统治者施行统治的工具。'天'是智识的源泉，因此通天的人是先知先觉的，拥有统治人间的智慧和权力。《墨子·耕柱》：'巫马子谓子墨子曰：鬼神孰与圣人明智？子墨子曰：鬼神之明智与圣人，犹聪耳明目之余聋瞽也。'因此，虽人圣而为王者，亦不得不受鬼神指导行事。……占有通达祖深意旨手段的便有统治的资格。统治阶级也可以说叫做通天阶级，包括有通天本事的巫觋与拥有巫觋亦即拥有通天手段的王帝。②"张先生的立论为我们研究中国文化的巫史属性铺垫了通往纯真和传神之路。

颛顼之后，尧是第一批受益者。所以，《国语》中说，"尧复育重黎之后不忘旧者，复典之"。《尚书·尧典》中记载着"乃命羲和，钦若昊天，历象日月星辰，敬授民时"。这里的羲与和，就都是重和黎的后代。但是，《尧典》中

---

① 张光直：《美术、神话与祭祀》，第33页，辽宁教育出版社1988年版。

② 张光直：《考古学专题六讲》，第107页，文物出版社1986年版。

既无上帝的说法，也无上天的说法。看来尧的时代并没有合法性危机。

"上帝"这个有位格的神，在《舜典》中出现了一次："正月上日，受终于文祖。在璇玑玉衡，以齐七政，肆类于上帝，禋于六宗，望于山川，遍于群神。"（正月的一个吉日，舜在尧的太庙接受了禅让的帝位。他观察了北斗七星，列出了七项政事，然后向上帝报告了继承帝位的事。又祭祀了天地四时，山川和群神。）① 这里是舜继位时祭祀神灵的仪式，舜自言自语地向上帝祷告。到了皋陶的时候，仅仅一代人，皋陶的话语模式就产生了根本的变化。他在和禹讨论问题时，数次使用"天"来代表最高的话语权力："天叙有典"，"天秩有礼"，"天命有德"，"天聪明，自我民聪明。天明畏，自我民明威。达于上下，敬哉有土。"（《尚书·皋陶谟》）皋陶在自己的特殊地位上，对于禹的规劝要使用客观化和客观性的话语权力，他选中了"天"，绝对不是一种信手拈来，而是深思熟虑。这可以说是对"绝地天通"事件所形成的政治范式的最好继承。《周书》之后，这种以"天"代表至高无上的话语权力的例子，就屡见不鲜了。《尚书·多士》把这种"天"是最高的话语权力的思想表达得再清楚不过了："而殷遗多士！弗吊旻天，大降丧于殷，我有周佑命，将天明威，致王罚，敕殷命终于帝。肆而多士！非我小国敢弋殷命。惟天畀允罔固乱，弼我，我岂敢求位？惟帝不畀，为我下民秉为，惟天明畏。"魏斐德对于儒家的政治学范式进行了精辟的总结："儒家思想把君王意志说提高到原始天命观的高度，但它也把一个统治王朝的统治地位相当危险地维系在世代相传的王朝后裔的才能上。②"这就是中国的文化范式。当然，更是儒学的范式。后来升华为一种宗教。因为，"价值可以在一种相对的、即使不是绝对知道的（圣奥古斯丁的上帝，马克思的历史）客观现实中找到。……如果我们要实现对人的科学认识，我们必须赌注式地假定，或者设想：历史是有意义的存在，所以，我们必须从一种信仰开始。③"

---

① 译文见《尚书》第30页，钱宗武与江灏译著，台北地球出版社1994年版。

② 魏斐德：《历史与意志》，第95页，贵州人民出版社1994年版。

③ 这是乔治·利息泰姆（George Lichtheim）的名言。转引自魏斐德《历史与意志》第77页，贵州人民出版社1994年版。

这种文化范式产生的年代远远早于孔子的时代。这些素材告诉我们，上天崇拜早在周代的初期就已经形成。对此，梁漱溟先生的看法值得借鉴："真正中国人生之开辟，其必前乎孔子，而周公当为其有力之成功者。周公并没有道理给人，而给人以整个的人生。自非礼乐，谁能以道理替换得那宗教？自非礼乐，谁能以道理扭转过那野蛮的人生？孔子只是对于周公及其以前的制作，大有所悟之人；于是这一份遗产就由他承受了。①"这挑战了亚斯贝尔斯的"轴心期理论继承地"。据亚斯贝尔斯的说法，孔子奠定了中国文化的范式。从以上的论证中我们可以看到，其实中国文化的范式要比亚斯贝尔斯的轴心期②早得多。这说明中国文化起源于远古的"巫史文化"。

《大学》的开篇就把第二组概念阐述得明明白白了："古之欲明明德于天下者，先治其国；欲治其国者，先齐其家；欲齐其家者，先修其身；欲修其身者，先正其心；欲正其心者，先诚其意；欲诚其意者，先致其知。""天下"是指当时整个中华民族的想象力和势力范围能够达到的一切地方，即普天之下的含义。中国人把自己当成世界中心的信念，从这种称谓中就能推衍出来。天下在一定的时间内有确切的地理所指和政治结构，传说中的尧舜禹汤文武周公和后来的西周政权统治的地理范围和政治结构就是天下的具体所指。③ 这里的"国"是封建制的邦国，④ 不是今天的民族国家的概念。孔子周游列国，想在任何一个国中做官，只要这个国尊重他的政治理念和政治目标。这个国更像是联邦制的联邦。绝对不能和后来的民族国家混为一谈。在这一点上，不少人任意将孔子时代的国等同于今天的民族国家。这是十分荒谬的。⑤

天下、国与家都是政治概念。《大学》中有一段话真切地表达了它们的政治内涵："一家仁，一国兴仁；一家让，一国兴让；一人贪戾，一国

---

① 《梁漱溟全集》第六卷，第386页，山东人民出版社2005年版。
② 亚斯贝尔斯：《历史的起源与目标》，第7页，华夏出版社1989年版。
③ 许倬云：《西周史》，生活·读书·新知三联书店1995年版。
④ 石约翰：《中国革命的历史透视》，第3~11页，东方出版中心1998年版。
⑤ 于丹是最典型的。见《于丹〈论语〉心得》，第90页，中华书局2006年版。

作乱。"又说："尧舜帅天下以仁，而民从之；桀纣帅天下以暴，而民从之。"天下和国的内涵和外延是十分确定的。孔子说："天下有道，则礼乐征伐自天子出；天下无道，则礼乐征伐自诸侯出。自诸侯出，盖十世希不失矣；自大夫出，五世希不失矣；陪臣执国命，三世希不失矣。天下有道，则政不在大夫。天下有道，则庶人不义"（《论语·季氏》）。掌管天下是天子。掌管国的是诸侯。"家"在孔子的时代是指大夫的家庭，而非一般社会学意义上的家庭。因此我们说"家"是一个政治术语。这段话中的"陪臣"是指大夫的家臣。天下、国和家在政治技术上，于这种特殊的制度和环境中，的确有一种同构关系。"家"有时也明确地指称血缘家庭，尤其是把家庭中的孝悌等伦理关系类比政治中的等级关系时，血缘家庭的隐喻就自然而然蕴涵其中了。孟子把这种同构关系说得更淋漓尽致："人有恒言，皆曰：'天下国家。'天下之本在国，国之本在家，家之本在身"（《孟子·离娄上》）。这种把天下、国、家三者并列的论述，自然而然就会把人引导到像治家那样的治国与治理天下。

春秋战国时的国，有时又称"邦"。邦可能是更注重政治组织形式。例如，"直哉史鱼！邦有道，如矢；邦无道，如矢"（《论语·卫灵公》）。就在这同一章中，又有用"邦"来指称政治组织方式的例证。"颜渊问为邦。子曰：'行夏之时，乘殷之辂，服周之冕，乐则《韶》、《舞》。放郑声，远佞人。郑声淫，佞人殆'"（《论语·卫灵公》）。朱熹注为："颜子王佐之才，故问治天下之道。曰为邦者，谦辞"（《四书集注》）。

天下、国、家三个概念在儒学经典中的地位和作用不尽相同。《论语》在《四书》中是写作时间最早的一部著作。孔子刚好处于春秋末期，周天子的势力虽然已经日薄西山，但还没有彻底衰落。诸侯国还是主要的政治组织形式。孔子对天下的论述绝大多数则是哀叹今不如昔，国间争斗，礼崩乐坏，仁政尽失，自己的主张无人问津。孔子对当时天下的政治形势的批评十分尖锐，以至于有人称道他是唤醒人们的木铎："天下之无道也久矣，天将以夫子为木铎"（《论语·八佾》）。偶尔也有把天下用于整个世界的意义，如："君子之于天下也，无适也，无莫也，义之舆比"（《论语·

里仁》)。从孔子到孟子仅一百多年,政治形势就发生了天翻覆地的变化。势力较大的诸侯国之间的纷争都把目标瞄在了统一天下的大盘子上。"天下"这个概念就更有用武之地。因而在《孟子》中相当频繁地出现。几乎已经到了不能精确统计的地步。正如孟子所言:"彼一时,此一时也。五百年必有王者兴,其间必有名世者。由周而来,七百年有余岁矣。以其数,则过矣;以其时考之,则可矣。夫天未欲平治天下也;如欲平治天下,当今之世,舍我其谁也?吾何为不豫哉?"(《孟子·公孙丑下》)

与天下、国、家三个政治级别相对应的政治首长分别是天子、诸侯、大夫。但是,"家"则有两层含义:其一是大夫作为政治家长的幕僚制,这种情况则是建立了拟血缘关系的政治服从制。其二是大人物(包括天子,诸侯,大夫等)血缘家庭中的等级关系,即把父权制用礼教的形式固定下来。《中庸》中有一段话把这种血缘和拟血缘等级制的对应和关联说得淋漓尽致:"武王末受命,周公成文武之德。追王大、王季,上祀先公以天子之礼。斯礼也,达乎诸侯大夫,及士庶人。"这才是真正的封建等级制。这种社会分层在儒学中是以历史和逻辑的双重标准直接接受下来的,这则是儒学论证其知识体系的逻辑起点。因此,我们称其为核心概念。

第三个核心概念的集合则是圣人、君子、小人这三个有关人格的概念构成的集合。圣人是天下的主人,"规矩,方圆之至也;圣人,人伦之至也"(《孟子·离娄上》)。因此,圣人就是超人,就是神人,就是被自然和人类缔造成神的人。故,他被称为天子。而且这里隐喻着他是独一无二的,(在孔子看来)甚至是不可代替的。圣人的外在形象和内在禀赋皆由上天赋予和决定:"大哉圣人之道!洋洋乎,发育万物,峻极于天。优优大哉,礼仪三百,威仪三千。待其人而后行"(《中庸》第二十七章)。圣人的才能则无与伦比,登峰造极;圣人的胸怀则广如四海,包容万象;圣人的意志则坚如磐石,无所不能;圣人的智慧则条分缕析,明察秋毫;圣人的形象则端庄伟岸,气势恢弘:"唯天下至圣,为能聪、明、睿、知,足以有临也;宽、裕、温、柔,足以有容也;发、强、刚、毅,足以有执也;齐、庄、中、正,足以有敬也;文、理、密、察,足以有别也"(《中庸》第三十一章)。

究竟谁达到了圣人的标准呢？到今天为止，仅仅是儒学经典所给出的那几个寥寥可数的人物而已。儒家所罗列的圣人基本分成两类：政治上实现了天子梦想的成功者和人格上具备成为天子的潜在成功者。前者就是尧、舜、禹、汤、文、武、周公，后者则包括伯夷、伊尹、柳下惠、孔子。

孔子对圣人的赞赏首推尧舜和文王武王。孔子对于尧这个中国历史的开拓者用尽汉语中的美好辞藻，来加以赞扬："大哉，尧之为君也！巍巍乎！唯天为大，唯尧则之。荡荡乎！民无能名焉。巍巍乎其有成功也。焕乎其有文章!"（《论语·泰伯》）后人介绍孔子对圣人的尊敬时则说："仲尼祖述尧舜，宪章文武，上律天时，下袭水土。辟如天地之无不持载，无不覆帱。辟如四时之错行，如日月之代明。万物并育而不相害，道并行而不相悖。小德川流，大德敦化。此天地之所以为大也"（《中庸》第三十章）。

孔子对舜可以说格外钟爱，他说："舜其大孝也与！德为圣人，尊为天子，富有四海之内。宗庙飨之，子孙保之。故大德，必得其位，必得其禄，必得其名，必得其寿"（《中庸》第十七章）。又说："舜其大知也与！舜好问以好察迩言。隐恶而扬善。执其两端，用其中于民。其斯以为舜乎!"（《中庸》第六章）这大概是因为孔子极力推行孝道。而舜在这方面又因他的父亲反对他，他亦能足以德报怨。[①]

对禹的赞赏当然离不开他治水的功绩："洚水者，洪水也。使禹治之。……禹抑洪水而天下平"（《孟子·滕文公下》）。孟子称尧舜禹为"三圣"（同上）。

子夏把汤和舜相提并论，可见汤也是圣人的一员："富哉言乎！舜有天下，选于众，举皋陶，不仁者远矣。汤有天下，选于众，举伊尹，不仁者远矣"（《论语·颜渊》）。

文王、武王和周公因他们是周代的创始者，自然在圣人之列。"《诗》云：穆穆文王，于缉熙敬止！为人君，止于仁；为人臣，止于敬；为人子，止于孝；为人父，止于慈；与国人交，止于信"（《大学》第三章）。

---

① （汉）司马迁撰：《史记》，第32页，三家注本，中华书局1973年版。

武王和周公则是因为他们继承了父辈的遗志，故而成圣："武王、周公，其达孝矣乎。夫孝者，善继人之志，善述人之事也"（《中庸》第十九章）。

除此之外，孔子则说他在自己的有生之年并没有见到过圣人："圣人，无不得而见之矣；得见君子者，斯可矣"（《论语·述而》）。在孔子看来，圣人就是那么几个，凤毛麟角。因而，圣人是不会有一点点差错的人，没有一点点瑕癖的人。

孟子在圣人的外延之中又加进了四个人和四种类型，这则是在政治标准之外加入了人格标准和行为标准，即圣贤。"伯夷，圣之清者也；伊尹，圣之任者也；柳下惠，圣之和者也；孔子，圣之时者也"（《孟子·万章下》）。

孟子之所以如此给这几个人命名为圣人，其理由如下：

"伯夷，目不视恶色，耳不听恶声。非其君，不事；非其民，不使。"

"伊尹曰：'何事非君？何使非民？'治亦进，乱亦进，曰：'天之生斯民也，使先知觉后知，使先觉绝后觉。予，天民之先觉者也。予将此道觉此民也。'"

"柳下惠不羞污君，不辞小官。进不隐贤，必以其道。遗佚而不怨，厄穷而不悯。与乡人处，由由然不忍去也。"

"孔子之谓集大成。集大成也者，金声而玉振之也。金声也者，始条理也；玉振之也者，终条理也。始条理者，智之事也；终条理者，圣之事也。智，譬则巧也；圣，譬则力也。由射于百步之外也，其至，尔力也，其中，非尔力也"（均同上）。

当圣人的标准不是理想化而是现实化时，难题和问题就会颠覆虚构圣人和人为造神的神话。首先，这四者之间就以子之矛攻子之盾。伯夷的称圣之处（即不是自己的君主，就不去服侍，不是自己的臣民，就不去指挥）不正是伊尹的称圣之德（无论什么情况，都不会拒绝自己当官的使命，去教诲人民和履行职责）的相互冲突吗？柳下惠的做法除了官瘾太强之外，似乎也没有什么可称道之处。至于说，孔子成了圣贤的集大成者那就更值得疑问了。下面的这一段话恰恰说明了孔子对权力的崇尚已经到了忘乎所以的地步：

"陈司败问：'昭公知礼乎？'孔子曰：知礼。孔子退。揖巫马期而进之，曰：吾闻君子不党，君子亦党乎？君取于吴，为同姓，谓之吴孟子。君而知礼，孰不知礼？巫马期以告。子曰：丘也幸，苟有过，人必知之"（《论语·述而》）。孔子在这里所犯的本质错误不是说谎，而是为权势者张目和掩盖。这完全和他的做人宗旨相矛盾。

由于圣人在孟子看来，已经不再是合法性和合理性地统治天下的神人，他们被解构为许多类型，除了其中的圣贤是由人格决定的以外，圣人就成了和天子的权力以及地位相一致的人。这样，圣人就成了强人的代名词。《老子》第五章有一句话："天地不仁，以万物为刍狗；圣人不仁，以百姓为刍狗。"在老子看来，圣人就是在自然衍化的过程中，借自然之力而使自己强大的人。王弼给《老子》的注解完全说明了这一点："天地任自然，无为无造，万物自相治理，故不仁也。任者必造立施化，有恩有为。造立施化，则物失其真。有恩有为，则物不具存。物不具存，则不足以备载。地不为兽生刍，而兽食刍；不为人生狗，而人食狗。无为于万物而万物各适其所用，则莫不赡矣。若慧由己树，为足任也。圣人与天地合其德，以百姓比刍狗也"①（这里的"德"为"得"，下文将统一说明。）。孟子恰恰是循着这条道路走到了强人政治的泥潭。

当圣人变成强人之后，人格就不再是合法性的基础。给合法性寻找基础的过程中，孟子掉入了神秘主义的陷阱。这种神秘主义的精神线索，正如原始宗教中的万物有灵论的神秘称谓，如涂尔干的《原始宗教的形式》中所定义的"曼那"，就是中国原始宗教的神秘称谓"天"。②在孟子的思想中，能够和天交往的只有天子。那么天子就成了神秘力量的拥有者。这也就是后来的皇帝独裁和集权的理论基础。而拥有"天"和获得天威的权力拥有者，又一定是在获得了支配一切的权力之后。这就是费正清和麦克法夸尔两人所说的"既成事实就是合法性"的中国式权力来源。③

---

① 《老子》，第22页，王弼注，袁保新导读，台北金枫出版社1987年版。
② 季国清：《隐形女权的王国》第二章：《天人合一——具有中国特色的权力机制》，黑龙江人民出版社2003年版。
③ 费正清与麦克法夸尔：《剑桥中华人民共和国史》，金光耀等译，王建朗等校，上海人民出版社1992年版。

圣人之外的人格等级是君子与小人。圣人是单独论述的，地位也较显赫。但是，儒学经典，尤其是《论语》则更多的是对君子的论述。而且还有一个鲜明的特点：往往和对小人的说明一一对应。关于小人的阐述，只有很少的几句话不是和君子的描述进行比较的。这构成了《论语》的最大特色。我们将其中有代表性的君子–小人对应引证下来。对于揭示儒学的秘密会很有助益。

君子，中庸；小人，反中庸。君子之中庸也，君子而时中。小人之中庸也（应为反中庸），小人而无忌惮也（《中庸》第二章）。

这段话是说由于君子中庸，所以做事就恰如其分，小人做事肆无忌惮。

故君子居易以俟命，小人行险以侥幸（《中庸》第十四章）。

这段话是说君子处于平安的地位等待天命，小人做险恶的事情妄求幸福。

君子周而不比，小人比而不周（《论语·为政》）。

其意是君子普遍和人亲近而不只是和少数人亲近，小人只和少数人亲近而不普遍和人亲近。

君子怀德，小人怀土；君子怀刑，小人怀惠（《论语·里仁》）。

大意为君子注重人际关系，小人注重家庭舒适；君子注重尊受法令，小人在意财富的获得。

君子喻于义，小人喻于利（《论语·里仁》）。

君子只晓得义，小人只晓得利。

君子坦荡荡，小人长戚戚（《论语·述而》）。

君子心胸宽广，小人终日忧愁。

君子成人之美，不成人之恶。小人反是（《论语·颜渊》）。

君子成全别人的好事，不帮助别人做坏事。小人正好与此相反。

君子之德风，小人之德草；草上之风，必偃（《论语·颜渊》）。

君子被人认同就像风，小人不被人认同就像（被风吹的）草，风一吹必然倒下。

君子和而不同，小人同而不和（《论语·子路》）。

君子讲调和而不盲从附和，小人盲从附和而不讲调和。

君子易事而难说也。说之不以道，不说也；及其使人也，器之。小人难事而易说也。说之虽不以道，说也；及其使人也，求备焉（《论语·子路》）。

仕君子手下做事容易，要想博得他的喜欢却不容易。不用正当的方法去和他相处，他是不会喜欢的；至于说他用人，却能量才而行。在小人手下做事是很困难的，博得他的喜欢却是很容易的。让他喜欢，虽然用的不是正当方法，他也会喜欢。等到他用人的时候，不是量才录用，而是求全责备。

君子泰而不骄，小人骄而不泰（《论语·子路》）。

君子安详舒泰，却不傲慢放肆；小人傲慢放肆，却不安详舒泰。

君子而不仁者有矣夫，未有小人而人者也（《论语·宪问》）。

君子偶尔会做出不仁的事来，小人却永远也做不出仁德的事来。

君子上达，小人下达（《论语·宪问》）。

对于这两句话，朱熹的解释是："君子循天理，故日进乎高明。小人殉人欲，故日究乎污下。"（《四书集注》）

君子求诸己，小人求诸人（《论语·卫灵公》）。

君子一切靠自己，小人专门靠别人。

君子不可小知而可大受也，小人不可大受而可小知也（《论语·卫灵公》）。

不可用小事情来考验君子，却可让他担任重大的任务；不可让小人担任重大的任务，却可以用小事情来考验他。

君子有三畏：畏天命，畏大人，畏圣人之言。小人不知天命而不畏也，狎大人，侮圣人之言（《论语·季氏》）。

君子怕三件事：怕天命，怕爵位高的人，怕圣人的话。小人不懂得天命，因而不知道怕，怠慢爵位高的人，轻蔑圣人的话。

君子义以为上。君子有勇而无义为乱，小人有勇而无义为盗

（《论语·阳货》）。

君子认为义是最重要的，如果君子有勇而无义，就会犯上作乱；小人有勇而无义，就会成为盗贼。

上面的引文几乎把《论语》中君子和小人的对比说明完全囊括了。短短的《论语》就这么多同一种笔法，来论述这两种人的显著区别，可见这种论述在《论语》一文中的地位。我们当然也会从中得出一种近乎结论性的东西：《论语》是孔子教授学生做君子而不做小人的书。这可以有孔子自己的话来证明。孔子和他的门生述说成就君子的路径，而他自己却没有机会实现。"君子之道四，丘未能一焉：所求乎子，以事父，未能也；所求乎臣，以事君，未能也；所求乎弟，以事兄，未能也；所求乎朋友，先施之，未能也。"（《中庸》第十三章）这段话明明白白地告诉我们，孔子在教授学生做君子必须履行的社会职责，而自己却没有机会实现。当然，我们从中也能看出君子必备的品德：做个好儿子，做个好臣子，做个好兄弟，交些好朋友。

君子还有许多在人格上必备的条件。如，"子曰：'君子道者三：我无能焉：仁者不忧，知者不惑，勇者不惧。'子贡曰：'夫子自道也'"（《论语·宪问》）。君子的面貌特征也有具体要求："君子有三变：望之俨然，即之也温，听其言也厉。"（《论语·子张》）君子在不同年龄段也有不同的行为禁忌："君子有三戒：少之时，血气未定，戒之在色；及其壮也，血气方刚，戒之在斗；及其老也，血气既衰，戒之在得。"（《论语·季氏》）君子还有九种必须深思熟虑的事："君子有九思：视思明，听思聪，色思温，貌思恭，言思忠，事思敬，疑思问，忿思难，见得思义。"（《论语·季氏》）

孔子教授门生们如何成为君子，不仅诲人不倦，而且身体力行。如在《论语·乡党》一篇中，大量记载了孔子在不同场合严格遵守礼仪的情形。有些礼仪不用说在今天的人看来，就是在当时的人看来，也实在是有点肉麻。有一段记载孔子进入朝廷时的情形，引证如下："入公门，鞠躬如也，如不容。立不中门，行不履阈。过位，色勃如也，足躩如也，其言似不足

者。摄齐升堂，鞠躬如也，屏气似不息者。出，降一等，逞颜色，怡怡如也。没阶，趋，翼如也。复其位，踧踖如也"。《论语·乡党》这一篇中还有大量的关于孔子在各种场合的着装颜色，样式，吃饭时的仪态，见各种人时的表情，等等。这足让我们想到，所有这一切，都是为了示范的需要，是教授君子行为标准的需要。

从孔子对君子的描述中我们最低能看出君子基本的社会职能：第一，君子是把天下、国与家以观念和信仰的形式有机而又内在地联系在一起的纽带。君子怕天命，这里的天命当然既包括上天的命令，也包括天子的命令；君子怕大人，就是害怕官吏和诸侯，这是对国的敬畏和尊重；怕圣人之言，既尊重权势顶端的天子加圣人的话语，也尊重思想加行为式的圣人的话语。第二，君子是把天下、国与家以实践和榜样的形式有机而又内在地联系在一起的纽带。好儿子，好臣子，好兄弟和好朋友的追求正是这种职能的写照。

从君子的社会职能，就能推及君子的社会角色。孔子对子产说："有君子之道四焉：其行为也恭，其事上也敬，其养民也惠，其使民也义。"（《论语·公冶长》）这真真切切地说明了君子是处在较高的统治者和较低的民众之间的那种社会角色。孟子的时代，晚于孔子一百多年。孟子在哀叹政治秩序的混乱和社会道德的衰落时，也哀叹君子的败坏："古之君子，过则改之；今之君子，过则顺之。古之君子，其过也，如日月之食，民皆见之；及其更也，民皆仰之。今之君子，岂徒顺之，又从为之辞。"（《孟子·公孙丑下》）君子和民相对，可见君子是高于普通民众又没有入仕的拥有一定的从政知识的人。《孟子》中还有一段很有名的话，一语破的："或劳心，或劳力；劳心者治人，劳力者治于人；治于人者食人，治人者食于人，天下之通义也。"（《孟子·滕文公上》）这段话揭示了培养君子的目的：就是人为地制造一批劳心者，而这批劳心者的目标只能是当诸侯的幕僚，家臣，做国君的官吏，等等。因为在那个时代，社会分工还没有达到十分精细的程度，全社会只有两个阶级：劳心者阶级和劳力者阶级。当上劳心者阶级，也就是当上了官吏的后备军。

与君子相对应的小人似乎没有必要着更多的笔墨。但是，有一点必须说明，小人是一个和君子一样的政治概念。小人是一种社会分层等级中的最底层。就像古希腊式的奴隶一样，只是古希腊式的奴隶是由血缘决定的，而中国式的社会分层纯粹是由社会分工决定的。小人是那些从事体力劳动的人。孔子和樊迟的对话可以说是最好的证明："樊迟请学稼。子曰：'吾不如老农。''请学为圃'。曰：'吾不如老圃'。樊迟出。子曰：'小人哉，樊须也'"（《论语·子路》）。中国的儒学在把社会成员进行分类时有一个世界独一无二的创造和发明：社会角色和人格存在着——对应的相关性。作为有资格走上从政岗位的君子则是社会的精华和人格的典范。这就是中国最早的政治本位的历史渊源。这种创造和发明对于中国几千年来政治统治和文明类型的稳定和持久作出了杰出的贡献。这种隐性奴隶制给地位卑下的人一种改变自己处境的希望。这种希望就像黑暗中的一盏指引道路的明灯，让那些不安分于现实境遇的人有了奋发向前的动力和方向。这就大大缓解了社会冲突。而那些没有希望踏上政治台阶的劳力者，也会心甘情愿地接受自己的命运。当然，当这种文明的组织方式需要变革的时候，它自然也是最顽固和最有力的阻碍历史前进的绊脚石。

目光短浅，心胸狭窄，见利忘义，浅薄放肆，好走极端，胆小怕事，斤斤计较等人格特征是小人形象的政治图谱。把小人放在君子的对立面加以描述的写作笔法一方面在君子和小人之间划了一条泾渭分明的界线，使得追求君子社会角色的人极端鄙视社会下层的劳动者；另一方面也会鼓励所谓的君子们极力保持自己自命清高的文化习俗，就像孔子那样，一生不得志，而又初衷不改。这种文化鄙陋直到近代甚至到今天，仍然有其市场。大概读过鲁迅名篇《故乡》的人，不会不对那个穷酸的读书人孔乙己产生某种追根溯源的意识。深刻地理解儒学最初的观念形态，一定会从中理出逻辑的线索。

2 重要概念

在儒学的经典著作中，有大量的具有述谓功能的概念。所谓述谓功能

就是可以充当描述性谓词的那些概念。如，"仁"，"礼"，"诚"，"忠"，"信"，"孝"，"悌"，等等。这些词可以作为描述性谓词而出现在主词的述谓位置上。现有的对于儒学经典的解读，绝大多数著述都是把重点放在对于这些述谓性功能的概念上。如有人坚持说儒学的核心是在谈"仁"，① 也有人说其主旨则是谈"礼"，② 但也有在多元化与多元性的立场出发来解读儒学的范例，③ 但似不多见。儒学的核心概念真的是这些述谓性概念吗？刚才的分析已经告诉我们，儒学几乎都是对于"君子"这个特定的社会阶层，甚至是对这个特定的社会阶级的人格标准和行为标准的论述。而君子又在天下、家与国等社会组织范畴中充当着重要的结构功能，君子又处在圣人和小人之间巨大鸿沟的中间地带。那么，最重要的概念当仁不让是上文中所说的天下、国与家这个概念集合和圣人、君子与小人这个概念集合。而这其中又尤其以君子的概念为核心的核心，重中之重。但是，由于这些述谓性概念几乎都是对于君子人格和行为的定性描述和严格界定，这些述谓性概念无疑也是重要的概念。

众所周知，儒学是注重伦理道德的学说。在哲学上概括，就是儒学是伦理本体化的学说。儒学继承者后来给儒学的伦理概念进行了相当精辟的总结，概括为八个字："孝悌忠信礼义廉耻"。但是，绝大多数儒学的解读者都认为，"仁"才是儒学宣扬的最高理念和价值的核心。这的确有点蹊跷。有人统计过，据说《论语》中，"仁"出现了250多次，真可谓相当频繁，相当重视。这是一个不争的事实，谁也不能否认。但是，我们不得不另辟蹊径，重新解释"仁"这个概念在儒学中的作用和地位，及其内涵和外延。

"仁"在《论语》中不仅出现的次数多得不可胜数，而其结论性的定义就有若干个，在这些定义之间，没有办法用一种定义方式来统辖其他定

---

① 几乎所有采取赞扬态度解读儒学的著作都把"仁"说成是儒学的核心，或者说以孔子学说为典范的儒学，是"仁学"。我们没有必要在这里一一举出著述者的名字。

② 如美国汉学家芬格莱特的《孔子：既凡而圣》，彭国翔、张华译，江苏人民出版社2002年版，就是把孔子学说的主旨解释成以尊礼仪重秩序为核心。

③ 如郝大为与安乐哲：《孔子哲学思微》绪论：《从比较的观点看孔子》，第1～12页，蒋戈为、李志林译，江苏人民出版社1996年版。

义。如果把这些分歧巨大的定义整合在某一个说法之中，就一定会有所遗漏，有所简化，以偏概全。下面将这些定义性的段落引述如下：

子贡曰："如有博施于民而能济众，何如？可谓仁乎？"子曰："何事于仁！必也圣乎！尧舜其犹病诸！夫仁者，己欲立而立人，己欲达而达人。能近取譬，可谓仁之方也已"（《论语·雍也》）。

子贡曰："有一言而可以终身行之者乎？"子曰："其恕乎！己所不欲，勿施于人"（《论语·卫灵公》）。

仲弓问仁。子曰："出门如见大宾，使民如承大祭。己所不欲，勿施于人。在邦无怨，在家无怨"（《论语·颜渊》）。

曾子给这三段话的意义作了总结：

子曰："参乎！吾道一以贯之。"曾子曰："唯。"子出，门人问曰："何谓也？"曾子曰："夫子之道，忠恕而已矣。"（《论语·里仁》）

忠恕就是自己设身处地想想别人的处境，也就是换位思维。把自己设想在某种环境中的他人，从而作出的抉择具有理性的特征，就像对待自己那样对待他人。自己不愿意得到的结果，就不会让这种结果出现在他人身上。

颜渊问仁。子曰："克己复礼为仁。一日克己复礼，天下归仁焉。为仁由己，而由人乎哉？"颜渊曰："请问其目？"子曰："非礼勿视，非礼勿听，非礼勿言，非礼勿动。"颜渊曰："回虽不敏，请事斯语矣。"（《论语·颜渊》）

如果把"仁"局限在道德的范畴内进行解读，这段话几乎和上面的论述风马牛不相及。礼的确是道德的形式界定，但是，礼并不是道德本身。

因此，把"仁"说成是道德界定，实在有些牵强附会。

　　　　子曰："刚、毅、木、讷，近仁。"（《论语·子路》）
　　　　子曰："巧言令色，鲜矣仁。"（《论语·阳货》）
　　　　司马牛问仁。子曰："仁者，其言也讱。"曰："其言也讱，斯谓之人已矣？"子曰："为之难，言之得无讱乎？"（《论语·颜渊》）
　　　　"仁者先难而后获，可为仁矣。"（《论语·雍也》）

　　这四句话是在说实实在在地去做，而不是花言巧语地去说。先要付出艰苦的劳动，而后才能获得收益。这些行为也被孔子列为"仁"的范畴。

　　　　子张问仁于孔子。孔子曰："能行五者于天下为仁矣。"请问之。曰："恭、宽、信、敏、惠。恭则不侮，宽则得众，信则人任焉，敏则有功，惠则足以使人。"（《论语·阳货》）
　　　　樊迟问仁。子曰："居处恭，执事敬，与人忠。虽之夷狄，不可弃也。"（《论语·子路》）
　　　　子贡问为仁。子曰："工欲善其事，必先利其器。居是邦也，事其大夫之贤者，友其士之仁者。"（《论语·卫灵公》）

　　这三段话都是在说要想做到"仁"就要贯彻这些行为准则。其中，庄重（恭）宽厚（宽）诚信（信）敏捷（敏）施惠（惠）的结果都是落实在与他人的良好关系上。庄重就不会受到侮辱，待人宽厚就会得到他人的拥护，诚实讲信用就能够得到别人的任用，施行恩惠就能使唤动人。
　　这第二句话则说的是居家时容貌态度端庄，办事严肃认真，替人做事要用忠心，就是到了夷狄这样的外邦那里这一切也适用。可见还是在讲人与人之间的关系。
　　这第三句话寓意十分深刻。它先借工匠生产高质量物品的条件作比喻，来说明君子行仁的重要性。工匠要做好自己的本职工作，首先就要把自己的工具准备好。那么，君子在某一个邦国，最重要的事就是要搞好那里的人事关系。尊重大夫中有贤德的人，要和那些有人缘的人交朋友。这就是"仁"。

这三句话对于理解"仁"这个重要概念，完全能够起到画龙点睛的作用。"仁"就是指人与人之间的和谐关系。那么，有了这种认识，再来看以上例证的表面分歧，我们就一点也不会感到奇怪了。设身处地的忠恕原则肯定对于人际关系至为重要。在孔子所处的春秋时期，尊重礼节，严于律己，以礼行事，绝对是调节人际关系的灵丹妙药。当然，多做实事，少说空话，也能取得他人的信任。于是，当樊迟问孔子什么是"仁"时，孔子回答道："爱人。"这两个字并非"仁"的全部内涵，只是其外延的一部分，是搞好人际关系的一个方法而已。把"仁"只简单地归结为"爱"，实在是太有点肤浅了。

这种理解"仁"的方式，和杜维明先生关于"仁"的解读有异曲同工之妙。① 杜先生借训诂学的启示，把"仁"理解为"人"和"二"的结合，即众人或者多人的含义，或称人际和谐的含义。《论语》中的一句话只有用这种方式解释，才能说得通："人而不忍，如礼何？人而不仁，如乐何？"（《论语·八佾》）根据陈来先生对礼和乐的理解，礼讲究等级秩序，乐讲究人际和谐。② 这句话依据"仁"与礼乐的关系，只能解释为：人如果不能实现人与人之间的和谐，礼有什么用呢？乐又有什么用呢？

众所周知，伦理规范和伦理原则是调整人与人关系的群体准则。在儒家看来，伦理是预防天下、国与家世风日下，礼崩乐坏，犯上作乱，道德衰落的唯一途径。于是，"仁"这个概括良好人伦关系的语词应运而生。③

---

① 见杜维明：《杜维明文集第二卷》第一部分：《儒家伦理学的讨论》，第 8～110 页，武汉出版社 2002 年版。

② 陈来：《古代宗教与伦理》第六章：《礼乐》，第 288 页，台北允晨文化实业股份有限公司 2005 年版。

③ 文中曾经引述王弼注《老子》的"天地不仁，以万物为刍狗"中对"仁"的解释："天地任自然，无为无造，万物自相治理，故不仁也。"由是可见，"仁"指的是相互之间的和谐关系。

这就真正从这个字的本来意义上揭示了它在儒学体系中的作用和地位。其他有关儒学的重要概念，都是围绕伦理本体化和伦理普遍化而设计的。因此，我们可以毫无疑义地说，"仁"的确是入学的核心和枢纽。但是，只把它解释为某种特定的伦理规范，如"爱"，"美德"，"忠诚"，"行礼重义"，等等，那则是以偏概全，或称是本末倒置。

"仁"的基本含义是人际之间的和谐，当它用于非现实中的人时，就可能转化为受人称道或者受人赞赏的用法。例如，"冉有曰：'夫子为卫君乎？'子贡曰：'诺，吾将问之。'入曰：'伯夷、叔齐何人也？'曰：'古之贤人也。'曰：'怨乎？'曰：'求仁而得仁，又何怨？'出曰：'夫子不为也。'"（《论语·述而》）冉有问子贡，孔子能帮助卫出公吗？子贡到孔子那里问伯夷和叔齐是什么样的人？孔子回答他们是古代的贤人。子贡又问他们抱怨自己的命运吗？孔子回答他们追求仁的境界，而又获得了，怎么会抱怨呢？子贡出来后说，孔子不能帮助卫出公。这段话暗含着深刻的隐喻。卫君即卫出公。卫出公是卫灵公的孙子，名辄。他的父亲是蒯聩。蒯聩得罪了卫灵公的夫人南子，出逃晋国。卫灵公死后，辄被立为国君。蒯聩回国与儿子争位。这和伯夷与叔齐相互让位的事，形成鲜明对照。这其中隐含着对伯夷与叔齐之间和谐而又亲密的关系的赞赏和羡慕。这足可以证明，我们对"仁"的解读更为合理。

我们已经论述了君子是儒学的核心概念。那么，"君子"和"仁"构成的命题，即"君子是能够实现仁的"，就是儒学的核心命题。下文将对此进行详尽论述。

和"仁"这个概念平行的概念，可以在两个层次上来理解。从行为类型上，孔子认为"道"、"德"、"艺"此三者和"仁"处于同一个平面。"子曰：'志于道，据于德，依于仁，游于艺'"（《论语·述而》）。关于"道"，《大学》第一章既有明确无误的解释，又有脉络清晰的例证："物有本末，事有终始，知所先后，则近道矣。"第三章还有一句话："如切如磋者，道学也。"《大学》的第一句话就是："大学之道，在明明德，在亲民，在止于至善"。做事从本到末，从始到终，秩序不差，步骤不错，即为道。或者说"道"是实现目标的必然过程。《大学》的"道"就是首先要"明明德"，其次要更新人民的思想意识，从而达到完善的程度。用现代哲学术语来解释，就是方法论原则。儒家的方法论原则最核心的就是"中庸"。这是个需要深入探索的概念，我们留待下文。关于"德"的解释与理解，并不像"道"那么直截了当。从朱熹对"明明德"的注释中，我们完全能够看出点"德"的端倪："明德者，人之所得乎天，而虚灵不昧，以具众理而应万事者也。"（《四书集注》）"德"即从天所得却合于民心的精神财富。①《大学》第十章中有这样的话："是故君子先慎乎德。有德此有人，有人此有土，有土此有财，有财此有用。"朱熹的解释则是："先慎乎德，承上文不可不慎而言。德，即所谓明德。有人，谓得众。有土，谓得国。有国则不患无财用矣。"（《四书集注》）一言以蔽之，"德"即精神上的收获，具体说即得天意和得民心。《论语·卫灵公》中的那句名言"巧言乱德。小不忍，则乱大谋"，朱熹的注解为："巧言，变乱是非，听之使人丧其所守。"则无疑是把"德"理解为"得"。"德"与"得"的区别，韩非倒是有言简意赅的说明："德者，内也。得者，外也。"（《韩非子·解老》）这和本书的理解完全吻合。《中庸》第二十章有"知、仁、勇三者，天下之达德也。"这里的"德"变成了比"仁"更高一个层次的范畴。这说明到儒者写作《中庸》时，可能更强调为了政治上的成功必须更广泛地获得民心。不过，"德"的确和"仁"有内在相通之处，仔细研究，就会发现"仁"拥有主动进取获得人际和谐的意味。这也可能是孔子对"仁"情有独钟的原因。"艺"是指孔子教授学生的六种技术，包括"礼"（礼仪）、"乐"（音乐）、"射"（射箭）、"御"（驾车）、"书"（文字）、"数"（计算）。把孔子这句话综合在一起来分析，"志于道，据于德，依于仁，游于艺"此四者，其实是孔子教学的内容。但在重要程度上，肯定不能等量齐观一概而论。

---

① 郝大卫与安乐哲亦将"德"解释为"得"。见《孔子哲学思微》第173页，"这就是'德'的'得'或'占有'方面"。

在人格类型上和"仁"并列的则见于"知、仁、勇三者，天下之达德也"（《中庸》第二十章）和"知者不惑，仁者不忧，勇者不惧。"（《论语·子罕》）前者是说智慧、人缘和勇气是上天赐给的禀赋。这其中也可看出"德"和"知仁勇"的交叉。更加证明了"德"不是一个道德范畴。后者是对三种类型人格的肯定。知者即先天决定的聪明的人，这样的人没有疑惑。如舜就是大知者："舜其大知也舆？舜好问而好察迩言。隐恶而扬善，执其两端，用其中于民。"（《中庸》第六章）勇者即勇敢无畏的人，当然这样的人什么都不惧怕。仁者不忧，就是指人缘很好察迩言。隐恶而扬善，执其两端的人不会忧愁。

从以上的分析可以看出，和"仁"平行的概念并不属于道德的范畴。

既然"仁"是一个统称的伦理概念，即一个类概念，那么在它的麾下，就应该有一个伦理行为原则的集合。在这个集合之内，必然有若干个隶属于"仁"这个伦理范畴的个体概念。其中最为典型的包括：孝、悌、忠、信、礼、义，等等。我们分别进行论述。

孔子，甚至是所有儒家的学者，几乎都对"孝"有充分的论述、解释和规定。《论语》中不胜枚举。孔子曾经给出了几个近乎于"孝"的定义之类的命题："子曰：'武王、周公，其达孝矣乎。夫孝者，善继人之志，善述人之事者也'"。又说，"贱其位，行其礼，奏其乐，敬其所尊，爱其所亲，事死如事生，事亡如事存，孝之至也。"（《中庸》第十九章）这是政治上的继承和权力关系上的继承，被孔子称为"达孝"与"孝之至也"，即最大的孝和最高的孝。有了这样的思想准备，再来看关于子女对父母的情感关系中体现的所谓"孝"，其实就是一种类比，一种预演，一种同构了，即孝顺父母是为了培养对社会等级制度的服从。当然孔子对家庭关系中的孝也作了与政治关系中的"孝"大致相同的定义："子曰：'父在，观其志；父没，观其行；三年无改于父之道，可谓孝矣。'"（《论语·学而》）它更多的是从外延的角度来阐述。例如："孟懿子问孝。子曰：'无违。'樊迟御，子告知曰：'孟孙问孝于我，我对曰"无违"。'樊迟曰：'何谓也？'子曰：'生，事之以礼；死，葬之以礼，祭之以礼'"。（《论语·为政》）又如："孟武伯问孝。子曰：'父母唯其疾之忧。'"（同上）再如："子游问孝。子曰：'今之孝者，是谓能养？至于犬马，皆能有养。不敬，何以有别？'"（同上）加之："子夏问孝。子曰：'色难。有事，弟子服其劳；有酒食，先生馔。曾是以为孝乎？'"（同上）这些足够我们理解"孝"所包含的伦理行为准则了，即对父母的尊敬，爱恋，赡养，怀念，继承等相当具体的道德规范。但是，这只是"孝"的直接内涵和外延，它还包括隐喻的内涵和外延。"君子不出家而成教于国。孝者，所以事君也。"（《大学》第九章）君子在家遵守孝道是为了演习对君主的顺服和忠诚。这种伦理的泛化才是儒家的根本道义和儒学被缔造成宗教的原因所在。儒学的伦理概念中当然也包括"慈"，一种长辈对晚辈，甚至上级对下级的关爱。"为人父，止于慈"（《大学》第三章），则为前者："季康子问曰：'使民敬、忠以劝，如之何？'子曰：'临之以庄，则敬；孝慈，则忠；举善而教不能，则劝。'"（《论语·为政》）后者的"慈"显而易见包括对下级的态度。然而，"慈"在儒家的伦理原则中并不是十分重要的，出现的次数也不多。这里有一个前提，即或是父辈不慈，晚辈也不能不孝。儒家对于舜的赞扬就是明证。[①]

"悌"，"弟者，所以事长也。"悌，就是对于同辈分的长者也要尊敬和顺服。它和孝是同样具有隐喻的内涵和外延，即泛化为社会上对于比自己官职高和比自己年龄长的人的尊敬和顺服。

关于"忠"则有两种不同的语境使其意义略有差别。当把"忠"用于百姓和臣子对政治权势的忠诚时，此时，"忠"则是"孝"的泛化。孔子直截了当阐明了这种从家到国的道德演变。"或谓孔子曰：'子奚不为政？'子曰：'《书》云："孝乎！惟孝，友于兄弟。"施于有政，是亦为政，奚其为为政？'"（《论语·为政》）孔子把"孝"称为一种政治，这就导致了把对父母的敬意和爱护直接转为对君王和高官的敬意和爱护。因此，对于国君或者比自己地位高的官吏的"孝"就叫做"忠"。例如，"季康子问：

---

① （汉）司马迁撰：《史记》，第32页，三家注本，中华书局1973年版。

'使民敬，忠以劝，如之何？'子曰：'临之以庄，则敬；孝慈，则忠；举善而教不能，则劝。'"（同上）"忠"当然还包括恪守承诺的含义。在这个意义上，"忠"往往和"信"同时出现。"信"当然和今天的诚实以及言而有信等是一脉相承的。

"曾子曰：'吾日三省吾身：为人谋而不忠乎？与朋友交而不信乎？传不习乎？'"（《论语·学而》）再如："子曰：'君子不重则不威；学则不固。主忠信。无友不如己者。过，则勿惮改。'"（同上）孟子则是把"孝悌忠信"放在一起，变成了一种并列的道德规范："君子居是国也，其君用之，则安富尊荣；其子弟从之，则孝悌忠信。"（《孟子·尽心上》）孔子对于人民信任政治权力是社会兴旺的本质力量有深刻认识，这一点也难能可贵："子贡问政。子曰：'足食，足兵，民信之矣。'子贡曰：'必不得已而去，于斯三者何先？'曰：'去兵'。子贡曰：'必不得已而去，于斯二者何先？'曰：'去食。自古皆有死，民无信不立。'"（《论语·颜渊》）这是对"信"的最高信仰。宁肯不吃饭去死，但是，人民的信任不能不顾。

"义"在儒学中也经常出现。它的意义似不难理解。"义者，宜也，尊贤为大。"（《中庸》第二十章）义就是合适，合宜，合规范，合常识。这显而易见是一个对于行为状态和行为结果之间关系的描述，与事先设定的结果吻合就是合适，或合宜。于是，在没有明确说明什么样的结果之前，这等于没有作判断。因此，后边的"尊贤为大"，不仅是指出了最大的"义"是什么，而且给它加了内涵。孟子也做过相应的界定："亲亲，仁也；敬长，义也；无他，达之天下也。"（《孟子·尽心上》）有的时候需要我们在具体语境中去为它加上具体的所指。如，"子曰：'君子之于天下也，无适也，无莫也，义之舆比。'"（《论语·里仁》）君子对于世界上的事情，没有一定要怎么做，没有一定要不怎么做，而是怎样合于义就怎么做。如果不给出什么是义，这就是一个同义反复，或者说它是没有意义。就只能做合于情理解。又如，"子谓子产：'有君子之道四焉：其行己也恭，其事上也敬，其养民也惠，其使民也义。'"（《论语·公冶长》）这里的"义"和上边的情况相同。"子曰：'君子喻于义，小人喻于利。'"（《论语·里仁》）这里的"义"当和"利"对比之后，它是由语境赋予的意义。

孟子是一个杰出的语言大师。他常常运用高超的修辞笔法把事理和情理说得淋漓尽透，讲得活灵活现。"义"在他的笔下，借助于比喻而变成了一种工具性价值。孟子说："欲见贤人而不以其道，犹欲其入而闭之门也。夫义，路也；礼，门也。惟君子能由是路，出入是门也。"（《孟子·万章下》）又说："仁，人心也；义，人路也，舍其路而弗由，放其心而不知求，哀哉！"（《孟子·告子上》）这里的路肯定是精神成长之路。故孟子又说："至于心，独无所同然乎？心之所同然者何也？谓理也，义也。圣人先得我心之同然耳。故理、义之悦我心，犹刍豢之悦我口。"（同上）于是，就不难理解鱼和熊掌选择的著名段落了："鱼，我所欲也；熊掌，亦我所欲也；二者不可得兼，舍鱼而取熊掌这也。生亦我所欲也；义亦我所欲也；二者不可得兼，舍生而取义者也。"（同上）这样，"义"，就在孟子的普遍语用学[①]的学术范式中，获得了超越性的凸显，变成了他所规范和界说的儒家的精神境界。在这里，"义"不仅已经和"仁"平起平坐，甚至大有囊括"仁"的语意内涵之势。这就是后来《三国演义》中极力宣扬和推崇的"义"的精神。刘备、关羽、张飞桃园三结义的故事之所以成为千古佳话，数百年经久不衰，其始作俑者就在于此。

在孟子的著作中仍然保留着"义"作为"敬长"与"合宜"的用法。例如，"是君臣、父子、兄弟终去仁义，怀利以相接，然而不亡者，未之有也，先生以仁义说秦楚之王，秦楚之王悦于仁义，而罢三军之师，是三军之士乐罢而悦于仁义也，为人臣者怀仁义以事其君，为人子者怀仁义以事其父，为人弟者怀仁义以事其兄，是君臣、父子、兄弟去利，怀仁义以相接也，然而不王者，未之有也。"（《孟子·告子下》）

"礼"这个概念成为一种伦理规范，也许在任何国家都是不可思议的事。孔子所说得"六艺"就包括"礼"，因此，"礼"只是一种技术。由技术层面上升到理念的层面，变成了一个道德的范畴，并不是孔子的发

儒学的结构分析

---

① （汉）司马迁撰：《史记》，第32页，三家注本，中华书局1973年版。

明，而是有着相当长的历史渊源。《尚书·皋陶谟》说："无教逸欲，有邦兢兢业业，一日二日万几。无旷庶官，天工，人其代之。天叙有典，敕我五典五惇哉！天秩有礼，自我五礼有庸哉！同寅协恭和衷哉！天命有德，五服五章哉！天讨有罪，五刑五用哉！政事懋哉懋哉！"① 译成白话文则为：治理国家的人不要贪图安逸和私欲，应该兢兢业业，因为，情况瞬息万变。不要虚设那些不必要的职位。上天规定了人与人之间的伦理秩序，即父义、母慈、兄友、弟恭、子孝，我们要使这五种关系维持下去。上天还规定了人的尊卑等级，我们就要推行天子、诸侯、卿大夫、士和庶人这五种必须遵循的礼节。……可见"礼"是中国历史上彰显、证明和突出合法性的象征。当这种象征变成了工具化的形态时，就会在历史的积淀中获得某种神圣性和超越性。在禹的时代（如果存在）"礼"还是一种政治，到了孔子的时代，它就不仅变成了一种伦理，更是变成了一种信仰。

"礼"的作用在《论语》中有大量阐述。"礼之用，和为贵。先王之道，斯为美；小大由之。有所不行，知和而和，不以礼节之，亦不可行也。"（《论语·学而》）这是在说"礼"的继承性和其整体效果。"道之以政，齐之以刑，民免而无耻；道之以德，齐之以礼，有耻且格。"（《论语·为政》）孔子在这里提出了一个在中国文化中最重要的概念之一，即耻辱感效应。这就是伦理本体化的要义，即用伦理规范来批量复制社会大众，道德约束成为了心理要素，从众心态成为了人与人之间相互攀比的动力因素，社会便在"礼"的无形绳索中整合起来了。因此，绝对不可小看人文技术性的"礼"在中国政治生活中的作用和地位。这是中国文化的神秘和神奇之处。非国人总是隔靴搔痒不解真谛。

孔子是真正懂得"礼"的象征性和现实性效果的人。当孔子听说鲁国的季孙氏在家里上演天子的"八佾"舞时，怒不可遏地说："'八佾'舞于庭，是可忍也，孰不可忍也？"（《论语·八佾》）可见孔子清清楚楚地知道，用天子之舞，就有僭越天子之心。

---

① 《尚书》，第64页，钱宗武、江灏译注，周秉钧校，台北地球出版社1994年版。

对于"礼"的形式要求，孔子并不十分苛求。"林放问礼之本。子曰："大哉问！礼，與其奢也，宁俭；丧，與其易也，宁戚'。"（同上）当子贡想不用告朔的活羊时，孔子则说："赐也，尔爱其羊，我爱其礼。"（同上）。可见孔子深知"礼"的内涵。孔子对待君主尽礼的程度他自己都知道已经到了有点像谄媚求荣的地步："事君尽礼，人以为谄也。"（同上）孔子这种对礼的信仰，是和后来儒学发展成孔教有直接关系的。

但是，和"义"相比，"礼"只是在隐喻的层面发挥着对于后来中国文化的潜移默化作用，换句话说，礼变成了世世代代维护中国式的等级制度的观念模型，而"义"却变成了中国社会整体化需要的话语权力。"不讲义气"成为了中国社会指责那些离经叛道的个体化异端者，"讲义气"就是维护整体性的无形命令。这一隐一显的伦理概念都在以踪迹①的形式发挥着巨大的整合中国社会的功能。

儒学中有一个概念，十分特殊，它是在儒学成长的过程中确立了自己的地位的。这就是"诚"。儒学的发端毫无疑义要定位在《诗经》，《尚书》，《尔雅》这些典籍的形成期。但是，同样毫无疑义，《论语》肯定是儒学的高峰，即陈来先生所定义的"儒"的内涵和外延成熟的确定时期，②它肯定是无可争议的制高点。这既有历史的本来面貌，也有历史社会学的视界融合和效果历史③这两个方面的原因。《论语》之后，即是《孟子》登场，然后才是《中庸》和《大学》。至此，作为原始儒学的经典就已经完成。现在通行的观点则是"《大学》原是《礼记》中的一篇，可能作于战国时期，写定于秦统一全国以后不久。"④ 《中庸》中有这样的句子："今天下，车同轨，书同文，行同伦"（第二十八章），这说的是秦始皇统一六国之后的情况。这足可以证明《中庸》成稿于秦统一中国之后。"诚"

儒学的结构分析

———————————

① "踪迹"是法国后现代主义哲学家德里达哲学的最显赫术语。我们在下文中将用大量篇幅说明其在解读儒学和孔教中的作用。

② 见陈来：《古代宗教与伦理》第八章：《师儒》，第366页。

③ 迦达穆尔：《真理与方法哲学诠释学的基本特征》第一卷，洪汉鼎译，上海译文出版社2004年版。

④ 见《四书文萃馆》第3页，林松等译注，台湾古籍出版有限公司2004年版。

这个概念，在《论语》中并没有出现。在《孟子》中偶尔有之，但和后来的意义不尽相同。而在《大学》和《中庸》中，却比比皆是。抓住这个线索，我们可以断定"诚"在原始儒学成熟的过程中，是给这场伟大的戏剧画龙点睛的压轴之作。

《论语》中"诚"似乎只出现一次，还是引用《诗经·小雅》的一篇《我行其野》中的两句话："诚不以富，亦祗以异。"（《论语·颜渊》）这首诗写的是一个远嫁他乡的女子，对其丈夫喜新厌旧的愤慨。"诚"作"确实"解。但是，《论语》中却有"成"。"君子成人之美"，（《论语·颜渊》）"非求益者也，欲速成者也，"（《论语·宪问》）"志士仁人，无求生以害仁，有杀身以成仁。"（《论语·卫灵公》）这里的"成"当然作"成全"，"完成"，"成就"等解。这是和"成"的训诂意义相一致的。"成"的字形是一个象形字，它是由一个"丁"扛一个"戈"构成的象形字。戈代表一种兵器，丁则代表壮年的男子。"成"加"言"以成"诚"。这样形成的形声字究竟是"成人说"还是"讲成人的话"，我们就不得而知了。

在《孟子》中有若干个地方出现"诚"字。如，"然！诚有百姓者。"（《梁惠王上》）"以德服人者，中心悦而诚服也，如七十子之服孔子也。"（《公孙丑上》）"然。是诚在我。"（《滕文公上》）这里的"诚"都当"确实"讲。这可以说是"诚"的本义。

在《大学》第九章中有一句话，使用了"诚"字："《康诰》曰：'如保赤子'。心诚求之，虽不中，不远矣。未有学养子而后嫁者也。"大意是：《康诰》上说："如同保护婴儿"（一样地保护人民）。诚心实意地努力去做，虽然不能说尽善尽美，相差也不会太远。没有先学会养育孩子再去出嫁的人啊。

《孟子·滕文公上》中也有一段话：

夷子曰："儒者之道，古之人若保赤子，此言何谓也？之则以为爱无差等，施有亲始。"

徐子以告孟子。

孟子曰："夫夷子信以为人之亲其兄之子为若亲其邻之赤子乎？彼有取尔也。赤子匍匐将入井，非赤子之罪也。且天之生物也，使之一本，而夷子二本故也。"

将其翻译过来，如下：

夷子说："儒家的学说认为，古代君王（爱护自己的百姓）像爱护婴儿一样，这句话的含义是什么？我认为人类之爱没有等级差别，要施行必须从父母开始。"

徐子将这些话转告给孟子。

孟子说："夷先生真的认为人们爱自己的侄子会跟爱邻居的婴儿一样吗？他只不过根据这一点罢了：婴儿在地上爬行，快要摔到井里，这绝不是婴儿自己的罪过。而且，天生万物，只有一个根本，而夷先生偏偏认为是两个根本。"

夷子是墨家学派的人，主张兼爱。他所说的"若保赤子"毫无疑义来自于上文引述的《康诰》。夷子则是说君王爱自己的臣民和爱自己的孩子应该是一样的没有差等的兼爱。要想实现这一点，作为父母的人就应该爱别人的孩子像爱自己的孩子那样。孟子则是说"亲亲之杀"这是天性。即或是像救即将掉入井里的孩子，其爱心也像父母爱自己子女一样。因此，只要坚守住自己的天性就是最大的道义了。

《康诰》的原文则是："呜呼！封，有叙时，乃大明服，惟民其敕懋和。若有疾，惟民其毕弃咎。若保赤子，惟民其康乂。"翻译过来则为："唉！封，能够顺从这样去做，就大明上意，心悦诚服；人民就会相互告诫，和顺相处。看待臣民犯罪，就像自己生了病一样，臣民就会完全抛弃罪恶；保护臣民，好像保护小孩一样，臣民就会幸福安定。"[1] 这是一种比

儒学的结构分析

---

① 引文参考了《尚书》第339页，钱宗武与江灏译注，台北地球出版社1994年版。

喻，并不是说保护臣民就是天性。

但是，无论是《孟子》还是《大学》引述《康诰》的解释，都在某种意义上加入了自己的理解，即天性是不可违抗的。要诚心诚意地保护自己的天性，"诚"在此获得了狭义的用法，即恪守自己的天性。这就成了"诚"的新意义。这其中我们的确是看见了保罗·利科所说的隐喻的意义①再生作用。这一发现将大大有助于我们对儒学的深入研究。

还有一个概念，就是"中庸"。程子对于"中庸"有明确的定义："不偏之谓中，不易之谓庸。中者，天下之正道；庸者，天下之定理"（《四书集注》）。理解这个定义一定要结合"诚"。既然"诚"是对自我天性的认识和持守，那么，不偏就是不偏离天性，不易就是不变化天性。我们将在下一节中对此展开论述。

3 预设与公理

公理体系的开拓者和典范当然是古希腊的欧几里得几何学。我们在这里所说的儒学的公理肯定不能像欧几里得几何学那样严整和顺畅。但是，孔子所确立的儒学经过我们的原子化分解，就会从中找出一些规律性的东西，确立其中的意义关联和结构秩序。所谓儒学的公理就是它的逻辑起点，这和欧几里得的几何学公理体系在本质上是相同的和相通的。称儒学的逻辑起点为公理，这其中多少有一点借喻和隐喻的成分。

任何学科都是由命题构成的。命题是具有真假值的语句。任何一个知识体系都要经历以下步骤才能构造出来、完善起来：第一，定义属于自己特定知识体系的概念，就像我们在上文中所做过的那样；第二，用这些概念构造命题，表达自己的核心理念和主要意义；第三，证明自己的特定命题的真与假。这就是知识体系的必要而又充分的程序原则。但是，构造知

---

① 保罗·利科：《活的隐喻》，汪堂家译，第150页，上海译文出版社2004年版。

识体系，不能从知识的零起点展开，不能完全自我满足，它要有简单的被人们相信为绝对真实的常识知识作为论证的起点和论证的先决条件。这些论证的起点和论证的先决条件，在逻辑中被称为预设（presupposition）。预设在 20 世纪 50 年代是逻辑学研究的重点之一。它的一些规律和推演程序基本上清楚了。预设基本上可以简单地定义为不管被预设的命题是真还是假，而预设其他命题的命题则永远真。它们的命题体系必然有预设条件，即一些被该体系认定为无须去证明的前提。这是所有知识体系必备的条件。儒学当然也不例外。我们就是在这个意义上来分析儒学的公理体系的。

有了上面的知识准备，我们不难在儒学浩如烟海的文献中确立它的预设条件和类似于几何学公理那样的命题。

儒学的经典中的确有一个必须真实的命题存在于任何儒学思想体系中。这是儒学接受历史传承给它的神秘遗产，这就是对于"天"的绝对信仰。这种对于"天"的信仰有两大特征：其一是"天"既是一个实体性范畴（"天将以夫子为木铎"，"天生德于予"等语句中体现的所指）又是一个系统性范畴（"有天民者，达可行与天下而后行之者，""天民"显而易见指一种生存的氛围，即系统），这就是说，对"天"的崇拜既无位格也不具体。这就和基督教的一神崇拜严格区分了开来。同时，这种崇拜由于"天"的系统性而变得是全方位和全息性的，只要呼喊着"天"和意识着"天"就完全把语意内涵（即对于"天"的求助和检讨）表达出来了。其二是"天"既是潜意识化的又是互渗性的。也就是说，"天"这个范畴在儒学以及后来中国人的信仰体系里，总是潜伏在人们的深层意识中，不知不觉发挥作用。与儒家势不两立的墨子一针见血地指出了儒家关于"天"的这种互渗性，墨子说："儒以天之未不明。"[①] 朱熹的《四书集注》对孔子的"五十而知天命"所作的注解把这种潜意识性和集体表象性说得很透彻："天命即天道之流行而赋予物者。乃事物所以当然之故也。知此则知

----

① 《墨子校注》：第 436 页，吴毓江、孙启治点校，中华书局 1993 年版。

儒学的结构分析

极其精，而不惑又不足言矣。"这第一句话（"天道之流行而赋予物者"）不正是列维－布留尔①所说的原始人的互渗律如出一辙吗？最后那句话"又不足言矣"不正是潜意识的另一种说法吗？

对于我们在上文的分析和张光直先生的看法有不谋而合之处："《诗经·大雅·云汉》'昊天上帝，则我不遗。胡不相畏？先祖于摧！'把'上帝'与'先祖'当作两个对立的观念。这一意义的'天'字（没有位格，没有确定所指，只是代表超越性和神秘性——引者），始现于《周书》与《周颂》，以及成康时代的金文，如《大盂鼎》：'丕显文王，受之于天命。'成康之后，金文中的'王'字，逐渐为'天子'所取代。"②

"天"是一切因果关系的终极因和世界先定和谐的初始态。这就是意识形态化的儒学的预设条件。当然也是后来被董仲舒等人制造成孔教的预设条件。

一个没有位格的"天"除了被皇权垄断成为了合法性的背景之外，"天"还有堕落为自然神论的趋势。儒家选择了"父子关系"作为人伦的标本，就是这种自然神论的必然结果。由于父子关系是一种自然传递的历时机会均等的伦理范式，即在这种生物传递链条上的任何一个人，都会有机会成为家庭结构中的强势者，这种父子关系是一种稳态的历时结构。孔子所说的"君君、臣臣、父父、子子"的类比，其实是以父子关系的自然传递性和历时机会均等的博弈模式作为其最根本的保证的。那么，我们反过来又可以推导出敬天法祖是儒家和孔教的必然要求。儒家对于孝道的强调同样也是这种思想的必然产物。这样，"天"是一切因果关系和世界先定和谐的初始态这一命题作为预设条件，既是必要的又是充分的。

儒学除了上述的预设条件，还有三个命题是它推导其理论体系的出发点。它们很像是几何学的公理③，我们姑且这样称呼。

---

① 列维－布留尔：《原始思维》，丁由译，第 155～279 页，商务印书馆 1985 年版。

② 张光直：《中国青铜时代》，第 417 页，生活·读书·新知三联书店 1999 年版。

③ 关于本节中所论述的三条公理，严格考查的结果，证明它们之间的确没有交集，符合互补原则。这样开宗明义成为公理，能较好地解释这些特殊命题的特殊作用。

第一个公理：天下、国和家庭的同构原则①。世界上有三件事物，或称三个组织化的人类群体，即天下、国和家庭在组织方式和管理原则上是同构的。这在我们上文的论证中已经有所渗透，但并没有详尽展开。天下的地理范围和社会范围是一个历史性的概念，即使用者在特定时刻所能了解的华夏民族权力所到之处和所辖之处。中国原始国家的形态，据文字记载是起自于尧舜禹等政治强人和原始国家夏朝（如在《尚书》中记载）的统治时期，即有实物又有文字记载则始于殷商，这由甲骨文的考证为据。自殷商起，天下的地理范围和社会范围就有了较为明晰的轮廓，即连接着黄河流域等大片土地和以陕西与河南等中原地区的广袤土地和生息在那里的人民。国，则指由周朝的最高统治者分封的诸侯国，或称邦。我们上文对此已有明确的界定。② 但是，这只是就儒学的学术范围来讲的，而不是说诸侯国是周朝的独特政治制度。早在商汤建立的政治模式中，就已有关于国或邦的记载。如《尚书·汤诰》中就有下面的话："凡我造邦，无从匪彝，无即慆淫，各守尔典，以承天休。"翻译过来，即为：凡是我建立的诸侯国，不要遵从不按常规的法则，不要过分追求享乐，要各自遵守你们的常法，接受天赐的吉祥。③ 可见儒学关于"国"的理解和解释，是对历史的继承。

关于"家"在统治天下中的作用，同样不是儒家兴起的时代所独创的管理原则。《尚书·伊训》篇有这样的话："今王嗣厥德，罔不在初，立爱惟亲，立敬惟长，始天家邦，终于四海。"这是伊尹教导太甲④的训词。大

---

① 关于"同构"，见霍夫斯塔特：《GEB——一条永恒的金带》，乐秀成编译，第21～42页，四川人民出版社1983年版。

② 见许倬云：《西周史》，第142页，生活·读书·新知三联书店1995年版。又见石约翰：《中国革命的历史透视》，第3～11页，东方出版中心1998年版。

③ 译文参考了《尚书》第150页，钱宗武与江灏译注，台北地球出版社1994年版。

④ 成汤去世以后，究竟由谁继位，历来有两种说法。《史记·殷本纪》说，汤死后，太子太丁还未立为王就死了，于是，就立太丁之弟外丙，号为帝外丙。继位三年，外丙离世，又立外丙之弟中壬为王，是称帝中壬。四年后，帝中壬又离开人世，遂立成汤嫡孙太甲为王。《孔传》则说成汤死后，太甲即立。今从《史记》，参阅《尚书》，钱宗武与江灏译注，台北地球出版社1994年版。

意为："当今的王继承先王的美德，没有哪个帝王不是在初继帝位时就开始了自己的有效治理的。树立友爱的风气要从亲近的人做起，树立尊敬的风气要从对年长的人做起。这样，开始在家邦实行，最终扩展到天下。由此可见，家与国的同构关系，甚至家与天下的同构关系，是中国人在建立原始国家时的管理原则。殷商是如此，周代当然也如此。

家与国的同构关系，在政治学上是中国人的一大发明。在一个相当漫长的历史时期中，应该说这是一个符合时代的政治制度和管理理念。管理天下的天子，要是不用那些诸侯国的管理者，在那种通讯和交通条件都十分恶劣的条件下，把他自己的政令和法度、规范和措施实施下去，是绝对不可能的。实施这种家与国同构的原则和理念，既包含着血缘的凝聚力，也包含着管理上的同构性。因此，我们说这是一个符合那个时代的历史唯物主义原则。当时的国，其范围从后人的论述中就可以看得清清楚楚。如孟子说："臣闻七十里为政于天下者，汤是也"（《孟子·梁惠王下》）。又如："文王犹方百里起，是以难也。"（《孟子·公孙丑上》）到了孟子生活的时代，情况就大不相同了。"万乘之国，弑其君者，必千乘之家；千乘之国，弑其君者，必百乘之家"（《孟子·梁惠王上》）。甚至是"以万乘之国伐万乘之国"（《孟子·梁惠王下》）。国的规模和家的规模都已经大大扩展了。量变引起质变的辩证法原则肯定在这里发挥着绝对的作用，还能按着家国同构原则来进行管理和治理已经变化了的政治局面吗？孔子处在春秋末期，这个时候正是诸侯国兼并的时期，也就是说诸侯国的发展呈现出极不平衡的状况，这是生产力水平决定的政治现象，是不以人的意志为转移的历史规律。到了孟子的时代，即将过渡到战国七雄的政治格局，诸侯国的不平衡状况就更为明显和更为突出了。这种新的历史现象是否还能用古老的那一套政治理念和政治措施来治理和管理呢？这是我们不得不思索的中国历史和中国学术的重大问题之一。

儒家在这历史的关键时刻，并没有深入思索这种古老的政治理念和政治措施的合理性和合目的性，而是千呼万唤，千叮咛万嘱咐，甚至是不遗余力不惜生命让历史回到那远古的状态，回到那管理好家族就能管理好国

42

的时代，回到那只要家兴国即兴，国兴天下即太平的时代。此一时彼一时也。

我们在《论语》和《孟子》中能找到许许多多这种语重心长的政治教诲。"子曰：'为政以德，譬如北辰，居其所而众星共之。'"（《论语·为政》）这不就是说得到天下认同的邦国就能成为一个大家长吗？"子张问：'十世可知也？'子曰：'殷因于夏礼，所损益，可知也；周因于殷礼，所损益，可知也。其或继周者，虽百世，可知也。'"（同上）周朝的政治模式不变，就是家和国，国和天下的同构原则不变。"子曰：'周监于二代，郁郁乎文哉！吾从周。'"（《论语·八佾》）这是孔子的誓言：周朝集夏商朝之大成，制度资源丰富多彩，我拥护周朝。

孟子在这方面的论述就更多了。我们仅举一例就够了："孟子曰：'以力假仁者霸，霸必有大国；以德行仁者王，王不待大——汤以七十里，文王以百里。以力服人者，非心服也，力不赡也；以德服人者，中心悦诚服也，如七十子之服孔子也。'"（《孟子·公孙丑上》）这是最典型的孟子式的论证方法。他既充分说明了家与国同构原则，天下与国与家的同构原则，又把孔子褒扬了一番，借孔子携门生的教育模式像一个大家庭来隐喻这世界本来就应该像汤所建立的国家，像文王所建立的国家那样来进行管理。

当《中庸》与《大学》出笼之后，情况就发生了本质的变化，天下、国与家的同构关系就不再是一种类比，而是变成了一种显然，同时，再加上一种刻意的论证。《大学》第九章中有一段名气甚大的把历史和逻辑结合起来的政治学论述，这是我们不能不深入分析的最好教材："尧舜帅天下以仁，而民从之；桀纣帅天下以暴，而民从之；其所令反其所好，而民不从。是故君子有诸己而后求诸人，无诸己而后非诸人。所藏乎身不恕，而能喻诸己者，未之有也。故治国在齐其家"。我们先来分析其中的历史事实。尧舜是否实行仁政，孔子和孟子皆是从传说中得知，其是否可靠不得而知（子曰："圣人，无不得而见之矣；得见君子者，斯可矣"。（《论语·述而》））。但是，桀纣，尤其是殷纣王帝辛的暴虐和残酷，则是历历

在目，栩栩如生，因为周朝为了树立自己的合法性必然是把这段历史述说得淋漓尽致。把尧舜和桀纣拿来对比，就是一种信息不等量的竞争。尧舜和桀纣的比较之后，就开始说明王者只有严格要求自己才能做天下人的表率，自己实施恕道，即按己所不欲勿施于人的原则行事，百姓才能效仿。这里又是一个离开具体语境的信息不等量的类比。统治者对于被统治者有生杀予夺的权力，违背了他的命令和意志就会遭到迫害和杀戮。而被统治者对于统治者却绝对不可能产生制约和压力。光靠道德说教和伦理约束不可能对统治者有一丝一毫的制约作用。（当然，儒学这样论述的确是基于自恰的预设条件，即人性是一体化的和本质善良的。这我们将在另一个儒学的公理中加以论述。）尧舜的时代即或是真的实行仁政，天下和谐与繁荣，这其中一定有人格因素之外的原因，诸如历史条件决定着当时社会的最大障碍并不是其他人类群体而是自然灾害，人类的种群数量要求人类必须和睦相处才能抵御其他生物种群的侵袭，以及人类物质享受的条件还没有那么充分，等等。夏桀和殷纣的暴虐和残酷，荒淫与无耻是他们人性变坏了还是人性本来就坏，只是看有没有变坏的环境和氛围？这在儒学中都没有充分考查和思索。只是中国的历史和传说的记载中有一个对后世影响十分巨大的初始信息，即尧舜禹是人格高尚的典范并且还是政治强人。这个初始条件就绝对了中国从此在政治学的建构中把统治者的人格高尚作为政治清明和廉洁的最高准则。但是，中国历史一次又一次地告诉我们，中国从来就没有盼望到哪怕是一个好皇帝。

现在我们再来做逻辑分析。这段话的最后一句是说，治理好邦国就要首先安定统治者自己的家。这个结论是不能从上面的论据中顺理成章推导出来的。一个人格高尚的人一定就能在家庭中把一家人都和和睦睦地团结在一起吗？这不是一个前提和结论完全一致的推导过程。舜在家中被其父虐待，他自己就算是一个人品超群的君子，但是，他的父亲不公道，不善良，他同样有处理不好家庭关系的可能。由此可见，这段可以说是论证家国同构的最好典范，但是，它在逻辑上是不自恰的。即便如此我们从中确实完全能够得出结论：儒学的预设条件和公理体系中，首要的一点就是天下与家庭，邦国与家庭是同构的。

正是孔子把原始的家–国同构，天下–家庭同构的直觉变成了一种制度性积淀。"齐景公问政于孔子。孔子对曰：'君君，臣臣，父父，子子。'公曰：'善哉！信如君不君，臣不臣，父不父，子不子，虽有粟，吾得而食诸？'"这绝非简单的类比，而是一种制度建构，也可以说是一种信仰和终极关怀。君要像父亲那样，臣就像儿子那样。齐景公说，要是不能实行家国同构的原则，不能让臣子尽儿子之道，他就连饭都吃不上。这是一种弱者的声音，弱者的哀号。至此，我想起了陈来先生在其《原始宗教与伦理》① 中，关于儒者的考证和推导："儒就是弱的代名词。"我缺乏历史社会学的知识和经验，只能作此推断而已。

孔子对于维护家庭的重要性，有时到了不近情理的地步。究其原因，就是孔子把家庭看作政治单元，而非生物因素。就如，"叶公语孔子曰：'吾党有直躬者，其父攘羊，而其子证之'。孔子曰：'吾党之直者异于是：父为子隐，子为父隐，直在其中矣。'"（《论语·子路》）这种心态，这种歪曲，这种谬误，要不是在政治信仰的高度来理解，是不可能获得圆满的解释的。

儒家学说由于强调家–国同构，天下与家庭同构，在权力传承关系上究竟是学员传承制，还是贤能传承制，儒学的解释就明显出现了混乱，甚至是悖论。上文我们引证了《孟子·万章上》中的一段话，其中心意义是孟子说明尧把权力传承与舜，舜把权力传承给禹，是上天的意志和安排；而后又说禹把权力传承于启，同样是上天的意志和安排。这里当然是逻辑悖论，只好假借人们无法把握和理解的上天来给自己的二律背反解脱。这同时是儒学情景化的根源之一。所谓情景化就是一种没有同一性的逻辑缺失。没有同一性也就是没有本体论承诺。②

孟子在回答万章的提问时，涉及舜和其弟象的关系。象是舜的同父异母兄弟，受其父亲指使，总想杀死舜。舜坐上帝位之后，处理象就成了难

---

① 见陈来：《原始宗教与伦理》，第343页。儒字的本义是柔。

② 见蒯因：《经验论的两个教条》和《论何物存在?》，载《从逻辑的观点看》，第1～44页，江天骥、宋文淦、张家龙、陈启伟译，上海译文出版社1987年版。

题。为了维护这种家国同构，天下家庭同构，孟子不得不走诡辩之路。我们摘引如下：

> 万章问曰："象日以杀舜为事，立为天子则放之，何也？"
>
> 孟子曰："封之也；或曰，放焉。"
>
> 万章曰："舜流共工于幽州，放欢兜于崇山，杀三苗于三危，殛鲧于羽山，四罪而天下咸服，诛不仁也。象至不仁，封之有庳。有庳之人奚罪焉？仁人固如是乎——在他人则诛之，在弟则封之？"
>
> 曰："仁人之于弟也，不藏怒焉，不宿怨焉，亲爱之而已矣。亲之，欲其贵也；爱之，欲其富也。封之有庳，富贵之也。身为天子，弟为匹夫，可谓亲爱之乎？"
>
> "敢问或曰放者，何谓也？"
>
> 曰："象不得有为于其国，天子使吏治其国而纳其贡税焉，故谓之放。岂得暴彼民哉？虽然，欲常常而见之，故源源而来，'不及贡，以政接于有庳'，此之谓也。"

像这样的诡辩可以说已经到了让人不能容忍的地步。除非在儒家绝对不能自圆其说的情况下，是不可能使用的。这里的逻辑混乱和玩弄辞藻的把戏实在是太明显了。究其原因，只能说儒家的这一政治学理念并不拥有真理的成分。这已经不是理性在发挥作用，而是一种信仰的力量。大概这就是儒家学说后来变成宗教的原因吧。

《大学》第一章的最后一段，还是说明家国同构和天下家庭同构的。而其逻辑关系就更有点离谱了。"《诗》云：'桃之夭夭，其叶蓁蓁；之子于归，宜其家人。'宜其家人，而后可以教国人。《诗》云：'宜兄宜弟。'宜兄宜弟，而后可以教国人。《诗》云：'其仪不忒，正是四国'。其为父子兄弟足法，而后民之法。此谓治国在齐其家。"《诗经》的这几段翻译成现代汉语大致如下：桃花鲜艳无比，桃叶嫩绿可爱；姑娘远嫁他人，全家老少欢快。第二句话则是：兄长开心，少弟愉快。第三句则是：仪表堂堂不凡，成为四方典范。依据这几句诗，就能够得出治国在于治好自己家庭吗？这种推理和论述充分体现了德里达所创造的两个哲学概念——延异和踪迹的认识论效果：踪迹是说语言中一旦形成了某种意义刻痕，就会一直存在下去，新的意义即或产生了，原有的意义会以踪迹的形式对于新的用法发挥影响；延异是说一个语词在语境的变化中既要延拓它的空间范围也会延拓它的时间尺度。《诗经》中的这几句话，都在表层上不包含着儒家家国同构的政治学含义，只是描述家庭和睦送女儿出嫁的愉快心情和兄弟之间的感情相通，最后那句只是在说人的仪表会产生某种心理效应而已。但是，语言中的某种搭配一旦形成，就会有价值固着现象。这就是中国成语能够有价值体现并能够在特定场合产生价值判断的道理。然而，我们不得不说，在政治学上的价值判断和语言的踪迹与延异现象并不能等量齐观。

第二个公理：政治峰巅人物和他所治理的家、国、天下是自相似①的。这种政治峰巅人物，无论是邦国的诸侯、天下的天子，还是家臣的主宰大夫，只要他们人格高尚，人品可信，操守上乘，伦理纯洁，那么，他所治理的天下、邦国、家庭都会和他们一样，必然拥有优良本质，人心思上，人心思进，人人友爱，各个守法，上下同心，天下、邦国、家庭就自然会歌舞升平，路不拾遗，家家富裕，人人开心。在儒学的典籍中，这种寓意比比皆是。《尚书》中带有这类寓意的话语不胜枚举。如，"天聪明，自我民聪明。天明畏，自我民明威。达于上下，敬哉有土。"（《皋陶谟》）这里的"达于上下"无非是在说，帝王才是和上帝相通的唯一枢纽。其中含有的帝王和其天下自相似的意蕴溢于言表。但是，真正把这条政治学原则变成现实化的教诲则是始自周公。可以毫无疑义地说，周公是这条政治学原

47

儒学的结构分析

---

① 自相似这个学术术语是借用分形集合的概念。分形集合是由美籍捷克人曼德勃罗创立的研究分数维现象的几何学。因为它的计算方法和演算结果不是线性的而是非线性的，又称非线性科学（还包括弧波现象和混沌现象）。曼德勃罗研究的结果证明：分形集合图形都具有它的元素（又叫分形元），总是和整个图形处于自相似的状态中。分形元的迭代最后一定是合成一个抄袭自己模样的整体性图形。因此，曼德勃罗用分形集合的最典型特征即自相似来定义这种图形。我们在此处所使用的自相似和曼德勃罗自相似的用法完全一致。也就是说，中国原始的政治学原则完全符合这种20世纪才发现的自然现象。

则的真正发明者。周公是真正的周朝政治合法性的建立者和捍卫者。他建
立合法性和捍卫合法性的最有力武器就是充分而又明晰地阐述周朝的开拓
者和殷商的失败帝王的根本区别就在于前者是把自己当成天下的表率，当
成整个国家的秩序和道德的发祥地。也就是用现代学术术语所说的自相似
原则。周公在《尚书·无逸》中有一大段论述是来说明这种帝王与天下的
自相似原则的："自时厥后立王，生则逸，生则逸，不知稼穑之艰难，不
闻小人之劳，惟耽乐之从。自时厥后，亦罔或克寿，或十年，或七、八
年，或五、六年，或四、三年。……呜呼！厥亦惟我周太王、王季，克自
抑畏。文王卑服，即康功田功。徽柔懿恭，怀保小民，惠鲜鳏寡。自朝至
于日中昃，不遑暇食，用咸和万民。文王不敢盘于游田，以庶邦惟正之
供。文王受命惟中身，厥享国五十年。"翻译过来就是：从这以后（自商
代祖甲之后），在位的殷王生来就安闲逸乐，不知道耕种收获的艰难，不
知道老百姓的劳苦，只是追求过度的逸乐。从这以后，在位的殷王也没有
长寿的。有的十年，有的七八年，有的五六年，有的只有三四年。……
啊！只有我们周朝的文王、王季能够谦虚谨慎，敬畏天命。文王穿着平民
的衣服，从事开山垦荒，耕种天地的劳役。他和蔼可亲，善良恭敬，保护
安定老百姓，爱护关心孤苦无靠的人。从早晨到中午，他忙得没有闲暇吃
饭，以求万民和谐。文王不敢嬉游田猎，不敢用各国进献的赋税享乐。文
王中年即位为君。在位五十年。① 不管周公对于文王的赞颂是真事还是虚
构，总之周公的思想在那个时代都是有进步意义的。但是，把这种远古时代
的政治技术变成一种放之四海而皆准的政治学原则，就成为了一种思想的桎
梏，甚至是国和天下失败的本质根源。想想看，周朝到后来和商朝的那些失
败的国君一样道德沦丧，嬉游过度，耽于女色，不问国政，致使国家沦亡，
生灵涂炭，万劫不复。其原因则在于权力使人败坏，绝对的权力绝对使人
败坏。

孔子在《论语》的最后一章（即《尧曰》），大段引用了历史中的典

① 译文参考了《尚书》第411页，钱宗武与江灏译注，台北地球出版社1994年版。

故，来说明政治巅峰人物与其统治的社会范围和地理范围的自相似原则，借用的历史人物当然还是逃不掉尧舜禹等传说中的圣贤。"尧曰：'咨！尔舜！天之历数在尔躬，允执其中。四海困穷，天禄永终。'舜亦以命禹。曰：'予小子履，敢用玄牡，敢昭告于皇皇后帝；有罪不敢赦。帝臣不蔽，简在帝心。朕躬有罪，无以万方，万方有罪，罪在朕躬。'"（尧让位给舜时说："哎，舜呀，依照上天的决定，把帝位让给你。帝位落到你的身上了。你要时时刻刻执行和维护正确的理念和政策。四海的百姓如果贫困和痛苦，上天赐予你的禄位就永远终止了"，舜让位给禹时，也是这样说的。到了商汤时，他说："我小子履，大胆地用黑牛来祭祀，明明白白地向伟大的上帝祷告：有罪的我不敢随便赦免他（夏桀）。你的臣仆的罪过我也不敢隐瞒，因为您心里是早已明明白白。我自己有罪，不要牵涉天下的百姓；天下万方百姓有罪，罪都在我一个人身上。"）① 如果光是这样就结束我们的引文，似乎还不足以说明问题的症结。《论语》最后一句话这样表述："子曰：'不知命，无以为君子；不知礼，无以立也；不知言，无以知人也'"。联系我们的上段引文，这里的"知命"就迎刃而解：在知命就是知道，上天赐给人类的圣人是中国人生存繁衍的保证。换言之，上天赐给我们的天子是和我们所赖以存活的世界自相似的。

　　《中庸》第二十章精湛地记载了孔子的政治学纲领，则不折不扣地和我们在这里所说的政治权力核心和政治氛围的自相似原则，几乎是丝丝入扣地吻合。"哀公问政。子曰：'文武之政，布在方策。其人存，则其政举；其人亡，则其政息。人道敏政，地道敏树。夫政也者，蒲卢也。故为政之人。取人以身，修身以道，修道以仁。'仁者，人也，亲亲为大。义者，宜也，尊贤为大。亲亲之杀，尊贤之等，礼所生也。在下位，不获乎上，民不可得而治矣。故君子不可以不修身。思修身，不可以步不事亲。思事亲，不可以不知人。思知人，不可以不知天。"政治家离开了人世，这种政治就熄灭了。个人化的政治抱负和政治措施对于政治的好坏是根本

儒学的结构分析

────────────

① 译文参考了《四书文萃馆》第338页，林松等译注，台湾古籍出版有限公司2004年版。

性的和关键性的。而政治家又完全是自然化的个体人，因为他们要对其自己的血亲格外关照和爱护。这是人的自然本质，当然也是天意的安排。由此可见，我们这样解读儒学是恰如其分的。

到了《孟子》出笼的前前后后，不知道是时代的变迁还是孟子本人的理念和信仰的执著，总之，《孟子》中这种政治统治者和其统治的社会氛围自相似的观点实在是多得不可胜数。例如，孟子和齐宣王的对话："老吾老，以及人之老；幼吾幼，以及人之幼，天下可运于掌。《诗》云：'刑于寡妻，至于兄弟，以御于家邦'。言举斯心加诸彼而已。故推恩足以保四海，不推恩无以保妻子。古之人以大过人者，无他焉，善推其所谓而已矣。"（《孟子·梁惠王上》）

孟子的确是一个善于表达，善于机辩的智者。他能把一个观点，一种理念用正反两种不同的方式表达得淋漓尽致。关于政治峰巅人物与其所代表的政治氛围自相似这一理念，孟子就有一段相当精彩的评述，从反面说明这一理念："五霸者，三王之罪人也；今之诸侯，五霸之罪人也；今之大夫，今之诸侯之罪人也。"（《孟子·告子下》）为什么说五霸是三王的罪人？无非是说五霸在当时尚有天子的情况下，他们却不把天子尊为至高无上的权柄，"是故天子讨而不伐，诸侯伐而不讨。五霸者，搂诸侯以伐诸侯者也，故曰：五霸者，三王之罪人也。五霸者，桓公为盛，葵丘之会，诸侯束牲载书而不歃血。初命曰：诛不孝，无易树子，无以妾为妻。再命曰：尊贤育才，以彰有德。三命曰：敬老慈幼，无忘宾旅。四命曰：士无世官，官事无摄，取士必得，无专杀大夫。五命曰：无曲防，无遏籴，无有封而不告。曰：凡我同盟之人，既盟之后，言归于好。今之诸侯皆犯此五禁，故曰；今之诸侯，五霸之罪人也。长君之恶其罪小，逢君之恶其罪大。今之大夫皆逢君之恶，故曰：今之大夫，今之诸侯之罪人也。"（同上）整段话都是在说，一旦形成了一种既成事实，就要把这个既成的政治权力奉为神明，并把其中的至高无上的权力核心当成和整个政治氛围自相似。

以上这些孔子和孟子关于政治峰巅人物和政治氛围自相似的论述，多多少少还有点隐晦。但是，到了《大学》的时代，则就成了一种明晰的理论阐述。可以毫无讳言地说，《大学》的宗旨就是要开宗明义地阐明这一核心理念，这一政治范式，这一政治制度。我们先从《大学·经》这一章开始，逐一列举和分析这其中的语意内涵。

《大学》第一章中最核心和最点题的段落，大概能够在读者中获得共识，而读过这本书的人几乎都能耳熟能详："古之欲明明德于天下者，先治其国；欲治其国者，先齐其家；欲齐其家者，先修其身；欲先修其身者，先正其心；欲先正其心者，先诚其意；欲先诚其意者，先致其知；致知在格物。"天下、国、家都是社会单元，是结构起来的人类组织。因而是社会化的群体概念，其中的每一个个体人，则是社会化的人，或称社会人。这段话的核心内容是管理社会和群体要回到个体人那里，即自然人那里。于是，这是一种回归。即社会人向自然人的回归。这又可以称为社会人的自然化。一个特殊的自然人最后就成了一个社会化的和组织性的整体的自相似结构。

下一段正好和上一段处于镜像对应关系中："物格而后知至，知至而后意诚，意诚而后心正，心正而后身修，身修而后家齐，家齐而后国治，国治而后天下平。"这段是从个体人出发来阐述自然人如何一步步成为一个和家、和国、和天下处于自相似地位的步骤和程序。

最后一段话则是精辟的总结："自天子以至于庶人，壹是皆以修身为本。其本乱为末治者否矣，其所厚者薄，而其所薄者厚，未之有也！"这里充分体现了自然人的平等概念，理想主义的色彩充斥着整个行文过程。天子和庶人的确是都应该修身，问题的症结则在于修身不是一个人类个体的自觉过程，它要有社会化的结构和社会化的结点效应来约束。这样，天子和庶人就不是一个平等的权力分配，更不是一个平等的信息分配。当然，最应该提出疑问的则是修身能够成为人类生存论的动力吗？假如我们的答案是：修身可以成为人类生存论目标，那么就是说修身是社会化的动力。于是，社会化的目的最后要由自然人来承担，这才是非常典型的本末倒置。

当我们把《大学》的最重要观点和理念揭示出来之后，不得不惊叹我

国历史上儒家学者的治学才干和认知能力。《大学》只有短短的十章，却把整个儒学最精辟的内容，用最简洁的语言，最连贯的论证手法，充分展示出来了。用画龙点睛这样中国式模棱两可的语言是不能说明其意义和作用的。我们下文的分析将证明，只有《四书》中的前两个部分，即《大学》和《中庸》，整个儒学的体系和内涵，整个儒学的所指和外延，才能真。这就是我在本章的开头就已经命名的最具分析特征的学术术语，即公理或预设。朱熹对儒学的贡献真是无与伦比：是他，把儒学的公理和预设放在了最突出的位置上，甚至形成了一套严整的演绎体系。试想想，由两个最能代表儒家思想核心而又篇幅精悍的篇章，直接放在了儒家学说的两个经典著作的前面，让读者先来理解和解释这既易读又精悍的内容，不正是和欧几里得几何学先把公理放在前面来阐释，并由此推导出整个演绎体系如出一辙吗？

第三个公理：圣人、君子、小人这三个人格层次是上天的安排。这句话用现代的学术术语来说，就是个体人的性格因素，智力因素，道德因素等与人格有关的心理成分都是先天决定的。中国式的这种观念，不能和笛卡儿开拓的唯理论哲学混为一谈。[①] 笛卡儿的哲学传统只是说人类的认识能力必然有先天的因素作为认识的前提和基础，而其他人格和道德成分则不在笛卡儿的关注之内。而儒学的这个观念，则是完全肯定了人的社会行为的先天决定。这样的论述我们在儒学经典中屡见不鲜。"子曰：'舜其大孝也与！德为圣人，尊为天子，富有四海之内。宗庙飨之，子孙保之。故大德，必得其位，必得其禄，必得其名，必得其寿。故天之生物必因其材而笃焉。故栽者培之，倾者覆之。'《诗》云：'嘉乐君子，宪宪令德。宜民宜人，受禄于天。保佑命之，自天申之。'故大德者必受命。"（《中庸》第十七章）圣人是上天造就的奇才和贤哲，楷模和导师。这不是人自己所能决定的上天的意志，包括圣人也不能违背自己不做圣人的决定。

孟子对于圣人天定的意识甚至比孔子还要强烈："《书》曰：'天降下

---

① 见笛卡儿：《第一哲学沉思录》，庞景仁译，商务印书馆1998年版。

民，作之君，作之师。惟曰其助上帝宠之。四方有罪无罪惟我在，天下曷敢有越厥志？'一人衡行于天下，武王耻之。**此武王之勇也。而武王亦一怒而安天下之民。**"（《孟子·梁惠王下》）

关于君子照样是上天的安排和决定。"故君子之道，本诸身，徵诸庶民，考诸三王而不谬，建诸天地而不悖，质诸鬼神而无疑，百世以俟圣人而不惑。质诸鬼神而无疑，知天也；百世以俟圣人而不惑，知人也。是故君子动而世为天下道。"这就是在说君子当不了圣人，一百年没有圣人君子也要等待。由此可见，君子照样是先天造就的人格类型。

关于小人同样也是先天决定的人格特征，只要我们牢记孔子的一句名言就足够了："唯女子与小人为难养也。近之则不孙，远之则怨。"（《论语·阳货》）这种类比就告诉我们，小人就像女人无法决定自己成为女人一样，是一个先天决定的人格类型。

但是，君子的人格类型确是一个可变的中间地带，他们上可至圣人的辅佐和幕僚，下可堕落到小人的泥坑之中。孔子完全是这样看的："子谓子产曰：'女为君子儒，无为小人儒。'"（《论语·雍也》）又如，"中人以上，可以语上也；中人以下，不可以语上也。"（同上）但是，"唯上知与下愚不移"。（《论语·阳货》）根据孔子的人格和智能定位，圣人一定是上知，小人则一定是下愚了。孔子也给自己一个定位："子曰：'我非生而知之者，好古，敏以求之者也。'"（《论语·述而》）于是，君子的人生追求就十分明确了："君子谋道不谋食。耕也，馁在其中矣；学也，禄在其中矣。君子忧道不忧贫。"（《论语·卫灵公》）君子就是这样一种人，介于上知与下愚之间，上达就可以成为圣人的助手和国君的良才，下达就成了像樊迟那样的小人。因此，只有君子是一个可教育的类型。这就是为什么我们把《论语》称之为一本教育君子成才的书。

让我们还是从"诚"字的语意内涵中来分析这条儒学的预设条件或称儒学的公理。

"所谓诚其意者：毋自欺也。如恶恶臭，如好好色，此之谓自谦，故君子必慎其独也！"（《大学》第六章）"诚"就是对天性的认知和持守，

儒学的结构分析

就像人喜欢好看的颜色，厌恶讨厌的气味那样。君子要守住自己的天性。《中庸》的第一句话就是："天命之谓性；率性之谓道；修道之谓教。"所谓天性，就是上天赋予我们的人格成分和智力成分。遵循天赋予我们的人格和智能，就叫做成功的路径。研究这一路径就是教化。这就是"诚"。因此，"诚者，天之道也。诚之者，人之道也。诚者不勉而中，不思而得，从容中道，圣人也。诚之者，择善而固执之者也。博学之，审问之，慎思之，明辨之，笃行之。"诚者，则是圣人之道，天自然成全其事业和人格。诚之者，人之道也，必须选择善良和仁德的道路，并且要长期坚持不懈。同时又要博学之，审问之，慎思之，明辨之，笃行之。这就是给君子指明了一条通往近于圣人而又永远不能成为圣人的光明大道。

"自诚明，谓之性。自明诚，谓之教。诚则明矣，明则诚矣。"（《中庸》第二十一章）天性自然而然显露出来，就是真正的天性。由于明白了道理，自己认识了自己的天性，这就是教化。坚持自己的天性，就是通往真理的道路；明白了真理，自然也就知道了自己的天性。

只有圣人能够达到这种境界："唯天下至诚，为能尽其性；能尽其性，则能尽人之性；能尽人之性，则能尽物之性；能尽物之性，则可赞天地之化育；可以赞天地之化育，则可以与天地参矣。"（《中庸》第二十二章）天下至高无上的"诚"能够把自己的天性充分理解和发挥到极致，当然只能是圣人的本分了。

到了君子的地步，也有君子的专利："其次致曲。曲能有诚。诚则形。形则著。著则明。明则动。动则变。变则化。为天下至诚未能化。"（《中庸》第二十三章）这不就是君子的命运吗？即次一等的人所能享受的天之赐予。

"诚者自成也。而道自道也。诚者，物之终始。不诚无物。是故君子诚之为贵。诚者，非自成己而已也，所以成物也。成己仁也；成物知也。性之德也，合外内之道也。故时措之宜也。"（《中庸》第二十五章）对于天性的持守，都是自己发现自己的天性。人生的路径也是自己引导自己。持守天性上一切事物的本质，没有天性就没有万物。持守天性还包括对于世界上万物的认识，让万物成为它们自己。人对于自己天性的坚持就是仁；成就万物就是智。天性得到认知，与天地内外的生成路径吻合。这是一条超越时间的规律。

最后的总结则更精彩："天地之道，可一言而尽之：其为物不贰，则其生物不测。"因此，"故至诚无息。不息则久，久则徵，徵则悠远。悠远，则博厚，博厚，则高明。博厚，所以载物也；高明，所以覆物也；悠久，所以成物也。博厚，配地，高明，配天，悠久，无疆。如此者，不见而章，不动而变，无为而成。"整个世界的法则就是"为物不二"，是圣人就当圣人；是君子就做君子；是小人就去劳作。这样，世界就能永恒，前景无限光明，天地相参融会，万物特征彰显，自在变易，自然成功。

到此为止，关于"圣人"的所指和意义还完全局限在那些叱咤风云的政治家及其内涵上，就是我们常常说的尧、舜、禹、汤、文、武、周公等等。值得在此特殊指出的是，孟子关于圣人的理解和阐述略有点差异。孟子把人格高尚的贤者和著书立说的学者中出类拔萃的人，也称为圣人，尤其是孔子，他倍加称道，并且把圣人和普通人相提并论。这是否是孟子彻底改变了关于圣人非先天所决定，而是凡人后天努力的结果呢？只要我们看看孟子论述这一问题的语境和他那自我表白的凌云壮志，对于孟子这样阐述的目的，我们就会一目了然。

摘录孟子公孙丑的一段对话，以作佐证：

曰：伯夷、伊尹何如？
曰：不同道。非其君不事，非其民不使；治则进，乱则退，伯夷也；何事非君，何使非民；治亦进，乱亦进，伊尹也。可以仕则仕，可以止则止，可以久则久，可以速则速，孔子也。皆古圣人也，吾未能有行焉；乃所愿，则学孔子也。
伯夷、伊尹于孔子，若是班乎？
曰：自有生民以来，未有孔子也。
曰：然则有同与？

曰：有。得百里之地而君之，皆能以朝诸侯，有天下；行一不义，杀一不辜，而得天下，皆不为也。是则同。

曰：敢问其所以异。

曰：宰我、子贡、有若，智足以知圣人，汙不至阿其所好。宰我曰："以予观于夫子，贤于尧、舜远矣。"子贡曰："见其礼而知其政，闻其乐而知其德，由百世之后，等百世之王，莫只能违约也。自生民以来，未有夫子也。"有若曰："岂惟民哉？麒麟之于走兽，凤凰之于飞鸟，泰山之于丘垤，河海之于行潦，类也。圣人之于民，亦类也。出于其类，拔乎其萃，自生民以来，未有盛于孔子也。"

这段对话可以说准确无误地表达了孟子为什么极力推崇孔子为圣人的深层原因：孟子无非是隐喻着自己同样也是圣人，"圣人之于民，亦类也"，无非是说自己就是和圣人同类而已。联想起他那段气冲霄汉的豪言壮语，"故天将降大任于是人也，必先苦其心志，劳其筋骨，饿其体肤，空乏其身，行拂乱其所为，所以动心忍性，曾益其所不能。"（《孟子·告子下》），我们就知道了孟子其实并没有从根本上改变儒学关于圣人先天决定的政治范式。

4 《四书》的深层结构

儒学的文献浩如烟海。把整个儒学的命题体系都总结出来，并找到其篇章的深层结构，穷尽一个人毕生的精力和时间似乎也是不可能的。但是，儒学中门类和内容必须区别对待。像《礼记》、《春秋》、《左传》、《荀子》，甚至是《易经》，还基本上停留在学术的阶段。在儒学意识形态化的过程中，主要是《四书》发挥了最直接、最简洁、最明了的作用。因此，儒学变成了孔教，《四书》是中国人的圣经。还有那些把《四书》造成圣经的儒学解释学经典，像董仲舒的《春秋繁露》，朱熹的《朱子语类》，等等。儒学解释学无论如何牵强附会的发挥和迎合现实的阐释，都必须有原始儒学的踪迹指引，这就是赫斯在其《解释的有效性》①一书中所阐明的解释学原则。当然，一切解释又都是视界融合和历史效果②的综合和交叉。也就是说解释者所处的时代作为结构充当空间的型塑作用，一直延续的历史则作为时间积淀的冲击力给解释者一个潜意识的理解框架。像董仲舒在汉代提出罢黜百家独尊儒术的政策，恰恰就是视界融合和历史效果的双重作用（我们下文将专门论述）。分析《四书》的命题体系，确定其深层结构，一方面这是可行性的举措，另一方面又是抓住了儒学成为孔教的核心教义。于是，我们在阐释了它的公理体系和核心概念之后，来完成这个艰巨任务。

众所周知，命题是具有真假值的语句。把一本书中的所有命题归纳出来，既无必要也无可能。我们提炼命题体系的原则是：把体现重要概念和预设条件的那些命题总结出来，与其相抵触的命题同样要充分指认。从而在分析和综合两个方法论原则相结合的高度，把儒学乃至孔教的精神实质尽可能地展开。

还有一个问题，必须在这里交代，就是汉语句法结构的特殊性。20世纪后半叶的语言学研究揭示了汉语的句法结构具有极大的特殊性，是所有印欧语系的语言所不具备的结构原则：汉语的句子不是主语和谓语的结合，而是话题与陈述的结合。③汉语构造语句的原则是首先提出话题，然后再陈述来对其进行叙谓和解释，补充和说明。④这样，我们就找到了一种归纳和总结《四书》命题体系的好方法：只要是陈述主要概念和公理体系的命题就要统计在内。这样，就既大大减少了分析的难度，同时也能达到预期的目的。

---

① 赫斯：《解释的有效性》，第148～226页，王才勇译，生活·读书·新知三联书店1991年版。

② 迦达穆尔：《真理与方法哲学诠释学的基本特征》第一卷，洪汉鼎译，上海译文出版社2004年版。

③ 最早提出汉语是话题加陈述的语句结构的是 Thompson & Lee，后来的曹奉福和黄正德等学者都持这种态度。这种观点今天几乎已经在语言学家中达成共识。

④ 比如："这把刀子我切肉"这句话，其话题是"这把刀子"，陈述则是"我切肉"。

　　《大学》一篇中，核心的主题是阐明两件事情：其一是天下与家庭的同构，诸侯国和家庭的同构；其二是家庭、诸侯国和天下都和这个政治范围的最高统治者自相似。也就是我们在前文中所说的儒学的两个公理或称预设条件。在《经》一章中，开宗明义就说了政治峰巅人物和其统治的氛围自相似的技术，即"大学之道"，就是"在明明德，在亲民，在止于至善"。然后就是大段大段地阐述家国同构，天下和家庭同构的最高原则（这些内容我们已经在其他地方引述，不再罗列）。紧接着是引证《尚书》的几段话，一是《康诰》中的"克明德"和《大甲》中的"顾误天之明命"和《帝典》中的："克明峻德"等经典名句，随后又是引述汤的《盘铭》和其他《尚书》中的句子，都是在解释和加深对所谓"大学之道"。当把这些都论证一番之后，就开始以文王的事迹说明执政成功的范例。

　　当过渡到孔子关于努力实现民众无需经过诉讼和审判来决定社会上的民事问题时，就漏出了行文上的破绽：这里多少有点突出孔子之嫌。虽然在整体上也还说得过去，但毕竟有些唐突，与整个行文不太和谐。加上一句"此谓知本"的总结倒也是避免离题之举。

　　在往下就是阐述"诚"的语义内涵和坚守自己天性的重要性。这其中隐喻着只要是天赋之德和天赋之才，就要实现下文中所集中阐述的修身，齐家，治国，平天下的伟大壮举。其中既包括对于"修齐治平"政治范式的理论建树，也包括"修齐治平"的政治技术，像施仁政，争取民心，平衡"德"与"财"的关系，"利"与"义"的关系等。

　　《中庸》整篇都在说的是一种政治技术，即文中到处可见的"道"。这种"道"和老子的"道"即有相通之处，又有相异之处。牟宗鉴与张践的《中国宗教通史》①一书中把老子的"道"诠释为类似女子的子宫那样的生成性机制，的确是抓住了本质。无论"道"包含了多少本体论的意蕴，但是，它都和德勒兹的生成论有相似之处。②生成论一旦和现实结合，就

------

① 牟钟鉴、张践：《中国宗教通史》，第192页，社会科学文献出版社2000年版。

② Gilles Deleuze：*What Is Becoming*. In The Deleuze Reader, edited by constantin V. Boundas. Columbia University Press，1993.

一定要变成一种技术。至于说这种技术是不是能够异化技术的使用者，那要看使用者对于这种技术的态度。儒学的"道"这样定义："道也者，不可须臾离也。可离非道也。"在《中庸》的开头，即将这种技术说明得十分清楚："喜、怒、哀、乐之未发，谓之中。发而皆中节，谓之和。中也者，天下之大本也；和也者，天下之达道也。致中和，天地位焉，万物育焉。"但是，这种技术对于使用者必然是会产生异化的结果，即它将统治那些使用者。因为这种技术是和社会分层的人群相关的："仲尼曰：'君子，中庸；小人，反中庸。君子之中庸也，君子而时中。小人反中庸也，小人无忌惮也。'"（《中庸》第二章）当我们明确了在儒学中圣人、君子与小人是先天命定的社会秩序后，这种技术就成了一种桎梏。

中庸的性质展示了之后，就开始了正反两个方面的事例枚举。其一是当今时代（即言说者所处的时代）背离中庸的现状和历史上以及现实中的中庸典范，他们就是舜和颜回。

持守天性是中庸的最高境界。这不仅是人的要旨，也是国的要旨。孔子和子路的对话是关于北方邦国和南方邦国孰强孰弱的议论。这在表面上看是那样突兀那样不和谐。但是，只要我们充分理解了其中的寓意，就会惊叹《中庸》编撰者的惊人技巧。国与人都是"为物不二"，即国家是它自己，就像人是其个人一样。后面还有关于鬼神同样是它们自己的论述。可谓精辟至极。

《中庸》编撰者对于天性的阐述是借用一个比喻，就像夫妇之间的事情无须事前有人教诲就能通晓一样。正因为坚持天性就像夫妇之道那样简单，所以，"道不远人"。孔子又把它详细地规定为事父，事均，事兄，交朋友四件事，就更是简单易行了。

随后就是中庸楷模们的事迹。舜，文王，武王等圣贤皆是中庸的典范。紧接着，《中庸》又回到现实中，安排了哀公问政的具体场面和详尽对话。把政治家实行中庸之道的技术立体化地展开了。其中的"修身也，尊贤也，亲亲也，敬大臣也，体群臣也，子庶民也，来百工也，柔远人也，怀诸侯也"的确也包含着有效的和那个时代相契合的治国安邦的良好政策。

当把这些具体而又现实的问题解释清楚之后，《中庸》就开始拿出绝大多数篇幅来解释"诚"了。我们已经在上文中充分展开说明了"诚"的涵义和指称，这里就不再赘述。但是，"诚"作为一个抽象的概念，甚至是一个范畴，成为了占《中庸》一半篇幅的话题，充分展示了中国人在那个远古的时代所拥有的高超的哲学思索水平。

有一点还是需要在此说明的，那就是至圣和至诚的对比论述。至圣是至高无上的圣人，至诚是无与伦比的天性。这两者的结合就是人类的最大智慧和最大幸福。这在《中庸》中表达得淋漓尽致和顺理成章。

《论语》的命题系统，可以毫不夸张地说，既是显然的和明晰的，又是有序的和演绎的。仅就其话题来说，就足能让每一个读者看清《论语》的真面目。《论语》中有八十八个"君子"充当话题，有无数个陈述都是就"君子"来进行说明和界定的。还有什么比这更能说明问题的呢？话题在逻辑的层面上又称主词，就是说其他词语只是来说明和陈述它的。至于说在《论语》中"仁"一共出现了二百五十多次，那它也只是陈述而已。它是用来说明主词性质和特征的。只有主词和话题的定义和界说明晰之后，陈述或称谓词的作用才能彰显出来。在这一点上，许多学者都本末倒置了。从"君子"作为主要的话题，甚至是唯一的话题，我们就完全佐证了《论语》是一本教育君子的书。有人说《论语》是让人幸福的书，这话没有完全说错：《论语》是那个时代孔子想让君子幸福的书。由于孔子并不了解他所处的时代，他创造了一部异想天开的书。他根本就没有给他的门生们幸福，而是带来了无尽的灾难。当那个时代成为了历史之后，就更是没有任何的机遇给《论语》所能适应的氛围出现。所以，《论语》更不能给后人以幸福。

在《论语》中，有以下几类关于君子的命题：

第一类：是孔子教诲门生成为君子的命题。如，"子曰：'学而时习之，不亦说乎？有朋自远方来，不亦乐乎？人不知而不愠，不亦君子乎？'"（《学而》）

第二类：是孔子的门生论述成为君子的命题。如，"有子曰：'其为人

也孝弟，而好犯上者，显矣；不好犯上，而好作乱者，未之有也。君子务本，本利而道生。孝弟也者，其为人之本舆！'"（同上）

第三类：是孔子拿自己的门生示范君子的命题。如，"子谓子践，'君子哉若人！鲁无君子者，斯焉取斯？'"（《公冶长》）

第四类：其他人把孔子或其门生奉为君子楷模的命题。如，"仪封人情见，曰：'君子之至于斯也，吾未尝不得见也。'从者见之。出曰：'二三子何患于丧乎？天下之无道久矣，天将以夫子为木铎。'"（《八佾》）

第五类：孔子或其门生与他人论及君子的命题。如，"棘子成曰：'君子质而已矣，何谓文为？'子贡曰：'昔乎，夫子之说君子也，驷不及舌。文犹质也，质犹文也。'"（《颜渊》）

第六类：孔子用行为给弟子们作君子示范的命题。整个《乡党》一篇都是这种类型。通篇是写孔子如何在各种场合遵从礼节和实践礼节的，完全是给弟子们和后世做示范的。

其他没有打上"君子"这一语言烙印的命题，仔细辨别的结果我们还是能够将其认定为在深层上是以"君子"作为其话题的。例如，"南容三复白圭，孔子以其兄之子妻之"（《先进》）。这是说因为南容反复吟诵《诗经·大雅》中一首诗（"白圭之玷，上可为也；斯言之玷，不可为也"），孔子就将自己的侄女儿嫁给了南容。言外之意，就是说南容是君子。甚至是孔子的人身经历（"吾十有五而志于学，三十而立，四十而不惑，五十而知天命，六十而耳顺，七十而从心所欲，不逾矩。"（《为政》））不同样是君子人生追求的步骤吗？

因此，《论语》通篇是关于君子行为准则，君子成才之路，君子思想境界，君子取仕之道的百科全书。如果就停留在《论语》的表层结构，并且去掉君子的语意内涵和君子的社会定位，我们怎样赞赏和褒扬这本书都不为过。但是，问题真的并不那么简单。只有确定其深层结构的结构特征，只有在时代背景的衬托下来分析它的意义和指称，只有抓住孔子及其后人撰写这本书的真正目的，才能把它的含义（用于赫斯的意义）充分挖掘出来。至于说后人的解释学理解则另当别论。

值得再次提出的是，孔子并没有详尽阐述关于儒学的最重大原则，即家－国同构、天下－家庭同构的原则，圣人君子小人先天决定的原则、权力拥有者和治理范围自相似原则三个最基本的儒学命题。必须承认，在孔子的原始儒学中，完全推出本书中所说的三个公理命题是不可能的。但是，在孔子的言行中却渗透着和我们总结的公理命题相一致的内容。

《孟子》在《四书》中是篇幅最长的。甚至也可以说是分量最重的和疑点最多的。对于孔子留下的学术范式，孟子肯定是全面继承的。但是，孟子对儒学的发展可以说也应该是有目共睹。黄仁宇在史学上的造诣，大概在20世纪无人能匹敌；① 而他在儒学研究上的造诣，虽不能说登峰造极，但是，也可以说其地位必在前矛。② 黄仁宇认为孟子对于中国历代政治生活的影响远较孔子为大。这种说法是否符合事实和真切无误，的确有待商量。然而，孟子绝对不同于孔子是任何一个熟读《四书》的人必须承认的事实，甚至可以说孟子的才华也超过孔子，虽然他不是儒学的开拓者。不过有黄仁宇这样认识的儒学学者也不多见。我则和黄仁宇在孟子的学术成就一点上，有同感，即超越了前人，但又是既定范式的继承者。不过，我则认为，孟子用他出类拔萃的才华，做了一件对于历史的发展并非有益的事。

孟子的时代，与孔子所处的时代，虽然仅仅一百多年，但是，已经发生了翻天覆地的变化。如果说，孔子的时代诸侯国还能苟延残喘的话，到了孟子的时代，诸侯国就只能在两种可能中进行选择：要么死于非命，要么独霸天下。我们在上文中定义了天下，天下是整个中华民族视野可及的地方，天下是所有诸侯国的集合和统一。但是，在政治学上，天下已经不再是周朝天子自己居于一隅但却是可以发号施令的中心性和凝聚力的特殊地点。天下则是新的政治学概念：打开诸侯国的疆界，把一种政治势力的话语权力通过连通性的信息渠道发往整个中华民族视野可及的所有地域。

---

① 黄仁宇先生的著述繁多，且又是采20世纪最有代表性的史学年鉴学派的方法论原则为创作和研究的宗旨，故黄仁宇先生的造诣无人能比。他的早期著作《万历十五年》脍炙人口，奠定了他自己的学术地位。后来的著作，如《赫德逊河畔谈中国大历史》，《中国大历史》，《21世纪与资本主义》等，都是上乘之作。

② 见黄仁宇：《赫德逊河畔谈中国大历史》，生活·读书·新知三联书店1997年版。

这已经不是孔子时代的政治格局和政治理念所能涵盖得了的。孟子是清清醒醒地看到了这种政治格局和政治力量较量的范围。他的视野再也不是诸侯国的狭小国度了，而是普天之下。有一个非常让人心服口服的统计数据：在《论语》中"天下"这个概念出现了大致三四次之多，而且都是在谈论周朝建国之初和尧舜禹汤时代的政治范围，偶尔也用来指整个世界。而到了《孟子》中，据不完全统计，"天下"这个概念则出现了一百一十四次。而最重要的是，在孟子眼里，天下不再是那种既成事实的早已划定政治势力范围的天下，而是可以用武力重新征服和独占的天下。这种新的政治形势在《孟子》中记述得再明确不过了："梁惠王曰：'晋国，天下莫强焉，叟之所知也。及寡人之身，东败于齐，长子死焉；西丧地于秦七百里；南辱于楚。'"（《孟子·梁惠王上》）而孟子对于这种新的政治局面如何处理和应对也是了然于胸的。请见下面的对话：

> 孟子见梁惠王，出，语人曰："望之不似人君，就之而不见所畏焉。卒然问曰：'天下恶乎定？'"
> 吾对曰："定于一"。
> "孰能一之"？
> 对曰："不嗜杀人者能一之。"
> "孰能与之？"
> 对曰："天下莫不与也。王知夫苗乎？七八月之间旱，则苗槁矣。天油然作云，沛然下雨，则苗浡然兴之矣。其如是，孰能御之？今夫天下之人牧，未有不嗜杀人者也。如有不嗜杀人者，则天下之民皆引领而望之矣。诚如是也，民归之，由水之就下，沛然谁能御之？"（《孟子·梁惠王上》）

梁惠王对于其时代的认识，可以说已经到了炉火纯青的地步，他深刻地了解了自己的处境和危险。但是，他则不知道或者不太知道如何让自己的势力不被打败，并能够在时机成熟时，统一天下。于是，他征求孟子的

意见，询问壮大自己的良策。他对于天下必须统一才能安定似乎也是了然在胸的。因此，他才问了那么一句话："天下恶乎定"？（天下怎么样才能安定呢？）孟子的回答并不使他惊讶："定于一"。（天下一统，才能安定。）孟子的回答要是能够让孔子知道，孔子还能认他做"仲尼之徒"吗？孔子教导那些政治家们实行仁政是为了巩固诸侯国的现有疆界和政治格局，在礼崩乐坏的年代要人们克己复礼就是要把当时的周朝天子统治的局面维持下去，诸侯国之间也别相互纷争而是和睦相处。这则是孔子的仁政实施的目的。

那么再看孟子实行仁政的目的："今王发政施仁，使天下仕者皆欲立于王之朝，耕者皆欲耕于王之野，商贾皆欲藏于王之市，行旅皆欲出于王之塗，天下之欲疾其君者，皆欲赴诉于王。其若是，孰能御之？"（《孟子·梁惠王上》）这就是孟子的仁政的目标——统一天下的宏伟事业。至此，《孟子》为什么有一百多处使用"天下"这一概念的秘密已经昭然若揭了。

《孟子·梁惠王上》与《孟子·梁惠王下》两篇文章中，详尽地记载了孟子和梁惠王的对话，与庄暴的对话，与齐宣王的对话，与邹穆王的对话，与滕文公的对话。在这些对话中，孟子都在大谈特谈仁政。仔细读来，就会发现这里的仁政都是在说统一的方法和实施的策略。这几个国君所在的诸侯国，除了齐宣公所在的齐国之外，都是小国和弱国。这又让我想起了陈来先生的那个结论：儒就是弱的代名词。儒者的理念和信心就是仁政就能强大。

就在齐人伐燕之后，诸侯们计划征伐齐国。齐宣王问计于孟子。孟子的回答则充分暴露了其仁政正是为了天下的统一：

孟子对曰："臣闻七十里为政于天下者，汤是也。未闻以千里畏人者也。……归市者不止，耕者不变，诛其君而吊其民，若时雨降。民大说。《书》曰：'徯我后，后来其苏。'今燕虐其民，王往而征之，民以为将拯己于水火之中也，箪食壶浆以迎王师。若杀其父兄，系累其子弟，毁其宗庙，迁其重器，如之何其可也？天下固畏齐之

强也，今又倍地而不行仁政，是动天下之兵也。王速出令，反其旄
倪，止其重器，谋于燕众，置君而后去之，则犹可及止也。"（《孟
子·梁惠王下》）

　　齐国征伐了燕国，孟子并不是谴责它，而是在齐国遇到了许多国家的
反对之后，孟子才为它出主意，安抚燕国人，给其他诸侯国做点样子看。
这样的仁政显而易见和孔子主张的仁政并没有相同之处。这足以证明孔子
的仁政不同于孟子的仁政。在两个"仁政"的实施手段上，可能是没有本
质区别的。目的的不同总是需要有和目的相匹配的手段与之契合；如果两
者不能很好地搭配，那样所能产生的后果往往是极端有害的。

　　可能有人会说，孔子的仁政和孟子的仁政只是范围的大小而已。的
确，两者之间的区别可能也的确是一个在诸侯国中实现政治的安定，一个
则是要争取在更大的范围即天下实行"仁政"。这里有一个黑格尔辩证法
的量变质变原则。[①] 黑格尔的理论在许多方面只能是削足适履才能应用，
但是，国家的大小完全决定了治理的观念和方法。小国和大国的不同是本
质上的。像新加坡这样的国家，只有四百万不到的人口，弹丸之地。李光
耀在那儿实施政治学所说的新权威，就能奏效。而在大国，则是完全行不
通的。[②] 孟子的问题可能就出在把在诸侯国中适用的政策拿到了更大的政
治范围。下文中我们将专门对此进行解说和阐释。

　　孟子还有一个十分重要的政治观念，那就是统一很可能是施仁政的条
件。因此，孟子期盼着天下的统一。公孙丑和孟子的对话，就充分暴露这
一点。

　　公孙丑问孟子，难道像管仲和晏子这样的人还不值得称道吗？孟子的
回答则是所答非所问，他说齐王统一天下易如反掌（"以齐王，由反手
也"）。以下的对话，足以证明孟子的政治观念，既是那个时代的真实反

儒学的结构分析

─────────────────

　　① 见黑格尔：《小逻辑》，贺麟、王玖兴译，商务印书馆 1962 年版。
　　② E. F. 舒马赫：《小的是美好的》第一部分：《现代世界》，虞鸿钧、郑关林译，刘静华校，
商务印书馆 1984 年版。

映，又是孟子对于儒家学说的扬弃：

> 曰："若是，则弟子之惑滋甚。且以文王之德，百年后而崩，犹未洽于天下；武王、周公继之，然后大行。今言王若易然，则文王不足法与？"
>
> 曰："文王何可当也！……齐人有言曰：'虽有智慧，不如乘势；虽有镃基，不如待时。'今时则易然也：夏后、殷、周之盛，地未有过千里者也，而齐有其地矣；鸡鸣狗吠相闻，而达乎四境，而齐有其民矣。地不改辟矣，民不改聚矣，行仁政而王，莫之能御也。且王者之不作，未有疏于此时也；民之憔悴于虐政，未有甚于此时者也。饥者易为食，渴者易为饮。孔子曰：'德之流行，速于置邮而传命。'当今之时，万乘之国行仁政，民之悦之，犹解倒悬也。故事半古之人，功必倍之，惟此时为然。"（《孟子·公孙丑上》）

这段话中包含着几个耸人听闻的语句。连文王都不在话下，这话难道不耸人听闻吗？齐国地有千里，民数众多，现在不去统一，更待何时？难道这话不耸人听闻吗？齐国统一天下，绝对遇不到对手。难道这话不耸人听闻吗？这里既是对孔子思想的继承，又是反叛。

孟子在以上的对话中渗透出的思想，包含着对于他所处的时代中的那些诸侯国之间征战的厌恶和憎恨。同时，也包含着他对于美好时代的憧憬。这种理想体现在他向往着天下的统一，统一于一个仁德和才能兼备的圣人身上。这是他对于中国政治的具体设计，他如是说：

> 尊贤使能，俊杰在位，则天下士皆悦，而愿立于其朝矣；市，廛而不政，法而不廛，则天下之商皆悦，而愿藏于其市矣；关，讥而不征，则天下之旅皆悦，而愿出于其路矣；耕者，助而不税，则天下之农皆悦，而愿耕于其野矣；廛，无夫里之布，则天下之民皆悦，而愿为之氓矣。信能行此五者，则邻国之民仰之若父母矣。率其子弟，攻

其父母，自有生民以来未有能济者也。如此，则无敌于天下。无敌于天下者，天吏也。然而不王者，未之有也。（《孟子·公孙丑上》）

孟子畅谈的仁政至此该让我们看出点端倪了吧？无敌于天下就是征服。天吏者，就是天子。王天下，就是对全国的统治。于是，他的仁政目标是征服，是统一；他的仁政范围是天下，是中国。这和孔子的仁政截然不同。孔子仁政的目标是继承，是维持；孔子仁政的范围是邦国，是诸侯。不能不说这是唯物主义的历史观。历史在孟子时期和孔子时期的社会生产力不同，社会阶级的生存状况不同，政治组织方式就会有相应的变化。我们可以斩钉截铁地说：孟子对于孔子的理解仍然是一个解释学原则。孟子对于孔子儒家学说的解读必然打上孟子时代的烙印和历史积淀下来的冲击力。这还是迦达穆尔所说的视界融合和效果历史的双重作用。

紧接着前一段引文，就是孟子论述人性的那一段话，这段话的影响深远，又被中国人耳熟能详。现在的任务则是把这两段话放在一起来理解，孟子为什么持有人性善的哲学观念，自然也就一目了然。

孟子曰："人皆有不忍人之心。先王有不忍人之心，斯有不忍人之政矣。以不忍人之心，行不忍人之政，治天下可运之掌上。所以谓人皆有不忍人之心者，今人乍见孺子将入于井，皆有怵惕恻隐之心——非所以内交于孺子之父母也，非所以誉于乡党朋友也，非恶其声而然也。由是观之，无恻隐之心，非人也；无羞恶之心，非人也；无辞让之心，非人也；无是非之心，非人也。恻隐之心，仁之端也；羞恶之心，义之端也；辞让之心，礼之端也；是非之心，智之端也。人之有是四端也，犹其有四体也。有是四端而自谓不能者，自贼者也；谓其君不能者，贼其君者也。凡有四端于我者，知皆扩而充之矣，若火之始然，泉之始达。苟能充之，足能保四海；苟不充之，不足以事父母。"（《孟子·公孙丑上》）

把这段话和上文关于实施仁政统一天下的论述联系起来，就充分理解

了孟子的苦心孤诣和对于自己观念论证的精细安排。孟子无非是在说：当今天下到了必须由某个大国统一的时候了。只要是天下统一，就会有仁德之人来统治，因为，每一个人都有人性的"四端"，统治者就更不例外。当前的状况的确是混乱不堪，礼崩乐坏，人心不古，征伐不断。"春秋无义战"（《孟子·尽心下》）。这正是因为"富岁，子弟多赖。凶岁，子弟多暴，非天之降才尔殊也，其所以陷溺其心者然也。"（《孟子·告子上》）诸侯征战是这个时代沉沦和堕落的结果。所以，整个天下道德沦丧，政纲败坏。一旦天下统一，人心自然就会恢复到其本来面目。天下就会像尧舜禹汤文武周公的时代那样，歌舞升平，人人幸福。因为，"不仁而得国者，有之矣；不仁而得天下者，未之有。"（《孟子·尽心下》）孟子对于天下统一就会仁政兴起和道德升华的信心有多么坚定！

但是，孟子对于他所身居的现实又十分失望。《孟子》一书的最后一段话中，他首先是介绍尧舜至汤这段五百年时间内的圣人们传承的方式：禹和皋陶则是亲身经历和见识了尧舜的圣人风采，汤仅仅是从传闻中获知；从汤到文王，也是近五百年，伊尹和莱朱则是亲身经历和见识了汤的圣人风采，文王只是从传闻中获知；从文王到孔子也是五百年左右，太公望和散宜生有幸亲身经历和见识了文王的风采，而孔子仍然是从传闻中得知。紧接着，孟子感叹道："由孔子而来至于今，百有余岁，去圣人之世若此其未远也，近圣人之局若此其甚也，然而无有乎尔，则亦无有乎尔。"（《孟子·尽心下》）孟子崇敬的圣人孔子到他所生活的时代，仅仅一百多年，距圣人的时间是这么短，而离圣人的驻地又是这么近，然而，已经没有圣人的后继者了，恐怕再也不会有圣人的后继者了吧？这里的圣人主要还是那种政治强人，这可以从孟子论述的重点中确定。由此可见，孟子的政治设计即中国只要统一天下就会出现一个有圣人统治的大好局面，其实是一种乌托邦。我们在此处的"乌托邦"具有双重含义：即既是人类社会的空想制度蓝图，就是摩尔意义上的乌托邦；① 又是对于现行社会制度

---

① 托马斯·摩尔：《乌托邦》，戴镏龄译，商务印书馆1982年版。

（即孟子所处的时代的社会制度）批判的那种乌托邦，这种乌托邦与意识形态相对立。①

证明孟子以上的观点，还有一个很重要的方面，就是孟子主张铲除那些不仁不义的君王，也就是说改朝换代在孟子那里是可以接受的，当然，诛杀那些无道的君王是道德的和合法的。请见孟子本人的妙语：

> 齐宣王问曰："汤放桀，武王伐纣，有诸？"
> 孟子对曰："于传有之。"
> 曰："臣弑其君，可乎？"
> 曰："贼仁者谓之'贼'，贼义者谓之'残'。残贼之人谓之'一夫'。闻诛一夫纣矣，未闻弑君也。"（《孟子·梁惠王下》）

由此可见，孟子对于社会重组是不反对的。那么，我们由此便可以推断，孟子对于仁政的憧憬和崇敬并不是在他自己的时代，而是既在遥远的传说的古代，又在他自己意欲创造的新时代。在刚才引述的孟子对于夏桀和殷纣的称谓和致他们于死地的堂而皇之的理由，只是在表达上让人敬佩不已，其实在他们当政的现实中都是不可能准确判断的。这正是郝大卫和安乐哲所说的情景化的最早版本。

把人性和政治制度联系起来，在世界上有两种文明类型是最典型的。其一是希伯来文明和希腊文明的混合体，即舍斯托夫在其《雅典与耶路撒冷》②中所论述的文明类型。这种文明汲取了古希伯来人对于人性的深刻认识，它形成于《圣经》的创世纪中关于人类的先祖偷食禁果而堕落的传说。依据这个对于人性的认识，许多基督教（而非天主教）国家迅速走上了民主的道路。这可以说是一种人性和政治的结合所萌生的政治范式。伯尔曼的《法律与革命》③中所说的对于法律的信仰，其实就是这种人性学说演变而

儒学的结构分析

---

① 卡尔·曼海姆：《意识形态与乌托邦》，第395页，姚仁权译，九州出版社2007年版。
② 列夫·舍斯托夫：《雅典与耶路撒冷》，张冰译，云南人民出版社1999年版。
③ 见伯尔曼：《法律与宗教》，第35~64页，梁治平译，生活·读书·新知三联书店1991年版。

来的观念。卡尔·波普有一句名言："民主就是防止最坏的事情发生的机制。①"当把人性认定为恶（圣经上说人皆罪人）时，制度的建构就要防止每一个人利用自己的权力对于他人作恶。这就是人性恶必然会产生民主制的内在逻辑。另一种关于人性和政治的结盟，就是儒学和由它演变而来的孔教关于人性性质的阐述，最后形成了中国式的人性政治论。在这一点上，最有代表性的不是孔子而是孟子。正是孟子发明了奠基于人性基础上的政治理念。在这种操作中，他还是玩的互渗性和非人格化的"天"的游戏。

在《孟子》一书中，较《论语》的体系有一个很大的创新："天"在孟子的笔下既是唯一的绝对和唯一的超越，又是唯一的中介和唯一的裁判。前者我们已经有了相当充分的论证。关于后者，我们尚没有充分展开。孟子说过一句让后人喜不自胜的名言："民为贵，社稷次之，君为轻。"（《孟子·尽心下》）许多人都对此赞不绝口，认为早在公元前三四世纪，中国就创造了民本的思想。连黄仁宇这样的大师都对此信以为真。②但是，只要不是断章取义，接下去把整个段落读完，就会一目了然。"是故得乎丘民而为天子，得乎天子而为诸侯，得乎诸侯而为大夫。"联系我们在前面引述的孟子关于天决定禹把天下传给儿子的详尽说明，立刻就会明白，"民为贵"必须由"天"的中介作用来实现。"天视自我民视，天听自我民听"（《尚书·泰誓》）正是天的中介作用的突出表现。也就是说，民众的意志必须先感动天，天再向自己的儿子即天子下达命令。众所周知，"孝"是儒学第一位的伦理准则和道德规范。天子要向天尽孝，民众要向天子尽孝，由天来管治自己的儿子则是天经地义。只要这种儒学的精心设计断裂，"民为贵"的谎言当然也要断裂。

没有位格但却人格化的"天"作为天子的长者，而天子是天下人的长者，这种秩序就决定了人性的性质。天是万能的和全知的，天又是绝对的善和绝对的义。在圣人的时代就因为天子按着天的意志管理天下，人民按

① 波普：《开放社会及其敌人》，第235页，陆衡等译，中国社会科学出版社1999年版。
② 见黄仁宇：《赫德逊河畔谈中国大历史》，第3~4页，生活·读书·新知三联书店1997年版。

着天子的道义和法律行事，"君仁，莫不仁；君义，莫不义"（《孟子·离娄下》），君仁与君义都是接受了天的教诲的结果。这个逻辑推演就顺理成章地得出了人性和天性相合的结论。"尽其心者，知其性也。知其性，则知天矣。存其心，养其性，所以事天也。"（《孟子·尽心上》）人性就是天性，天性就是人性的总根源，"《诗》曰：'天生蒸民，有物有则。民之秉彝，好是懿德。'"（《孟子·告子上》）于是，人人皆有恻隐之心，羞恶之心，恭敬之心，是非之心。因此，儒家的人性学说是和其政治模式互为因果关系的。在政治上儒家赞成由天子来施行对于诸侯国的统治，诸侯国实施对于邦国的治理，大夫对诸侯国国君负责，家臣对大夫负责，而天子要对天负责。于是，天就成了终极的决定性因素。这样每一个人要在人性上和天的要求吻合。这种天、天子、诸侯、大夫、君子的等级性和每一个有人格的存在（包括天）的一致性的结合，就是儒家的人性善学说的本质特征。等级性是政治学，一致性是人性论。两者互为因果。

孟子把人性论和政治学结合起来的典型言论就是那段对杨朱和墨翟的批判："圣王不作，诸侯放恣，处士横议，杨朱、墨翟之言盈天下。天下之言不归杨，则归墨。杨氏为我，是无君也；墨氏兼爱，是无父也。无父无君，是禽兽也。"（《孟子·滕文公下》）这段话既揭示了儒家由乌托邦能够顺利变成意识形态的根源；也揭示了儒家能够战胜墨翟和杨朱，孟子性善论能够战胜荀子的性恶论的缘由：儒家是给一种政治范式的权力合法性作注脚，作基础论证的。在这种政治范式成为了权力运作方式之后，儒家一定能从乌托邦的尴尬地位变成依附于权力背景的思想体系，即意识形态。

孟子的这套理论设计其实是充满着悖论和以己之矛攻己之盾一类的冲突的。在孟子的学说没有成为意识形态之前，怀疑者肯定大有人在。孟子的学生桃应的挑战可以说已经攻其要害，致使孟子暴露了自己理论的非自恰性。但是，当孟子成了中国的亚圣之后，中国已经建立了"成功冻结人们精神活动的制度"。"在极权主义的言语中，总是有已思考好的东西存在。那是替你、为你思考好的，到处都是。我体验到的感情早已定在、登记在言语中了，人们知道我所体验的感情。假如我得出了一种经验，那么，甚至当我

还没有从中概括出意义时，这一意义早已被抽取了，形象存在着。①"正是
因为这个原因，后人既没有看见孟子门生的智慧和反叛精神，更没有自己
识破孟子诡辩技术的拙劣和这种思想体系的悖论。我们还是全文将这段话
摘录在下，这其中暴露的遗憾就不言而喻了：

> 桃应问曰："舜为天子，皋陶为士，瞽瞍杀人，则如之何？"
>
> 孟子曰："执之而已矣。"
>
> "然则舜不禁与？"
>
> 曰："夫舜恶得而禁之？夫有所受之也。"
>
> "然则舜如之何？"
>
> 曰："舜视弃天下犹弃敝屣也。窃负而逃，遵海滨而处，终身诉
> 然，乐而忘天下。"（《孟子·尽心下》）
>
> （桃应问道："舜当了天子，皋陶作法官。假如瞽瞍杀了人，那该
> 怎么处理？"
>
> 孟子说："拘捕他就是了。"
>
> 桃应问："那样做舜不阻止吗？"
>
> 孟子说："那怎么能阻止呢？拘捕他是有根据的。"
>
> 桃应问："那么舜该怎么办呢？"
>
> 孟子答："舜把抛弃王位看得像抛弃破鞋那样轻松。他可以偷偷
> 地背上他父亲逃到海滨住下，终身快乐逍遥。完全忘掉了当过天子的
> 往事。"）

这段话所暴露的儒学学说的悖论大概用不着我们费什么笔墨了。这种
悖论的根源就在儒学既是政治学又是人性论。

---

① 让-皮埃尔·韦尔南：《神话与政治之间》，第601页，余中先译，生活·读书·新知三
联书店2001年版

二　自组织的儒学系统

儒学，甚至后来的孔教，都不是单向度的思想体系。它包括中国式的政治学，本体论，认识论，伦理学，道德哲学和认知方法论，等等。让人叹为观止的是，儒学发端于周公辅政的成康时期，但是，儒学的思想体系确实是完全符合系统论原则的。也就是说，它的各种思想观念并不仅仅是整体的元素，而是和整体处于一种有序的联系之中。这其中既有原始儒学的体系结构，又有后来儒家学者的刻意编排。关于人性的学说是本体论范畴，这一部分的内容却和政治学的结构设计完全处于现代系统论的关系之中，即整体大于部分的和这个系统论的首要原则，两者相加极大地提高了双方的可信度和凝聚力。这一点既是亚里士多德对系统的界说，也是贝塔朗菲现代系统论[1]的定义。我们不得不说，儒学虽然并没有创造出方法论上的系统原则，向亚里士多德那样，然而，儒学构造了符合系统论原则的理论系统。这也应该说难能可贵。至于说朱熹等后人的编排，使儒学变成了几乎和几何学的公理体系接近，这无疑是系统性的最重要证据。我们已经在第一章第三节中对此进行了充分的说明。关于儒学的自组织，我们则

————————

① 见路德维希·冯·贝塔朗菲：《一般系统论》，"一般系统论的意义"，秋同与袁嘉新译，王宏昌校，社会科学文献出版社 1987 年版。

必须在正文的相关章节中一点点地论证和剖析。因为这是一个全新的研究儒学的视角。

1 制度建构

人们阅读儒学，往往注重儒学在道德和伦理方面的建树。在文字量上分析，必须承认儒学的大多数篇章是以道德和伦理的规范原则和行为方式作为论述的主体和基调。但是，这只是在根本的制度范式严格确定之后的细枝末节。其实儒学是在一种真正具有中国特色的制度被预设和被确认之后，才开始在培养这种制度的维护者和继承者上下工夫的。所以，分析儒学成为后来的孔教，最重要的就是抓住这一点，深入下去，就会最终找到儒学被后来者，主要是最高权力的把握者，缔造成一种宗教的全过程。至于说为什么把儒学在制度方面的理解和解释说成是建构，则是因为中国独特的制度范式的现实化和历史沿革，是由儒学的宗教化确立的。于是，我们不得不说，真是儒学的贡献，才使中国的制度成为了一种延续了几千年长盛不衰的人类组织资源。

分析儒学的制度建构，必须把两条并行的权力传承的干线首先在各自的链条上解剖，然后再将此两者合二为一，进行同构和对应分析，最后找到中国制度建构的人类学本质和政治学本质。

第一条干线就是父子关系这条干线。在儒学的经典中关于"孝"的论述比比皆是，信手拈来，就可为证。《论语》第一篇《学而》的第二段就有"孝弟也者，其为仁之本舆。"孟子在《尽心》篇中说，"仁也者，人也。"两者相加立刻就会明白，儒学把孝敬父辈当成人的第一位社会存在的原则。说儒学极力主张孝顺父辈，把这一条作为儒家安身立命的戒律绝不为过。这是儒家有别于其他学说（如墨家学说）的本质原则。更是世界上独一无二的把这种自然关系提升到所有社会关系之上的典范。对于这其中的奥秘，我们必须予以揭示。

父子关系是这样一种关系：它是生物传承链条上两个紧密相接的环节，它是直接的供养关系和被供养关系的两个对立面，它现实的看护者和被看护者组成的整体。父亲作为供养者和看护者，永远处于强势者的地位，儿子作为被供养者和被看护者，永远处于弱势者的地位上。当这种供养和被供养关系，看护和被看护关系存在的时候，谁都会心悦诚服地说，儿子必须听从父亲，顺服父亲，取悦父亲。如果把这种关系模式说成"孝"，那可就大错特错了。孔子把父亲和儿子的关系在供养和被供养、看护和被看护时期的儿子行为原则定义为"无违"（《论语·为政》）以及"父母唯其疾之忧"，对父辈要和颜悦色，在物质生活上要先父后己，等等；但是，这绝对不够，关键要"父在，观其志；父没，观其行，""生，事之以礼；死，葬之以礼，祭之以礼。"（《论语·学而》）这已经不是在被供养期和被看护期儿子对父亲的服从和依赖，而是变成了一种象征和隐喻。这种隐喻和象征就是只要是在生物繁衍的秩序上处在先行的位置上，就永恒地占有先机和优势，享有特权和尊严。父亲就是绝对和唯一，就是典范和准绳。这早已不是生物意义上的自然关系，而是一种文明和文化的特殊规约。

由于父子关系是一种传递关系，父亲曾经是祖父的儿子，父亲会有自己的儿子，父亲的儿子同样会有自己的儿子。换句话说，每一个人都会既当儿子又当父亲，面对自己的父亲时是儿子，面对自己儿子时是父亲。这就构成一种在时间上的平等。

父亲和儿子的关系是一种历时的关系，它和共时关系相对应。共时（synchronic）与历时（diachronic）是语言学家索绪尔①的学术用语。"历时"概念是用来指称语言演变过程中的语词语音和句法变化的历史记载和比较结果的，它体现在历史性上的差异；"共时"概念是用来指称在时间不变的情况下，语音单位、语义单位之间的关系的，它体现了一种空间关

自组织的儒学系统

①　见费尔迪南·德·索绪尔：《索绪尔第三次普通语言学教程》，屠友祥译，上海世纪出版社 2007 年版。

系。用索绪尔的语言学术语来给儒家的父子关系命名，即历时机会均等。也就是说每一个男人在时间轴上都有机会获得属于自己的强势地位和强势收益。

历时机会均等在博弈论上构成了一种动态的博弈过程。① 由于每一个男人都有这种历史机会均等的得益分配，这是自然的博弈过程。均等的平均分配就是博弈论上的纳什均衡，因此是一个十分稳定的制度范式。这就构成了中国式的制度建构的第一条主线：以父子关系的血缘传承所体现的历时机会均等。

第二条主线是天和天子关系这条主线。这条主线的形成比较复杂，分析的路径也较曲折，理论的阐述和解释也较困难。因此，我们必须循序渐进地给予说明。

关于"天"成为了中国思想中的绝对因素，我们上文已经有所介绍。"天"作为一种没有位格的绝对性，逐渐在周代之后的中国社会生活中成为了一种趋势，而绝不是规律。与"天"拥有同样语意内涵的语词是"上帝"，但是，上帝显而易见是具有位格的。所谓"位格"，就是指拥有具体的人格化特征，就像基督教里的耶稣基督一样。耶稣基督是圣父，又是圣子和圣灵。这些都是人格化的表现形式。当然，"天"不是这种人格化位格的具体所指，只是一种能够充当绝对的那种神圣性和超越性而已。《尚书》中的《虞夏书》和《商书》中都有这种用法，但是，到了《周书》中多了起来。《周书》的第一篇《泰誓》中有一段话，惟妙惟肖地展示了"天"对于武王政治目标的作用和地位："惟天惠民，惟辟奉天。有夏桀弗克若天，流毒下国。天乃佑命成汤，降黜夏命。惟受罪浮于桀。剥丧元良，贼虐谏辅。谓己有天命，谓敬不足行，谓祭无益，谓暴无伤。厥监惟不远，在彼夏王。天其以予乂民，朕梦协朕卜，袭于休祥，戎商必克。"（上天惠顾百姓，国君应该奉承天命。夏桀不能顺成天意，在天下传播灾

---

① 见朱·弗登博格（Drew Fuderberg）与让·梯若尔（Jean Tirole）：《博弈论》，中国人民大学出版社 2002 年版。

祸。上天佑助成汤，向成汤下达了废除夏桀的命令。纣的罪恶超过了夏桀。他驱逐善良的大臣，诛杀劝谏的忠良。声称自己有天命，胡说敬天不值得实行，又说祭祀没有益处，实施暴虐没有妨碍。他的镜子并不远，就在桀身上兑现。上天让我治理百姓，我的梦符合我的卜兆，两者都是吉祥的。征伐商纣一定会胜利。）[1] 短短的九十字中有"天"六个。这个比例真可谓够高的了。这说明了武王要建立自己的合法性只有依靠"天"这个没有位格的神圣性和超越性来实现了。武王用梦境和占卜的统一来证明自己和天相通，天的互渗滤特征和潜意识特征都彰显无遗。许卓云先生认为"帝"是殷商的崇拜对象和合法性的背景。[2] 那么，武王更多地使用"天"这个没有位格的概念就是可以理解的了。

但是，在《泰誓》中，甚至到《武成》之中，还是对最高权力通常称"王"。而到了《洪范》之中就改为"天子"了："无偏无陂，遵王之义；无有作好，遵王之道；无有作恶，尊王之路。无偏无党，王道激荡；无党无偏，王道平平；无反无侧，王道正直。会其有极，归其有极。曰：皇，极之敷言，是彝是训，于帝其训，凡厥庶民，极之敷言，是训是行，以进天子之光。曰：天子作民父母，以为王天下。"（不要偏颇，要遵守王法；不要蓄存私心，要遵照王道；不要为非作歹，要遵行正路。不要营私，不要结党，王道宽广；不要结党，不要营私，王道平易；不反不乱，不偏不倚，王道正直。君主团结臣民要有法则，臣民归附君主也要有法则。君王，对于以上陈述的法则，要宣扬教导，上帝就顺从了。百姓对于以上陈述的法则，要遵守实行，用来接近天子圣德的光辉，天子作百姓的父母，因而作天下的君王。）[3] 这其中既有"王"、"上帝"，也有"天"，随之就出现了"天子"。但是，"王"是在复合词中出现的，说明"天子"即将粉墨登场了。"上帝"的出现当然是和"天子"对应的。但是，《洪范》据说是写于战国。这一点似乎可以证明的理由是《洪范》以后的各篇中，

自组织的儒学系统

77

---

① 译文参照了《尚书》第 258 页，钱宗武、江灏译注。
② 见许倬云：《西周史》第 99 页，生活·读书·新知三联书店 1995 年版。
③ 同注释 1，第 291 页。

从《旅獒》到《尚书》的最后一篇《秦誓》，不仅"上帝"屡屡出现，而且君主的自称和他人称呼君主还皆为"王"。不过也有一种可能，就是《洪范》是殷臣箕子向武王介绍法律知识，带有阿谀奉承的味道。从几对意义相近的词语（天子和王，帝和天）同时出现的情况推断，似乎在那个时候，这些称谓是并行的。这还可以从《国语》中的相关章节得到佐证。例如，《国语周语》的第一篇《祭公谏穆王征犬戎》中就有这样的话："今自大毕，伯士之终也，犬戎氏以其职来王。天子曰：'予必以不享征之，且观之兵。'"（现在，自从大毕伯士这两位君主去世，犬戎氏都尽其职守来朝见。天子您却说："我一定要用不供时享的罪名征伐他们，并向他们显示兵威。"）① 这段话同样是他人对王的称谓。这似乎又启示我们，在周朝早期，王属下的臣子称王为"天子"。这充分反映了"天—天子制"范式的成长过程。

到了孔子的时代，"王"仅仅是指诸侯国的国君了。两相映衬和互为佐证，我们可以得出结论：关于整个天下的主宰是天的儿子这样的观念，最早出现在周成王和周康王的时代，定型于孔子的春秋时代。而这个范式则是起源于周朝的早期。把"王"改称"天子"是一个整体性的变化，用现代西方政治学术语来说，就是格式塔转换。从"王"和"天子"的实际权力和统治的范围上看，则没有什么本质的不同。但是，从合法性和系统性上看，则是天壤之别。

关于"天"这个范畴的性质的确需要我们多着一点笔墨。"天"是宗教性的，非哲学性的，只要回顾一下刚才引述的《泰誓》篇中武王对之信誓旦旦的呐喊和乞求，就知道了它的性质。宗教学的研究表明，宗教信仰的对象有两个事物：人格化的神圣上帝和符号化的神圣话语。如果你读过《圣经约翰福音》，这篇经文的第一句就是："In the beginning there was the God and the God was with the Word." 这就是说，有两样东西是绝对先验地存在的：大写的神圣上帝和大写的神圣话语（the Word）。"天"是无人格

---

① 译文见《国语全译》第7页，黄永堂译注。贵州人民出版社1995年版。

的，就类似于这种神圣话语。实现神权意志和神权秩序的必要条件就是这种神圣上帝和神圣话语的统一性和同一性。基督教就是实现这种统一和同一的典范。如果只有其中的一个而不是两者兼备，就一定会发生偏差。原始宗教只有神圣话语而没有神圣上帝，最后的结果是万物有灵论的集体表象和原始互渗滤。如果只有神圣上帝而没有神圣话语，那就会随着集体记忆和社会记忆的淡化而消化了原来的崇拜对象，而随机变更到不知什么新的信仰形式上去了。还有一种可能，就是人类社会的政治权力取而代之神圣权力，政权成了神权和君主成了上帝。古代中国的问题正是前者。

关于古代中国的这种神圣上帝和神圣话语的分析，我们绝对可以找到先行的智者，为我们提供了精辟的解释。那就是 J. 梅西的《文学的故事》中对老子"道"的分析："他的'道'是隐匿在万物之下的无人格的力。这'道'在未有山岳之前或者在地球诞生之前便已存在了；但是他缺少了使希伯来神变成有人格的固定性和人类的特质。'道'比较像圣约翰福音的'字'及希腊人的 Logos 而不像基督教的天父或者犹太人的耶和华。①"这段话是对老子的"道"发表的议论。但是，对"天"也适用。很可能"天"比"道"更典型。都是这种无人格的神圣话语。说"天"比"道"更典型是因为"天"虽然还保留着神圣性，但是绝对性完全被政治权力取代了。

"天子"就是天的儿子。董仲舒说："尧舜何缘而得擅移天下哉？孝经之语曰：'事父孝，故事天明。'事天与父同礼也。今父有以重予子，子不敢擅予他人，人心皆然；则王者亦天之子也，天以天下予尧舜，尧舜受命于天而王天下，犹子安敢擅以所重受于天者予他人也，天有不予尧舜渐夺之故，明为子道，则尧舜之不私传天下而擅移位也，无所疑也。"（《春秋繁露·尧舜不擅移汤武不专杀》）这不仅仅是身份的变迁和称谓的变化，而是从文化范式上政治学和人性论统一起来了。在儒家看来，顺乎自然的对于天性的维护和遵守是人伦的大法和最高的准则。"君王"变成了"天

---

① J. 梅西：《文学的故事》，第 25 页，熊建编译，中国档案出版社 2001 年版。

子",君王有了神圣的父亲。君王孝顺神圣的父亲既是符合人性的要求,也是符合天性的要求。从表面看来,这样既给君王找到了管制他的一种神秘力量,又使得民众对于君王有了期盼,毕竟是对于最高权力的拥有者也有了限制其行为的话语权力。

"君王"变成了"天子",最大的政治收获则是确立了君王的政治秩序和父子的生物秩序有了同构的基础和对应的法则。儿子对父亲负责,天子对天父负责。儿子孝敬父亲,天子孝敬天父。孝道为什么在中国那样流通,那样受宠,原因就是生活世界的孝道,可以类比政治世界的孝道。父子关系是机会均等的,是一种道德的可行性范式。历时机会均等和共时机会均等,都是博弈得益平均的合平等的道德范式。只不过一个是在空间上平等,一个是时间上平等。在任何一代人那里,都会实现稳定和简单的纳什均衡。因此,两种纳什均衡都能导致道德律和符合伦理准则的行为。这样,两者就是既具有合法性又具有合目的性的人类组织方式。然而,把天子对天父的关系类比为父子关系,这当然给后者带来了无穷无尽的合目的性的魅力和无法估量的理论支撑。从这里不就顺理成章地推导出"君君,臣臣,父父,子子"了吗?天子是天父的儿子,但他是臣子的父亲。这里的"父亲"其实是不用加引号的。

当周朝的国君要当天子的时候,他们的意图是十分明显的:把自己说成是天的儿子,说成是上天对其眷顾,受之天命。但是,他们忘记了一个事实:他们是靠武力征服殷商的权力堡垒的,不管商纣多么暴虐和残酷,多么无道义和无仁德,不用武力商纣是不可能被推翻的。周朝是首先把商纣推翻,然后再来发表一通关于天子和天父的议论(最早的这方面的理论阐述,用的是道德和天命的相配,两者本质上是一样的)。这就是说首先创造了一种既成事实,然后就说我是天的儿子。正因为我是天的儿子,所以,我的统治就合法,就合理,就合道德,就会长久。

由此可见,这第二条主线就是:既成事实的胜利者自我命名为天子的神圣过程所体现的权力背景关系。

我们在"预设与公理"一节中把"天下、国与家的同构"确定为类似于公理一样的命题。经过我们在这一节中对于中国制度建构的研究，似乎我们可以把天下、国与家的同构解释为中国文化的制度模式。天下、国与家的同构只是制度产生的前提，并不是制度本身。所以，我们有必要深入分析中国式制度的结构特征和结构原则。这恰恰是儒学给我们留下的遗产。

在两条制度主线的对比中，毫无疑义，父子关系的历时机会均等原则是这种同构的主导方面。这只是理论建构过程中的地位和作用的比较。但是，一旦这种同构关系形成，就另当别论了。天子作为天父的儿子，天子就和天一样获得了超越性和神秘性。他是和神同类的生物，这在制度上就保证了在天下这个权力系统中，天子是一个被制度神化的人。由于天下是一个在周公东征平定殷商遗民叛乱之后，相对封闭的地域和相对封闭的权力系统，仅仅是天子才彻底超越于社会的其他成员。但是，随着生产力的发展和社会的进步，随着诸侯国的扩大和强盛，每一个诸侯国皆有能力把自己建设成一个相对封闭的权力系统。这样的诸侯自己就有能力使自己超越于自己管辖的社会氛围，而成为一个名副其实的"准天子"，也就是没有天子的命名。这就会出现孔子对着门生大吼"八佾舞于庭，是可忍也，孰不可忍也"和"礼崩乐坏"之类的事。这些原因都是制度在作怪。说穿了，这就是儒家建构的制度的结构特征：一个权力系统中的最高权力超越于整个系统之上，成为了当然的神权和其所处的环境的最高权力的结合：如果是在某个种族之内，那就是神权和族权的结合；如果是在一个地域，那就是地方大权和神权的结合；如果是在一个整体，那就是这个整体的最高权力和神权的结合。但是，中国古代社会从"绝地天通"以来，政治权力垄断了神的解释权和神的话语发布权，加上神从人格化和位格形态倒退为非人格化和非位格化形态，在形式和内容两个方面都产生了虚化，成了神权的政治权力代理制。神权就成了天子实现自己目标的工具，天子可以把它的一切需要和企图打着神权的招牌去实施。在这一过程中，天子的权力会产生一种负反馈的加权效果，皇权则随着自己权力的不停运作而越来越巩固。

自组织的儒学系统

古代中国的神权被皇帝政治化恰恰和西方的神权超越化背道而驰。西方社会在古希腊和古罗马时期就已经依据自然法确立了人人平等的法权观念（只是在公民的范围内，而不包括奴隶）。西方古代社会的法权关系经基督教而发生了重大的变化，人人平等的平等权利在基督教社会转变成为一种新的法权，这种法权所依靠的不再是古代的罗马法，而是神法。在阿奎那看来，人类社会具有两种法权，一种是世俗的政治法权，另外一种是超越的神圣法权，除自然法和人法之外，必然有一项神法来指导人类的生活。关于世俗的政治法权，阿奎那写道："法律的首要和主要的目的是公共幸福的安排。"关于神圣的法律，阿奎那认为："宇宙的整个社会就是由神的理性支配的。所以上帝对于创造物的合理领导，就像宇宙的君王那样具有法律的性质……这种法律我们称之为永恒法。①"神法和人法两者之间的关系构成了中世纪社会政治关系的主线，与此相应，社会正义论也就摆脱了古代社会单极的框架模式，而在两种法权的双极运动中展示出来。而中国的天—天子制度则完全是借神权的政治垄断而把立法的环节取缔了。天子就是法律。强权就是法律。权力的话语表达式就是法律。在必要的时候政治权力也需要立法，而这种立法只是制定对人民惩罚的尺度和惩罚的方法。

于是，关于儒家学说所建构的制度也就一目了然了。这种制度是由人权和神权结合在一起的特殊的组织方式和组织原则：在一个相对封闭的权力系统中，最高权力在神圣性权力话语和历史传承惯性的作用下，形成了超越于整体性权力结构和整体性信念结构的制度。说到底，它就是民众自觉造神和权力核心自我造神的制度。

这是一个神权和人权混合的制度。当神权被一种意识形态普遍化为全体民众所接受的制度形式时，神权就会彻底超越和彻底垄断。这种制度就只能有一个人，在一个相对封闭的权力系统之中，把自己缔造成神圣性和超越性并驾齐驱的崇高和伟岸的神的代表。在制度的结构层面就是这个人凌驾于一

82

---

① 见《阿奎那政治论文集》，马清槐译，商务印书馆 1982 年版。

切之上，这是一个中心放射性的结构，核心则是"神"的光芒，而其他机构和具体权力只是他股掌之中的玩物。这种制度就是由尧舜禹汤文武周公等被后人尊为先贤的君王们创立的所谓封建制的结构缩影："周有天下，列土田而瓜分之，设五等邦，群后布履星罗，四周于天下，轮运而辐集。①"

柳宗元是最早论述周代之前的封建制度的学者，他认为秦代的制度已经彻底改变了封建的本质。美国当代学者石约翰②持相同的观点。本书则认为，秦始皇建立的郡县制在本质上是和封建制相同的。我们在下文中将有充分论证。在秦始皇开拓的中央集权制延续的漫长过程中，这种制度的结构特征，在组织层面上，是由皇帝的超越性和神圣性来体现的，并在结构方式上被传统和观念所确认。当这种制度的显性形式受到了时代的挑战时，在组织层面的结构可能有所改变。但是，当传统和观念还没有彻底被粉碎的情况下，最高权力的命名可能会改变，而中心放射性的操作性实质不会改变，并且还会变本加厉，因为一个隐蔽的"中心"会更加有利于操纵其他权力机构和权势人物，更有迷惑性，更容易找到操纵的借口。

这种神权和人权混合的制度，在所有权上的特征，就是这个超越性和神圣性的人神结合的怪物，必然拥有他自己势力范围内的一切。正如《诗经》所言："溥天之下，莫非王土；率土之滨，莫非王臣。"（《诗经·小雅·北山》）这种包揽一切的所有权包括对臣民身心的占有和所有财产的占有。这种所有权关系对于人身体的占有和对资源的占有都是现实化的，就是对于占有物的随意支配，包括破坏和毁灭。天子乱杀无辜和强占女性，抢夺土地和挥霍资源，都是这种现实化的占有。然而，还有一种最具特色的占有，则是心灵的占有。心灵的占有则是一种既消灭历史又消灭未来的精神操作。这则是中国式的天—天子制度最有特色的所有制形式。

当秦始皇统一了中国之后，秦朝则是这种制度的第一个天下范围的实践者。秦始皇是中国历史上第一个真正意义上的天子。在秦始皇当政期

自组织的儒学系统

---

① 柳宗元：《柳宗元文集·封建论》，第70页，中华书局1982年版。

② 见石约翰：《中国革命的历史透视》第一章，《古代中国与中国思想的发展：秦：第一个郡县制国家》，第27页，东方出版中心1998年版。

间，最典型的对于人心灵的占有就是焚书坑儒，后世的天子们都纷纷效仿。横贯几千年的文字狱就是焚书坑儒的继承和发展。我们只要看看李斯为秦始皇建言焚书坑儒的论述，就能充分把握这种制度的实质："五帝不相复，三代不相袭，各以治，非其相反，时变异也。今陛下创大业，建万世之功，固非愚儒所知。且越言乃三代之事，何足法也？异时诸侯并争，厚招游学。今天下已定，法令出一，百姓当家则力农工，士则学习法令辟禁。今诸生不师今而学古，以非当世，惑乱黔首。丞相臣斯昧死言：古者天下散乱，莫之能一，是以诸侯并作，语皆道古以害今，饰虚言以乱实，人善其私学，以非上之所建立。今皇帝并有天下，别黑白而定一尊。私学而相与非法教，人闻令下，则各以其学议之；入则心非，出则巷议；夸主以为名，异取以为高，率群下以造谤。如此弗禁，则主势降乎上，党与成乎下，禁之便。臣请史官非秦记皆烧之，非博士官所职，天下敢于藏《诗》、《书》、百家语者，悉诣守、尉杂烧之。有敢偶语《诗》、《书》者弃市，以古非今者族，吏见知不举者与同罪。令下三十日不烧，黥为城旦。所不去者，医药、卜筮、种树之书。若欲有学法令者，以吏为师。"（《史记·秦始皇本纪》）

李斯所说的"五帝不相复，三代不相袭，各以治，非其相反，时变异也"，无非是在说五帝之间的更替和三代的变革，其实都是用既成事实（即武力成功地征服了天下）创造了自己的合法性。绝对不是那些迂腐的儒生所能理解的（绝对不是上天赏赐给哪个得人心的仁人志士）。诸侯的时代，只是他们都想征服天下，成为天子，必然要用自己的知识分子来宣扬自己而已。今天，天下统一于天子的手中，只需要有两种人：被管理的劳动者和管理者；只需要一个心灵，因为心灵是由历史铸造的和由思想呈现的，于是，就需要即消灭历史又消灭心灵。这就要焚书坑儒。这也就是中国式的天子所有权的实施方式。这当然是中国知识分子对于天和天子制度的最早理解和贡献。在这种制度中任何人都将是这个怪物的牺牲品，包括完善这个制度的李斯在内。秦始皇三十四年李斯进言焚书坑儒，到秦二世二年李斯被杀，仅仅五年时间，李斯自己就成为这种制度的美味佳肴。

当在一个相对封闭的权力系统中，只有一个人是超越的和神圣的时候，这就需要一个独一无二的话语体系，并用这种话语体系形成独一无二的话语权力。这种话语体系的最大特点就是它必须虚构出一套不属于公共话语的语词类型。皇帝自称要用"朕"，称呼臣子要用"爱卿"，等等他自己专用的术语。同时还用暴力规定一套所谓避讳的词语，即在社会上不能流通只能储备在那里的词语。各个朝代和各个皇帝还有自己的避讳内容。在这些表面的特征之外，这套话语体系最大的特征就是它必须虚构神圣性和超越性。神圣性和超越性的预设本身就是谎言，那么，保持和维持神圣性和超越性当然就更要使用谎言。这种制度为了谎言的支出是一笔巨大的成本。在以孔子为代表的原始儒家那里，三件直接用于谎言的消费就包括祭祀制度、礼仪制度和丧葬制度。祭祀是用巨大的物质财富来创造一种象征性的氛围，即敬天法祖的精神气氛。当子路对即将宰杀的用于祭祀的羊，怜悯之心大发时，孔子则提示他："汝爱其羊，吾爱其礼。"这无非是告知自己的门生，祭祀的象征意义比现实中的物质更重要。所以孔子数次说到对于鬼神的态度时，都表现出注重现实的理念："务民之义，敬鬼神而远之。"（《论语·雍也》）《论语·先进》篇中的那句话也许更明显："未能事人，焉能使鬼？"礼的超越性在孔子的一句话中体现得相当明显："恭而无礼则劳，慎而无礼则葸，勇而无礼则乱，直而无礼则绞。"（《论语·泰伯》）礼就是因为其象征性意义，一定会使人把秩序当成人生的第一位需要。因此，周代就有三部关于"礼"的书（《礼记》、《礼仪》、《周礼》）。礼造成了人才成本和精神成本的巨大浪费。丧葬既造成物质成本的消耗，也造成时间成本的巨大消耗。"夫三年之丧，天下之通丧也。"（《论语·阳货》）一个人把三年时间用来为亲人守丧，如果不是其现实意义大于其物质消费，是绝无可能实行下去。说到底，这些象征性活动都是为了谎言的需要，这种谎言就是创造那个制度的权力话语。

随着这种制度在全国性的胜利，仅仅有礼仪制度、祭祀制度和丧葬制度是不可能完全达到既支撑权力的合法性又彰显天子的神圣性这样的目的。谎言开始了制度化的生产。把谎言的生产制度化，就是按着程序复制

85

自组织的儒学系统

中国古代历朝天子常规生产谎言的步骤和内容，一个朝代一个朝代地先行否定自己的上一个朝代，歌功颂德自己所建立的朝代，虚构自己的历史，虚构为当代献身的那些人物的事迹和极力粉饰太平，等等。时而也需要突击性谎言，就如宋神宗在泰山挂起条幅，表示自己获得天命，就像殷商的武丁迁都搞的那场欺骗那样。

由于这种制度的本质就是用既成事实来获得合法性，造成既成事实就会产生天命意识，有了天命意识就能够实施对于中国的广袤大地的统治，创造既成事实就成了这种制度的关键。这样，就鼓励那些具有妄想狂性格的人在拥有相应机会时，铤而走险，去争取用既成事实来创造属于自己的天下。《史记·陈涉世家》就惟妙惟肖地描写了一个妄想狂是如何走上了背叛之道的："陈涉少时，尝与人佣耕，辍耕之垄上，怅恨久之，曰：'苟富贵，无相忘。'庸者笑而应曰：'若为庸耕，何富贵也？'陈涉太息曰：'嗟乎，燕雀安知鸿鹄之志哉！'"他起兵之后的呐喊更能说明问题："且壮士不死即已，死即举大名耳，王侯将相宁有种乎？"在一定意义上看，有信史记载的绝对妄想狂人格的另一典型就是洪秀全。洪秀全是一个妄想狂，既可以从其出身推导出来，还可以从其经历推导出来。作为一个客家人，从中心（宋代从中心城市汴梁到广东北部的荒凉山丘。洪则是从自己家乡到广西的陌生地域）到边缘，失去了中心就会感到失落，失落就会让人觉得自己是世界的继子。他自己科举三次不第，打击甚大。他谎称做梦梦见自己当了大官。这些都只能用妄想狂来解释。他后来所做的事也足以证明他不是一个正常人。他成功了一半，占领了南京就开始荒淫无道，凶残暴虐，乱杀无辜，贪婪无耻。我们不是反对人民对于这种制度背叛，这种制度本身就是死一万次不该让它死九千九百九十九次的败坏制度。但是，妄想狂人格是看准了既成事实则为这种制度成功的关键，他们是朝着既成事实创造合法性的这个漏洞去的。因此，他们也许会比原来的统治者还要残暴和无耻。①

———

① 见吴晗著：《朱元璋传》，第162页，生活·读书·新知三联书店1980年版。

综上所述，在一定意义上，古代皇权借用儒家学说（最低是以孔子为代表的儒家学说）提倡了这样的一种制度：用既成事实创造一个相对封闭的权力系统，① 在这个系统中凸显一个绝对集权和极权的人物，他以神权和政权相结合的方式实行中心放射性的权力结构，把自己的权力话语上升为神权的高度，把所有必要的社会管理和组织的措施都弱化为这个集权和极权人物的话语权力和个人需要。为维持这种统治方式，他往往运用经常性的谎言和阶段性的暴力。这种权力结构中当然第一位的是谎言，因为他所实施的权力完全来自于莫须有的神权。让人们相信这种神权，谎言的作用必然大于暴力。但是，由于谎言的成本有一个不断上升的趋势，即一句谎言要用一百个谎言来掩盖。谎言自然就会有被揭穿的时候。到了这一步，集权和极权人物就要使用暴力。所以就形成了经常性的谎言和阶段性的暴力的相互交替。

这种制度自然会产生两个张力：其一是人人会对这种制度的获取垂涎三尺。因为它只要取得既成事实，就能获得一切，既有合法性基础，又有神圣性权威。也就是费正清和麦克法夸尔所说的只要有了既成事实就会有天命意识和崇拜天命意识的臣民。所以，这种制度的代表人物的更替在中国古代历史上是如此频繁地发生。但是，权力的代表人物变化了，而这种制度却仍然安然无恙。即或是异族来到了中国，取得了权力，它也必然和必须实施中国式的统治。这个民族会在统治中国的过程中丧失自己的独立性。换句话说，这个民族被中国传统文化征服了。

其二是这种政治范式的制度政治资源，真正受益者则是在这种制度中真正握有权力和毫无限制地实施权力的人，即儒学命名的天子和在权力相对封闭过程中实现了自己对于这个权力氛围完全控制的人。前者通常是皇帝，后者通常是封疆大吏，或者是能够把权力绝对化的人。因此，这种局面就决定了只要处在制度资源受益者的地位，就会对这种制度拼命维护和坚持。维护和坚持包括两个方面：第一是尽一切可能把集权和极权运用于

---

① 这里的"相对封闭的权力系统"，是在普里高津的耗散结构理论中关于封闭系统的意义上使用，有封闭系统熵必然会向无限大的方向发展的含义。见普里高津：《从存在到演化》第 108～112 页，曾庆宏等译，北京大学出版社 2007 年版。

极致。尤其是那些生活在自己身边，权力和第一位的"天子"接近的人，由于他们清清楚楚知道谎言的生产过程。所以，这些人总是被天子不停地清洗；第二是每一个制度受益者都会有一种宗教情节，把这种制度的理念和理论宗教化，这就是在中国古代社会把孔子学说变成宗教的最大动力。

2 伦理、道德与耻辱感人格

关于道德规范和道德准则的理性探索，在西方的传统中，一直是隶属于伦理学的研究范畴。但是，这个学术成规对于中国的思想体系和学术类别则是南辕北辙。在汉语的语义网络中，"伦"是指辈分，那么，伦理则是不同等级的人群之间的行为规范，这些内容大体被归于"礼"的范围之内。按照西方最早的伦理学理论体系的说法，即亚里士多德的幸福论伦理学的解释，① 道德属于人类个体对于自身幸福的追求过程中所应该遵循的行为准则。这样，道德对于它所适用的领域内的所有人就是一视同仁的，或者说道德对于每一个人都是平等的。显而易见，用这种道德理念去思索中国古人的精神生活和社会行为是风马牛不相及的。因为照此说法，中国则是要么有伦理，要么有道德，两者不可能兼有。而实际上中国既有伦理又有道德。当然，中国式的伦理是按着不同的社会阶层来具体规定的行为准则。也就是说中国的伦理体系是在不同的社会阶层作出不同的行为规定。而把这种按级分类的伦理体系臻于完善的正是儒家的贡献。在阐述伦理的过程中，不可避免地也要说到道德。不过我们还是将两者区分开为好。因此，我们把儒家在这方面的建树作为"伦理与道德建构"。我们先从道德建构说起。

从"德"的意义演变上也能证实儒家对于中国道德的建构。在《尚书》记载的历史篇章中，较早出现的"德"字明显地应该训为广义的

---

① 见亚里士多德：《尼各马可伦理学》第 302～305 页，廖申白译，商务印书馆 2003 年版。
A·麦金太尔：《德性之后》，第 184 页，龚群与戴扬毅等译，中国社会科学出版社 1995 年版。

"得"，后来才变成了"在精神上的获得，或者得到人们的认同。"例如，《尚书·仲虺之诰》有："成汤放桀于南巢，惟有惭德。"（成汤把夏桀赶到南巢，想到自己用武力获得了他的属地有点惭愧。）在《尚书·说命》中有："朝夕纳诲，以辅台德。"（你要早晚赐教，帮助我获得人民的认同。）这是武丁对他依据梦中的启示寻找到的贤人傅说的嘱咐，当然不能说"帮助我修养道德"之类的话。在《尚书·泰誓》中武王的檄文中有："同力，度德；同德，度义。"（同样的实力就看谁得人心，同样的人心相向就看谁更能方法得当。）这些"德"字的运用都和道德的现实意义没有一点点相关性。因此，我们对于这个问题的研究并不能以此为凭。

历经数百年到了孔子的手中，情况发生了巨大的转变。孔子最难能可贵的地方，可以说是他在世界上率先发明了道德的建构方式：把以言行事这种特殊的人类行为用于对人进行教化和引导，使人的行为符合某种目的。道德戒律本来就是以言行事的那种行为类型。这是语用学的发明者奥古斯丁①对于人类的行为理论的最大贡献。但是，奥古斯丁并没有将其用于对道德的理论说明。② 在这一点上，作为中国人我由衷地为孔子感到自豪。正是孔子其人最早发明了这种以言行事的道德说教，并且具体到把每一种与道德有关的行为都解释得清清楚楚。例如，《论语》第一篇第一句话"学而时习之，不以说乎"，说的就是学做人，也就是学道德准则。这可以说孔子不仅对于中国道德发生学是开拓者，对于世界的道德起源也有其不朽的贡献。

孔子一方面确定了道德教诲的对象，即能够和想要成为君子的人，教诲他们去争取诸侯和大夫的赏识和重用，也就是一种特殊的"德"，或者"得。"也包括教诲他们在同仁中做到相互敬重和相互信赖的行为方式。即

---

① 奥古斯丁曾在《记述句和完成行为句》和《用语言如何做事》两文中提出了言语行为理论。我在这里引入了一种关于道德哲学的新观点：道德只是人类的一种以言行事的特殊行为。但是，道德这种以言行事具有自反性，就是说道德对于道德言语的使用者和适用者都具有约束力。在这一点上孔子当之无愧是这种以言行事的大师和率先垂范的实践者。

② 史蒂文森的《伦理学与语言》在理论上已经向着以言行事的方向发展了。查尔斯·L. 史蒂文森：《伦理学与语言》，姚新中、秦志华等译，中国社会科学出版社1991年版。

自组织的儒学系统

君子的道德规范。另一方面他也奠定了中国式道德的价值判断方式，即用耻辱感来营造一种道德氛围，建立一种公众评价体系，人们为了回避耻辱而规范自己的行为。这就是中国耻辱感文化的源头。

最有争议的儒学范畴要属"仁"了。许多学者皆认为"仁"是一个道德范畴。根据我们的研究，"仁"其实是一个中国人文理念中最有中国特色的范畴。用现有的任何一个西方学术概念几乎都无法将其解释清楚。它属于中国人治社会强调人情资源和适用人情资源的一个概括性很强又没有具体所指的那一类词语。它有自己的目标体系，即实现在某种人情氛围中的和谐关系和争取别人对于自己的认同。上文已经对其进行了分析。但是，由于"仁"在实施的时候，有些具体的行为分解，其中不排除就包含着道德因素和道德规范。

包括在"仁"的范畴之内并拥有广泛的道德适用性的行为规范，最典型的当然是"忠恕"和普适性的"爱"（不是"君子笃于亲"的褊狭的社会生物学所说的"有条件利他主义"① 的爱）。"忠恕"和其具体表述的确是道德的良好范例。也可以说是中国人道德情景化的最高表达。孔子也许就是这样的人（"夫子之道，忠恕而已矣"（《论语·里仁》））。"忠恕"的最精彩表述则是，"夫仁者，己欲立而立人，己欲达而达人，能近取譬，可谓仁之方也已"（《论语·雍也》）和"己所不欲，勿施于人"（《论语·颜渊》）。这的确是中国道德的最高境界，虽然孔子当时是为了教育那些想成为君子的人的。但是，这种设身处地把自己放进具体语境之中，来进行自反性的思索自己的感受，从而推及他人的感受，来最后决定自己的行为选择，② 对于这种对"忠恕"的强调和实践，儒学也的确是树立了自己的

---

① 爱德华·奥斯本·威尔逊：《新的综合》，第 121～150 页，阳河清编译，四川人民出版社 1985 年版。

② 康德在《道德形而上学原理》一书中直接指出这种"忠恕"之道不能普遍和自恰地实行。如某一罪犯被判决后，他向法官申述说："己所不欲，勿施于人"，为什么你不愿意的事加在我头上？康德把他人当目的的立论才是建立义务论伦理学的准绳。如，他说："每个有理性的东西须服从这样的规律，不论是谁在任何时候都不应把自己和他人仅仅当作工具，而应该永远看作自身就是目的。"（该书第 86～93 页，苗力田译，上海人民出版社 1986 年版。）

道德旗帜。

关于普遍的爱，孔子说得不多（"弟子入则孝，出则弟，谨而信，泛爱众，而亲仁。"（《论语·学而》））这种广泛的普适的爱，不能和孔子主张的"亲亲之杀"相提并论。因为孔子和儒学的理论范式是建立在人必须专注地爱和有差别地爱自己的近亲这种人类的自然感情之上的。

儒学体系，尤其是《四书》，对于"信"的论述和重视可以说是儒学道德建构的另一大特色。这种例证举不胜举。这其中既有孔子对"信"的强调，也有孔氏门生自己的表白。"子曰：'君子不重则不威；学则不固，主忠信。无友不如己者，过，则勿惮改。'"（《论语·学而》）孔子对于诚信曾经给予很高的重视："子曰：'人而无信，不知其可也。大车无輗，小车无軏，其何以行之哉?'"（《论语·为政》）从这句话可见孔子对于"信"的确是看得很重。在孔子孜孜不倦的教诲下，其门生当然也不甘示弱："曾子曰：'吾日三省吾身：为人谋而不忠乎？与朋友交而不信乎？传不习乎?'"（《论语·学而》）但是，"信"在儒家的道德体系里还是常常带有所谓的情景化的倾向，这就大大减弱了作为这个概念的道德意蕴。例如，"有子曰：'信近于义，言可复也'。"（《论语·学而》）这里的"信"要符合"义"（就是合适），才能实施。这一方面说明了儒学的情景化色彩的确是被郝大维与安乐哲言中了；另一方面则说明儒学不是专门论述道德的学说，道德只是为了更好地实现君子取士的需要而已。

还有一些包括道德含义的词语在儒学著作中出现，像孔子对"巧言令色"的厌恶（"巧言令色，鲜矣仁。"（《论语·学而》）），对默默奋讲不求虚名的赞赏（"不患人之不己知，患不知人也。"（《论语·学而》）），对不说空话踏实肯干作风的称道（"先行其言而后从之"。（《论语·为政》）），对正直行为的宣扬（"人之生也直，罔之生也幸也免。"（《论语·雍也》）），等等，都对后世的道德建设产生过较大影响。

还有一些出现在儒家学说中的命题，在我们现代人看来，完全是关于道德的性质。但是，孔子却对于那些道德的义项十分轻视。例如："子贡曰：'贫而无谄，富而无骄，何如?'子曰：'可也。未若贫而乐，富而好

礼者也。'子贡曰：'《诗》云："如切如磋，如琢如磨"。其斯之谓舆?'子曰：'赐也，始可与言《诗》已矣，告诸往而知来者。'"（《论语·学而》）"贫而无谄"和"富而无骄"都是道德的准则。但是，孔子却要把它们放在"贫而乐"和"富而好礼"之下。像刻骨和磨玉那样不断修养自己的则是安贫乐道和富了也要尊重礼节。这说明儒家学说的教育重点不在道德的建构上，而在中国式的伦理规范上，即那种标志着等级关系的行为规范。

值得特别提出的是，有一个在当代伦理学和道德哲学中占有核心位置的道德概念"善，"在《孟子》中有被处理成良好道德行为的趋势。在《论语》中"善"是指"胜任"或者"擅长"等义。《论语》中有一句话最容易让人误解："子张问善人之道。子曰：'不践迹，亦不入于室也。'"（《论语·先进》）这里的"善人"不是指"善良的人。"朱熹的解释很有道理："善人质善而未学者也，"也就是天生聪明的人。所以，孔子才说这样的人不跟着别人的屁股后面走，但也不能登堂入室。"善"到了孟子手中，意义有些拓展。"孟子曰：'鸡鸣而起，孳孳为善者，舜之徒也；鸡鸣而起，孳孳为利者，蹠之徒也。欲知舜与蹠之分，无他，利与善之间也。'"（《孟子·尽心上》）这里的"善"的确有道德良莠的含义。孟子用"善"于这个意义的时候更多些。"善政不如善教之得民也，善政，民畏之；善教，民爱之。"（《孟子·尽心上》）又如："好善优于天下，而况鲁国乎？夫苟好善，则四海之内皆将轻千里而来告之以善。"（《孟子·告子下》）这里的"善"作"有益的话"解。在这些意义之间都能找到其内在相通性。这说明"善"只是偶尔被用作道德词汇。当然，这足以证明道德问题并没有在儒家学说中占有突出位置。

"孝"在孔子和儒家学说中，毫无疑义是第一位的行为准则。我们已经拿出了很大篇幅来说明它仅仅是一种政治学的映射系统，即把对于父母和长者的恭顺和礼貌、继承和怀念映射到对于政治权力的恭顺和礼貌，继承和怀念上。尤其是当把"忠"和"孝"并列的时候，就更能凸显"孝"的性质。所以，我们必须把"孝"从道德的行为规范中排出。依此类推，像"慈"、"敬"之类的词语，虽然具有以言行事的功能，但是，它们并不能归于道德的范畴。这些概念都具有一个最鲜明的特点，那就是对等级制的维护和坚持。这就形成了中国式伦理准则和行为规范。这才是儒家学说的重点。在孔子回答季康子的问题时，把这其中的奥妙都阐述出来了。"季康子问：'使民敬，忠以劝，如之何?'子曰：'临之以莊，则敬；孝慈，则忠；举善而教不能，则勤。'"（《论语·为政》）

　　儒家学说极力强调和推崇伦理秩序，我们在其他章节中已经作了大量的分析和提供了大量的例证。尤其是孔子和孟子对于"礼"的推崇和强调，让人感触最深。"礼"在《论语》中可以说是孔子论述的中心。这是一种开诚布公的话语权力的实施和炫耀。这是因为《论语》是以孔子教授学生为主，以其门生们恭维和介绍先生的伟岸和高尚为辅的特殊文体。但是，在《孟子》中这一类说教和推崇不见了。这是因为孟子则是更多地直接面对君王或者与其学术思想有分歧的人（包括其门生），大多以辩论为主。但是，孟子对于这种重伦理秩序的倾向反倒贡献得更大。究其原因，则是因为孟子发明了一种把历时秩序转变为共时秩序的方法。这就是加倍崇尚古人的方法。

　　孟子言必称尧舜，话必赞汤武，形成了一种历时能力和道义的排队，这对于后人对伦理秩序的尊崇可以说起到了很大的作用。信手拈来，举不胜举。

　　"孟子曰：'尧舜，性之也；汤武，身之也；五霸，假之也。久假而不归，恶知其非有也。'"（《孟子·尽心上》）"孟子曰：'古之为关也，将之御暴；今之为关也，将之为暴。'"（《孟子·尽心下》）又如："孟子曰：'贤者以其昭昭使人昭昭，今以其昏昏使人昭昭'"。（《孟子·尽心上》）这无疑都是给伦理规范加权的重要步骤。

　　孟子对于中国建立以儒家思想为意识形态过程所做的总结的确很有见地："逃墨必归于杨，逃杨必归于儒。"（《孟子·尽心上》）墨家是主张兼爱的，不兼爱，就要自觉地爱自己，这就进入了杨朱的学说体系里了。因为杨朱主张利己。要是不利己了，就成了儒家。言外之意是说儒家是不利

己的。而事实证明了人必须是利己的。这由无数的古代和现代的关于人性的研究足以证明。①人要在自己灵魂中利己，而又公开地承认自己不利己，那就只有是在重压之下变得虚伪。这就是伦理本体化的最终结果。《孟子》中有一段话，真切地解释了儒家的伦理本体化：

> 孟子曰：尧舜，性者也；汤武，反之也。动容周旋中礼者，盛德之至也。哭死而哀，非为生者也。经德不回，非以干禄也。言语必信，非以正行也。君子行法，以俟命而已矣。（《孟子·尽心上》）

把孟子的这段话翻译过来就看得明明白白了：尧舜（行仁）是本性；商汤和周武王是经过修身而恢复本性。行动和容貌符合礼的要求，是美德中最高的。痛惜死者而悲哀，不是给活着的人看的；不违背道德，并不是为了谋求官职俸禄的。言语务求诚实，并非借此显示自己行为端正。君子按法度行事，以等待命运的安排罢了。按照孟子的说法，人在中国就只能符号化自己为礼制和规范的奴隶。这就是伦理本体化的必然结果。

上文中断言，儒家的伦理本体化不仅是挤压了道德，简直就是强奸了道德，道德在儒家学说之中，只是伦理本体化的边角废料。这个理论结论一旦拿上历史的桌面，立刻就会遭到无数人的反对。因为在中国历史上，能够找到无穷无尽的例证，来说明中国士大夫阶层曾经出现了许许多多的在道德操守上堪称楷模的人物。这将如何解释呢？儒家学说有一个秘密：那就是对于耻辱感人格的培养，是儒家的核心目标之一。正是这种耻辱感人格的看护作用，才使得士大夫阶层按着儒学的君子标准来把自己塑造成"道德"的楷模。其实这种"道德"行为只是伦理本体化的边缘效果。道

---

① 在人性本质上是利己的，古代最有影响的著述当然是旧约圣经中关于众人皆罪的观点。西方的伦理学分成两大流派：目的论和义务论。目的论是指人类的行为只有符合自己的目的才是符合伦理原则；义务论是指人类有义务实行符合伦理的行为准则。两者都是以人先天就是有罪的这一理念为前提的。现代人关于人性是利己的研究首推社会生物学关于从生物基因的层面开始，就能推导出人性的本质，即"自私的基因"。（见爱德华·奥斯本·威尔逊：《新的综合》第40页，阳河清编译，四川人民出版社1985年版。）

德行为是和伦理本体化一脉形成的。这里的一个最重要的环节就是耻辱感人格的中介作用。

君子的人格培养，在孔子的时代，没有奖励制度和惩罚方式。而孔子又以培养君子的良好人格为己任，孔子于是就发明了一种耻辱感教育的"系统工程"。在目标上进阶取士是光荣（"夫子温、良、恭、俭、让以得之。"（《论语·学而》）孔子积极问政来示范）；在生活上时刻学习训练做官的礼仪，（"学而时习之"（《论语·学而》）。即不停地训练后备大夫的礼节）；建立一种相互监督的习惯（"视其所以，观其所由，察其所安"。（《论语·为政》））。最重要的是耳提面命把耻辱感教育落到实处。"信近于义，言可复也。恭近于礼，远耻辱也，因不失其亲，亦可宗也。"（《论语·学而》）讲求诚信，遵守诺言，恭敬他人，都是为了一目的：不至于被人耻笑。君子的名声是高于一切的。"子曰：'富与贵，是人之所欲也，不以其道得之，不处也。贫与贱，是人之所恶也，不以其道得之，不去也。君子去仁，恶乎成名？君子无终食之间违仁，造次必于是，颠沛必于是。'"（《论语·里仁》）孔子自己就是耻辱感人格的代表，"子曰：'巧言令色足恭，左丘明耻之，丘亦耻之。匿怨而友其人，左丘明耻之，丘亦耻之。'"（《论语·公冶长》）孔子当然是要把耻辱感标准引入政治领域中，"子曰：'笃信好学，守死善道。危邦不入，乱邦不居。天下有道则见，无道则隐。邦有道，贫且贱焉，耻也；邦无道，富且贵焉，耻也。'"（《论语·泰伯》）还要把耻辱感教育推广到民众那里，"子曰：'道之以政，齐之以刑，民免而无耻；道之以德，齐之以礼，有耻且格。'"（《论语·为政》）以上这些内容足以证明儒学的耻辱感教育是多么深入和全面。

在中国历史上，的确出现了许许多多的道德典范人物（当然，在中国历史上出现的卑鄙无耻的人物也非常多）。但是，只要我们抓住那些留下自我心理分析的典型，就会从中嗅出甚至查出，这种耻辱感人格的作用。司马迁在中国历史和中国历史学中都留下了辉煌的足迹。司马迁其人绝对是中国君子的典型和楷模。看看他对自己的道德原则的反思，就知道了耻辱感在中国人道德约束中的作用："扑闻之：修身者，智之符也；爱施者，

仁之端也；取予者，义之表也；耻辱者，勇之决也；立名者，行之极也；士有此五者，然后可以托于世，而列于君子之林矣。"（《古文观止·报任少卿书》）

在中国浩瀚的历史中，最感人的道德教育成功的范例莫过于欧阳修在其《泷冈阡表》一文中惟妙惟肖地记述了他的母亲是如何教导他成才的。欧阳修四岁死了父亲。母亲辛勤茹苦培养他成人。当他长大后，母亲对他说："汝父为吏廉而好施与，喜宾客；其俸禄虽薄，常不使有余，曰：'母以是为我累。'故其亡也。无一瓦之覆，一垄之植，以庇而为生。吾何恃而能自守耶。吾于汝父，知其一二，以有待于汝也。自吾为汝家妇，不及事吾姑，然知汝父之能养也。汝孤而幼，吾不知汝之必有业，然知汝父之必将有后也。"（《古文观止·泷冈阡表》）我们根本就没有必要继续引述下去了。在这篇文章中的确有无数感人的画面和语句，但是，我们从中一下子就能观察到这里欧阳修所要表达的中心思想。这无非是告诉人们，他的母亲是如何在其父的榜样力量之下，来坚定不移要将他培养成人的信心和决心。欧阳修本人对于自己光宗耀祖的骄傲和满足也溢于言表："呜呼！为善无不报，而迟速有时，此理之常也。惟我祖考积善成德，宜想其隆；虽不克有于其躬，而赐爵受封，显荣褒大，实有三朝之锡命。是足以表见于后世，而庇赖其子孙矣。"（《古文观止·泷冈阡表》）

以上的摘引和论述还不足以说明了中国人的道德行为从何而来吗？中国道德的本质则是伦理本体化的延伸，是伦理历时的需要转化为共时的动力。

这种耻辱感人格是中国文化的最大特色之一。

人类文化的多样性为我们理解耻辱感人格提供了一个镜像效应式的参照系。这就是以希伯来文化和古希腊文化混合而成的"两希"文明中的罪恶感人格。人生来是有罪的，这是两希文明认识人格和个人自我反思的逻辑起点。《圣经·创世纪》中关于亚当和夏娃偷吃禁果而闯下滔天大祸，被上帝赶下天堂的故事，是关于人类起源论在公元前四世纪到五世纪那个时代中最有理性特色的观念。舍斯托夫在其《在约伯的天平上》[①] 中有一段关于亚当和夏娃偷吃禁果的寓意的议论，回答了偷吃禁果知道了耻辱为什么就是有罪这个困惑宗教学家和哲学家数百年的问题：人有了自我意识就掉入了人类自身有限性的泥潭，人用有限性去努力摆脱自己的和集团的有限性，纷争和奸邪就不可避免。于是，人就开始了罪性的地上生活。有罪和有限，这就是两希文明关于人自身的存在论基础。因此，两希文明是给人的本体论实现赋予内涵的。这就是罪恶感人格的起点。有此为参照，再来看儒家对于人的自然状态的描述和彰显这种自然状态的动力，就能充分了解这两种截然相反的人格类型的区别，从而加深对于儒家传统给中国人留下的精神遗产的理解和认识。

儒家给人的自然状态一个明确的解说，即孟子所说的"四端"（恻隐之心，羞恶之心，辞让之心，是非之心）。人类的本分和责任就是扩张此四端。"有是四端而自谓不能者，自贼者也；谓其君不能者，贼其君者也。凡有四端于我者，知皆扩而充之矣，若火之始然，泉之始达。苟能充之，足以保四海；苟不充之，不足以事父母。"（《孟子·公孙丑上》）扩张此四端的动力机制就是耻辱感。"人不可以无耻，无耻之耻，无耻矣！"（《孟子·尽心上》）人不能够没有耻辱感，没有耻辱感是最大的耻辱。这样，"耻之于人大矣，为机变之巧者，无所用耻焉。不耻不若人，何若人有？"（《孟子·尽心上》）耻辱感对人太重要了。如果不因为比不上他人而感到耻辱，那还算是人吗？

和两希文明的罪恶感人格相比，我们自然会明白中国人的人格约束的方向是外在的，即由他人和社会来决定一个人的成就大小和道德高低，这就是哲学中常说的"他律"。《论语》中有关于耻辱感如何决定的说明："子贡问曰：'何如斯可谓之士矣？'子曰：'行己有耻，使于四方，不辱君命，可谓士矣。'曰：'敢问其次。'曰：'宗族称孝焉，乡党称弟焉'。曰：'敢问其次。'曰：'言必信，行必果，硁硁然小人哉！抑亦可以为次

二
自组织的儒学系统

---

① 舍斯托夫：《在约伯的天平上》，第 248～249 页，董友、徐荣庆、刘继岳译，生活·读书·新知三联书店 1989 年版。

矣。"(《论语·子路》)"不辱君命"这就是耻辱感道德约束的最高境界。耻辱来自于何方？昭然若揭。归根结底耻辱是由权力作终极判断的。其次则是被宗族称道为"孝"，被乡党称为"弟"。这自然是由"他律"构成的道德标准。至于说"言必信，行必果"，那只是硁硁然小人的行径，只是对小人的道德评价。言外之意则是在说，为了君命，即或是言而无信，行无结果，那也不是耻辱。这就是孔子的耻辱感道德约束的三级标准。

他律有三个无法回避的难题：第一是他律是一种置身于整体之中由别人来鉴别和评价的道德体系。于是，有两种可能就会使得他律失去作用。一是当自己独处一个不被他人所知的环境中，没有任何耻辱的鉴别者和评价者，耻辱感的约束作用就会失效。这种情况屡见不鲜。我举一个现代人的例子。我的一位朋友在北方某个城市的饭店吃饭，席间吃的开心，不知不觉之中就过了晚间11点。喝了一肚子的啤酒，刚离开饭店就想小便。他说了一句让我终身难忘的话："反正这里也没有人，等什么，就在这儿方便吧。"结果他带头在没有人的大街上便溺。我想每一位读者大概都有这样的经历。二是当一个人真的厚颜无耻到极点时，耻辱感约束根本就不会发生作用。这就是李宗吾先生的《厚黑学》所要论证的重点。即寡廉鲜耻和厚颜无耻的人之所以成功，就是因为这样的人处在中国特定的文化氛围之中。《史记·项羽本纪》中记载着项羽囚禁刘邦父亲，并以此要挟刘邦退兵的故事。刘邦就以寡廉鲜耻赢得了胜利："彭越数反梁地，绝楚粮食。项王患之，为高俎，置太公其上，告汉王曰：'今不急下，吾烹太公。'汉王曰：'吾与项羽俱北面受命怀王，曰：约为兄弟。吾翁即若翁，必欲烹而翁，则幸分我一杯羹。'项王怒，欲杀之。项伯曰：'天下事未可知，且为天下者不顾家，虽杀之无益，只益祸耳。'项王从之。"这不就是无耻的胜利吗？

第二是对于某一权力范围内最高的道德鉴别者和评价者，耻辱感就会完全失去约束力。这是因为耻辱感的鉴别和评价是根据社会地位的高低来决定其评价和鉴别的分量的，也就是说地位越高评价的权重越大。所以在一个相对封闭的权力氛围之中，其最高的权力拥有者有时会根本不顾耻辱感的约束，为所欲为。刘邦侮辱儒生，当众就往儒生的帽子里撒尿。这是在高位者作出的无耻之尤的荒唐事。现代知名作家巴金的激流三部曲：《家》《春》《秋》中的那个老太爷，是那个家庭的太上皇。他处在这个位置上就是荣耀。因此他并不需要用耻辱感来约束自己。当然他就可以为所欲为。他的那些孙子辈的后代都到了谈婚论嫁的年龄。他对自己孙子们的婚事横加干涉，而他自己却要娶和他孙子年龄差不多的姑娘。这里还能有什么道德可言吗？

第三是在某些十分特殊的情况下，没有一个统一的尺度来决定怎样做是耻辱的，怎样做是光荣的，让人无所适从，于是，耻辱感的约束作用彻底失效。比如清军入关攻入北京之后，明朝的大学士一级的一品大体四十几个。其中有一半跟随崇祯自尽，另一半则干脆投降了清军。① 可以说这两者都对。谁也说不清哪种决定是正确的，哪种决定是错误的。因为，怎样做都会被解释为维护权威的壮举。

在这样一种由伦理准则支配下的道德哲学中，道德既变得情景化又变得虚幻化。情景化当然是郝大维和安乐哲所说的中国人的行为原则是随着情景的变化而变化的，在不同的情景之中有不同的原则。说到底就是没有原则。道德在中国人情景化的生存论空间中，可以肯定地说，是情景化的最活跃的领域。对于个体人来说，就是有时采取的是道德行为，有时就是非道德行为；在某些场合就是道德行为，在某些场合就是非道德行为。对于全社会来说，就是一部分人是道德的，另一部分人是非道德的。在中国古代这种科层结构的社会中，越处在下层的人，就越是表现得更多的情景化，因为他们面对比自己地位高和能力大的人，就越要表现出道德来；而在失去了道德监控的场合就会原形毕露，把不道德的一面充分展示出来。而对于那些权倾朝野、身居高位的人来说，他们则不需要用道德来表现自己的高尚和清明。身份和地位本身就是价值的标志和道德的显现，就是被人羡慕的目标，更是道德判断和道德鉴别的资格，于是，他们就不需要道德，当然，他们中的部分人也没有道德。但是，他们却要行使道德裁判和鉴别的职能。

---

① 见魏斐德：《满清外来政权如何君临中国》，第257页，台北时英出版社2003年版。

自组织的儒学系统

道德的虚幻化只需要和经济学中的劣币驱逐良币①原则类比一下，就清清楚楚了。劣币之所以能驱逐良币，就是因为人们使用劣币能够顺利通过交易的环节，在他人使用劣币能够得逞的情况下，自己使用良币就必然受损失。中国式的道德在伦理本体化的支配下，伦理地位就是道德标志。

3 知识与教化

知识和传授知识，在人类各个民族的社会行为中，都毫无例外地占有最崇高的地位。从世界公认的四大文明古国的历史记载中，就可以清晰地理出这一线索。古巴比伦的《汉穆拉比法典》除了宣布国王是最高统治者，集行政、立法、司法、军事和祭祀大权于一身之外，也宣布了保护自由民的利益。古巴比伦自由民内部划分为两个等级，即阿维鲁和穆什凯努，它们的地位是公开不平等的。阿维鲁是享有完全权利的臣民，包括僧侣贵族、高级官吏和独立的劳动者，法典有许多条款保护他们的人身和财产权利。埃及古代史分为 31 个王朝（约前 3100 ~ 前 2686）。古埃及真正的统一是在古王国时代（第 3 ~ 6 王朝，约前 2686 ~ 前 2181），形成了统一奴隶制国家，确立了以官僚体制为基础的、君主独裁的专制统治。除专制君主外，奴隶主阶级还包括贵族官吏、神庙僧侣等。僧侣阶层就是今天知识分子的前身。1922 年，考古学家在印度河流域突然发现了哈拉巴文化遗址。哈拉巴文化大致发生在公元前 3000 ~ 前 1750 年。其文明的特征还有待于揭示。印度的历史从吠陀时代开始才有文献记录。"吠陀"原意为知识、学问，共有 4 部。"吠陀"是祭司们在祭神时所用的颂歌、经文和咒

---

① 在铸币时代，当那些低于法定重量或成色的"劣币"进入流通领域后，人们就倾向于将足值的"良币"收藏起来。于是，市场上"良币"逐渐被"驱逐"，越来越少，最后流通的只剩下"劣币"了。经济学家把这类逆向淘汰的现象，统称为"劣币驱逐良币"。在现实生活当中，和劣币驱逐良币的机理相同的现象许许多多。游戏中的作弊者常常取胜，交易中的行骗者常常得逞，这类事情均证明了实力并非赢得竞争的唯一条件，秀者未必一定胜利。黑社会化和市场交易的普遍欺诈，都是劣币驱良币现象的具体反映。在这种社会中，理性人被称为理性的傻子。

语的汇编，虽然主要是宗教内容，但也包含一些雅利安的早期历史。从古印度的这些文化巨著能够被保留下来，就足以证明它对知识阶层的重视。但是，我们不得不说，在这一方面中国的历史告诉我们的事实却恰恰和这些古代文明的类型不能同日而语。我们的国家有一个世界上绝无仅有的"绝地天通"事件。这个事件之后，知识分子的古代身份即巫觋这个阶层从此就和知识的生产绝缘了。我们把这类人称为知识分子的古代身份，不妨看看圣经中关于先知的介绍，就能够毫不含糊地确认这个结论。但是，我们必须要承认，正是儒家的出现，和较晚于儒家的墨家、阴阳家、法家等学派的相继出现，才使中国的知识生产不至于间断。不过，儒家在秦始皇焚书坑儒之后，能够存留下来，主要是因为儒家"六合之外存而不论"，孔子的"子不语：怪、力、乱、神"不要从什么狭隘的唯物主义来理解，那只是对于社会之外的知识不敢议论的同义语。刘向的《说苑》第十九卷的第一段话可以说画龙点睛说中了要害：

> 天下有道，则礼乐征伐自天子出。夫功成制礼，治定作乐。礼乐者，行化之大者也。孔子曰："移风易俗，莫善于乐；安上治民，莫善于礼。"是故圣王修礼文，设庠序，陈钟鼓。天子辟雍，诸侯泮宫，所以行德化。《诗》云："镐京辟雍，自西向东，无思不服"。此之谓也。①

这段话最低说明了在刘向的时代，儒家认为天子应该垄断一切知识生产。中国没有真正意义上的知识分子，没有独立生产独立于权力结构之外的有关自然的知识，是再明确不过的了。

这也就决定了中国直到宋代之前没有知识论（也就是认识论），也就是没有反思知识的知识。没有反思知识的知识，知识的生产就只能是一种范式：由政治的需要来决定知识的生产和消费。但是，儒家的情况有点特

自组织的儒学系统

---

① 刘向的《说苑》中有些记载和其他史书不太符合的地方，故被后人批评的不少。但是，这段话可以和《论语》相印证。故引述于此。（文津阁四库全书子部·儒家类第二三一册，商务印书馆 2005 年版。）

别：儒家是这种以消灭知识和知识分子的目标为宗旨的知识生产，却在它产生的那一时代一点也没有得到当权者的重视。他们到处游说，阐述自己的主见，想让权力的核心对他们重用和呵护，却到处碰壁。李零先生说孔子是丧家之犬，一点都不过分。真是如此。不过正是因为孔子的学说不被当时的国君们所赞同，孔子的学说才能在那一刻成为了知识社会学中所说的"乌托邦"，即和主流意识形态针锋相对的思想体系。这正如我们前文论述的，在孔子的时代中国社会的组织形态正在发生着翻天覆地的变化：中国的生产力发展已经到了该统一于一个更大的民族国家的怀抱中的时候了。诸侯们想的都是如何把天下统一于自己的手中。正如司马迁所说："昔西伯拘羑里，演《周易》；孔子厄陈、蔡，作《春秋》；屈原放逐，著《离骚》；左丘失明，厥有《国语》；孙子膑脚，而论《兵法》；不韦迁蜀，世传《吕览》；韩非囚秦，《说难》、《孤愤》；《诗》三百篇，大抵贤圣发愤之所为也。"（《史记·太史公自序》）这说明这些知识创作者在他们创作知识的时候，他们所创造的知识体系都不是拥有权力背景的意识形态。正因为如此，我们才能说，孔子的治学方法和形成知识的路径有其独立的内容。我们进行这方面的探索，意义是重大的。这是中国少有的知识生产者独立于政治权力的几次机会之一。

中国的学者，从古到今，很少有人从知识论入手来探索人类对世界的理解的。这当然决定于中国精神生活的起点上就把这个问题忽略了。初始条件的敏感性决定了以后的路径必然是离这个至关重要的领域越来越远。当然，也不能一概而论就说中国学术中知识论的内容就一点都没有。像宋明理学中的"格物致知"之类的名言按着惯例就应该算作知识论范畴。但是，我们也必须明确，其目标是和知识论风马牛不相及的。同理，我们在探索原始儒学的时候，也不能根据初始目标来判断其价值，而要看内涵是否反映知识论的要义。依据这种观点，我觉得孔子关于知识论的阐述虽然风毛麟角，但是，有一段话倒是可以说在两千多年前的时代能有如此深刻的认识，不仅难能可贵，而且应该说它早就该熠熠发光，它被埋没，完全是因为中国式思维根本就没有这类概念来提升其档次。我们将其摘引如下：

子路曰："卫君待子而为政，子将奚先?"子曰："必也正名乎!"子路曰："有是哉，子之迂也! 奚其正?"子曰："野哉，由也! 君子于其所不知，盖阙如也。名不正，则言不顺；言不顺，则事不成；事不成，则礼乐不兴；礼乐不兴，则刑罚不中；刑法不中，则民无所措手足。故君子名之必可言也，言之必可行也。君子于其言，无所苟而已矣。"(《论语·子路》)

毫无疑义，这段话孔子是在论述参与政事必先有一个合适的命名。没有命名，说话就不算数；说话不算数，事情就办不成。尤其是没有礼的秩序和乐的选择，就会发生混乱，这还会直接影响到法律的实施。法律的尺度不合适，民众就无所措手足。君子做官就必须名副其实，马虎一点也不行。这样的理解一点都没有错。但是，提出命名的重要性，这在认识论上的意义可非同小可。世界的本质不在其自在的状态和自在的关系，而在其被人类的命名和分类之后的状态和关系在人类意识世界中的显现和意识对其的重新组合。这就是风行于 20 世纪初叶的现象学原则。[①] 正是因为有了现象学这个新的认识论武器，人类才知道了世界本来就是意识对其分类和命名的结果，寻找本真性的迷梦该有一个终结了。孔子的这段话当然不可能达到现象学的高度，不过最低是说明了命名的意义和作用。这已经是遥遥领先于他的时代了。

孔子关于知识的获取还有一点仍然可以说是走在了时代的前列的。那就是关于反思在认识上的重要性，在孔子的知识论中占有很突出的地位。"子曰：'见贤思齐焉，见不贤而内自省也。'"(《论语·里仁》)曾子说："吾日三省吾身"，与此同样是反思的精神活动。反思在孔子的学说中占有重要地位，像对待知识积累和运用的关系，他的看法都包含着反思的意蕴。那句十分著名的话，"学而不思则罔，思而不学则殆"，(〈论语·为政〉) 都可以说是反思思维操作的典型。这类例证还有好多。孔子对于观察过错的那些著名论断也都应该包括在内，如："人之过，各于其党。观

---

① 埃德蒙德·胡塞尔：《现象学的观念》，倪梁康译，人民出版社 1994 年版。

过，斯知仁矣"。(《论语·里仁》) 于此我们就能理解了孔子关于"忠恕"之道的来源,"己所不欲,勿施于人,""己欲立而立人,己欲达而达人",等忠恕的具体方略,都可以说是反思的结果。

反思是现象学的思维操作原则中最重要的一项。由反思还可以进一步推出胡塞尔的另一个思维操作技巧,那就是"悬搁",即把已有的知识和认识范式主动忘却,让新的东西自由地进入,并注意由这些新东西所形成的新的认识和新的判断。孔子在这方面的论述虽然不多,但是,也能让我们看到他确实有这类想法。如:"子绝四:毋意,毋必,毋固,毋我。"(《论语·子罕》)(不凭空猜想,不事先作肯定判断,不固执己见,不自以为是。)这样的解释只是世俗的和人格的视角。而在认识论上,则必须看到其创新性的那类成分。

孔子还有一个不被人认识但却是绝对走在了世界前列的地方,那就是对学术经典的运用和尊重。孔子对于古人的经典著述十分尊重:"子曰:'《诗》三百篇,一言以蔽之,曰:思无邪。'"(《论语·为政》)"述而不作,信而好古。"(《论语·述而》)"加我数年,五十而学《易》,可以无大过矣。"(《论语·述而》)"子以四教:文、行、中、信"。(《论语·述而》)《尚书》,《诗经》他皆信手拈来,运用娴熟。这必须站在当代的高度来进行解读。确立一种外在化的而不是人格化的知识线索,是人类知识演进的一大成果和知识发展的必要条件。世界上的进化有两类:其一是生物种系的随机自然选择类进化,其二是人类的智能进化。伯格森在其《创造进化论》[1] 一书中深刻论证了这两类进化对于世界的演进和发展的重大作用。孔子的这种对待知识的态度其实是和伯格森的第二种创造不谋而合的。但是,后来的中国传统社会还是把知识当成人格化的事情,诸如武功秘籍之类的神秘文化,以及古代知识体系除了孔子和其儒学的继承者的知识之外,什么知识都针插不进水泼不进,那则不是孔子的过错了。那只是权力和宗教的需要把孔子当成了随时可资利用的工具而已。

---

[1] 亨利·伯格森:《创造进化论》,姜志辉译,商务印书馆 2004 年版。

孔子关于学习和实践的关系也有一套自己的见解。"学而时习之"这类教导遍及孔子的言论之中。充分体现了理论和实践相结合的良好学习方法。"子曰:'德之不修,学之不讲,闻义不能徙,不善不能改,是吾忧也。'"(《论语·述而》)又如:"子曰:'盖有不知而作之者,我无是也。多闻,择其善者而从之;多见而识之,知之次也。'"(《论语·述而》)孔子的学生也紧随其后,牢牢记住先生的教诲:"子夏曰:'百工居肆以成其事,君子学以致其道。'"(《论语·子张》)这种学习态度就是到今天也还有其具体的应用价值。

孔子谦虚谨慎、实事求是、知错必改等严谨的治学作风和治学态度,都给人留下了深刻的印象。孔子是个很有抱负的学者,甚至是一个自命不凡的智者。但是,他却说:"三人行必有我师焉。择其善者而从之,其不善者而改之。"(《论语·述而》)可见孔子的求知欲望是多么强烈!他对自己的门生向来是谆谆告诫不要不求甚解,而要脚踏实地:"子曰:'由!诲女知之乎!知之为知之,不知为不知,是知也。'"(《论语·为政》)对于改正错误,孔子更是耳提面命:"子曰:'法语之言,能无从乎?改之为贵。巽舆之言,能无说乎?绎之为贵。说而不绎,从而不改,吾末如之何也已矣。'"(《论语·子罕》)这是何等的可贵呀!

孔子一生从事教育。这是今天的学术类别赋予他的称号。其实他所做的是,用现代的术语来说,就叫教化,即有明确培养目标的人生指引和知识灌输。孔子对于自己人生选择的热爱和执著,在中国历史乃至世界历史上都是绝无仅有的。有例为证:"子曰:'若圣与仁,则吾岂敢?抑为之不厌,诲人不倦,则可谓云尔已矣。'公西华曰:'正唯弟子不能学也。'"(《论语·述而》)那"有教无类,敏而好学,不耻下问"的豪言壮语的确是给人以豪迈的力量和震撼。他的弟子们也纷纷响应这位旷古一人的先生:"子夏曰:'博学而笃志,切问而近思,仁在其中矣。'"又说:"日知其所亡,月无忘其所能,可谓好学也已矣。"(《论语·子张》)孔子在求知治学教化诸方面开拓了中国历史中的特定一页。孔子是那种创造历史的独特人物。但是,这不能从孔子的人生目标和他所要达到的效果上去判断和

评价。黑格尔有一句名言：历史常常和人们开玩笑。人们事先想走进这个房间，却意外地发现走进了另一个房间。创造常常是明知不可为而为之的奇迹收获，或者是歪打正着的意外收获。但是，在解释学的层面上，我们都必须把创造当创造。

我之所以在这一节中不厌其烦地专门阐述孔子在认识论上的贡献和成就，其中不乏褒扬之词和赞赏之意。我想中性化孔子，这不是我的目标，而是我的认识。在我看来，孔子在治学求知教化诲人等诸方面的确是先贤和圣哲。另外，我也没有引述他人（如孟子）的言论和行为。我这样做，就是想证明一个问题：从孔子的个人言行和人生追求，从他对于世界的理解和认识，从他反思自己和严于律己的事迹和言论，我们似乎得不出他有把自己的学说和自己的形象造成一个宗教的打算和企图。尤其是他在认识论上的那些言论和观点，都和宗教崇拜格格不入。但是，我们不得不说，孔子的学说在后来的中国历史演进过程中，却奇迹般地成了一种宗教的最好素材。当中国的民众和中国的皇帝怀着不同的目的把没有位格的"天"当成了一种超自然的崇拜对象时，这种带有原始宗教的集体表象和互渗滤①特征的崇拜形式，而又远远超越了集体表象和互渗滤的那种地理氛围，也就是说一个统一的和强权的大地理政治，需要一个整合全体社会和全体国民的继发性宗教，而不是那种原始宗教。在这种情况下，孔子才被选中成了宗教崇拜的偶像。当然，孔子的学说留下了神秘性的一面和崇古拜圣的特征。这无疑是给孔子后来的命运加上了符号化的功能。而孔子所留下的在知识探索上的那些观念和见解，在他所处的时代正好和宗教化针锋相对，而在他死后，反倒成了迷惑后人的烟幕。我在这一节中解释和揭示这些内容，一方面是客观地观察与评价孔子，另一方面也是提醒人们：一切知识都是一个解释学问题。必须在视界融合和效果历史两者结合的高度来理解。历史只对它产生的那一刻负责。后人的做法究竟怎么样，那是要由新的历史负责的新的解释。

---

① 列维－布留尔：《原始思维》，第62、155～279页，丁由译，商务印书馆1985年版。

4 价值判断与自组织

在这一节中，我们将讨论儒学系统的自组织问题。人类社会的自组织现象被价值取向所整合，这应该是没有疑义的。关于人类社会的自组织功能，通过博弈原则中的得益分配而实现的思想，经过宾默尔①和肖特②等经济学家创建的博弈论理论模型，为我们提供了完全可信赖的逻辑和实践证明。肯定人类社会的组织是一种博弈现象，这其中预设了许多基本原理：第一是人类为一种被其生物冲动所支配的生命，他和其他生物种系的区别只是一个量的问题，而非质的问题。这种内在冲动更多地表现为非理性特征。第二是人类个体在思考和决定自己行为时，是以自己的利益多寡作为判断的依据的。这种判断更多地表现为理性因素。第三是人类社会的整体性特征则是个体选择概率的凸显性所表现出来的结构和状态。而这种整体性特征是否对于个体有益或有害，并不是个体人所思考的问题。因此，社会的整体性常常会出现囚徒困境。③但是，即或是人们已经看清了整个社会的囚徒困境也不影响个体仍然会按着给自己带来暂时受益的目标进行选择。

有了以上的前提和背景，我们再来讨论价值就有了明确的方向。关于价值的理解和解释，有许许多多的说法，甚至有许许多多的定义和界说。休谟关于"是"与"应是"④的讨论当然是这个问题的基础和前提。休谟严格证明了"是"与"应是"之间没有一个排中律的界限，把什么定为"应是"只是一个人类群体的随机选择，然后被历史所固着。但是，毕竟休谟仅仅是给这个问题开了一个好头。后来者的大量工作才把价值的研究推向了一个又一个高潮。到今天关于价值的研究已经门派林立，学说繁

---

① 肯·宾默尔：《博弈论与社会契约》，王小卫与钱勇译，上海财经大学出版社 2003 年版。

② 安德鲁·肖特：《社会制度的经济理论》，陆铭、陈钊译，上海财经大学出版社 2003 年版。

③ 见朱·弗登博格与让·梯若尔：《博弈论》第 39 页，黄涛等译，中国人民大学出版社 2002 年版。

④ 休谟：《人性论》第一卷第三章：《论知识和概然推断》，关文运译，商务印书馆 1992 年版。

多，众说纷纭，莫衷一是了。近三十年来，经济学的突飞猛进发展，尤其是诺贝尔经济学奖的设立给经济学家一个可望又可即的目标，经济学的步伐就简直是风驰电掣了。随着经济学的进步，对于价值的研究有巨大推进。20世纪70年代，美国经济学家贝克尔发表《人类行为的经济分析》①，确定无误地证明了人类的行为选择是以投入和产出的比例来决定的，即产出和投入的比大于1的情况下人才能进行选择。这样价值的行为解释和价值的选择倾向就十分明确了。价值一定是具有目标程序的人类行为，而具体目标的性质和选择则是文化和时代的函数。这样，新黑格尔主义的价值理论就和贝克尔原则的内涵十分一致了。价值在他们的理论体系中则是某种目标选择以及目前的状态和目标实现之间的距离。这也和叔本华的哲学理论②有些相近，叔本华把人解释为无聊和烦恼之间的震荡：目标实现就无聊，目标没有实现就烦恼。具备了这些理论准备，我们才能扎扎实实地来探索儒学的价值判断问题。

借助于当代的价值理论，我们在儒学的经典中马上就能找到儒家确立价值的标准。这和我们今天对于价值的理解和阐释几乎没有本质的区别。在《中庸》章中有一段话正好是这方面的最好佐证："故君子之道：本诸身，征诸庶民，考诸三王而不缪，建诸天地而不悖，质诸鬼神而无疑，知天也；百世以俟圣人而不惑，知人也。是故君子动而为天下道，行而世为天下法，言而世为天下则。远之则有望，近之则不厌。"君子的远大目标是等待圣人来光复尧舜之道三王之政，近则是实现功名取士光宗耀祖。前者在孔孟的学说中分解为对于远古政治秩序的崇尚，对于礼的推崇和强调身体力行；后者则分解为对于勤学上进修身养性，把功名当目标的具体言论中。孔子说："周监于二代，郁郁乎文哉，吾从周。"（《论语·八佾》）又说："吾说夏礼，杞不足征也；吾学殷礼，有宋存焉；吾学周礼，今用之，吾从周。"（《中庸》第二十八章）至于说做官取士，孔孟的言论就更

---

① 见加里·S. 贝克尔：《人类行为的经济分析》，王业宇与陈琪译，上海三联书店与上海人民出版社1995年版。

② 叔本华：《作为意志和表象的世界》，第371页，石冲白译，商务印书馆1982年版。

是多得不可胜胜数。诸如："学也，禄在其中矣"（《论语·卫灵公》），"仕而优则学，学而优则仕"，等等，则不胜枚举。这两者集中体现在《大学》的"三纲领八条目"之中。不过，要说孔子和孟子直接为他们的价值取向进行充分阐释的例证则在孔子和孟子的两段对话之中。

其一是孔子与子路、曾皙、冉有、公西华的对话：

子路、曾皙、冉有、公西华待坐。子曰："以吾一日长乎尔，毋吾以也。居则曰：'不吾知也！'如或知尔，则何以哉？"子路率尔对曰："千乘之国，摄乎大国之间，加之以师旅，因之以饥馑；由也为之，比及三年，可使有勇，且知方也。"夫子哂之，"求！尔何如？"对曰："方七十里，如五六十，求也为之，比及三年，可使足民。如其礼乐，以俟君子。""赤！尔何如？"对曰："非曰能之，愿学焉，宗庙之事，如会同，端章甫，愿为小相焉。""点，尔何如？"鼓瑟希，铿尔，舍瑟尔作，对曰："异乎三子者之撰。"子曰："何伤乎？亦各言其志也。"曰："暮春者，春服既成，冠者五六人，童子六七人，浴乎沂，风乎舞雩，咏而归。"夫子喟然叹曰："吾与点也！"三子者出，曾皙后。曾皙曰："夫三子者之言何如？"子曰："亦各言其志也已矣。"曰："夫子何哂由也？""为国以礼，其言不让，是故哂之。""唯求则非邦也与？""安见方六七十如五六十而非邦也者？""唯赤则非邦也与？""宗庙会同，非诸侯而何？赤叶为之小，孰能为之大？"

这段话中，孔了对于曾皙的诂表示了欣赏。这其实是孔子对于其他三人价值追求的赞同，但对其追求方法和志向水平不满意，因而故意用这种方式表达了对于子路等三人的委婉批评。曾皙留下来，孔子的话真真切切地表达了他自己对于门生的期待和盼望：那就是按着他的治国理念来治国。也就是功名取士之路和遵从尧舜之道。

朱熹在其《四书集注》中对这段对话的评述几乎是最多的。摘引几处就足能看出孔子的心思了："曾点之学，盖有以见夫人欲尽处，天理流行，

随处充满，无少欠阙。故其动静之际，从容如此。而言其志，则又不过即其所居之位，乐其日用之常，初无舍己为人之意。而起胸次悠然，直与天地万物上下同流，各得其所之妙。"又说："子路、冉有、公西赤言志如此，夫子许之。亦如此……孔子之志在于老者安之，朋友信之，少者怀之，使万物莫不遂其性。"由此可见，孔子对于其门生的价值导向就是"学而优则仕"和行尧舜之政。

《孟子·公孙丑上》中有一段公孙丑和孟子的对话，被《古文观止》命名为《论知言养气》，称为综论性格修养与人生境界的驰誉千古的名篇。我们将其摘引如下：

"伯夷、伊尹于孔子，若是班乎？"

曰："否；自有生民以来，未有孔子也。"

曰："然则有同异？"

曰："有。得百里之地而君之，皆能以朝诸侯，有天下；行一不义，杀一不辜，而得天下，皆不为也。是则同。"

曰："敢问其所以异。"

曰："宰我、子贡、有若，智足以知圣人，汙不至阿其所好。宰我曰：'以予观于夫子，贤于尧舜远矣。'子贡曰：'见其礼而知其政，闻其乐而知其德，由百世之后，等百世之王，莫之能违也。自生民以来，未有夫子也。'岂惟民哉？麒麟之于走兽，凤凰之于飞鸟，泰山之于丘垤，河海之于行潦，类也。圣人之于民，亦类也。出乎其类，拔乎其萃，自生民以来，未有盛于孔子也。"

孔子是万世之师。他的言论是金科玉律。他的行为是楷模标本。孔子的价值取向就是后世的灯塔和向导。做君子，功名取士；仿尧舜，行仁义之政。这就是孔子的元价值，或称价值中的价值。前者是君子的人生目标追求。后者是君子的社会秩序追求。这正是自有人类以来符合价值范式的价值取向。

关于价值判断的标准问题，还有必要在此多说几句。在上文中总结的孔子和孟子的价值追求和他们关注的那些道德范畴和伦理规范并不一致。像"仁"、"知"、"勇"、"德"、"孝"、"忠"等,我们皆没有罗列在内。这并不是说这些道德范畴和伦理规范没有"应该"的属性,它们的确包含有语义之外的"信息剩余",承载着若干道义成分。然而,它们只是对日常行为产生某种约束和影响,并没有明确的目标指向。因此,这些概念只有形成话语权力的机会和一定意义上的约束条件,换句话说,它们只是外在化的"应该",并不会变成行为和思想的目标成分和核心动力。这样它们只是在休谟关于"是"与"应是",或者"应该"的层面区分那些中性化的概念。而我们考查的结果,发现在儒学的系统理论中,只有两件事是带有目标程序指引的命题集合:即上文所说的君子取士和政治法古,这两件事的确是儒家学派的目标和方向。

对于上面的这两个价值取向,它们仍然不是等量齐观的平均值。政治法古是一个社会目标,它的确有一个方向指引和结果的诱惑。但是,这是一个必须由集体记忆和社会记忆来承载的负荷。它进入每一个人的意识和潜意识是要经过一番教化,甚至经过一番较量,才能被人广泛地接受。变成全社会的目标导向。同时,它还必须使大多数人受益,特别是统治者受益才行。而且孔子和孟子所推崇的尧舜之道,除了孟子所说的"尧舜之道,孝弟而已矣"是可以操作的之外,其他的内容不仅模糊而且玄妙。因此,儒家学派所说的尧舜之道根本就不具备在尧舜之后的任何中国历史上实行的条件和契机。尧舜之道一次而成了永恒,连孔子自己也说不清楚。这个价值取向就不仅被虚化了,而且被虚无化了。战国后的秦,秦之后的两汉,中国历史绵延不绝,人们还是把尧舜禹汤文武周公的政治功业当楷模和标本。但是,究竟什么是尧舜的仁政,早已被人们忘得一干二净。只是对政治权力的一脉相承感触颇深而已。

正好和政治法古形成鲜明对照的是君子取士倒是长盛不衰的中国读书人的目标程序和价值追求。从战国到秦并不是十分漫长的岁月,仅仅二百余年,儒家宗师的教诲肯定还萦绕在弟子们的耳畔,但是,再来看看这些儒家后人的选择,这个学术派别留下的价值还剩下了什么!?

《汉书·儒林传序》记载着一些儒生在秦末农民起义中的所作所为："陈涉之王也,鲁诸儒持孔氏礼器往归之,于是孔申为涉博士,卒与俱死。陈涉起匹夫,驱适戍以立号,不满岁而灭亡,其事至微浅,然而搢绅先生负礼器往委质为臣者何也?以秦禁其业,积怨而发愤于陈王也。"这最后的一句话肯定是说错了,只能是权力本身的诱惑而已。也就是说儒家学说的价值取向只剩下了一个当官取士的需要。

关于自组织的功能和类型,需要着一点笔墨来进行说明。组织的功能和组织的资源成为人类学术探索的对象,我们已经不可能找到其源头了。中国典籍《尚书》中关于尧舜禅让的故事,关于武王伐纣之前的演讲,其子给武王讲述关于法律的知识,等等,都和组织有关。古希腊亚里士多德的《政治学》是人类组织功能和组织资源的系统思考。近代政治学的开端之作,马基雅威里的《君王论》是开宗明义自定义为研究人类组织资源的书。直到现代政治学的产生,这种关于人类社会组织的原则和组织方式的研究门类,已经方兴未艾。其杰出人物已经数不胜数。但是,人类在这个领域还缺乏一种更有趣味和更有意义的研究:那就是关于人类行为的自组织。这个概念在研究中国问题时尤其显得重要。

自组织闯入人类的视野,最早是关于生物功能的思索。19世纪的活力论哲学是其表现。而直接把自组织这样的语词运用到学术中的应该是美国生物学家坎农。他在其《躯体的智慧》① 一书中具体而又惟妙惟肖地描述和分析了生物的自组织现象。后来贝塔朗菲的《一般系统论》② 诞生,自组织研究开始走上了实证和分析的道路。到了20世纪70年代,自组织理论在刹那间就出现了若干种争奇斗艳的理论派别。较有代表性的则是比利时布鲁塞尔学派的耗散结构理论,当时的西德斯图加特学派的协同学,西德化学家艾根的超循环论等。经过把这些自组织理论和中国儒家文化价值判断问题作比对,我们发现,协同学理论比较合适。我们重点介绍这种自组织理论的某些细节。

① W. B. 坎农:《躯体的智慧》,范岳年与魏有仁译,商务印书馆1982年版。
② 贝塔朗菲的《一般系统论》发表于1948年,坎农的书肯定是贝塔朗菲灵感的触发元素。

协同学是由原西德斯图加特大学的哈肯创立的自组织理论。① 最早产生于对激光现象的理论说明。激光产生的机理是这样的：确定一种激光物质，给其加能量泵激。这样，就会在这个激光物质内部造成它原子核中的电子跃迁，即电子多少偏离其轨道做上下运动。于是，在这种激光物质中，就形成了几个跃迁级别不一样的子系统。而那个跃迁幅度最大的子系统，它内部的电子达到其最低值时则几乎没有能量，而达到最高值时则又是携带最大能量。这个子系统最后就把其他的子系统完全俘虏过来。整个大系统就呈现了一种脉冲现象：即电子到了最大能量值时，就有光线射出，到最小能量值时则没有任何光线。这样，极光现象就可以用一个正弦曲线来描述它和分析它。这就是协同学的自组织原理。其中那个跃迁值最大的子系统，由于其运动的轨迹比较长，历经的时间当然也长。因此，叫慢弛豫参量。由于它把其他子系统俘虏而使整个大系统出现有序状态，所以，又叫序参量。协同系统的自组织现象研究的关键就在于找到慢弛豫参量或序参量。

关于儒学的思想体系是一个系统的认识，我们在前文中曾经以此为据来进行儒学预设条件和初始状态的论述。那只是基于一种直觉和需要。现在我们来对这个问题进行较充分的逻辑论证。

儒学的思想内容包括政治制度，伦理道德，人格标准，知识论和教育学，可以说在那个时代所能涉及的人文观念几乎无所不包。要想证明儒学的思想体系是自组织的，首先要证明儒学的思想内容之间的结构信息，其次是确定结构信息是如何把整体联系起来的，再次是找到整合系统的确切方式，最后才是研究它的自组织关系。

在第5节中，我们分析了儒学的制度建构。儒学大师们向往和期盼的政治制度是中国式的封建制度。这种制度的典型结构特征就是"一个中心，无限边缘，权力集中，多边放射"，有点类似于太阳系或者卢瑟福原子模型。这种权力结构的产生，本该有历史学家、历史社会学家、人类学家和政治学家进行深入的发生学研究，但是，迄今为止只有唐代的柳宗元

自组织的儒学系统

---

① 赫尔曼·哈肯：《协同学》，第138页，凌复华译，上海译文出版社2001年版。

做过带有思辨性质的阐述。柳宗元的初始假设包括：第一，人是生物性的和自私性的，人以个体存在为其生存论原则；第二，人在争取生存权利的过程中，以社会达尔文主义的方式产生社会管理权的分配；第三，逐级产生的权力范围最后在一个最大的民族共同体中形成统一，并产生一个垄断和独占的权力核心，这个权力核心分封诸侯国和诸侯君主；第四，从最高核心到各个诸侯国的统治者，最后形成一种世袭制度。这有点像诺齐克关于权力起源的思想。① 但是，不得不说中华民族早在一千多年前就产生了这种认识，的确可以证明中国的聪明才智。我们将柳宗元论证的精辟地方摘引如下，真让我们有痛快淋漓之感：②

> 夫假物者必争，争而不已，必就其能断曲直者而听命焉。其智而明者，所伏必众；告之以直而不改，必痛之而后畏；由是君长刑政生焉。故近者聚而为群；群之分，其争必大，大而后有兵有德。又有大者，众群之长又就而听命焉，以安其属，于是有诸侯之列。则其争又有大者焉。德又有大者，诸侯之列，又就而听命焉，以安其封，于是有方伯、连师之类，则其争又有大者焉。德又大者，方伯、连师之类又就而听命焉，以安其人，然后天下会于一。是故有里胥而后由县大夫，有县大夫而后有诸侯，有诸侯而后有方伯、连师，有方伯、连师而后有天子。自天子至于里胥，其后德在人者，死必求其嗣而奉之。故封建非圣人意也，势也。③

这段话真真切切地说明了封建的制度，不是圣人建立的万古千秋永世不变的法则，而只是人类在历史中创造的历史而已。"故封建，非圣人意也，势也。"这话多么振聋发聩！但是，孔子和其门徒，以及后来的儒家

---

① 罗伯特·诺齐克：《无政府国家与乌托邦》第一编：《自然状态，或如何自然而然地追溯出一个国家》，第11～147页，何怀宏等译，中国社会科学出版社1991年版。

② 柳宗元：《柳宗元文集·封建论》，第70页，中华书局1982年版。

③ 整段话中的"德"字都应该写为"得"，即被人认同之意。

学者，皆把这种制度当成人类制度建设的永恒标本。我们之所以把儒家对于政治制度范式的坚持叫"建构"，就是因为把这种制度经过理论阐释来充分肯定下来的，只有儒家学者是如此，而且这一条是区分儒学与非儒家的分水岭。当这种制度的地理分配形式和政治组织形式不再存在时，其"太阳系式的权力模型"或者"卢瑟福原子模型式"的权力结构，却由于儒家学者的不断坚持和维护而沉淀为中国古代社会对于权力组织结构认识的潜意识编码。尤其是儒家学者成为权力核心人物之后，这种权力结构意识就更强烈。王阳明"内圣外王"的思想是这种潜意识的最突出表现。我们下文将有大篇幅对此进行论证。这种沉淀于儒家后继者潜意识中的权力结构，当儒家人物走上历史的前台时，其价值取向就会引导着他们建立这种权力的"太阳能模型"。

我们在上一节中充分论证了儒家的价值追求。其中在儒生们的人生价值取向中，最具魅力和动力的就是学而优则仕。于是，道德与伦理，学业与知识，人格与品行，境界和视野，功德和建树，就都是为了功名取仕服务的了。儒家所坚持的由尧舜禹汤文武周公所代表的人格化制度变得虚幻和遥远了，但是，这种制度的权力组织方式却是实在和实际的。只要对于这种制度的坚信者有这样的能力来实施这种权力结构和组织方式。这样，儒学作为一个思想体系和学术系统，其自组织的功能就当然落在了儒家学者中的两类人物身上：一类是那些通过自己奋斗走上权力核心的当权者，他们获得了儒学的制度资源，必然要用公开的和隐蔽的种种方式坚持儒家的学术传统和学术主旨。美国汉学家魏斐德先生的巨著《历史与意志》在这方面有深邃的见解和扎实的论证。这样的人维护这种学术就不仅是为了学术本身，而是为了他们自己的权力运作和权力延续。王阳明就是这样一个人物。后来的曾国藩之所以极力推崇王阳明，其根本原因就是为了维护自己的权力和地位。尤其是魏斐德认为现代政治仍然在利用儒家政治资源，甚至把这种制度资源用到极致，都是同一个原因。当然，对于魏氏的见解尚有商榷的余地。另一类人物则是儒学的学术成功者。这些人在学术上成功了，靠的就是儒学的精神要义和儒学的学术声望，当然也靠儒学的政

自组织的儒学系统

治支柱，即那些在政治上成功的权力握有者。像董仲舒、张载、程颢、程颐、朱熹、韩愈、牟宗三、梁漱溟，等等。于是，儒学则是他们的学术生命和他们的生命本身。对于前者来说，儒学的政治资源是他们的生命，因为如果把儒学推翻了和批臭了，这些人建立自己的"太阳系模型"和"卢瑟福模型"就会受到学者的挑战，然后就要受到民众的挑战。对于后者来说，如果儒学被取缔了和被颠覆了，他们就没有了安身立命的基石。

中国古代传统社会中，创造既成事实的权力核心拥有政治上的霸权。享受儒学既得利益的皇权御用学者拥有学术霸权，他们是永远现实化的和永远实践性的。具体的朝代姓什么和是谁在台上，都是可以改变的。但是，总要有人拥有权力和有人用学术来给权力作注脚。儒学当然永远有自己的生命。这个生命的外在形式就是皇权核心：既是政治话语的权力核心，又是学术话语的权力核心。儒学能活得不自在吗？

到此关于儒学学术系统如何整合成一各自组织的有序状态已经没有任何悬念了。政治权力不仅是排他性权力，更是超越性权力。这种政治权力推行儒学，当然儒学就一定能"继往开来发扬光大"，一定能"千秋万代永不变色。"这种需要又能一代又一代地滋生出儒学的大师和超人，政治权力可以利用自己手中的一切资源来给这些"伟大的学者"开辟无穷无尽的学术天地。这些学者又反过来给政治权力做合法性解释和论证。于是，儒学的自组织功能就这样永远也没有完结和衰落。在这种情况下，由于儒学所建立的权力模型是中心放射性的"太阳系"，一个太阳可以照耀到所有领域时，那么，其他太阳就没有必要了。即或在这个时候，还有儒学大师在世，那他就不仅是多余人，而是在挑战那个最核心的核心了，其命运不言而喻。这时候，谁在自己的领域中出头，谁都是这个最高权威的敌人。所以，在这样的时代，儒学就只能是在一个超人，一个神圣，一个权威，一个天才身上繁衍了。但是，我们尽可以放心，即或这样，儒学也不会死。因为儒学并不是靠人数来延续自己，而是靠势能来延续自己。当一个人的势能达到了所有人的势能时，儒学自然就会像灵魂附体那样，附着在这一个势能最大的人身上。这种情况屡见不鲜，那些在中国历史上有点作为的皇帝几乎都是如此。

三　从儒学到孔教

我们在前两章中所做的事情，实际上是对儒学采取哲学解释学的方法进行系统研究和解剖。这其中既有迦达穆尔的解释学原则，也有利科的解释学原则。第一章主要是视界融合的共时性分解和合成的全面展示；第二章主要是效果历史的历时性动力和演进的纵向跟踪。这其中不乏也时不时地用点儿利科的解释学原理和方法，即隐喻与象征在思想踪迹中的作用，及从意识层面到潜意识层面的过程和路径。这已经距离我们本书的宗旨仅一步之遥了。我们的这本书实际是要来分析儒学是如何过渡到孔教的。尤其是孔教，这个术语，是本书第一次提出和论证的，因此，这一章将成为本书的重中之重。

在这一章中所要做的工作，主要是论证中国古代文化和中国传统政治是如何把一个人文的思想体系造成一个宗教的过程。这样就不可避免地要借鉴其他宗教的研究成果。这又有点儿比较宗教学的味道。但是，我们考虑到读者的兴趣和知识结构，尽可能把这些内容缩减到最低限度。读者要是对这些宗教学的内容不甚感兴趣，就可以将这些段落越过。

1 家与国——封建与郡县

牟宗鉴先生与张践先生的《中国宗教通史》① 最可贵的地方就在于它肯定了中国是一个有整体性宗教信仰的国家。以汉人为主和其他若干少数民族共同组成的中华民族，以一种隐性的崇拜和潜意识信仰千百年来维护和延续着一种宗教。这种宗教被牟宗鉴先生和张践先生命名为传统宗法式宗教。敬天法祖是这种宗教的核心教义，维护这种宗教的思想体系就是儒学。牟先生和张先生称儒学是传统宗法式宗教的"学"，也就是传统宗法式宗教的教义。《中国宗教通史》的这种观点，给"中国心灵"一个准确而又明晰的精神定位。我之所以在此使用"中国心灵"这个术语，是因为基督教传教士卫理贤的那本书《中国心灵》② 中对于中国人的社会行为和思想观念，风俗习惯和处人为事，有许许多多的疑惑和困惑，让他百思不得其解，他罗列了数不胜数的现象。当我读完牟先生和张先生的大作之后，我恍然大悟。卫理贤的谜团只能在这两位先生给中国人的精神定位中找到。然而，在卫理贤的时代，中国的大门刚刚打开，中国人的心灵之门还没有向世界敞开，中国的国教又是一种隐性的集体表象形式，其传播的方式又是原始宗教的互渗滤。而中国除了在宗教信仰上处在史前文明的阶段之外，中国的社会又有高度组织化的结构形态。在这种情况下，让一个外国人找到造成中国人匪夷所思的奇特行为和思想的答案，是绝对不可能的。

把传统宗法式宗教定义为古代中国整体性宗教，必须解决一个十分重大的理论问题：宗法的观念是如何从血缘家庭的历时传承映射到权力关系的共时传承？在《论语》与《孟子》之中的确有大量关于家国同构的论述

---

① 牟宗鉴与张践：《中国宗教通史》第 323 页，社会科学文献出版社 2000 年版。
② 卫理贤：《中国心灵》，王宇洁等译，国际文化出版公司 1998 年版。

和强调，但是，那是学术界所定义的封建时期。众所周知，秦以后，则被学者称为郡县时期。柳宗元大名鼎鼎的《封建论》中有一段论述，是封建区别于郡县的最早理论阐释：

> 周之事迹，断可见矣：列侯骄盈，黩货事戎，大凡乱国多，理国寡。侯伯不得变其政，天子不得变其君。私土子人者，百不有一。失在于制，不在于政。周事然也。秦之事迹，亦断可见矣：有理人之制，而不委郡邑，是矣；有理人之臣，而不使守宰，是矣。郡邑不得正其制，守宰不得行其理，酷刑苦役，而万人侧目。失在于政，不在于制。秦事然也。

这段话完全认定封建时代的社会混乱和政治弊端皆在于其政治制度不尽合理，秦代的暴政肆虐和民不聊生皆在于其政治运作方式不甚合理。其言外之意则是郡县制度渊源优越于封建制度。这种观点自柳宗元的《封建论》问世之后，就一直在学术界成为了普遍共识的真理。美国知名汉学家石约翰先生的力作《中国革命的历史透视》[①] 更是在这方面有独到之处，把郡县和封建的互动当成了推进中国历史演进的动力，给人以耳目一新的感觉。但是，只是把郡县和封建进行一点表面的分析，就断然将两者彻底分开，似乎它们之间存在着泾渭分明的界限，真的能够永恒地站在不败之地吗？

为了能够更好地剖析封建制和郡县制之间的区别和联系，为了充分阐明古代中国政治制度和政治运作方式的国家同构原则，我们需要引进一个完全具有中国特色的概念——拟血缘关系。这个概念的英文表述为 Pseudo-genetic connection[②]。所谓的拟血缘关系就是用血缘关系的心理状态和行为

从儒学到孔教

---

① 见石约翰：《中国革命的历史透视》第 34 页，东方出版中心 1998 年版。

② 关于"拟血缘关系"这个概念，不是我的妙手偶得。邱仁宗先生发表于《自然辩证法通讯》第九卷 1 期上的一篇题为《论科学史上内在主义和外在主义之间的张力》的文章，使用了"拟科学"这一概念："（中国）这种传统的科学在质上不同于欧洲的科学。……我称中国传统科学为拟科学。"这句话给我以很大启发。

模式来调整在权力结构中的上下级关系、权力中心和权力边缘的关系。一句话，把非血缘关系的权力关系变成像血缘关系中的父子关系和长幼关系那样的生物关系。我们在论述忠孝同构时就已经留下了伏笔，即权力关系中的"忠"只是生物关系中的"孝"的共时表达。孝是历时机会均等，忠就是共时机会均等。这种从历时到共时的映射，就是创造拟血缘关系的过程。这种拟血缘关系的确只能是中国特色，因为只有中国伦理本体化的生存论哲学，彻底强调生物秩序和血缘关系的历时机会均等原则是至高无上的秩序范本和道德准绳。孝正是这种原则的最集中表现。当把历时机会均等的伦理原则充分树立起来之后，权力关系就可以舒舒服服地承继这种成果，进而把孝道的具体实施当成表象和工具，为权力关系中的服从和忠诚树立一种榜样和目标。如果没有血缘关系的历时机会均等就不会有拟血缘关系的建立和运用。因此，把拟血缘关系说成是中国特色，就一点都不奇怪了。

《韩非子·初见秦》中有对于这种拟血缘关系的社会表现和其必然结果的描述和论断：

> 今秦出号令而行赏罚，有功无功相事也。出其父母怀衽之中，生未尝见寇耳。闻战，顿足徒裼，犯白刃，蹈炉炭，断死于前者皆是也。夫断死与断生者不同，而民为之者，是贵奋死也。夫一人奋死可以对十，十可以对百，百可以对千，千可以对万，万可以克天下矣。今秦地折长补短，方数千里，名师数十百万。秦之号令赏罚，地形利害，天下莫若也。以此与天下，天下不足兼而有也。是故秦战未尝不克，攻未尝不取，所当未尝不破，开地数千里，此其大功也。然而兵甲顿，士民病，蓄积索，田畴荒，囷仓虚，四邻诸侯不服，霸王之名不成，此无异故，其谋臣皆不尽其忠也。

韩非描述的秦国人奋不顾身以一当十的为国尽忠的精神正是拟血缘关系的具体表现。国王对待臣民就像父亲对待儿子。臣民对待国王就像儿子对待父亲。不是血缘胜似血缘的权力主体和权力客体的关系，就像生物血缘关系中的父亲作为权力主体，而儿子作为权力客体的那种关系。也正是因为这种拟血缘关系，秦国才是"天下莫若也"，有了统一天下的物质实力和精神准备。韩非讲这些话的时候，距离秦始皇统一中国已经指日可待了。这种拟血缘关系的建立正是秦国富强起来的根本原因。韩非在这里的论述只是这种新型的权力关系结出的丰硕果实，关于它的发明者和创造者，我们还是要从商鞅变法说起。

"商君者，卫之诸庶孽公子也，名鞅。姓公孙氏，其祖本姬姓也。鞅少好刑名之学，事魏相公叔座位中庶子"（《史记·商君列传》）。公叔座深刻地了解商鞅的才能。但是，没有等到对他重用的时候，公叔座病重，魏惠王来公叔座家中探望。公叔座借机向魏王推荐公孙鞅。魏王不以为然。后来公孙鞅来到了秦国，由秦孝公召见。在秦孝公主持下，公孙鞅和那些保守的官吏有一场精彩的对话和辩论，我们从中能够看出这个伟大的拟血缘关系的创造者和发明者的伟大胸怀和智慧：

孝公平画，公孙鞅、甘龙、杜挚三大夫御于君，虑世事之变，讨正法之本，求使民之道。

君曰："代立不忘社稷，君之道也；错法务明主长，臣之行也。今吾欲变法以治，更礼以教百姓，恐天下之议我也。"

公孙鞅曰："臣闻之：'疑行无成，疑事无功。'君亟定变法之虑，殆无顾天下之议之也。且夫有高人之行者，固见负于世；有独知之虑者，必见骜于民。语曰：'愚者暗于成事，知者见于未萌。民不可与虑始，而可与乐成。'郭偃之法曰：'论至德者不和于俗；成大功者不谋于众。'法者所以爱民也；礼者所以便事也。是以圣人苟可以强国，不法其故；苟可以利民，不循其礼。"

孝公曰："善！"

甘龙曰："不然。臣闻之：'圣人不易民而教，知者不变法而治。'因民而教者，不劳而功成；据法而治者，吏习而民安。今若变法，不

循秦国之故，更礼以教民，臣恐天下之议君，愿孰察之。"

公孙鞅曰："子之所言，世俗之言也。夫常人安于故习，学者溺于所闻。此两者，所以居官守法，非所与论于法之外也。三代不同礼而王，五霸不同法而霸。故知者作法，而愚者制焉；贤者更礼，而不肖者拘焉。拘礼之人不足与言事；制法之人不足与论变。君无疑矣。"

杜挚曰："臣闻之：'利不百，不变法；功不十，不易器。'臣闻：'法古无过，循礼无邪。'君其图之！"

公孙鞅曰："前世不同教，何古之法？帝王不相复，何礼之循？伏羲、神农，教而不诛，黄帝、尧、舜，诛而不怒，及至文、武，各当时而立法，因事而制礼。礼、法以时而定，制、令各顺其宜，兵甲器备，各便其用。臣故曰：治世不一道，便国不必法古。汤武之王也，不脩古而兴；殷、夏之灭也，不易礼而亡。然则反古者未可必非，循礼者未足多是也。君无疑矣。"

孝公曰："善！吾闻穷巷多怪，曲学多辨。愚者之笑，智者哀焉；狂夫之乐，贤者丧焉。拘世以议，寡人不之疑矣。"于是遂出垦草令。

（《商君书·更法》）

这个公孙鞅遵循的是"礼法以时而定，制令各顺其时"的原则，用我们今天的话来说，就是在历史中创造自己的历史性。秉承秦孝公的命令，公孙鞅开始变法了。"令民为什五，而相牧司连作。不告奸者腰斩，告奸者与斩敌首者同赏，匿奸者与降敌者同罚。民有二男以上不分异者，倍其赋。有军功者，各以率受上爵；为私斗者，各以轻重被刑大小。僇力本业，耕织致粟帛多者复其身。事末利及怠而贫者，举以为收孥。宗室非有军功论，不得为属籍。明尊卑爵等级，各以差次名田宅，臣妾衣服以家次。有功者显荣，无功者虽显荣无所芬华。"（《史记·商君列传》）这种恩威并重的政治运作方式正是制造拟血缘关系的最有力手段。拟血缘关系就意味着忠诚和实用将是最高的标准。价值取向已经发生了根本的变化。"亲亲为大"之类的血缘亲和性被权力关系亲和性所取代，在新的整合机制面前，权力的现实需要比什么都重要。权力的负反馈①就是价值的第一位选择。负反馈就是和目标完全一致的反馈。也就是把输出的信息通知给输入，从而调解输入使整个系统一步步逼向目标。这就变成了权力系统中的价值双轨制现象的彻底失效。儒家所坚持的靠血缘来整合权力系统的价值双向映射的体制，已经不适用于新的权力整合方式。这种拟血缘关系的权力整合方式，显而易见，要比原来的权力整合方式优越得多，高效得多。

这种拟血缘关系整合权力系统，有一个最大的哲学定位：它是绝对的、现实化，具有空间性。这就是我们在前文中所说的把历时性的血缘关系向共时性的权力关系的投影。这种共时性的权力关系，可以把全社会的一切资源和条件都动员起来和集中起来，投入一种在瞬时的拼搏之中。这样，政治集团之间的争斗就既是残酷的和不择手段的，又是高效的和瞬时更跌的。对于此种历时性向共时性的映射，我们只要看看韩非的一段论述，就一目了然了："夫为人子而常誉他人之亲曰：'某子之亲，夜寝早起，强力生财以养子孙臣妾'，是诽谤其亲者也。为人臣常誉先王之德厚而愿之，是诽谤其君者也。非其亲者知谓之不孝，而非其君者天下此贤之，此所以乱也。故人臣毋称尧、舜之贤，毋誉汤、武之伐，毋言烈士之高，尽力守法，专心于事主者为忠臣。"（《韩非子·忠孝》）这可以解释在中国历史上许多权力运作方式中的谜团。例如，楚霸王为什么要烧阿房宫，李自成为什么要烧福王府，以及女真族进中原一定要汉人留发打扮得像满洲人一样，其本质上都是因为权力必须是共时性的，权力必须把历史留下的象征和隐喻统统消火。

正是因为这种拟血缘关系确立的政治结构是共时性的，它一定要把由历史留给它的那些因素降低到最小程度，包括血缘关系本身也将被人尽可

三
从儒学到孔教

———————————

① N. 维纳：《控制论》：第97页，郝季仁译，科学出版社1985年版。W. R. 艾什比：《控制论导论》，第53页，张理京译，科学出版社1965年版。负反馈就是一种把输出一端的信号通知给输入，从而调整输入，使之和目标越来越趋于一致。最后和目标融为一体，即实现了目标。例如，自动火炮和飞行中的飞机之间的关系就是这样。它通过调整自动火炮的瞄准器和飞机的契合性，来完成这种负反馈过程，最后将飞机击落。

能地遗忘。商鞅在这方面给后世作出了榜样，"令行于民期年，秦民之国都言初令之不便者以千数。于是太子犯法。卫鞅曰：'法之不行，自上犯之。'将法太子。太子，君嗣也，不可施刑；刑其傅公子虔，黥其师公孙贾。明日，秦人皆趋令。行之十年。秦民大悦。道不拾遗，山无盗贼，家给人足。民勇于公战，怯于私斗，乡邑大治。秦民初言令不便者有来言令便者，卫鞅曰：'此皆乱化之民也。'尽迁之边城。其后民莫敢议令。"（《史记·商君列传》）就这样，商鞅给秦国树立了拟血缘关系的典范。但是，由于这种拟血缘关系的共时性原则会把一切历史性的东西遗忘殆尽，当然也包括创造这种拟血缘关系的商鞅本人，他则在秦孝公死后成了为秦孝公殉葬的祭品。公子虔当政自然没有他的好果子吃。他得知自己被追捕，逃至客舍。后面的误会是直到今天都需要在一个确切的理论范式中得到解释的有关中国文化的重大问题："客人不知其是商君也，曰：'商君之法，舍人无验者坐之。'商君喟然叹曰：'嗟乎，为法之敝一至此哉！'去之魏。魏人怨其欺公子卬而破魏师，弗受。商君欲之他国。魏人曰：'商君，秦之贼。秦强而贼入魏，弗归，不可。'遂内秦，商君既复入秦，走商邑，与其徒属发邑兵北出击郑。秦发兵攻商君，杀之于郑黾池。秦惠王车裂商君以徇，曰：'莫如商鞅反者'。遂灭商君之家。"（《史记·商君列传》）商鞅的故事告诉我们一个伟大的真理：共时性的拟血缘关系是只关心现实的需要。当你没有价值的时候，这种主动忘却的权力机制，会把一切和现实性相抵触的东西统统消灭的。还有一点，照样让我们感触颇深：如果你不能成为拟血缘关系的成员，你就不是这个拟血缘家庭的分子。祸灭九族的中国古代政治习俗之根就埋藏在这里。"莫如商鞅反者"，这话所包含的寓意实在太深刻了。

这种拟血缘关系围绕着诸侯国（具体来说就是秦国）权力的核心，组成了一种新型的社会关系：这种关系从其结构方式上说是血缘关系的具体模拟，从其结构信息上看是政治关系的集中表现，从其运作方式上说是中心放射的最佳体现，从其激励机制上讲是荣誉和利益结合的恩威并重。于是，这种新型的社会关系抽掉了家庭关系的本体论内涵，却把家庭关系中的权力合理性和权力绝对性全面继承下来，并发挥到有过之无不及的程度。这样，国与家就不仅仅是同构和相似，而是高度发展了家庭中的那种等级差别的绝对性和服从忠诚的绝对性。这就使得这样的诸侯国，拥有了超乎寻常的效率和能力。这就是秦国能够统一整个中国的最根本原因和最深层解释。这件事困惑了历史几千年，最低是在人类组织方式上对于这个问题的说明困惑了人们几千年。贾谊的《过秦论》有一段话，正是这种困惑的真实写照：

> 当此之时，齐有孟尝，赵有平原，楚有春申，魏有信陵。此四君者，皆明智而忠信，宽厚而爱人，尊贤重士，约从离衡，并韩、魏、燕、楚、齐、赵、宋、卫、中山之众。于是六国之士，有宁越、徐尚、苏秦、杜赫之属为之谋，齐明、周最、陈轸、召滑、楼缓、翟景、苏厉、乐毅之徒通其意，吴起、孙膑、带佗、倪良、王廖、田忌、廉颇、赵奢之伦制其兵。尝以十倍之地，百万之师，叩关而攻秦。秦人开关延敌，九国之师，逡巡遁逃而不敢进。秦无亡矢遗镞之费，而天下诸侯已困矣。

孟尝君、平原君、春申君、信陵君养客的故事，早已家喻户晓。[1] 他们豢养了许多有学识和有特长的人才。这同样是一种家庭的模拟和同构。但是，他们不是诸侯国的权力核心，并不能形成放射性的权力结构和独裁集权的运作方式。其效率和能力根本不可能和秦国拟血缘家庭的国相提并论。这就是这六国失败的根本原因。"夫灭六国者，六国也"只说对了真理的一半：六国并没有在社会的组织方式需要变革的时候，采取相应的政治改革；而秦国却在新的政治形势到来的时候，立即采取了变革的措施。说六国被秦国打败，也许更贴切些。

---

① 《史记》有《春申君列传》、《孟尝君列传》、《平原君列传》、《魏公子列传》，和伯夷、管仲、孟子等处在同一个水平线上。可见他们的地位和作用。

对于秦国能够统一中国的真正动力与原因，看看李斯的《谏逐客书》大概就一目了然了：

> 臣闻吏议逐客，窃以为过矣。昔穆公求士，西取由余于戎，东得百里奚於宛，迎蹇叔于宋，来邳豹、公孙支于晋。此五子者，不产于秦而穆公用之，并国二十，遂霸西戎。孝公用商鞅之法，移风易俗，民以殷盛，国以富强；百姓乐用，诸侯亲服；获楚、魏之师，举地千里，至今治强。惠王用张仪之计，拔三川之地，西并巴、蜀，北收上郡，南取汉中，包九夷，制鄢郢，东据成皋之险，割膏腴之壤；遂散六国之从，使之西面事秦，功施到今。昭王得范睢，废穰侯，逐华阳，强公室，杜私门，蚕食诸侯，使秦成帝业。此四君者，皆以客之功。由此观之，客何负于秦哉？向使四君卻客而不内，疏士而不用，是使国无富利之实而秦无强大之名也。

李斯的这段话不是明明白白地告诉我们，秦国能够统一天下，其根本原因和动力就是秦国实施了以拟血缘关系为主线的家国同构和家国一理的政治结构和政治运作方式吗？

贾谊在其《过秦论上》中的最后一段话，提出并简要回答了一个非常重大的问题：为什么秦国能够在百余年间就完成了统一中国的大业，而却在短短的十多年间就灭亡了呢？

> 且夫天下非小弱也，雍州之地，肴函之固，自若也。陈涉之位，非尊于齐、楚、燕、赵、韩、魏、宋、卫、中山之君；鉏棘矜，非铦于钩戟长铩也；谪戍之众，非抗于九国之师也；深谋远虑，行军用兵之道，非及向时之士也。然而成败异变，功业相反也。试使山东之国与陈涉度长絜大，比权量力，则不可同年而语矣。然秦以区区之地，致万乘之势，序八州而同朝同列，百有余年矣。然后以六合为家，肴函为宫；一夫作难而七庙隳，身死人手，为天下笑者，何也？仁义不施而攻守之势异也。

贾谊的问题问得太棒了！秦国仅凭那点少少的资源和土地，为什么能够在短短的百余年间就打败了其他诸侯国，而称霸天下，统一六国？我们在上边已给出了答案的一部分，即秦国战胜六国的深层原因和根本动力。但是，秦朝为什么在短短的十余年间就被一个组织无素、战斗力不强、运筹帷幄能力极差的陈涉给埋葬了呢？贾谊给出的答案是因为不施仁义。显而易见，这不仅仅是太简单，而简直就是歪曲。秦国在灭六国的过程中它也同样没有实施仁义，那它为什么能够实现统一的大业呢？

　　对此，柳宗元给出了回答：

　　　　秦之事迹，亦断可见矣：有理人之制，而不委郡邑，是矣；有理人之臣，而不使守宰，是矣。郡邑不得正其制，守宰不得行其理，酷刑苦役，而万人侧目。失在于政，不在于制，秦事然也。(《封建论》)

　　柳宗元的确比贾谊高明，他看到了问题的操作性的一面。"有理人之制，而不委郡邑是矣；有理人之臣，而不使守宰是矣。郡邑不得正其制，守宰不得行其理，"试问这样的事情在国家同构的制度下怎能实施呢？当一个国家大到秦朝统一中国的程度，又要实行中央高度集权，分权并给地方以较大的权力，那不是和家国同构的组织形式相矛盾吗？柳宗元关于"失在于政，不在于制"的说法蕴涵着秦制完全合理的意义和观念。这是相当有害的历史结论。政与制其实是高度统一的。柳宗元虽然比贾谊深邃许多，但是，当他的看法失之偏颇而又具有一定的影响力之后，其危害程度自然就大得多。

　　当秦国到秦始皇手中，他的集权和独裁措施已经登峰造极：

　　　　及至始皇，奋六世之余烈，振长策而御宇内，吞二周而亡诸侯，履至尊而制六合；执敲扑以鞭笞天下，威震四海。南取百越之地，以为桂林、象郡；百越之君，俯首系颈，委命下吏。乃使蒙恬北筑长城而守藩篱，却匈奴七百余里；胡人不敢南下而牧马，士不敢弯弓而抱

怨。于是废先王之道，焚百家之言，以愚黔首；隳名城，杀豪俊，收天下之兵，聚之咸阳，销锋镝，铸以为金人十二，以弱天下之民。然后践华为城，因河为池，据亿丈之城，临不测之渊，以为固。良将劲弩守要害之处；信臣精卒陈利兵而谁何！天下以定，始皇之心，自以为关中之固，金城千里，子孙帝王万世之业也。（《过秦论》）

秦朝的短命统一后，貌似强大而又实质上虚弱的本质，已经在贾谊的说明中讲得一清二楚了。以拟血缘关系来整合"千乘之国"，即周代的诸侯国，可以产生那个时代中最切合实际需要的政治制度和政治运作方式。其范围再大，大到整个中国的地理范围和整个中国的人文范围，家国同构和家国统一的政治需要，就要变成集权和独裁的政治需要。集权和独裁的成本将高到这种类型的民族国家无法承受的地步。这就是秦朝统一中国仅仅十余年就一定要灭亡的最本质原因。① 当一个民族国家达到某种程度，它就要由一种超越性的规则来调节和规范，也就是一种不在场的规范和原则来指导这种超级民族国家。否则，就会掉入一种循环之中：即一个朝代上台就意味着它开始了自己的死亡，过了一段时间它果真死了。又有新的这种制度的替死鬼上台。这新的统治者在经历一段时间，在重演它前一个榜样的一模一样的过程。这就是中国古代社会的家国统一和家国同一制度的历史循环。中国人的循环论意识之所以能够形成，恰恰是这种循环机制的产物。②

我们看看《资治通鉴》上关于秦始皇虚构自己统治合法性的那些行为，并简单地计算一下其政治成本，大概就明确了这种家国合一的制度，

---

① 关于秦朝的政治成本请见《剑桥中国秦汉史》第98页，崔瑞德、鲁唯一编，中国社会科学出版社1992年版。

② 见《三国演义》篇首的《西江月》："滚滚长江东逝水，浪花淘尽英雄。是非成败转头空，青山依旧在，几度夕阳红。白发渔翁江渚上，笑看春月秋风。古今多少事，仅付笑谈中。"这首词所表达的循环论思想是溢于言表的。当然，在《易经》等古老的文献中，循环论已经存在。但是，那是和中国人的农业劳动环境和农业的循环性分不开的，而历史的循环才是中国人最看重的本体论内涵。

是必然要灭亡的。

始皇帝下二十六年（庚辰，公元前二二一年）诸庙及章台、上林皆在渭南。每破诸侯，写放其宫室，作之咸阳北阪上，南临渭，自雍门以东至泾、渭，殿屋、复道、周阁相属，所得诸侯美人、钟鼓以充入之。

始皇帝下二十七年（辛巳，公元前二二零年）始皇巡陇西、北地，至鸡头山，过回中焉。作信宫渭南，已，更命曰极庙。自极庙道通骊山，作甘泉前殿，筑甬道自咸阳属之，治驰道于天下。

始皇帝下二十八年（壬午，公元前二一九年）始皇东行郡、县，上邹峄山，立石颂功业。于是召集鲁儒生七十人，至泰山下，议封禅。诸儒或曰："古者封禅，为蒲车，恶伤山之土石、草木；扫地而祭，席用菹秸。"议各乖异。始皇以其难施用，由此绌儒生。而遂除车道，上自太山阳至颠，立石颂德；从阴道下，禅于梁父。其礼颇采太祝之祀雍上帝所用，而封藏皆秘之，世不得而记也。于是始皇遂东游海上，行礼祠名山、大川及八神。始皇南登琅邪，大乐之，留三月，作琅邪台，立石颂德，明得意。初，燕人宋毋忌、羡门子高之徒称有仙道、形解销化之术，燕、齐迂怪之士皆争传习之。自齐威王、宣王、燕昭王皆信其言，使人入海求蓬莱、方丈、瀛洲，云此三神山在勃海中，去人不远。患且至，则风引舡去。尝有至者，诸仙人及不死之药皆在焉。及始皇至海上，诸方士齐人徐市等争上书言之，请得齐戒与童男女求之。于是遣徐市发童男女数千人入海求之。舡交海中，皆以风解，曰："未能至，望见之焉。"

始皇帝下三十二年（丙戌，公元前二一五年）始皇之碣石，使燕人卢生求羡门，刻碣石门。坏城郭，决通堤坊。始皇巡北边，从上郡入。卢生使入海还，因奏《录图书》曰："亡秦者胡也。"始皇乃遣将军蒙恬发兵三十万人，北伐匈奴。（《资治通鉴》卷七）

秦始皇之所以能为所欲为，疯狂消耗社会的资源，把执政成本提高到

令人瞠目结舌的地步，其原因在"制"而不在"政"，用今天的话说，就是根本原因在社会制度而不在运作方式。柳宗元的局限性在他那个时代还是情有可原的。但是，一直到今天还是有人坚持所谓的郡县制的合法性和合理性，就不仅仅是知识的贫乏和无序，而简直就是良知的泯灭和丢弃了。这同时也就揭示了中国古代被全社会所崇尚的宗教的信仰内核：对于权力的顶礼膜拜和无限信仰。

自秦代开始，中国古代社会几乎都实行所谓郡县制，只是在几个短暂的历史时期，才多少有点封建制的影子。[①] 学者和政治家们似乎都认为中国的社会制度已经实施了正确的行政体制。从形式上看，"三省六部"的中央行政机构，郡县的地方行政建制，几乎和现代的行政结构差不多。但是，以皇帝为中心的家国同构和统一的权力结构，把所有的政治内涵都一览无余地装进了宗教信仰的摇篮里了。这个沉睡在古代中国宗教摇篮里的"政治婴儿"，要长成一个替这种崇尚权力的宗教卖命和装潢的忠实信徒，要么就会因为和整体性的观念模型背道而驰被扼杀在摇篮里。因此，中国的封建制和中国的郡县制在本质上一样的，只是一个规模大小的差别而已。而在哲学上看，一个是时间中的秩序（封建制），一个是空间上的秩序（郡县制）。正是因为这种时间和空间的结合和搭配，才把中国古代社会的意识形态做成了一种宗教。

2 共时性与历时性

上一节最后的几句话我十分抽象地概括和总结了中国古代社会整体性宗教的形成机制，即时间和空间性的结合与搭配把某种意识形态制造成宗教的过程。显而易见，没有这方面知识储备的读者，会感到如入五里雾中，摸不着头脑。好在没有多大的间隔，我们就来论述继发性宗教的形成

---

① 石约翰：《中国革命的历史透视》第 34 页，东方出版中心 1998 年版。

过程。这样，就既能把前后的内容衔接起来，又能满足读者在这方面理解意识形态转变成宗教的需要。就在这一刻，我们只要记住，对于文本化的宗教有两件事是必不可少的：时间和空间。

我们首先来定义原发性宗教和继发性宗教。社会生物学家威尔逊在其《新的综合》①一书中总结了人类的本性。在他看来，自私性、斗争性、有条件性利他主义和宗教性是人类的四种本性。这其中自私性、斗争性和有条件利他主义，都是生物性的表现，在其他生物种属中，尤其是灵长类中，都能清清楚楚地见到。② 因此，把这三条叫做人类的本性，倒不如就将它们称作人类的生物性本质。而这些本质特征也是通过人类个体的生物行为来表征的。那么属于人类自己独特的行为和思维本质属性，就只剩下来宗教性一个了。

对于人类的宗教性这个问题，迄今为止，还没有一个演绎性推导过程来证明其真理性的结论。关于人类的历史起源阶段是否一定是有宗教的，有两种情况可资借鉴。第一是人类学研究，第二是历史学记载，包括实物史学和文献史学。第一种学术研究到现在为止已经相当完善，自英国人类学家泰勒以来，各国人类学家风起云涌般紧随其后，金斯伯格、弗雷泽、列维－布留尔、涂尔干、博厄斯、米德、马林诺夫斯基、列维－斯特劳斯等，在他们的著作中都无一例外地揭示了处于原始状态的人类都有宗教。尤其是涂尔干的《宗教生活的基本形式》③，更是惟妙惟肖地描述和分析了原始宗教的方方面面。列维－布留尔的《原始思维》④ 其实很大程度上也是研究原始宗教的，因为原始思维的最大成分仍然是原始宗教。这些研究无一遗漏地肯定了原始人类的生活阶段宗教是其主要生活内涵。同时也告诉我们，原始人类的宗教往往把现实生活境遇中的某种实体性事物当成崇拜的对象。这就是原始图腾的历史阶段。在这一阶段中，人类的先祖只有

① 爱德华·奥斯本·威尔逊：《新的综合》，阳河清编译，四川人民出版社1985年版。

② 珍妮·古多尔：《黑猩猩在召唤》，科学出版社1980年版。

③ 涂尔干：《宗教生活的基本形式》，第81页，芮传明、赵学元译，台北桂冠图书股份有限公司1992年版。

④ 列维－布留尔：《原始思维》，第155～279页，丁由译，商务印书馆1985年版。

从儒学到孔教

自己个体性的发生学起点，就把自己个体生命的起源归结为某种自然事物，如熊图腾①把自己归结为由熊产生，鹦鹉图腾把自己说成是源于鹦鹉的生命。② 这充分说明原始宗教是一个彻底共时性的思维特征：它并不过问世界的发生学问题和图腾物以及自己的发生学问题，只是关心自己生活境遇中现实性精神寄托的需要。列维－布留尔称这种现实性精神寄托的需要叫做"互渗率"③，互渗率无非是罗织一个巨大的精神生活的网，来支持整个精神世界。于是，我们看到了一个事实：宗教首先是一种共时性的精神需求的满足。这种原始宗教当然没有文本，因为原始人类没有文字。没有文本，关于世界的发生学问题就不会有深刻认识，甚至不会有兴趣。因为关于世界的发生学要有明确的客观性记载。当然，就更不会有反思。因为反思是对已有的精神成果的再思索。这样，我把这种原始人所信仰的宗教称为原生性宗教。这种原生性宗教通常是没有文本，没有反思，没有关于发生学的认识，没有类意识的历时性的积淀。这最后一点，也就是说这种宗教还没有创造出类的人的概念，也就是没有创世的神。

我用"继发性的宗教"来指那些文本化的宗教。这种文本化的宗教都有关于世界的发生学问题。而且几乎都给出了和自己的宗教思想体系相一致的答案。最典型的当然是基督教与伊斯兰教。基督教和伊斯兰教有一个共同的创世起源和宗教的逻辑起源，那就是古代犹太人关于创世的传说，并清清楚楚地记载在《圣经》的《旧约》之中。从犹太教到基督教的过程中，有许多戏剧性的情节。在公元一世纪的时候，当犹太人在政治上失败之后，犹太人半原生半继发的宗教也同样受到了挑战——古罗马和古希腊的理性精神关于世界被区分成此岸和彼岸的柏拉图哲学直接对犹太教的此

132

---

① 列维－布留尔：《原始思维》，第 62～91 页，丁由译，商务印书馆 1985 年版。

② 在 20 世纪 40 年代末发现的"死海古卷"已经十分有说服力地确定了犹太教早在公元一世纪之前就有文本化的宗教文献。这足可以说明犹太教已经不是纯粹的原发性宗教。但我们还不能十分准确地确定它就是继发性宗教。犹太教的成熟应该是在中世纪犹太人被强权肢解了之后，由犹太人的拉比创立了关于"塔木德"学说，才算是真正把犹太教变成了继发性宗教。关于这方面的文献请见《塔木德学说》以及山东大学付有德先生的研究成果。

③ 列维－布留尔：《原始思维》，第 62～91 页，丁由译，商务印书馆 1985 年版。

岸世界与彼岸世界混淆的观念形成巨大冲击。在这种情况下，犹太人的精神分裂也是必然的。在《圣经》中记载的法利赛人对于耶稣的挪揄和攻击，[①] 以及后来耶稣因为坚持自己是弥赛亚转世而被钉在了十字架上，都可以说是明确地记载了这种精神分裂。但是，耶稣出生地的纳萨勒人就坚定不移地认为，耶稣就是基督，就是弥赛亚传说中的弥赛亚。而且纳萨勒人还坚定不移地认为，弥赛亚即耶稣基督一定会再来，即对整个世界进行审判，又把整个天国带给人类。[②] 这样，关于耶稣基督再来的信念和信仰就成了基督教的核心信仰。这个信仰就是把犹太人关于上帝创世的历时性观念进行了共时性处理。并且这种共时性将随着时代的更替，永远不会消失。因为只要耶稣基督还没有来，这个时代就是属于耶稣基督的时代。关于这种把历时性变成共时性的研究，直到今天还在继续深入地进行着。约翰 F. 麦卡瑟（John F. MaCatthur）的《第二次再来》（*The Second Coming*）十分明确地说明了这一点。作者引述了《圣经》中数不胜数的关于耶稣基督是弥赛亚转世和耶稣基督再来的预言。[③] 在此基础上作者总结道："'我们的上帝报复的日子'属于他的第二次归来，而不是他的第一次面对我们。许多旧约的预言以同一种方式遥指弥赛亚事件（即预言耶稣基督是弥赛亚转世——引者注）。"[④] 又说："基督的一些寓言勾画出他的王国，强调第二次再来的真理。他这样做'是因为（他的门徒）认为这个上帝的王国将很快出现。'（《路迦福音》19 章 11 节）于是，他再三强调，自他出生到他讲话时，他的王国的显现只是精神性的和不可见的，他的王国在地球上出现只能属于他的第二次归来。"[⑤] 这类研究直接告诉我们，正是这种对于耶稣基督再来的信仰给基督教的教义赋予了永恒的现在。只要信奉耶稣基督，就亲身处在了耶稣基督的第一次面世和第二次再来的时间间隔之中。这就在精神上创造了一个世界——耶稣基督王国的精神地理和时间内涵。在这

① 见《圣经·约翰福音》。
② 见杨真：《基督教史纲》，生活·读书·新知三联书店 1979 年版。
③ John F. MaCarthur：*The Second Coming*，pp. 28~29. Crossway Books，Wheaton Illinois，1999.
④ *As the above*，p. 31.
⑤ *As the above*，p. 35.

三 从儒学到孔教

个王国之中，时间已经停滞在耶稣基督的神圣怀抱之中。这是典型的共时性思维创造的既属于彼岸世界而又在此岸世界之中的特殊的精神现象。

基督教是在原犹太教创世学说的历时性基础上，加上了共时性的坐标体系之后，才形成了一种彻底的继发性宗教。文本化这个条件的满足是继发性宗教的必要条件。有了文本，才能有反思的对象；有了反思，才能形成一种外在化的知识体系；有了外在化的知识体系，才能有不停的创造源泉。这就是伯格森在其《创造进化论》中所说的沿袭着外在化知识体系进行创造的精神类型。而这种反思完全指向了"尚未"① 的世界模型，而这个"尚未"的世界经过共时性处理之后，就完全存在于信仰者的精神氛围之内。这就把信仰、希望和终极关怀整合在一起了。爱和救赎正是为了能够进入这个世界的通行证。宗教当然也就形成了。

伊斯兰教的情况和基督教几乎是大同小异。它照样是以犹太教的创始学说作为历时性积淀的精神源泉，再加上穆罕默德的共时性手术之后，同样做成了一种继发性宗教。

以上证明只是一种枚举。枚举无论多到什么程度，也还是有出现反证的可能。我们试图给出演绎性的证明。

继发性宗教是一种反思性质的宗教。它既要有世界的发生学，又要有世界的末世论。没有世界的发生学，宗教就失去了解释现实世界源泉的能力，人就会产生与世界的疏离感，个体的解构就会使得宗教失去凝聚力。世界如果没有末世论，宗教就失去了目标和方向，群体就会掉入空洞现实和无尽的繁琐之中。而联系着两者的中介必须是既被发生学所创造又被末世论所接纳的现实。但是，这个现实又一定要是一个并不随着一代人逝去而逝去的永恒的现实。因为宗教一定要一代人一代人地传递，连续不断地传递下去。这就是我们所说的共时性和共时化的真正含义。

134

---

① "尚未"（not yet）这个术语，系未来哲学家布洛赫所创造。在 22 岁那年，布洛赫完成了一部具有决定性意义的手稿《论"尚未"范畴》（*über die Kategorie Noch-Nicht*），于是，独具一格的新哲学诞生了！新哲学的核心范畴是"尚未"，"尚未"是主客观世界发展变化的枢机。就主观意识而言，"尚未意识"是一种向未来可能性开放的期盼意识（在中文里，它是乌托邦意识的心理基础）。

中国的典籍并没有明确的关于世界的发生学问题。《山海经》等神话传说都是在世界已经创立之后的光怪陆离的神奇故事。老子的《道德经》①肯定是一部生成学的著作，就像法国当代哲学家德勒兹在《什么生成?》之中所说的那样。但是也没有关于创世的说明。20世纪90年代初，中国学术界曾出现一部书《天学真原》，系上海复旦大学的江晓原先生所作。刚接触时印象不深，现在有了创作这部书的需要，重读之后顿开茅塞。我觉得江先生就是在阐述中国的世界发生学。

江晓原讲"天学"定义为"通天之学"②，我觉得这个定义颇有点耐人寻味：既有宽泛的外延，又有深刻的内涵的解读。试想，任何宗教不都是通天之学吗？连无神论的佛教照样也是"通天之学"，不用说中国式的佛教引入了像如来、观音、地藏、普贤、文殊等人格化的角色，他们就是信仰者通天的媒介。就是原汁原味的佛教主张轮回和报应，不也是一种关于"天"的另一种寄托吗？

我们前文中论"天"只是在说他的功能，即在儒学中充当预设条件和公理体系的功能。现在则是论述它的性质。江晓原先生引述了《尚书·尧典》中的一段话，进行了深入的分析。我们不妨也将其引述如下，并追随他的脚步，就会认同的结论。

从儒学到孔教

日若稽古帝尧，曰放勋，钦、明、文、思、安安，允恭克让，光被四表，格于上下。克明俊德，以亲九族。九族既睦，平章百姓。百姓昭明，协和万邦。黎民于变时雍。

乃命羲和，钦若昊天，历象日月星辰，敬授民时。分命羲仲，宅嵎夷，曰旸谷。寅宾出日，平秩东作。日中，星鸟，以殷仲春。厥民析，鸟兽孳尾。申命羲叔，宅南交。平秩南为，敬致。日永，星火，以正仲夏。厥民因，鸟兽希革。分命和仲，宅西，曰昧谷。寅饯纳

---

① 牟宗鉴、张践：《中国宗教通史》，第189页，社会科学文献出版社2000年版。
② 江晓原：《天学真原》第二章，辽宁教育出版社1995年版。

日，平秩西成。宵中，星虚，以殷仲秋。厥民夷，鸟兽毛毨。申命和叔，宅朔方，曰幽都。平在朔易。日短，星昴，以正仲冬。厥民隩，鸟兽鹬毛。帝曰："咨！汝羲暨和。期三百有六旬有六日，以闰月定四时，成岁。允厘百工，庶绩咸熙。"

再来看江晓原先生的分析：

这里讨论的是，谈帝尧为政的 225 个字中，关于天学事务竟占了172 个字，即 76%。而第一段所述，又都是抽象的赞颂；第二段关于天学事务，却如此详细具体。一篇《尧典》，给人的印象似乎是：帝尧的政绩，最主要、最突出的就是他安排天学事务。[①]

在江晓原的著作中，还提出一个问题：即中国的天学是从哪里来的？他依据郭沫若的《释干支》等著作，认为中国的天学有来自于古巴比伦的可能。这种考证对于专门研究天学的意义重大。但是，对于本书来说，这并非那么关键。因此，我们不再追问其源头和进入中国的渠道。

从江晓原的分析中我们似乎可以说，"天"这个概念既是中国远古关于世界的发生学又是世界的决定论。这一思想清清楚楚地表达在董仲舒的《天人三册》之中："'善言天者必有征于人，善言古者必有验于今。'臣闻天者群物之祖也。"而这里所说的"善言天者必有征于人，善言古者必有验于今"又明明确确地阐述了"天"这个互渗律的神秘概念从历时性到共时性转变的过程。这种转变正是中国国家宗教的始端。

关于"天"的范畴其宗教内涵从历时性向共时性的转化，杨庆中先生的文章颇有见地，他将周人更对"天"情有独钟的原因充分揭示出来了。现转引其结论以示证明：[②]

---

① 江晓原：《天学真原》，第 37 页，辽宁教育出版社 1995 年版。
② 杨庆中：《周人何以称至上神为天》，载《中南民族学院学报》（哲学社会科学版）1997年第 1 期。

第一，抛弃殷人至上神观念中上帝作用的广泛性，把天的权威重点局限在"命哲、命吉凶、命历年"三个方面，突出了至上神在社会人事方面的特殊作用。天的这三大权能，殷人的上帝也都有。但周人把这三个方面特别突出出来，说明他们对至上神的认识和把握是紧紧围绕着社会政治这个中心进行的。这就不同程度地摆脱了殷人帝观念中表现出来的自然崇拜的特征，为进一步赋予至上神以道德的内涵打下了基础。

第二，抛弃殷人至上神观念中的非理性因素，赋予天以道德的意义，以作为"命哲、命吉凶、命历年"的客观依据。殷人的至上神作用很大，无所不能，但却没有什么规律，人们不知道它降祸降福的标准是什么，依据是什么。因而，在它面前，除了小心翼翼地占卜，以体察其神秘的旨意以外，人是一无所为，十分被动的。周人与之不同，他们赋予天以至善的特性，使天成为世间王权的监察者。《周书》中有"天德"一词，《吕刑》说："惟克天德。""天德"指上天立下的道德准则。上天监察世间统治的好坏，就是拿这个标准去衡量，衡量过关的，就可以配天。周人认为文王是一个"明德"的君王，所以上帝把大命降给他。不仅如此，在他们看来，文王之前，夏、殷先哲王的受命，也是因为他们在道德方面很符合天的意志的缘故。

第三，改变殷人至上神观念中的祖、帝二元性，在周先祖与天神之间建立亲情关系，进而建立时王与天的亲情关系。殷人的祖神与上帝是二元的，两者之间没有血缘关系。殷后裔所作史诗《商颂》中说："天命玄鸟，降而生商"，说明殷始祖只与玄鸟有血缘关系，天帝不过是起一种命令作用罢了。周人不是这样，他们认为周族人是由始祖姜原祈祷祭祀神灵后，踩了上帝的拇趾印，从而怀孕，生下后稷的。如《鲁颂》也说："赫赫姜原，其德不回，上帝是依，无灾无害，弥月不迟，是生后稷。"既然祖先神与上帝有直接的血缘关系，祖先的后代的子孙，当然也就是上帝之子，即天子。康王时代的《大盂鼎》、《麦尊》等铭文中，已经出现"天子"一词，表明西周初期或稍晚，"天子"观念已开始形成。由于周王是天之子，所以他死后，灵魂也会回到天上去，在帝左右。《诗·文王》云："文王在上，于昭于天……文王降陟，在帝左右。"

第四，抛弃殷人帝神信仰中的盲从性，以理性的态度，提出"天不可信""惟人"的观点。如周公说，殷王由于做了坏事，所以才被天灭掉，让我们周族继之接受了大命。但我不敢说这份基业会永远沿着好的方向发展，虽然上天是诚心地辅助我们，但我不敢说我们的事业会长久。我们千万不可安于上天的命令而忽视它的威罚，民众是不会无缘无故地产生不满情绪的，一切都在人为。可见，周公认为周族基业能否长久，在人不在天。因此，他一再强调"天难谌""天不可信"。

历时性转变为共时性，在精神科学上界定就是给永恒的追求一个可以实现的路径。这种对于永恒的追求和实现永恒的方式，东西方有明显的差别。西方迄今为止的精神科学，虽然已经有了清醒的反思，但仍然没有彻底走出二元论的牢笼。从柏拉图的彼岸和此岸世界的二元分野，经普罗提诺的灵魂与身体的对立，奥古斯丁天堂与地上的分别，直到文艺复兴的精神观念与自然现象的关联，才有了笛卡儿的心物二元论。康德虽然想调和唯理论和经验论的对立，但是，他还是没有解决现象界与本体界的本质分歧。只是到了20世纪后现代的崛起，才算有了真正意义上的对于二元论思想范式的冲击。而在这漫长的西方世界精神之旅中，西方的宗教早已形成。也就是说西方人是在自身之外的另一个世界，或者说在不同于我们的生活境遇的范围里，来解决个体人生和类意识对于永恒的追求。对于西方的这种二元论思维所能产生的宗教类型，钱穆先生有精辟的论述："大抵西方人对世界始终不脱二元论的骨子，因此有所谓精神世界与物质世界或本体界与现象界址的分别。……人生终极问题，决不能就此而至。因此西方思想常要在对立下求统一，在个我的不完全中求宇宙与大我之全体，常在肉体感官低下部分之要求与满足下求解放，而追求灵魂理性高尚部分之体会与发展。"① 这就是说，西方人的宗教是在自身之外对于历时性的创世学说和永恒追求进行了共时化的处理。换句话说，对于西方人来说，永恒是在彼岸世界的。

反观我们中国人的永恒意识，在有史记载的范围内，则与西方世界截然不同。是否在远古的中国历史中，也存在着像西方世界那样的彼岸世界的观念，或者说彼岸世界的观念是否曾经占统治地位，我们现在都无法讲清楚。但最低从文献中我们知道，中国人对于永恒的追求和西方人南辕北辙。

《左传·襄公二十四年》中记载着一段穆叔与范宣子关于永恒的讨论：

> 二十四年，春，穆叔如晋，范宣子逆之，问焉，曰："古人有言曰：'死而不朽'，何谓也？"穆叔未对。宣子曰："昔匄之祖，自虞以上为陶唐氏，在夏为御龙氏，在商为豕韦氏，在周为唐杜氏，晋主夏盟为范氏，其是之谓乎！"穆叔曰："以豹所闻，此之谓世禄，非不朽也。鲁有先大夫曰臧文仲，既没，其言立，其是之谓乎！豹闻之：'大上有立德，其次有立功，其次有立言。'虽久不废，此之谓不朽。若夫保姓受氏，以守宗祊，世不绝祀，无国无之。禄之大者，不可谓不朽。'"

这里存在着两种"永恒"：其一是优越的血缘传承关系的永恒；其二是"立德立功立言"三种作用于社会和他人的行为方式的永恒。第一种永恒和第二种永恒显而易见是存在着直接的相关性的。立德立功立言，就能创造优越的血缘和家庭声誉。有了优越的血缘和家庭，就会更有利于创造立德立功立言的条件。这当然是和前文中所说的历时机会均等有着深刻的内在联系。我们一而再再而三地阐明中国的思想和宗教是一个自组织的系

从儒学到孔教

---

① 钱穆：《灵魂与心》，第4～5页，广西师范大学出版社2004年版。

统，就包含着这些内容。当我们说中国文化是耻辱感文化时，并没有说明其观念来源。现在这个问题已经迎刃而解了：这种永恒追求的鉴别是由社会成员和历史记载来实现的。所有这些鉴别的途径和方法都是由他人和历史来进行的。永恒就是个体人自己成了一个符号和象征，既存在于他人的心目中，又存在于历史的记载里。这无非是说，人是由他人的评价体系和评价标准来绝对的社会存在。当一个人自己能够建立某种评价标准和评价体系时，这个人就永恒地创造了自己的永恒。这当然就是中国人的最高追求和最高境界。皇帝梦为什么那么诱人，就是因为皇帝身份正是这种目标的终极形式。

永恒的追求就是超越和神圣的别名。一切超越和神圣的事物，必须要有其内在性的条件，才能彻底变成宗教的教义和信仰的对象。这里所说的内在性是一个当代宗教学的典型术语。宗教的发展就是这种超越性和内在性的张力和关联。我们不妨举一下基督教的例证来说明这其中的深刻道理。超越就是不在现实之中，不在我们的生活境遇之内。基督教的上帝就是这种超越性的典范。但是，一旦上帝让人们可望不可即时，宗教也就完结了。所以，上帝还必须是在人们的生存空间之中。让人们可以通过某种渠道达到与上帝的心灵相通的状况。基督教的教义就是创造了这种超越性（Transcendence）和内在性（Immanence）的此消彼长的局面。①

所谓内在性就是共时性的同义语。也就是让每一代人都有通达永恒和超越的途径。当这一步实现时，一种宗教也就充分树立起来了。当我们把两种永恒鲜明地摆在那里的时候，我们知道了中国式的超越和神圣的目标。当然也就知道了当把这种目标变成了可追求和可实现的内在性的时候，这种宗教也就形成了。孔子就是把第一种永恒变成了内在性的伟大人物。

我们曾经说过，《论语》是教诲君子的书。君子的本质是什么？"君子

---

① 见葛伦斯、奥尔森：《二十世纪神学史》，（台北）校园书房出版社1998年版。关于这方面的论述我不想摘引得太多。毕竟中国读者对于基督教的历史和神学不太感兴趣。有兴趣的读者可以认真读一读上述书籍。

务本，本立而道生。孝弟也者，其为仁之本舆。"（《论语·学而》，这里的"仁"是在杜维明的意义上理解）为什么孝弟为本？其原因当然是孝弟能够创造一种永恒。曾子的话"慎终，追远，民德归厚矣"（《论语·学而》），不正是说明这第一种永恒的传承方式吗？在对待祭祀的问题上，孔子的思想也许是最有说服力的证明，这些论述告诉我们祭祀只是在祭祀者的心灵深处创造一种精神氛围和精神追求，让祭祀者内心深处有一种永恒的目标和永恒的动力。"祭如在，祭神如神在。子曰：'吾不舆祭，如不祭。'"（《论语·八佾》）孔子在祭祀祖先时，就好像祖先真的在面前一样。他说的这句话真切地反映了他把宗法式宗教教义彻底进行了内在化的处理：我如果不亲自参加祭祀，由别人来代为祭祀，那跟不参加有什么两样呢？祭祀则在于祭祀者，而不在祭祀本身。祭祀者树立起让血缘家庭传承下去的目标，这就是孔子教导人们的超越性和神圣性追求。

孔子对于鬼神的论述常常不被人们理解。如果把那些关于孔子论述鬼神的说法纳入他创造永恒的追求这一意义上，所有这类问题将迎刃而解："樊迟问知，子曰：'务民之义，敬鬼神而远之，可谓知矣。'"（《论语·雍也》）"知"就是敬鬼神但又不和其亲近，只重视自己在此岸世界的行为是否能够承继祖先的光荣和业绩。这就是共时性的含义。但是，他是把历时性作了共时性的理解。因为，这种永恒的方式就是一种历时性的典范，即把每一个人的生命投入到无限的血缘传承的链条中。由此便可知孔子对于生死的态度："季路问事鬼神，子曰：'未能事人，焉能事鬼？'曰：'敢问死'。曰：'未知生，焉知死？'"（《论语·先进》）见到这样的文字，我们说孔子用共时性和内在性来把历时性传统做成宗教，似乎不会有人有疑义了吧？孔子就是要人在自己的有生之年承继先祖的血缘传递，只要把自己的一生投入到这种传承之中，就是实现了永恒。于是，"子不语怪、力、乱、神"（《论语·述而》），这样的话怎样解释当然就一目了然了。孔子把一切对于人生的希望完全寄托在现时性和直接化的当世，同时又和历时性传承有机地结合在一起。

明白了孔子学说的宗教本质，君子的含义似乎一下子也就豁然开朗

了：君子就是能够顺畅地接受孔子的信仰和希望，接受孔子的终极关怀的那样一批有知识和教养的人。他们之所以要有知识，有教养，就是因为他们要立德立功立言，这在孔子的学说中当然也到处都是这类说教。孔子要他的门生"发愤忘食，乐而忘忧，不知老之将至云尔"（《论语·述而》），他自己则"饭疏食，饮水，曲肱而枕之，乐亦在其中矣"（《论语·述而》），都是为了立德立功立言的需要。但是，孔子的信仰是承继血缘性的家庭传承的生命链条。这就极大地局限了立德立功立言的范围和领地。只在血缘中传承，的确会把优秀的血缘家庭传递下去。然而，血缘家庭的败落是一个不可逆转的事实，尤其是在权力高度集中的情况下，权力使人败坏和绝对的权力绝对使人败坏的权力演化趋势，会一直在发挥作用。那么，一个新的中国宗教的范式就会代替孔子式的宗教范式：拟血缘关系的宗教范式应运而生。不言而喻，拟血缘关系更有利于立德立功立言的需要。而立德立功立言所创造的不朽或者称永恒，就更能够把自己进行共时化处理。因为立德立功立言就只能是在自己有生之年作出惊天动人的业绩。这样的一种追求和这种追求的实现方式，则更多地被法家所肯定。也就是说，正是法家接过了儒家的接力棒，把中国式的宗教完成了最后的巴比伦塔式的封顶之作。

法家对于中国式的超越性和神圣性的永恒追求所作出的贡献，当然要从两个法家创始者的先生荀子说起。众所周知，荀子是被归于儒家学者的行列的。那为什么他的弟子韩非和李斯却成了法家？回答这个问题，就会附带把法家共时化处理中国信仰的关节打通。

荀子是儒家，这要看其主流和大节。只要我们读一读他的《荀子·儒效》就知道了他是儒家是不会有疑问的：

秦昭王问孙卿子曰："儒无益于人之国"。孙卿子曰："儒者法先王，隆礼义，谨乎臣子而致贵其上者也。人主用之，则势在本朝而宜；不用，则退编百姓而悫；必为顺下矣。虽穷困冻馁，必不以邪道为贪。无置锥之地，而明于持社稷之大义。呜呼而莫之能应，然而通乎财万物，养百姓之经纪。势在人上，则王公之材也；在人下，则社稷之臣，国君之宝也；虽隐于穷阎漏屋，人莫不贵之，道诚存也。"

荀子对于儒家的发生学则是完全肯定的：

礼有三本：天地者，生之本也；先祖者，类之本也；君师者，治之本也。无天地，恶生？无先祖，恶出？无君师，恶治？三者偏亡，焉无安人。故礼，上事天，下事地，尊先祖，而隆君师。是礼之三本也。（《荀子·礼论》）

又说：

礼之于正国也，如权衡之于轻重也，如绳墨之于曲直也。故人无礼则不生，事无礼则不成，国家无礼则不宁。君臣不得不尊，父子不得不亲，兄弟不得不顺，夫妇不得不欢，少者以长，老者以养。故天地生之，圣人成之。（《荀子·大略》）

荀子持有这些观点，说他儒家当然言之成理。但是，荀子这个儒家不同于孔子和孟子那样的儒家。两者之间真正的区别就在于荀子则是把中国式的永恒追求的另一个方面，即立德立功立言的追求进行了现实化和直接性的引导，或者说就是对于中国式的永恒的历时性追求，做了共时性处理。其突破口就是关于所谓"法后王"的立论："王者之制：道不过三代，法不二后王；道过三代谓之荡，法二后王谓之不雅"（《荀子·王制》）。"天地始者，今日是也。百王之道，后王是也。君子审后王之道，而论百王之前，若端拜而议。推礼义之统，分是非之分，总天下之要，治海内之众，若使一人。故操弥约，而事弥大。五寸之矩，尽天下之方也。故君子不下室堂，而海内之情举积此者，则操术然也。"（《荀子·不苟》）"欲观圣王之跡，则于其粲然者矣，后王是也。彼后王者，天下之君也；舍后王

而道上古，譬之是犹舍己之君，而事人之君也。故曰：欲观千岁，则数今日；欲知亿万，则审一二；欲知上世，则审周道；欲审周道，则审其人所贵君子。故曰：以近知远，以一知万，以微知明，此之谓也。"（《荀子·非相》）这些立论是在极力鼓吹世界的现实化和直接性的要求，即本书所言的历时性的共时性。有了这一点才能真正把一种永恒的信仰变成内在化的个体追求。这就是宗教的最重要的先决条件。

再来看荀子对于他所处的时代的深邃见解，将由新的权力范式对于已经完成历史使命的旧的政治范式取而代之，就完全明确了荀子是在呼吁在整个中国范围内实现一种彻底的立德立功立言的永恒追求，这就是荀子在《王制》中一针见血地指出的即将统一中国的更伟大的"王"：

仁眇天下，义眇天下，威眇天下。仁眇天下，故天下莫不亲也；义眇天下，故天下莫不贵也；威眇天下，故天下莫敢敌也。以不敌之威，辅服人之道，故不战而胜，不攻而得，甲兵不劳而天下服，是知王道者也。知此三具者，欲王而王，欲霸而霸，欲强而强矣。

王者之人：饰动以礼义，听断以类，明振毫末，举措应变而不穷，夫是之谓有原。是王者之人也。

王者之制：道不过三代，法不贰后王；道过三代，谓之荡，法贰后王，谓之不雅。衣服有制，官室有度，人徒有数，丧祭械用，皆有等宜。声，则非雅声者举废，色，则凡非旧文者举息，械用，则凡非旧器者举毁，夫是之谓复古，是王者之制也。

王者之论：无德不贵，无能不官，无功不赏，无罪不罚。朝无幸位，民无幸生。尚贤使能，而等位不遗；析愿禁悍，而刑罚不过。百姓晓然皆知夫为善于家而取赏于朝也；为不善于幽而蒙刑于显也。夫是之谓定论。是王者之论也。

王者之法：等赋，政事，财万物，所以养万民也。田野什一，关市几而不征，山林泽梁，以时禁发而不税。相地而衰政。理道之远近，而致贡。通流财物粟米，无有滞留，使相归移也，四海之内若一

家。故近者不隐其能，远者不疾其劳，无幽闲隐僻之国，莫不趋使而安乐之。夫是之谓人师。是王者之法也。(《荀子·王制》)

这个新的政治范式，给"君子们"提供了一个理想的蓝图。荀子的弟子们不正是踏着先生的脚印，只作了一点微小的变动，就把儒家的传统变成了法家了吗？于是，韩非如是说：

天下皆以孝悌忠顺之道为是也，而莫知察孝悌忠顺之道而审行之，是以天下乱。皆以尧舜之道为是而法之，是以有弑君，有曲于父。尧、舜、汤、武或反群君臣之义，乱后世之教者也。尧为人君而君其臣，舜为人臣而臣其君，汤、武为人臣而弑其主、刑其尸，而天下誉之，此天下所以至今不治者也。夫所谓明君者，能畜其臣者也；所谓贤臣者，能明法辟、治官职以戴其君者也。

又说：

夫为人子而常誉他人之亲曰："某子之亲，夜寝早起，强力生财以养子孙臣妾。"是诽谤其亲者也。为人臣常誉先王之德厚而愿之，是诽谤其君者也。非其亲者知谓不孝，而非其君者天下此贤之，此所以乱也。故人臣毋称尧舜之贤，毋誉汤、武之伐，毋言烈士之高，尽力守法，专心于事主者为忠臣。(《韩非子·忠孝》)

到了法家的手中，立德立功立言，就明确地成为了可以直接面对现实中的权力核心和权力代表的可操作的程序。权力的标杆不再是那些早已作古的先王和祖宗，而是现实中的那些既成事实的创造者。先前的那些圣王，无论是尧舜，还是汤武都不在话下了。这的确是一种颠覆。但是，这种颠覆只是给拟血缘关系的政治权威创造了一个无比风采的舞台。这样，古代中国的文化就变成了一种地地道道的宗教。因为这种以血缘关系为主

三

从儒学到孔教

轴的社会整合机制，彻底变成了以权力关系为信仰内涵的超越性和神圣性合一的思想体系。这就是不折不扣的宗教的含义。

由此可见，中国式的永恒的超越性和神圣性的事物，经孔子和荀子以及荀子的门生们的现实化的共时性改造，变成了一种在每一个人的人生旅程之中皆可以追求的人生目标。但是，孔子既是始作俑者，又是被后世缔造成一种象征的人物。

光宗耀祖，叱咤风云，青史留名，德才兼备，这四件令人向往的事情似乎是中国式永恒追求的美满结果。这不是和叔本华所说的意志表象吻合了吗？它还有点尼采的情人哲学的味道。把这样的人生目标说成是宗教情节，是否是有点风马牛不相及呢？上述问题的确是切中要害。不回答这样的问题，就会造成不必要的误解。我们有必要深入分析这四件事的性质和赢得它们的路径。

家族传袭的世禄不朽，立德，立功，立言，此四件事中第一件事还有一点生物性的因素，但是，从其本质上看，仍然是社会性因素占主导地位。因为对于祖先和血缘的认同度，是一个社会问题，而不是生物问题，是社会文化选择决定了这种习俗和惯性。① 当然，毫无疑义，立德、立功、立言都是由社会价值取向和社会权力体系所决定的社会行为。这样，立德立功立言的背景和德功言的内涵，就是社会价值取向选择，并最终由社会权力体系所决定。在前一章中，我们已经系统阐述了中国式的权力体系的中心放射性结构。而这个中心又一定是一个自然人，既作为这个政治范式的最高代表，又作为这个权力氛围的最高仲裁；既是价值的源泉和价值的标准，又是价值的即时判断和价值的最高裁决。于是，这个权力中心的发生学起点和维系这个中心的元价值属性，就是回答上述问题的终极判断。

让我们还是循着历史的脚步来寻找权力中心的发生学起点。

人类的历史已经证明，独立的权力②模式很少改变，甚至是独立的权

---

① 本妮迪克：《文化模式》第二章，华夏出版社 1987 年版。

② 我用"独立的权力"来指一个社会的最高权力，即那种没有背景支撑的权力。

力模式很少很少。笼而统之，大概也就只有三种：① 其一是民主制权力，其二是君主制权力，其三是专制式权力。民主制权力的结构信息是民意，君主制权力的结构信息是荣誉，专制式权力的结构信息是恐怖。用孟德斯鸠的观点来看，古代中国的政治权力是专制权力，他的这个看法千真万确。中国古代的政治制度不是民主制度，这是显然的。虽然中国在周代的确分封诸侯，但是，诸侯并不是权力中心的支柱，权力是由一种超自然的因素支撑起来的。这个超自然物就是恐怖的源泉，又是恐怖的背景和恐怖的实施条件。这个超自然的因素就是我们在本书中反复说明的"天"。

在中国历史上，乞灵于"天"的权力中心肯定不是起自于周文王。但是，有史记载的自我构造一个"天"的舞台，自己登台表演，把自己打扮成和天沟通的特殊人物，肯定非文王莫属。江晓原先生在其《天学真原》中引述了这个故事。江先生引述了《诗经·大雅·灵台》中的段落："经始灵台，经之营之。庶民攻之，不日成之。"以诗的形式记之，可见当时的盛况和给人留下的印象是多么深刻！民众动员十分充分，建筑速度十分惊人。其理由则记载在《灵台》一诗的小序中："《灵台》，民始附也。文王受民乐其有灵德，以及鸟兽昆虫焉。"这无非是说，文王作为当时的诸侯，是没有资格建筑灵台的。孔颖达对于灵台作用的阐述说得一清二楚："天子有灵台，以观天文，……诸侯卑，不得观天文，无灵台。非天子不得作灵台。"② 于是，文王只能说是民众拥护他这样做的。这个故事说明了两个至关重大的问题：第一，当时的中国人关于最高的权力来源的理解只能是超自然的，是某种超自然的力量来安排最高的权力背景和最高的权力人选；第二，这种超自然的因素又是可以有自然的因素，即人世间的强权人物来主动地将超自然的因素引进我们人类的世界。这既是一种二律背反又是一种内在循环。就这样，中国最高的价值判断就和权力核心的二律背

三 从儒学到孔教

---

① 孟德斯鸠：《论法的精神》第一卷第二章，商务印书馆 1961 年版。
② 这段话转引自江晓原：《天学真原》第 108 页，辽宁教育出版社 1991 年版。

反和内在循环的机制联系在一起了。于是，经过了一个循环和曲折，我们也回到了本节开头那段关于《尧典》的引述。尧之所以那么重视有关"天"事，其原因是和文王建筑灵台的目的高度一致的。

权力的发生学起点，用一句话来概括，就是"天的政治学"。也就是用"天"的意志和象征来认同最高权力的合法性和合理性。既然是"天"给最高权力一个发生学起点，那么，天就必须给权力的正常运作一个持续的动力。于是，关于天命的信仰就会顺理成章地来到中国最高权力的核心层面。这就从天的政治学变成了天的宗教课。我们从《尚书》的有关章节中就能看出这种变化。

《泰誓》是武王伐纣的誓言，可以毫无疑义地说，是一篇关于天的政治学：

> 惟天惠民，惟辟奉天。有夏桀弗克若天，流毒下国。天乃佑命成汤，降黜夏命。惟受罪浮于桀。剥丧元良，贼虐谏辅。谓己有天命，谓敬不足行，谓祭无益，谓暴无伤。厥监惟不远，在彼夏王。天其以予乂民，朕梦协朕卜，袭于休祥，戎商必克。受有亿兆夷人，离心离德。予有乱臣十人，同心同德。虽有周亲，不如仁人。天视自我民视，天听自我民听。

再来看《大诰》中的若干语句，就能看出作为天的政治学和作为天的宗教课之间的差别：

> 已！予惟小子，不敢替上帝命。天休于宁王，兴我小邦周，宁王惟卜用，克绥受兹命。今天其相民，矧亦惟卜用。呜呼！天明畏，弼我丕丕基！

《泰誓》中的那段话，主要是在说明周武王征伐殷纣王是上承天命，下顺民心。这是给周武王政治上取代殷纣王建立合法性和合理性依据。《大诰》

中的那段话则是说明周公征伐叛乱者是上天的命令，他自己不能违背天的命令。上天给周朝一个兴旺的机会，文王只用龟卜就理解了天命，我们现在也是用龟卜来理解天命。因此，天命就是让我们周朝一直兴旺下去。这其中体现了微妙的变化：一个是在起点上对于他人政治权力的否定，一个是在过程中对于自己政治权力的维持。超越的天，究竟起什么作用，那要靠环境来决定。但是，我们从中却完全可以看出价值创造和价值判断则是神圣性和超越性的结合。立德、立功、立言的永恒性的价值判断则不在现实性的世界，而在超越性和神圣性的另一种氛围之中。这就是中国国教的最大特点：一半在现实之中，一半在现实之外。而这在现实之外的部分，有一半在现实之内。在现实之内和现实之外的交接口上，就站着一个半神半人的怪物——他就是中国特色的本体论原则——天人合一的那个人部分。换句话说，天人合一，就是上天和一个代表人物合一。中国的皇帝正是这个角色。他是天和人的中介。当然这个中介怎样通达神圣的天意，则完全是他自己的事了。他会扮演得比神鬼更有力量，更有权威，更有神性。于是，历史的一段公案，就浮出水面。这个公案就是墨家的消亡。

墨家和儒家是战国时期的显学。这已有公论。墨家的政治主张，都是以解救时弊为目的，倡导兼爱，非攻，尚贤，尚同，宣传天志、明鬼，针对当时流行的命定论，墨家又主张"非命"。毫无疑义，墨家的主张都和儒家唱反调。但是，像"兼爱"这样的观点，虽然被儒家（如孟子）所尖锐批评，要是没有某种政治力量就连儒家自身也难保其平安的情况下，是没有力量推翻墨家学说的。我倒觉得墨家的"明鬼"思想是其惨败的原因。在墨家看来，鬼神是比圣人还要高明的生灵，这怎么能让那些自称圣人的皇帝容忍呢？

巫马子谓子墨子曰："鬼神孰与圣人明智？"子墨子曰："鬼神之明智于圣人，犹聪耳明目之与聋瞽也。昔者夏后开使蜚廉折金于山川，而陶铸之于昆吾。是使翁难卜于白若之龟，曰：'鼎成三足而方'，不炊而自烹，不举而自臧，不迁而自行，以祭于昆吾之虚，上

乡！以言兆之由曰：'飨矣！逢逢白云，一南一北，一西一东，九鼎既成，迁于三国。'夏后氏失之，殷人受之；殷人失之，周人受之。夏后、殷、周之相受也。数百岁矣。使圣人聚其良臣与其桀相而谋，岂能智数百岁之后哉！"（《墨子·耕柱》）

墨子对于天子和上天的关系，更强调上天的尊贵和天子的卑贱。这大概也是其不能被容忍的原因：

子墨子曰："吾所以知天之贵且知于天子者有矣。"曰：天子为善，天能赏之；天子为暴，天能罚之；天子有疾病祸祟，必斋戒沐浴，洁为酒醴粢盛，以祭祀天鬼，则天能除去之，然吾未知天之祈福于天子也。此吾所以知天之贵且知于天子者。不止此而已矣，又以先王之书驯天明不解之道也知之。曰："明哲维天，临君下土。"则此语天之贵且知于天子。不知亦有贵知夫天者乎？曰：天为贵，天为知而已矣。

夏商周三代的王都被否定了。这样的隐喻怎能被后世的王所接受呢？看来其命运是非灭亡不可了。这样解释墨家消亡的原因，正好可以和"上帝"的称谓在中国文化中消亡的情况达成相互印证的结论。"上帝"与"天"有并行不悖的运用，例如上文中引述的《大诰》，就有"不敢替上帝命"，然后，又有"天明畏"。尔后"上帝"几乎在中国文献中不再见到。其原因是否是因为"上帝"是一个有位格的神。皇帝成为了一个和天接口的中介，有这样一个位格化的半神半人的生灵，不就足够了吗？

3 儒术与孔教

中国有没有国家一级的宗教？这是一个严肃的学术问题，又是一个认真的政治问题。在学术层面上，的确是有一批学者认定和论辩中国绝对有国家一级的宗教。像任继愈与李申师徒二人坚定不移和始终不渝地坚持中国就是有国家一级的宗教。他们认为这个国家一级的宗教就是儒教。钱穆则认为中国的国教是"孔子之教"。我们本书中经常提到的牟宗鉴与张践先生也是持这种看法的学者中比较典型的。其他人当然还有不少持有这种看法的，但是，真正在学术上提出论据的并不多见。许多对于以上的学术观点持反对意见的人，其实也未必就在自己心底里对于中国存在着一种被中国人普遍信奉的思想体系这种观点，绝对不认同，只是说这种思想体系是否已经是一种宗教有些怀疑罢了。我则觉得所有这些分歧，归根结底是因为我们还没有从繁纷复杂的现象中理出一条清晰的线索，来充分说明中国的国教的确存在，而且还相当顽固和普及，而又相当隐蔽和持久。

上一节关于共时性和历时性的论证为我们这一节的论证作了很好的铺垫。把握了历时性转变为共时性的思维机制是"天学"转变为宗教的非理性过程,① 我们就能够充分理解中国式国教的形成和维系，完全是一种顺乎自然的历史过程。

孔子评价自己时说他"述而不作"，这似乎也是事实，他编辑《诗》、《书》，确定《礼》、《乐》，为《周易》作序。但是，《春秋》这部中国历史上第一部史书则是孔子所作。虽然《春秋》只有短短的 18000 字，既像一个备忘录，又像一个新闻标题的汇集。不过这一部《春秋》可绝对不能小看，它是中国历史学的开拓者，中国历史学创作范式的奠基者，中国历史学方法的始作俑者。这里的"三个第一"就决定了中国后来的命运。

我们在这里不得不引进一点关于非线性科学的知识。以混沌弧波和分析几何为研究对象的学术门类，被学者们称为"非线性科学"②。这是因为对这些现象的描述和模拟的数学模型必然是非线性的而得名。非线性科学

三

从儒学到孔教

---

① 关于"天学"转变为宗教的非理性过程，请见江晓原的《天学真原》，辽宁教育出版社 1995 年版和舍斯托夫的《在约伯的天平上》，生活·读书·新知三联书店 1989 年版。前者其实说明了一个问题：一切宗教都是通天之学，但是，通天之学未必是宗教。后者说明了宗教被人类创造出来时，肯定是非理性的。

② 见张本祥与孙博文：《社会科学非线性方法论》第 14~25 页，哈尔滨出版社 1997 年版。

中有一个已经被无数例证和逻辑所证明的规律：即非线性系统对于初始条件的敏感性。初始条件即指一个事物的发生学起点时的状态。这种发生学起点上的状态在性质上未必和其他的状态有太大的本质区别。但是，由于系统在衍化过程中对于这个起点的路径依赖，到后来就会和其他系统产生完全不同的结果。

孔子创作了《春秋》这本中国的第一部史书，[①] 不仅严格规定了历史学创作的初始条件，更是规范了历史如何延续的初始条件。正是这后者，逐渐衍化为中国的政治范式和学术范式。而对这套政治范式和学术范式的信仰和维护，就形成了中国的国教。

根据《春秋》和其他史书的相互印证，春秋时期的二百四十二年间，有四十三名君主被臣下或敌国杀，五十二个诸侯国被灭，有大小战事四百八十多起，诸侯的朝聘和盟会四百五十余次。这类事件是孔子记述的重点。《春秋》成书之后，第一个给这本书在思想上定调的是孟子："世衰道微，邪说暴行有作，臣弑其君者有之，子弑其父者有之。孔子惧，作《春秋》。《春秋》，天子之事也；是故孔子曰：'知我者其惟春秋乎！罪我者其惟春秋乎！'"（《孟子·滕文公下》）这段话有一个最深层的寓意和最有影响的类比：作史是天子之事，连诸侯都没有资格和权力，而孔子能作史，一方面是他对于"臣弑其君者有之，子弑其父者有之"的时代恐惧万分，担心自己心目中的美好政治局面会荡然无存；另一方面是他自己代替了天子来在精神上诛杀那些乱臣贼子，虽然在名义上自己并不适合做这种事，但是，为了实现流芳百世的欲望和维护先贤的政治范式的伟大目标，那也就只好在所不惜了。这其中最大的政治隐喻和社会观念则是：治史是一种只有天子才能有的话语权力。这种话语权力能够产生无穷无尽的道义力量，甚至是现实的约束条件，可以给历史褒扬者以合法性和合理性地位，也能够给被贬抑者造成非法性和非正义性的尴尬境地。正如孔子的《春

152

---

① 连中国历史上的一个特定时期，即从周平王东迁（公元前770年）到东周灭亡（公元前465年）这段时期的时代命名，都是沿袭了孔子的这部史书的名字，即《春秋》。但是，我并不知道孔子为什么要给自己的史书命名为"春秋"。

秋》给后世的史学一个初始条件的敏感性，并形成了路径依赖那样，孟子对于孔子的史学评论也照样给后世留下了路径依赖的紧箍咒。

孟子接着上段话的一段评述其寓意和表征就更是让人寻味：

圣王不作，诸侯放恣，处士横议，杨朱、墨翟之言盈天下。天下之言不归杨，则归墨。杨氏为我，是无君也；墨氏兼爱，是无父也。无父无君，是禽兽也。公明仪曰："庖有肥肉，厩有肥马；民有饥色，野有饿莩，此率兽而食人也。"杨墨之道不息，孔子之道不著，是邪说诬民，充塞仁义也。仁义充塞，则率兽食人，人将相食。吾为此惧，闲先圣之道，距杨墨，放淫辞，邪说者不得作。作于其心，害于其事；作于其事，害于其政。圣人复起，不易吾言矣。

既然"圣王不作，诸侯放恣，处士横议，杨硃、墨翟之言盈天下"，那么，就怪不得孔子这个无冕之"王"出来行使自己的话语权力了。孔子的自谦（知我者其惟春秋乎！罪我者其惟春秋乎！）中因作《春秋》而被人理解为僭越的行为，就不仅仅是一种罪行，而是替天行道的壮举和净化心灵的美德了。

孟子把孔子比作"圣王"，这种圣王所发布的命令是那种精神上的绝对和思想上的真理。他是精神世界的主宰和法官，是价值的源泉和标准，是信仰的终极和希望的憧憬。孟子对孔子思想内涵的宣传与对其理论作用的升华，正是创造宗教的那种惯常方法。把一个死者的精神遗产缔造成一种宗教的典型，可以说是基督教了。把耶稣这个历史人物创造成一个宗教崇拜的万能的神，这是一个漫长的过程。许多人都在这其中发挥过作用，但是，真正把耶稣变成了世界性的精神偶像的是保罗。保罗在《罗马书》第一章的开头就说：

耶稣基督的仆人保罗，奉召为使徒，特派传神的福音；这福音是神借众先知，在圣经上所应许，轮到他儿子我主耶稣基督，按肉体

说，是从大卫后裔生的；按圣善的灵说，因从死里复活，以大能显明是神的儿子。我们从他受了恩惠，并使徒的职分，在万国之中叫人为他的名信服真理。

试想一想，孟子不很像中国孔教的保罗吗？但是，孔子成了中国国教的教主，只是一个被人玩耍的招牌和前台表演的戏子。真正的教皇和教父总是那些中国最高权力的把握者，即皇帝或者是那些实际控制全国性政治权力，也可能是地方性政治权力的实力派。其原因是由保罗等使徒缔造的基督教，是"耶稣的归耶稣，恺撒的归恺撒"。中国的宗教则是"孔子的归皇帝，皇帝的还归皇帝"。这种混淆从孟子那里就开始了：

> 昔者禹抑洪水而天下平；周公兼夷狄，驱猛兽而百姓宁；孔子成《春秋》而乱臣贼子惧。《诗》云："戎狄是膺，荆、舒是惩，则莫我敢承。"无父无君，是周公所膺也。我亦欲正人心，息邪说，距诐行，放淫辞，以承三圣者。岂好辩哉！予不得已也。能言距杨、墨者，圣人之徒也。（《孟子·滕文公下》）

孟子在这段话中肯定了在他之前中国曾经产生过三个盛世：禹治洪水成功，创造了第一个盛世；周公平定各种各样的反对派和征服了自然环境，创造了第二个盛世；孔子写《春秋》，把乱臣贼子在精神上诛杀殆尽，从而创造了第三个盛世。此三圣则是等量齐观一概而论，都是中国历史上无人能够比拟的权力巅峰。这就是后来的《春秋公羊传》中所主张的中国历史上的"三世说"的滥觞。其中尤以《春秋公羊传》的三世说最为知名。公羊家们认为，《春秋》是孔子应天为新王制立法，《春秋》即一王之法。在《春秋》里，它不仅寄托了孔子治世的理想，而且是孔子在行使着政治仲裁的权力和确立合法性的背景权力。

何休《春秋公羊解诂》就更是登堂入室，把孔子的立法权直接落实到了何本人生活的汉代了："末不亦乐后有圣汉受命而王德如尧舜之知孔子为制作。"又把其中"制春秋主义，以俟后圣"的这种说法，解释成"待圣汉之王以为法"。认为孔子是为新王立法，此新王，即圣汉之王。当周之世，作新王之法，权假文王，最后落实到为汉代立法。

孔子记述的历史，从其风格上看，只是历史事件的简单记录。都是一些最标准的命题，甚至很少有什么代表感情色彩的修饰语。就是说以真价值为主，加上出现的是时间，地点，人物，时间的经过等。但是，《春秋谷梁传》却说："一字之褒，宠逾华衮之赠；片言之贬，辱过市朝之挞。"那么，何以说孔子的《春秋》如此圣洁，如此重要，如此传神？

皮锡瑞所著的《春秋通论》中说："春秋有大义、有微言：大义在诛乱臣贼子，微言则为后王立法。惟《公羊》兼传大义、微言；《谷梁》不传微言，但传大义。左氏并不传义，特以记事详赡，有可以证《春秋》之义者，故三传并行不废。"那么，我们就看看《春秋》的"大义微言"究竟是怎样实现的。

据《春秋公羊传》的见解："春秋为尊者讳，为亲者讳，为贤者讳"。（《春秋公羊传·闵公元年》）；《春秋谷梁传》则说："为尊者讳耻，为贤者讳过，为亲者讳疾"（《春秋谷梁传·成公九年》）。看来奥妙就在这一个"讳"字上。

春秋时期的政治史，有下述几大特征：首先是周天子的地位受到了挑战，诸侯国已经不再把周天子当成众星捧月的核心，楚王"问鼎于周"是最典型的；其次是诸侯国之间的战争十分频繁，有大小战事 480 多起；第三是诸侯国的国君被杀的事件十分频繁。前两者不必隐讳，但第三者则不同了。弑杀君王者，其地位，其影响，其实力，尤其是其是否是记述者尊敬的对象（为尊者讳耻）、敬仰的对象（为贤者讳过）、亲昵的对象（为亲者讳疾），否则就要有不同的态度。而这种对不同对象的不同态度就充分表现了避讳者的文化范式和政治范式。当这种避讳变成了一种社会和时代的惯习和惯性的时候，就是把初始条件放大到了整个民族的文明类型，那将一直影响着历史。这正是中国古代社会发生的事情。其源头就在孔子

的《春秋》。

我们先来看在《春秋》一书中不避讳的争权夺位的杀戮，从中领会孔子表达了一种什么意向和目标。

（1）鲁隐公四年，卫州吁弑其君完。被弑者是卫国新君，无劣迹。弑君者是新君同父异母兄弟。州吁夺位后不久，即被卫人所杀。

（2）桓公二年，宋督弑其君与夷。被弑者好战，民不聊生。弑君者宋督先杀大夫孔父而夺其妻，借口是好战之罪在于孔父。宋君极为震怒，宋督先下手为强，弑君自保。

（3）庄公八年，齐无知弑其君诸儿。被弑之齐襄公荒淫无道，弑君者是其叔伯兄弟，夺位后不久被杀。

（4）庄公十二年，宋万弑其君捷。被弑者实在无辜，没有任何理由被杀。弑君者为宋国第一勇士，因曾不幸被俘，宋君屡以此事相辱，伤其自尊，遂萌杀机。

（5）僖公十年，晋里克弑其君卓。晋献公杀世子而立宠姬所生之幼子，献公死后，大夫里克不服，连杀已即位之二幼君为世子报仇，另立新君。

（6）文公元年，楚世子商臣弑其君頵。楚成王欲废世子商臣，商臣发动政变，逼成王自尽，商臣即王位，是为楚穆王。

（7）文公十四年，齐公子商人弑其君舍。被弑者即位不久，即为其叔商人所杀。商人继位，是为齐懿公。

（8）文公十八年，齐人弑其君商人。齐懿公之下属二人因报私仇而弑君。可能因凶手毫无地位，故不书名。

（9）宣公二年，晋赵盾弑其君夷皋。记载这件事的就是抗击蒙古的民族英雄文天祥的《正气歌》中提到的"在晋董狐笔"的那个董狐。被弑者残暴无道，弑君者赵穿是首相赵盾之家人。赵盾是正人君子，被晋灵公（夷皋）所逼，逃亡在外。但还没有逃出晋国国境时，知道发生弑君事件，马上赶回京城，迎立新君，但对凶手赵穿并不追究。所以太史董狐直书赵盾弑君，赵盾申辩，董狐的理由是责赵盾"亡不出境，反不讨贼"，赵盾只好接受。孔子称赞董狐曰："董狐，古之良史也，书法不隐。"又赞赵盾曰："赵宣子，古之良大夫也，为法受恶。"

（10）宣公十年，陈夏征舒弑其君平国。被弑者陈灵公君臣三人皆与夏征舒之寡母夏姬私通，三人在戏谑中，伤及夏征舒之自尊，故夏征舒弑君。

（11）襄公二十五年，齐崔杼弑其君光。被弑之齐庄公并无大恶，只因与右卿崔杼之妻私通，崔杼不甘受辱，乃动杀机，这就是文天祥的《正气歌》中所说的"在齐太史简"。假如在史简上写为"公薨"（自然死亡），那么太史兄弟四人便会平安无事；只为"崔杼弑其君光"六字，崔杼"惧"而强迫太史更改，太史不从，杀太史；太史的二弟照写，又被杀；三弟接下来再照写，再被杀；四弟还是不怕死，还是这样写，崔杼杀软了手，终于放过了老四，让"崔杼弑其君光"这金光闪闪的六个大字光耀史册，这兄弟四人为维护历史的真实而付出的代价，真是惊天地而泣鬼神，流芳千古。同样令人感动的是南史氏（和太史兄弟四人一样，姓名不传，实在遗憾）听说太史兄弟已四死其三，怕老四又遭不测，乃赶到史馆准备接班。

（12）襄公二十六年，卫宁喜弑其君剽。

（13）襄公三十年，蔡世子般弑其君固。

（14）哀公六年，齐陈乞弑其君荼。齐卿陈乞发动宫廷政变，废除已立之幼君姜荼，另立年龄较长之新君。新君受人唆使，杀已废之幼君姜荼，陈乞虽未直接参与此事，但为政变之真正发动者，故称"陈乞弑其君荼"。

以上这些弑君事件都没有避讳。

《春秋》所叙时代（起于鲁隐公元年，公元前七二二年，止于鲁哀公十四年，公元前四八一年，合计二百四十二年）鲁国发生五宗弑君事件，《春秋》一概隐讳，写成被害人自然死亡。就算是当时杀君的乱臣贼子大权在握，鲁国史官没有齐国太史和晋国董狐那样有胆，不敢照实写出。但孔子生于公元前五五一年（鲁襄公二十二年），而春秋时鲁国最后一次

弑君事件发生于文公十八年，在孔子出生之前的五十八年，孔子还顾忌什么？为什么不能使鲁史说明事实真相？兹将这几宗弑君事件简述如后：

（1）隐公十一年，（隐）公薨。桓公元年：（桓）公即位。按：鲁惠公死后，嫡子姬允年幼，庶子年长暂时继位，是为隐公。十一年后，大臣羽父劝隐公杀姬允以防其夺位，隐公不允，且准备传位于姬允。羽父担心自己的阴谋泄漏，反过来唆使姬允夺权，并弑隐公而使姬允继位，是为桓公。被弑的隐公是有道之君，而凶手羽父是罪大恶极的乱臣贼子。《春秋》为什么要讳？

（2）桓公十八年，公薨于齐。按：鲁桓公与元妃文姜同赴齐国探亲，文姜与其同父异母之兄齐襄公私通，桓公知后严责文姜，齐襄公派人谋杀鲁桓公于齐国境内。齐国实在欺鲁太甚，或因齐强鲁弱，鲁史官不敢不讳，大概还有家丑不可外扬之意。

（3）庄公三十二年，子般卒。公子庆父如齐。闵公二年，公薨。公子庆父出奔莒。鲁庄公死后，嫡子般嗣位，其叔父庆父不服，两个月后弑子般而立庄公庶子，是为闵公（时年八岁）。两年后公子庆父又弑闵公，不为国人所容，出奔莒国。庄公之另一庶子被拥立，是为僖公。公子庆父在两年之内，连弑两位幼君，而且都是他的侄儿，其丧心病狂，自不待言。每次弑君后都要出国避难，足见其不得人心，照理说当时的鲁国史官不必怕他，更不用说一百一十年后的孔子了，为什么还要为这特级的乱臣贼子讳呢？

（4）文公十八年，子卒。按：子者，鲁文公嫡长子姬恶是也。文公元妃生二子，名"恶"与"视"。文公死后，嫡子恶理应嗣位，大臣襄仲与文公二妃有私，杀恶及视，拥立二妃所生之文公庶子，是为宣公。

鲁史以外同样有避讳的权力相残事件。

（1）自鲁桓公四年起至鲁庄公十五年止之三十年内，晋曲沃武公先后杀害晋国国君三人，其中两人都是武公的侄孙，一个小孩子是侄曾孙。鲁庄公十五年，曲沃武公杀晋侯姬缗后，以宝器贿赂周天子僖王，请求册封。翌年，周天子册封曲沃武公为晋国君主，是为晋武公。武公的祖父和最后被害人晋侯姬缗的高祖父原是同胞兄弟。姬缗的高祖父是长子，所以继承君位；武公的祖父是弟弟，被封在曲沃。曲沃的地位比当时的首都绛城还重要，所以经常反客为主，欺压晋君，终于夺得政权。武公的孙子便是春秋时最有名的两个霸主之一的晋文公。这一连串骨肉相残，长达三十年的惨剧，《春秋》竟一字不提，《左传》略有叙述，但远不及《史记·晋世家》写得详细。

（2）桓公五年，陈侯鲍卒。葬陈桓公。桓公六年，蔡人杀陈佗。陈桓公死后，其异母弟佗杀太子免而代之。翌年，陈佗被蔡人所杀。

（3）桓公十七年，郑大夫高渠弥以私怨弑郑昭公。此事《春秋》未载，仅见诸《左传》。

（4）庄公十四年，郑大夫傅瑕弑郑君姬婴。被弑者已即位十四年，无劣迹。原来是郑厉公在位四年后被逐流亡在外十七年。傅瑕弑君后迎郑厉公返国，厉公复位后即杀傅瑕，以为不忠者戒。此事《春秋》不载，仅见诸《左传》。

（5）庄公二十二年，楚成王弑君自立。《春秋》经传皆未载。

（6）僖公二十七年，齐孝公卒。按：孝公之弟杀太子而自立，是为昭公。《春秋》经传皆未载，见《史记》。

（7）宣公四年，郑公子归生弑其君夷。按：真正弑君的是在郑君面前搞鬼的子公。子公欲与归生合谋弑君，归生不应，子公倒打一耙，并威胁归生，归生惧而从之。《春秋》竟说："归生弑君"，张冠李戴，实在令人不解。

（8）成公十八年，晋弑其君州蒲。按：这是晋国最高军政首长栾书和中行偃发动的政变。《春秋》为什么不写出谁是凶手？

（9）襄公七年，郑伯髡原如会，未见诸侯，卒于鄵。郑伯实为子驷所弑。杜预注云："以疟疾赴，故不书弑。"实在令人不懂！

（10）楚国王室一连串骨肉相残的弑君案，有的是凶手没被点名，有的是凶手张冠李戴，实在无法令人信服。

这一连串的骨肉相残，自鲁昭公元年起到十三年为止。原来楚共王有子六人：老大楚康王，老二楚灵王，老三公子比，老四公子黑肱，老五楚平

王，老六公子茷。共王死，长子继位，是为康王；康王死，其太子继位，后被称为郏敖（没有国王谥号），即位四年后，在赴国际会议途中染疟疾，其叔父在探病时亲手用白绫将他绞死，并杀死他的两个幼子，叔父篡位，是为楚灵王。被害的国君毫无劣迹，凶手连两个年幼无知的亲侄孙也不放过。这种灭绝人性的行为，在尊重伦理的儒家眼中竟然视若无睹，没有写出该写的"楚公子围弑其君麇及其二子"，竟然写出了"楚子麇卒"。"卒"者，就是自然死亡。董狐和齐太史地下有知，能不为这不争气的同行痛哭流涕？

报应来得不算太晚，老二楚灵王做了十二年的国王后，老五弃疾趁灵王在国外时发动政变，杀了灵王之子（太子），把老三捧出来做傀儡国王，逼得灵王在逃亡途中自杀。《春秋》的记载是：楚公子比（老三）自晋归于楚，弑其君虔（灵王）于干溪。按：灵王之自杀出于被逼，说弑当然可以；但是凶手呢？为什么不说幕后主持人弃疾（老五）而说傀儡老三？张冠李戴，难道是"柿子拣软的捏"？大概一个月内，老五弃疾又用计逼得老三和老四自杀，五兄弟只剩下他一人，做了国王，是为楚平王，是中国史上唯一被人自棺材内拖出来鞭尸的那一位。对老三之死，《春秋》的记载是："楚公子弃疾杀公子比。"假如没有左传的解释，后人也许以为，老五杀老三是代老二报仇的"大侠客"。

（11）哀公四年，盗杀蔡侯申。按：明明是蔡大夫公孙翩弑君，不书其名曰"盗杀"，不知何意？

（12）哀公十年，齐侯阳生卒。按：齐悼公阳生实为大夫鲍牧所弑。鲍牧立悼公子，是为齐简公。

（13）哀公十四年，四月，齐陈恒执其君，置于舒州。六月，齐人弑其君壬于舒州。执君者不一定弑君，而据《左传》所称，弑君者实为陈恒，然则《春秋》何以不直书"陈恒"之名？据《左传》载：孔子曾请求鲁君出兵，以讨陈恒弑君之罪，未被鲁君采纳。①

①　以上这些关于《春秋》一书和历史真相不相符合的地方，我几乎都是从一篇题为《春秋能让乱臣贼子惧吗？》的文章中引来的。它刊载在台湾的一本杂志《史月》2001年1月号。但是，网络上转载时没有作者名字。

这就是《春秋》这部孔子知名著作给出的"历史"。这还能叫历史吗？只能叫政治和宗教的混合物。说它是政治，那是因为它把政治上的好恶用历史的形式表达出来了，它近似于"谎话重复三遍也就变成了真理"。说它是宗教，是因为只有怀着宗教的虔诚和迷茫才能把这种关于"为尊者讳耻，为贤者讳过，为亲者讳疾"的观念当成信仰去实践。朱熹评价《春秋》就是一种典型的宗教狂热的表现：

　　　　知孔子者，谓此书之作，遏人欲于横流，存天理于既灭，为后世虑至深远也；罪孔子者，以谓无其位而托二百四十二年南面之权，使乱臣贼子禁其欲而不得肆，则戚矣。愚谓孔子作春秋以讨贼，则致治之法垂于万世是亦一治也。(《四书集注》)

　　朱熹对于《春秋》的评价，从四个方面渗透出宗教情节：第一，《春秋》是中国人通天的康庄大路，它以"天理"为"后世虑至深远"；第二，孔子是无冕之王，就像耶稣基督是无冕之王一样；第三，《春秋》的讨贼方式是永恒的乱世到达治世的途径，实现《春秋》的目标就是到了天堂；第四，遏制人欲让个体服从整体的这种需要是从《春秋》开始的。而这种整合信徒的机制正是宗教的最高成就。如果说儒学成为了宗教，那么，《春秋》就是承载这种宗教教义的首批运输工具。陈强先生对此也有相当精彩的见解，他认为春秋时期的杀戮无节制征伐无边界的社会现实，使生命失去了自身的意义和存在的价值，这使得人们不得不反思生命本身的问题和存在的方式。孔子的反思则记载在《春秋》之中。正是这种反思影响了后世。而孔子则把自己的反思成果记载在了《春秋》之中。于是，陈强先生把自己的文章命名为《孔子与〈春秋〉——关于儒学运动起源的冥想》[1]。他的看法最低是在思索儒学或儒教的起源上与我

从儒学到孔教

──────────

　　[1]　陈强：《孔子与〈春秋〉——关于儒学运动起源的冥想》，载《中国儒学网》2003 年 2 月 21 日。

很相近。

历史作为科学研究的对象的确是有点特殊。正如美国历史哲学家伊格尔斯所说的那样："在历史方面，不能无视历史特殊的特征（或者这些特征是什么的问题）；在哲学方面，可以认为历史科学是能够同其他形式的研究和认识相比较的。"① 在我看来，这种特殊性就是历史的真实甚至历史的存在与否都是由历史学来提供的。这样，历史学的创作范式就决定了在某个人类群体生活的氛围中是否存在一种东西叫"历史"，尽管这个群体的先民的确存活过、创造过、斗争过，并传递着属于他们自己的记忆。只有历史学的创作范式是超越于历史的承载者的时候，历史才存在。历史学就应该像太阳高悬于天空那样君临于继承历史的人类群体之上。这就决定了历史学一定要有一个超越的原则高悬在它之上。这就是历史哲学，但不一定是文本化的历史哲学。西方的文本化的历史哲学起自于意大利人文学者维柯的《新科学》，以"历史哲学"开宗明义命名的是伏尔泰的《历史哲学》。西方的历史学早在希罗多德的时代，就以保存历史的态度或者说让已经逝去的事件和事件的集合与系统原封不动存在下去。这就是说历史只有是超越的时候才存在。这就是历史哲学的唯一的和绝对的价值取向。历史学的范式和历史哲学就决定了有没有历史。

中国传统社会虽然没有文本化的历史哲学，但是，绝对有自己独特的历史哲学。这种历史哲学的初始表达式就是"为尊者讳耻，为贤者讳过，为亲者讳疾"。其本质的特征就是历史不超越于历史继承者，历史的因果性由后来者决定，历史的取舍由历史的撰写者来选择。历史的撰写者有的成为权力的奴仆，成为用历史来美化当权者的说谎者。中国古代的历史被中国的古代历史哲学消解了。这和克罗齐的一切历史都是当代史的论点完全不同。② 克罗齐的观点则是说历史有当代的历史材料和历史

① 伊格尔斯：《历史研究国际手册》，第 21 页，陈海宏等译，华夏出版社 1989 年版。
② 克罗齐：《历史学的理论和实际》，第 12～15 页，傅任敢译，商务印书馆 1982 年版。

理念来重新阐述一番，而不是根据权力的需要和嗜好来重新篡改和安排一番。

"罢黜百家，独尊儒术"的运动，史学界最流行的看法是武帝采纳了董仲舒的意见，取替了黄老之学，而只把儒家学说当成国家政策的学术基石。现在看来这种说法有待商榷。第一，董仲舒是在武帝七年才奉诏阐述"天人三策"的，而在此之前，曾经有过几次关于兴儒罢黄老的思想争论。《汉书·武帝纪》记载：武帝元年，"建元元年冬十月，诏丞相、御史、列侯、中二千石、二千石、诸侯相举贤良方正直言极谏之士。丞相绾奏：'所举贤良，或治申、商、韩非、苏秦、张仪之言，乱国政，请皆罢。'奏可"；"二年冬十月，御史大夫赵绾坐请毋奏事太皇太后，及郎中令王臧皆下狱，自杀。丞相婴、太尉蚡免。"《史记·孝武本纪》也有可以相互印证的报道：武帝元年，"而上乡儒术，招贤良，赵绾、王臧等以文学为公卿，欲议古立明堂城南，以朝诸侯。草巡狩封禅改历服色事未就。会窦太后治黄老言，不好儒术，使人微得赵绾等奸利事，召案绾、臧，绾、臧自杀，诸所兴为者皆废。"把这样一个十分重大的政治事件都记在董仲舒的账上，在实践上就是通不过的。第二，在中国文化发展史上是否真的可以把已经存在过的思想观念和意识成果完全清洗掉，也的确在文化学上和哲学上说不过去。德里达的后现代主义哲学的一大成果就是他严格证明了思想观念和思维存在物，一旦它们获得了命名和分类，就会形成踪迹（trace）①。后来的替代者可以将它们在应用中覆盖，但其踪迹是不能抹掉的。这两点意见都十分中肯。但是，董仲舒对于"罢黜百家，独尊儒术"的贡献是不可否认的。董仲舒如是说：

> 《春秋》大一统者，天地之常经，古今之通谊也。今师异道，人异论，百家殊方，指意不同，是以上亡以持一统；法制数变，下不知所守。臣愚以为诸不在六艺之科孔子之术者，皆绝其道，勿使并进。

---

① 雅克·德里达：《论文字学》前言，上海译文出版社2005年版。

邪辟之说灭息，然后统纪可一而法度可明，民知所从矣。(《汉书·董
仲舒传》)①

　　这就是"罢黜百家，独尊儒术"这一政治范式被命名的始端。董仲舒
的三策可以高度概括为以上这段文字。董氏的思想源头仍然没有离开《春
秋》。《春秋》的大一统精髓，同样被董氏牢牢抓住，"孔子之术"的概括
更是恰如其分。何谓术？用今天的术语来说，就是技术。技术是思想的物
质克隆术，就像工程师把控制论原理运用于现实生活中，发明了抽水马桶
那样。技术是现实化和直接性的那种事物，是可以变成在场和在手的行使
可应用性的东西。或者说就是能够给人带来利益的使用价值。这就是
"术"的内涵。变成了"术"，就是变成了我们前文中所说的共时性。《春
秋》无论是作为一种有所选择的历史记载，还是作为一串历史事件所能表
达的政治符号，都可以说是一种历时性带有发生学源头的神圣性和超越
性。当董仲舒把《春秋》大一统的理念变成了技术之后，就是给政治权力
找到了把儒学的观念形态变成了应用形态。从此之后，中国的政治权力就
有了自己的范式。而这种范式，正是以儒学的核心价值为枢纽，以孔子的
《春秋》一书中所体现的政治技术为应用手段，以中国历史上所有的一切
对政治统治有益的观念和政策为辅佐，并由政治权力的中心将其做成的一
种隐性宗教。这种宗教就是孔子之教。简称孔教。
　　儒术变成了孔教，我们确有必要追根溯源说明儒术是怎样形成的。
　　阐述这个问题，仍然离不开《春秋》这部史不史论不论，亦史亦论不
史不论的最著名的中国式的思想著作。以"春秋"为题的书实在是太多
了。如果说孔子做《春秋》是首创的话，那么紧随其后的就有《春秋左氏
传》，《吕氏春秋》，《春秋公羊传》，《春秋谷梁传》，《春秋繁露》（尚有

---

　　①　有人提出《天人三策》并不是董仲舒的作品，而是班固伪造的（见孙景坛：《董仲舒的
〈天人三策〉是班固的伪造》，载《南京社会科学》2000 年第 10 期）。即或说这是真的，也不影响
它的学术价值。世界上具有逻辑专名性质的事物，一旦被命名，就成了必然性。（见索尔·克里普
克：《命名与必然性》，上海译文出版社 1988 年版，梅文译，涂纪亮校。）

《邹氏春秋》和《夹氏春秋》，此两部书没有流传。见《汉书·艺文志》），等等。如果《春秋公羊传》的确系子夏口传，并有公羊高在自己家族内传递，那么，《春秋公羊传》就应该比孟子赞赏《春秋》的时间还要早。这足以说明，孔子自己对于《春秋》的重视程度。可见《六经》之中，《春秋》为首要。近代知名经学家廖平①，在经学历经了六次重大变革之后，博采众家之长，兼收并蓄，近乎于经学集大成者。在其《今古学考·今古学宗旨不同表》中总结道："今（学）以《春秋》为正宗，余皆推衍《春秋》之法以说之者。"廖平又在《王制集说凡例》中说："孔子撰述以《孝经》、《春秋》为主。《孝经》以治己，故曰：'行在《孝经》'；《春秋》以治人，故曰：'志在《春秋》'。《孝经》修己之事，于制度则不详，此内圣之学也；《春秋》专以治人，故以制度为要，此外王之学也。《王制》专为《春秋》而作，故全与《春秋》名物、制度相合也。"所以，"《春秋》有王道，因旧制而加损益，故不拘用周礼，参用四代，因革皆且于经，故《传》皆因经立说"。好一个"《春秋》有王道"，用今天的学术语言来给这句话翻译一下，就是《春秋》是一种话语权力。这似乎可以解释为什么以"春秋"命名的书籍如此之多。

作为这种话语权力形成的机制，沈玉成和刘宁先生有非常精辟的论述：②

在儒家的经典中，不论是内容还是文字，《春秋》都谈不上有什么深文奥义，然而所产生的影响却十分深远，要而言之，可以分两方面说：

第一，所谓《春秋》大义，一直为中国封建社会的统治阶层视为"经世之大法"，即永恒的政治原则和伦理纲领。并不存在于《春秋》本身的"大义"，通过历代经师、学者无中生有的发挥，诸如大一统、君臣之道、夷夏之别、上下尊卑的不可逾越以至父子、兄弟、夫妇之间相处的道德规范，等等，举凡以孔、孟为代表的儒家理论，无不一一具体地体现在《春

165

二

从儒学到孔教

————————————

① 美国汉学家约瑟夫·R. 列文森称廖平为"最后一个儒家学派的最后一位思想家"。见《儒教中国及其现代命运》第 274 页，中国社会科学出版社 2000 年版。

② 沈玉成、刘宁：《春秋左传学史稿》，第 50~51 页，江苏古籍出版社 1992 年版。

秋》之中。后世的政治家、史学家、文学家，动辄就引用"《春秋》大义"作为理论根据。不论是虔诚还是伪善，种种假托于《春秋》的政治伦理原则毕竟统治了中国达两千年之久。这一渗透在中国人灵魂和血液中的传统不仅只存在于社会的上层，比如直到晚清，康有为想搞政治改革，必须要用"《春秋》大义"制造舆论；在下层群众里，这种影响也不能低估，一个最形象的例子就是《三国演义》中被神化了的关羽爱读《春秋》，因为他是忠义的化身，和"《春秋》大义"有着自然的契合。至于关羽读《春秋》即《左传》的真正原因可能是醉心于其中的战争叙述，反倒很少有人注意。

第二，和"大义"相联系，或者说作为"大义"载体的"书例"，也为历来的知识阶层崇奉为至高无上的典范。书例是圣人孔子表示褒贬、爱憎的文字形式。而孔子又由于他思想上博大周深，不屑于或者不便于对春秋史事作明显浅露的表扬、贬斥，同时也由于《春秋》体例的限制而不能用"君子曰"、"太史公曰"一类的形式来做议论，所以就形成了《春秋》"微而婉"、"文约而事丰"这一独有的写作特色，即寓褒贬于一字之间。褒贬出自圣人，就成了不可动摇的铁案，一字之褒，荣于华衮，一字之贬，严于斧钺。《春秋》中存在着的某些褒贬和书例被无限夸张，那是出于后世的统治需要，不过为史官或者孔子始料所未及的是，从此在历史典籍和文学作品中就形成了一种技巧，在文章中通过叙述或不叙述的选择，乃至用词、语气的微妙差别，曲折地透露出作者的是非爱憎，这就是人们评论古代文、史所常用的一个术语："《春秋》笔法"。东晋人褚裒，口头上很少评论人物，内心的好恶却毫不含糊，人称"皮里《春秋》"，后来晋简文皇后名阿春，由于避讳改"春"为"阳"，"皮里阳秋"也从此成为一句成语。沈先生与刘先生的见解，在《汉书·艺文志》中就已经有所渗透：

> 古之王者世有史官。君举必书，所以慎言行，昭法式也。左史记言，右史记事，事为《春秋》，言为《尚书》，帝王靡不同之。周室既

166

微，载籍残缺，仲尼思存前圣之业，乃称曰："夏礼吾能言之，杞不足征也；殷礼吾能言之，宋不足征也。文献不足故也，足则吾能征之矣。"以鲁周公之国，礼文备物，史官有法，故与左丘明观其史记，据行事，仍人道，因兴以立功，就败以成罚，假日月以定历数，借朝聘以正礼乐。有所褒讳贬损，不可书见，口授弟子，弟子退而异言。丘明恐弟子各安其意，以失其真，故论本事而作传，明夫子不以空言说经也。《春秋》所贬损大人当世君臣，有威权势力，其事实皆形于传，是以隐其书而不宣，所以免时难也。

现在我们也许就能够抓住《春秋》学的要领了。孔子作《春秋》，肯定有非常复杂的心理：他的那些儒家学说的宗旨，如大一统观念、等级观念、正统观念、社会关系的亲疏观念、孝悌观念，等等，皆由他的写作笔法表征得淋漓尽致。但他也有"免时难也"的现实需要。然而，当后人，尤其是孟子，把孔子的《春秋》定义为一种话语权力之后，对其的解释就越来越离谱了。这完全可以从三个主要的《春秋》学著作的解释风格上看得很清楚。郑玄对此三书的评述为："《左氏》善于礼，《公羊》善于谶，《谷梁》善于经。"所谓《左氏》善于礼，是说《左传》长于史实，其中对上古礼制多所保存。[1] 这说明几乎和孔子同时代的左丘明还没有完全认定孔子"无冕之王"的历史地位。而到了《春秋公羊传》和《春秋谷梁传》时，对于《春秋》的解释，就完全是今天解释学所说的视界融合和效果历史的有机结合了。效果历中流传给《春秋》解释者的大义早已写在了诸如《尚书》、《诗经》、《孟子》、《论语》之中了，无非是本书第一章中所说的那些儒家的思想和观念。而更重要的则是视界融合的内容，即现实化的当代，具体说就是汉武帝罢黜百家独尊儒术的时代之前的汉景帝前

167

二
从儒学到孔教

---

① 范宁的《春秋谷梁传集解序》对三传的评论既有肯定又有否定："左氏艳而富，其失也巫；谷梁婉而清，其失也短；公羊辩而裁，其失也俗。"但是，他同样肯定了《左传》更符合历史事实。（晋）范宁注；（唐）杨士勋疏；黄侃经文句读《春秋谷梁传注疏》，第5页，上海古籍出版社1990年版。

后，这个经历了秦代的高度集权和高度统一的时代，集权和统一的需要则是视界融合的最高境界和最高目标。《春秋》学的解释谱系至此已经由一种思想体系演变成了一种技术，这就是所谓的儒术。儒术被权力崇尚为一种信仰和希望，一种终极关怀和终极目标，几种特殊功能的混合物。而这是从孔子发端的又是以孔子为历时崇拜对象的，于是，我们当然要将这种宗教称为孔教。但是，这种宗教的共时崇拜对象则永远是中国当代的最高统治者。这种现实和历史的结合、共时和历时的结合，则是这种宗教的最大特点。

找到《春秋》的解释学谱系，其实是一个非常简单的事情。试比较春秋三传的开头和结尾就能一目了然：

《左传》的开头是：

（传）惠公元妃孟子。孟子卒，继室以声子，生隐公。宋武公生仲子，仲子生而有文在其手，曰为鲁夫人，故仲子归于我。生桓公而惠公薨，是以隐公立而奉之。

《公羊传》的开头是：

（传）元年者何？君之始年也。春者何？岁之始也。王者孰谓？谓文王也。曷为先言王而后言正月？王正月也。何言乎王正月？大一统也。公何以不言即位？成公意也。何成乎公之意？公将平国而反之桓。曷为反之桓？桓幼而贵，隐长而卑，其为尊卑也微，国人莫知。隐长又贤，诸大夫扳隐而立之。隐于是焉而辞立，则未知桓之将必得立也。且如桓立，则恐诸大夫之不能相幼君也，故凡隐之立为桓立也。隐长又贤，何以不宜立？立适以长不以贤，立子以贵不以长。桓何以贵？母贵也。母贵则子何以贵？子以母贵，母以子贵。

《榖梁传》的开头是：

> 元年春，王正月。虽无事，必举正月，谨始也。公何以不言即位？成公志也。焉成之？言君之不取为公也。君之不取为公何也？将以让桓也。让桓正乎？曰不正。《春秋》成人之美，不成人之恶。隐不正而成之，何也？将以恶桓也。其恶桓何也？隐将让而桓弑之，则桓恶矣。桓弑而隐让，则隐善矣。善则其不正焉何也？《春秋》贵义而不贵惠，信道而不信邪。孝子扬父之美，不扬父之恶。先君之欲与桓，非正也，邪也。虽然，既胜其邪心以与隐矣，已探先君之邪志而遂以与桓，则是成父之恶也。兄弟，天伦也。为子受之父，为诸侯受之君，已废天伦而忘君父以行小惠，曰小道也。若隐者可谓轻千乘之国，蹈道则未也。

这三个《春秋传》的开头颇耐人寻味。《左传》直截了当陈述历史事实，可见众家的观察和评述基本到位。问题出在《春秋公羊传》和《春秋谷梁传》两者对于鲁隐公让位于桓公是否合法与合理的评价上。两者大相径庭，南辕北辙。它们之间的冲突体现在权力的共时原则和历时原则上。其焦点则是鲁惠公（即鲁隐公和鲁桓公的父亲）作为国君的权力效用和周朝祖制的历史约束能力之间的选择。鲁惠公夫人死后，按周朝制度再娶的妻子不能做夫人，只能称妾。惠公在夫人孟子死后，却以夫人之礼迎娶了宋武公的女儿仲子。《春秋公羊传》把鲁惠公的决定当成了最高的权威，仲子的儿子（即后来的桓公）就该是正统的国君。《春秋谷梁传》则认为鲁惠公违背了周朝的祖制，把续弦的妻子当成了夫人，于是，其儿子自然没有合法性的继承王位的权力。显而易见，《春秋公羊传》是站在了共时性原则的立场上，《春秋谷梁传》则是站在了历时性原则的立场上。当然，两者之间的正统性较量也是不言而喻的：《春秋公羊传》自然是占了上风。

"元年者何？君之始年也。"这不也同样是共时性原则的具体阐述吗？国君是和岁月的开端同步的。"春者何？岁之始也。王者孰谓？谓文王也。"每一代国君都是和开拓者的作用及地位相提并论的。"曷为先言王而后言正月？王正月也。何言乎王正月？大一统也。"大一统正是从每一个国君的年代开始的，大一统就是共时的权力的绝对统治。这和既成事实的合法性的中国权力范式只差一步之遥了。

我们再来看一看三部《春秋》的结尾，更有妙趣横生的效果。

《左传》记载到哀公二十七年。是年孔子已经逝世了十三年。可见《左传》以史实为主的风格是完全可以肯定的。

《春秋公羊传》的结尾则是：

> 哀公（经十四·一）十有四年，春，西狩获麟。
>
> （传）何以书？记异也。何异尔？非中国之兽也。然则孰狩之？薪采者也。薪采者则微者也，曷为以狩言之？大之也。曷为大之？为获麟大之也。曷为获麟大之？麟者仁兽也。有王者则至，无王者则不至。有以告者曰："有麕而角者。"孔子曰："孰为来哉！孰为来哉！"反袂拭面，涕沾袍。颜渊死，子曰："噫！天丧予。"子路死，子曰："噫！天祝予。"西狩获麟，孔子曰："吾道穷矣！"《春秋》何以始乎隐？祖之所逮闻也。所见异辞，所闻异辞，所传闻异辞。何以终乎哀十四年？曰：备矣！君子曷为为《春秋》？拨乱世，反诸正，莫近诸《春秋》。则未知其为是与？其诸君子乐道尧舜之道与？末不亦乐乎尧舜之知君子也？制《春秋》之义以俟后圣，以君子之为，亦有乐乎此也。

《春秋谷梁传》的结尾则是：

> 十有四年春，西狩获麟。引取之也。狩地不地，不狩也。非狩地而曰狩，大获麟，故大其适也。其不言来，不外麟于中国也。其不言有，不使麟不恒于中国也。

170

《左传》基本和另两传的结尾没有什么可比性。《公羊》与《穀梁》相比，显然是《公羊》把历时性的资源完全转变为共时性的范围之内了。正如我们在前文中所说的那样，把历时性转变为共时性的思维操作是宗教的必要条件。这便是公羊学在汉代兴旺发达的奥秘。"西狩获麟"的隐喻则暗含着孔子被上天认同为开拓中国政治范式的圣王。《春秋》的本质就在于"所见异辞，所闻异辞，所传闻异辞"，异在哪里？异在孔子作了话语权力的最高权威。于是，《春秋》在鲁哀公十四年终结。"制《春秋》之义以俟后圣"，谁得了天下，谁就是继《春秋》的圣王孔子之后的现实性的又一个圣王。

不管怎么说，我们都要承认，把"罢黜百家，独尊儒术"的口号变成中国古代政治范式的最重要人物是董仲舒。即或是董仲舒并没有参与汉武帝初期的意识形态斗争，他的理论体系都是这种世界上独一无二的思想体系变成意识形态的始作俑者。他的《春秋繁露》中的确有许多关于天人相类的论述，甚至是发明。但是，《春秋繁露》给中国，乃至给世界，真正留下的精神遗产则是儒家或儒学的意识形态化的思想形式，即一种宗教的教义。

把《春秋繁露》中的重要思想集中起来，就会发现，那正好就是儒术或者孔教的教义。既成事实就是合法性的源泉，所谓"敬天法古"无非是其另一种表达形式而已。这正是《春秋繁露》所要表达的要义之一。也是这种信仰形式的最高境界之一：

> 《春秋》之道，奉天而法古。是故虽有巧手，弗修规矩，不能正方圆；虽有察耳，不吹六律，不能定五音；虽有知心，不览先王，不能平天下；然则先王之遗道，亦天下之规矩六律己！故圣者法天，贤者法圣，此其大数也；得大数而治，失大数而乱，此治乱之分也；所闻天下无二道，故圣人异治同理也，古今通达，故先贤传其法于后世也。《春秋》之于世事也，善复古，讥易常，欲其法先王也。（《春秋繁露·楚庄王第一》）

　　国君是民众和上天之间的中介，天意要由国君来向民众表达，国君表达的任何权力话语，都可以说成是上天的遗志：

　　　　《春秋》之法：以人随君，以君随天。（《春秋繁露·玉杯》）

　　权力是决定性的力量。暴力的规模和实施过程则是权力的最后语言，有了这种暴力的背景，就会为所欲为，随心所欲，就能创造"夷狄"的重新界定，就会把自己的意志强加给那些弱者和败者：

　　　　《春秋》之好微与，其贵志也。春秋修本末之义，达变故之应，通生死之志，遂人道之极者也。是故君杀贼讨，则善而书其诛；若莫之讨，则君不书葬，而贼不复见矣。不书葬，以为无臣子也；贼不复见，以其宜灭绝也。今赵盾弑君，四年之后，别牍复见，非《春秋》之常辞也。古今之学者异而问之曰：（《春秋繁露·玉杯》）

　　　　"春秋之常辞也，不予夷狄，而予中国为礼，至邲之战，偏然反之，何也？"曰："春秋无通辞，从变而移，今晋变而为夷狄，楚变而为君子，故移其辞以从其事"。（《春秋繁露·竹林》）

　　由天命学说构造的等级制，以及由这种等级制表达的大一统的绝对统治、正统观念的绝对地位、权力结构的中心放射性机制和实施条件，等等，都在董仲舒的《春秋繁露》中有所体现：

　　　　春秋立义，天子祭天地，诸侯祭社稷，诸山川不在封内不祭。有天子在，诸侯不得专地，不得专封，不得专执天子之大夫，不得舞天子之乐，不得致天子之赋，不得适天子之贵。君亲无将，将而诛，大夫不得世，大夫不得废置君命。立适以长不以贤，立子以贵不以长，立夫人以适不以妾，天子不臣母后之党，亲近以来远，未有不先近而致者也。故内其国而外诸夏，内诸夏而外夷狄，言自近者始也。（《春

秋繁露·王道》)

　　春秋之道，以元之深，正天之端，以天之端，正王之政，以王之政，正诸侯之即位，以诸侯之即位，正竟内之治，五者俱正，而化大行。(《春秋繁露·二端》)

　　春秋曰："王正月。"传曰："王者庸谓？谓文王也。曷为先言王而后言正月？王正月也。何以谓之王正月？"曰："王者必受命而后王，王者必改正朔，易服色，制礼乐，一统于天下，所以明易姓非继人，通以己受之于天也。王者受命而王，制此月以应变，故作科以奉天地，故谓之王正月也。"……故王者有不易者、有再而复者、有三而复者、有四而复者、有五而复者、有九而复者，明此通天地、阴阳、四时、日月、星辰、山川、人伦，德侔天地者，称皇帝，天佑而子之，号称天子。(《春秋繁露·三代改制质文》)

　　给最高权力找到一个莫须有的背景，即天的儿子，然后再来用父子关系的天经地义性为这种权力的合法性作循环论证，这就构成了这种逻辑的现实性基础，即权力就是父亲的另一种表达式。

　　尧舜何缘而得擅移天下哉？孝经之语曰："事父孝，故事天明。"事天与父同礼也。今父有以重予子，子不敢擅予他人，人心皆然；则王者亦天之子也，天以天下予尧舜，尧舜受命于天而王天下，犹子安敢擅以所重受于天者予他人也，天有不予尧舜渐夺之故，明为子道，则尧舜之不私传天下而擅移位也，无所疑也。(《春秋繁露·尧舜不擅移汤武不专杀》)

　　我要引一个最长的段落，来说明"天"在董仲舒所缔造的宗教教义中所占的位置和所谓天人相类的哲学说教的真实含义。我们在前文中曾经阐述了上帝这个人格化的神在中国传统文化中衰落的简单过程，并且说明了这个过程是使传统中国人的精神世界向原始宗教的集体表象和互渗滤倒退的条件和步骤。但是，原始的集体表象和互渗滤并不具备组织资源和意识形态化的要件。只有将信仰的对象人格化，才能真正实现继发性宗教的现实化和直接性，也就是才能创造一种新的宗教。所谓的天人相类，其实就是赋予天人格化特征。天有了人格和基督教有了上帝，在实施条件上是等价的。人格化的"天"则是董仲舒对于孔教的最大贡献：

> 古之造文者，三画而连其中，谓之王；三画者，天地与人也，而连其中者，通其道也，取天地与人之中以为贯，而参通之，非王者庸能当是。是故王者唯天之施，施其时而成之，法其命而循之诸人，法其数而以起事，治其道而以出法，治其志而归之于仁。仁之美者在于天，天仁也，天覆育万物，既化而生之，有养而成之，事功无已，终而复始，凡举归之以奉人，察于天之意，无穷极之仁也。人之受命于天也，取仁于天而仁也，是故人之受命天之尊，父兄子弟之亲，有忠信慈惠之心，有礼义廉让之行，有是非逆顺之治，文理灿然而厚，知广大有而博，唯人道为可以参天。天常以爱利为意，以养长为事，春秋冬夏皆其用也；王者亦常以爱利天下为意，以安乐一世为事，好恶喜怒而备用也；然而主之好恶喜怒，乃天之春夏秋冬也，其俱暖清寒暑，而以变化成功也；天出此物者，时则岁美，不时则岁恶；人主出此四者，义则世治，不义则世乱，是故治世与美岁同数，乱世与恶岁同数，以此见人理之副天道也。天有寒有暑，夫喜怒哀乐之发，与清暖寒暑其实一贯也，喜气为暖而当春，怒气为清而当秋，乐气为太阳而当夏，哀气为太阴而当冬，四气者，天与人所同有也，非人所能蓄也，故可节而不可止也，节之而顺，止之而乱。人生于天，而取化于天，喜气取诸春，乐气取诸夏，怒气取诸秋，哀气取诸冬，四气之心也。四肢之答各有处，如四时；寒暑不可移，若肢体；肢体移易其处，谓之壬人；寒暑移易其处，谓之败岁；喜怒移易其处，谓之乱世。明王正喜以当春，正怒以当秋，正乐以当夏，正哀以当冬，上下法此，以取天之道。春气爱，秋气严，夏气乐，冬气哀；爱气以生

174

物，严气以成功，乐气以养生，哀气以丧终，天之志也。是故春气暖者，天之所以爱而生之，秋气清者，天之所以严以成之，夏气温者，天之所以乐而养之，冬气寒者，天之所以哀而藏之；春主生，夏主养，秋主收，冬主藏；生溉其乐以养，死溉其哀以藏，为人子者也。故四时之行，父子之道也；天地之志，君臣之义也；阴阳之理，圣人之法也。阴，刑气也，阳，德气也，阴始于秋，阳始于春，春之为言犹偆偆也，秋之为言犹湫湫也，偆偆者，喜乐之貌也，湫湫者，忧悲之状也。是故春喜、夏乐、秋忧、冬悲，悲死而乐生，以夏养春，以冬藏秋，大人之志也。是故先爱而后严，乐生而哀终，天之当也；而人资诸天，天固有此，然而无所之，如其身而已矣。人主立于生杀之位，与天共持变化之势，物莫不应天化，天地之化如四时，所好之风出，则为暖气，而有生于俗；所恶之风出，则为清气，而有杀于俗；喜则为暑气，而有养长也；怒则为寒气，而有闭塞也。人主以好喜怒变习俗，而天以暖清寒暑化草木，喜怒时而当，则岁美，不时而妄，则岁恶，天地人主一也。然则人主之好恶喜怒，乃天之暖清寒暑也，不可不审其处而出也，当暑而寒，当寒而暑，必为恶岁矣；人主当喜而怒，当怒而喜，必为乱世矣。是故人主之大守在于谨藏而禁内，使好恶喜怒，必当义乃出，若暖清寒暑之必当其时乃发也，人主掌此而无失，使乃好恶喜怒未尝差也，如春秋冬夏之未尝过也，可谓参天矣。深藏此四者而勿使妄发，可谓天矣。

春秋是历史。《春秋》则隐喻着神圣性和超越性。历史充满着人文氛围，形成了人文场域。神圣性和超越性就顺乎自然地进入了人文的氛围和人文的场域。这种宗教的最大特点就表现在人际之间和人伦之内。权力是人际关系和人伦秩序的唯一结构信息。[1] 于是，权力就变成了神圣性和超越性的载体，变成了超自然的神秘感和崇高感。人对权力的敬畏就不再是

二 从儒学到孔教

———————————

① 福柯：《权力的眼睛》，严锋译，上海人民出版社1997年版。

对于人类社会组织机制的敬畏，而是对于神的敬畏。权力的拥有者也在此神化和升华权力的过程中，顺理成章地变成了神。因此，这种宗教对于权力来说当然是一个得心应手的工具和招之即来的法宝。同时，这种宗教的可利用价值又是同权力的级别成正比的。最高的皇权当然会一眼就看出它的妙用。这就是汉武帝罢黜百家独尊儒术的最深层动力。汉武帝实现了孔教的意识形态化。意识形态化就是把这种宗教当成在权力的高压下强行执行的宗教。而且历代的皇帝都会看出这种宗教的使用价值，大都会自觉地实行。这样，就根本没有必要再给它命名。因为每一个中国的权力拥有者都会自觉信奉这种宗教，那些在历史上争取命名权的宗教，都是经历了一个漫长的乌托邦时期，即和意识形态处于对立的时期，才不得不给自己一个命名。但是，对于这种宗教研究的需要，我们必须给它找到一个合适的命名。

我之所以称其为"孔教"，这其中有三方面原因：第一，这种宗教的教义的确是由孔子有意无意奠定的，孔子的思想要义和这种教义天衣无缝的吻合。第二，把这种思想体系当成宗教，孔子的《春秋》起到了至关重要的作用。第三，在创造这种宗教的过程中，神化和神秘化孔子是其重要的手段和步骤。有了这些条件，称其为孔教是再合适不过的了。

但是，这种宗教也有其不可回避的弊端。宗教崇拜的对象在元宗教的层面和教义内容的层面是分裂的：元宗教崇拜的对象是孔子，而孔教要我们无限崇拜现实里的权力。这种分裂造成了信仰者有可能产生全面把握孔子思想体系的欲望和追求，那样就会发生对于权力崇尚的动摇。这样，中国古代的皇权就煞费苦心地想出来了一个十分巧妙的方法：让皇权和各级权力同对于孔子的崇拜统一起来，这就是祭孔这个活动的宗教意义。文庙这样的阵地当然也是和这种需求相统一的。这里表现出这种宗教创立初期的形式二元性，即"圣"与"王"的形式二元性，或"素王"与"正王"的二元性。这正如李冬君先生的总结："《春秋繁露》，其言虽杂，其思路则一目了然，有两条路线贯穿始终：一是道统，以孔子为素王，为王立法；二是政统，主张王权至上，帝王大一统。'孔子作《春秋》，先正王而后系万事，见素王之文焉'。"① 这种素王与正王的二元性，或称宗教性与政治性的二元性，到了宋明理学的时代，就由新的本体论建构的思维成果顺利解决了。这就是后来的本体论存在形式的"内圣外王"的追求替代了。这样，这种宗教才算最终完善了它的内容和形式的高度统一。我们下一节将集中讨论这个问题。

祭孔活动最早始于公元前 478 年，即孔子卒后的第二年，鲁哀公将孔子故宅辟为寿堂，开始对孔子的祭祀。国君在这样的事情上都不含糊。祭孔的现实意义也正是把历时性变成共时性的宗教要件。这又一次验证了我们本书的理论体系和对于宗教成因的总结。从汉高祖刘邦以来，祭孔大典的仪规虽然每个朝代都有出入，但是万变不离其宗，历朝历代无不循例而制礼作乐，遂使祭孔大典演变成稳定的用文化现象掩盖的宗教现象。真正意义上的祭孔大典始于公元前 195 年，当时汉高祖刘邦过鲁，首次以"太牢"（即皇帝祭天大典）祭祀孔子，开孔子祭祀活动升为祭孔大典即国之大典的先河。(《史记·孔子世家》)"祭孔"也从此与"祭天""祭黄"一起成为中国的"三大国祭"。"天"是合法性的象征，黄帝是民族性的象征，孔子是现实化的象征。"天"和黄帝的宗教角色都好理解，唯独孔子作为现实化的象征，确实让人匪夷所思。然而仔细想想，不正是孔子的个人形象和理论体系把现实的社会精英组织进中国传统的政治机制中的吗？

４ 本体论承诺与社会化需求

宗教是一种精神性的创造。它在物质性条件并没有变化的情况下，创造一个可能世界，在这个可能世界中，把信徒组织起来，实现一种特殊的"存在方式"。这种特殊的存在方式以精神生活为主，但也包含若干物质上

① 李冬君：《孔子圣化与儒者革命》，第 206 页，中国人民大学出版社 2004 年版。

的变异。20 世纪德国新教神学家蒂利希以存在主义作为方法论原则创造了一种新的神学体系，即存在主义神学，[①] 精湛地论证了基督教的本质就在于它给信徒一种生活方式的启迪，只要按着这种生活方式生活，就和神处于在精神共在的关系之中，就实现了一个基督徒救赎自己罪性灵魂的客观要求和向往未来终极目标的伟大愿望。有点哲学常识的人一看就知道，这是不折不扣的本体论，即一种关于如何存在的哲学学说。同样，在 20 世纪关于本体论的研究也有重大突破。首先是海德格尔率先垂范把本体论从上帝存在的证明和客观世界存在的证明，转变为关于人类个体的自我存在的思索和反思的氛围之内。海德格尔的《存在与时间》真实而又真切地告诉人们，存在就是向死的回归，当然是个体向死的回归，[②] 因为整体性谁也说不清楚是死还是不死。然而，个体向死的回归又总是被一种整体性的目标和动力把它变成集体性的精神约束。这种精神约束总是指向对于死的超越。永恒与不朽之类的启示和引导就是这种超越的动力。我们在前文中已经明确地证实了中国人的永恒与不朽就是两个目标：一是融进血缘的历时传递的链条之中，就是光宗耀祖的宏伟和自豪；二是立德、立功、立言，就是个体的社会性影响。正是这种永恒和不朽把中国人组织进中国国教的可能世界之中。

20 世纪关于本体论研究的另一个大的突破则是由美国哲学家蒯因做出的。蒯因实实在在地证明了本体论及关于存在的哲学思考，最终只能是在一个有限的可能世界之中对于某事或某物存在给出一种承诺。这种承诺是由整体性的集合规定了个体的属性之后，依据这种属性归类和命名。这就是大名鼎鼎的关于本体论承诺的学说。用蒯因自己的说法，则是："存在就是拥有一个变元的变域值"。[③] 具体一点说，就是先构造一个变域，也就是一个集合，给出这个集合的特征，符合这个特征的个体当然就是这个集

① P. 蒂利希：《存在的勇气》第六章，贵州人民出版社 1998 年版。

② 海德格尔：《存在与时间》，第 278 页，生活·读书·新知三联书店 1987 年版。

③ 蒯因：《论何物存在?》，载《从逻辑的观点看》第 1～19 页，江天骥、宋文淦、张家龙、陈启伟译，上海译文出版社 1987 年版。

合的元素。那么，这个元素就相对于这个集合而存在。这就是本体论。有了这些理论准备，我们再来思考中国国教的本体论，才能为这个长期争论不休的理论难题提供一种可资借鉴的观念模型和理论范式。

当汉代经学家们给孔教一个本体论承诺的时候，他们是给一种人文性赋予了宗教的内涵。美国儒学学者安乐哲对此有明确的论证，他认为："儒家的宗教既不是救世的，也不是末世论的。它涵衍了一种转化，然而这是一种特殊的转化，是人们应付平常事务的日常生活的质的转化"。[①] 这里所说的"日常生活的质的转化"，正是把一种人文性缔造成宗教的过程。孔子是人文化的产物。孔子的《春秋》是人文事件的记载。汉代经学家的《春秋》解释学的确是给了孔子一个超越性地位，但是，这种超越性是为了保证在现实世界中，有一个绝对超越性的正统皇权和大一统天下的神圣性。虽然这种神圣性本身不是人文的东西，但是，它所确保的对象还是绝对人文性的。人文性的事物蕴涵于人们之间。如果不创造一个特殊的集合来确定这个神圣性追求的社会范围，就不会有差别和异类来充实这个特殊的社会集团，当然也不会在追求之中产生优越感。孔子的时代，是以君子的类别来区分这种宗教的社会基础的。但是，随着君子逐渐变成了人格的等级，而不是宗教信仰的社会基础，而这种宗教的社会需要又那么迫切，中国社会和历史是一定会创造出一个可能世界来，给孔教一个本体论承诺的可能世界。这个过程虽然很漫长，中国还是最终完成了这个最让世界感到奇怪的宗教创造。

汉代经学家们的杰作完成不久，文明的撞击就给中国带来了一种新型的宗教，即佛教[②]。无论是"坐小车奔赴极乐世界"还是"乘大车到极乐世界"[③]，在达到极乐世界之前的时间里程都将是佛教徒的存在方式。当

① 安乐哲：《礼与古典儒家的无神论宗教思想》，施忠连译，载中国儒学网，原载《中国学术》。

② 根据荷兰学者许理和的考察，小乘佛教大致在公元前二世纪就进入了中国。见许理和：《佛教征服中国》第二章《历史概观》中的汉代佛教部分内容，江苏人民出版社 2003 年版。

③ 约·阿·克雷维列夫：《宗教史》，第 333～338 页，王先睿、冯加方、李文厚、郑天星等译，中国社会科学出版社 1984 年版。他把小乘和大乘佛教解释为我们在本书中的看法。

从儒学到孔教

然，中国文化有自己的取舍。中国的家庭本位的社会观念和对于永恒的血缘传承的不倦追求，不大可能把小乘佛教当成一种可以接受的精神遗产。大乘能够被中国人接受，到现在我觉得还没有一个可以让人普遍接受的解释。我个人认为，佛教本身就是一种能够让人自我解脱的技术。它的理论层面毫无疑义是相当高深和相当复杂的。而它的共时性问题的解决，即佛教变成一种被人们普遍接受和自然传递的宗教教义，一定是要满足内在性的需要。这种满足内在性正是因为它具有一种自我解脱的技巧。① 两汉年间的残酷战争和绿林峨嵋起义，社会动荡，民不聊生，昨天是恐怖的记忆，今天是恐怖的现实，明天是恐怖的预期，人人都不清楚自己的命运和归宿。自我解脱成了一种普遍的社会需要。佛教来到了中国，则是正中下怀。但是，人们接受佛教要有一套中国人能够接受的本体论承诺。于是，晋代的道生应运而生，或者说需求就会创造出供应。道生用道家学说的概念体系来给佛教的洋化概念做解释和翻译。存在论的精神氛围就这样创造出来了。② 中国的精神世界到此多了一种新鲜货，这就是本体论的雏形。

两汉之后，道家和道教兴起。道家和道教同样是一种本体论承诺。它把人可以顺畅地到达彼岸世界的永恒和不朽当成一种本体论的终极形式。当然，它就要设计人在此岸世界的生存论状态。

一种本体论承诺的可能世界的创建，也绝非一朝一夕就可以完成的。道教自汉代产生以来，它的理论体系之中就包含着本体论的成分。晋代的道教学者葛洪在中国式本体论建构过程中贡献颇大，他继承并改造了早期道教的神仙理论，系统地总结了晋以前的神仙方术，包括守一、行气、导引和房中术等；同时又将神仙方术与儒家的纲常名教相结合，强调"欲求仙者，要当以忠孝和顺仁信为本。若德行不修，而但务方术，皆不得长生也"。③ 并把这种纲常名教与道教的戒律融为一体，要求信徒严格遵守。他

---

① 关于佛教的这个内在性问题，我也有一点想法。但是，由于本书的篇幅有限，我不能在此提供证明了。敬请读者原谅。

② 许理和：《佛教征服中国》，江苏人民出版社 2003 年版。

③ 葛洪：《抱朴子内篇》对俗卷第三，上海书店 1986 年版。

说："览诸道戒，无不云欲求长生者，必欲积善立功，慈心于物，恕己及人，仁逮昆虫，乐人之吉，愍人之苦，赒人之急，救人之穷，手不伤生，口不劝祸，见人之得如己之得，见人之失如己之失，不自贵，不自誉，不嫉妒胜己，不佞谄阴贼，如此乃为有德，受福于天，所作必成，求仙可冀也。"① 主张神仙养生为内，儒术应世为外。

理学肇始于中唐时期以韩愈为代表的早期儒学复兴运动。佛教在中国的传播引起了儒学学者的极大恐慌。韩愈撰写了一个《谏迎佛骨表》，劝诫皇帝不要把佛家的舍利迎到皇宫。韩愈认为佛教的进入，让人们不知君臣之义、父子之情，佛教的教义和僧侣的实践违背了中国传统社会的纲常伦理。这个儒学复兴运动戏剧性地导致了宋明理学的发生和发展。为解释这个开端与产生让人意想不到的结果，陈来先生引进了一个当代西方哲学最时髦的概念之一——"他者"理论。② 这真是一个绝妙的构想。

关于"他者"的理论在 20 世纪中叶至今一直是西方哲学的热门话题。陈来先生用他者来概括佛教对于儒学发展的贡献，的确是妙笔显现。佛教作为儒学的他者，历经了四种不同的"他者"阶段：首先是萨特的"他者"，萨特把他者定义为自我的坟墓。③ 这正是韩愈的《谏迎佛骨表》所表达的内涵。尽管儒学和中国文化对佛教抵制得如此激烈，但是，佛教的他者角色还是顺畅地进入了列维－斯特劳斯的"他者"境遇中，在列维－斯特劳斯看来，他者就是那种遥远的与自己对视的观察者。④ 紧接着佛教的他者功能又近了一步，变成了梅洛－庞蒂的"他者"。在梅洛－庞蒂的现象学理论中，反省的秘密其实就是在身体本身的一种可逆性关系中非反省地完成的，他举我的右手触摸左手这个例子说道：关系倒了过来，被触摸的手变成为触摸着的手，我不得不说，触摸在此被扩展到身体，而身体乃是"感觉着的事物"，是"主观的客体"。⑤ 佛教则成了儒学的列维纳斯式

① 葛洪：《抱朴子内篇》微旨卷第六，上海书店 1986 年版。
② 陈来：《宋明理学：为往圣继绝学》，载《中国儒学网》，原载于人民网 2007 年 7 月 23 日。
③ 萨特：《存在与虚无》第三卷，陈宣良等译，生活·读书·新知三联书店 1987 年版。
④ 见克洛德·列维－斯特劳斯：《遥远的目光》，邢克超译，中国人民大学出版社 2007 年版。
⑤ 莫里斯·梅洛－庞蒂：《知觉现象学》，姜志辉译，商务印书馆 2001 年版。

的他者，即在对方之中实现了自己的存在。① 儒学不仅没有消灭佛教，反而在佛教和道教的本体论理论影响下建构了自己的本体论。对于儒学的这种变化，目前学者们开始给予了关注。

谈及宋明理学的本体论建构，"北宋五子"（周敦颐、邵雍、张载、程颐、程颢）都有自己的贡献。但南宋的朱熹则是理学的集大成者，最终完成了天理本体论体系的建立。朱熹建立的本体论，似乎有对于西方人的本体论演化过程进行信息重演的特征，即在朱熹的客观本体论中，既有古希腊的关于世界的原初起点和最小元素的自然哲学本体论的观察和论述，也有类似于海德格尔存在主义式的关于人反思自己的存在论，当然后者是伦理本体化的。这是儒家的本质和精髓，离开伦理本体化，儒家就不是儒家了。

朱熹的自然本体论始自于他修改周敦颐的"自无极而为太极"为"无极而太极。"这里两字之差，傅小凡认为这是从宇宙本原论进入到宇宙本体论的跨越。朱熹下一步的里程则是客观存在论的阶段。这就是关于"道体"的观点。"具有本体论意义的道，朱熹称之为'道体'。它是永恒的，无论人们是否遵循它，它都不会消失。他说：'道之在天下者未尝亡，惟其托于人者或绝或续，故其行于世者有明有晦。是皆天命之所为，非人智力之所能及也。'永恒的道是天命所为，不是人的智力的创造。则道在自然界体现为万物的生成与化育，而其最高的表现形式就是人间的道德规范。人道不是人的创造而是天道在人身上的体现。此时的道便有了本体意味，这个层面的意义朱熹更多使用'道体'加以表达"②。"道体"具有无限性和整体性。他说："这道体，浩浩无穷。"（《朱子语类》卷一）"道体"又是普遍性与特殊性的统一。他说："道之为体，其大无外，其小无内，无一物之不在焉。"（《朱子语类》卷七）这和中世纪时西方人所说的"存在"已经差别不大了。对于宋儒的这种把道学和道体从儒学的原始形

① 埃马纽埃尔·列维纳斯：《从存在到存在者》，吴惠仪译，江苏教育出版社 2006 年版。
② 傅小凡、王日根：《本体与存在——浅析朱熹的哲学本体论》，载于《东南学术》2002 年第 6 期。

态中剥离出来，余英时先生最近一部书的看法很值得回味："哲学史家关于'道体'的现代诠释虽然加深了我们对于中国哲学传统的理解，但就宋代儒学的全体而言，至少已经历了两度抽象的过程：首先是将道学从儒学中抽离出来，其次再将'道体'从道学中抽离出来。至于道学家与他们的实际生活方式之间的关联则自始便未曾进入哲学史家的视野。"① 对于这段话，我的理解就是宋儒创造了儒学的本体论。

由于儒家学者的最高信仰无疑是具有道德意识的"天"，朱熹作为儒家在新时期的代表，自然忘不了最后把自己的本体论和"天"联系起来，这就创造出"天理"这个伦理本体化的最高范畴。他说："未有天地之先，毕竟也只是理。有此理，便有此天地；若无此理，便亦无天地，无人无物，都无该载了！有理，便有气流行，发育万物。"（《朱子语类》卷一）"须知天理只是仁义礼智之总名，仁义礼智便是天理之件数。"（《朱子语类》卷四）看到这样的字句，假如再有点关于《圣经》和基督教神学的知识，大概就会立刻产生一种亲切感。《圣经》神学预设了两个世界创生之前的先决条件：一是至高无上的上帝，② 二是至高无上的神圣话语。③ 上帝使用话语创造世界。神圣话语不就是朱熹笔下的"天理"吗？

神圣话语必须转化为人的生存论目标和生存论规范时，才能成为宗教教义和规则。对于这条理论命题，我的确没有在有关宗教学的理论体系中查到其详尽的论述，我不得不退而求其次，用一些枚举的观察来说明之。这当然不是全称命题的肯定。我期待着读者提供反证，进一步把学术研究引向深入。我的例证还是离不开基督教的历史和实践，因为在宗教的学术意义上，只有基督教是最成熟的。

有一点基督教常识的人都知道，基督教《圣经·旧约》中绝对树立了

① 余英时：《朱熹的历史世界》，第5～8页，生活·读书·新知三联书店2004年版。
② 《圣经·创世纪》肯定了世界没有产生之前，就有两件事物存在着：一是上帝存在于世界产生之前；二是上帝创世使用的话语在世界之前就存在。上帝是用话语创世，即上帝说："要有光"就有了光，等等。
③ 见《圣经·约翰福音》英文版第一章：In the beginning there was God and God was with the Word.

上帝的唯一性和绝对性。也蕴含着神圣话语的神圣性和超越性。但是，《圣经·旧约》基本上还是以历史为主，少量的和生存论有关的教条和说明淹没在浩如烟海的历史记载中。是《圣经·新约》产生之后，关于生存论的目标和规范才取代了历史而成为了经文的主旨和目的。基督教有三大核心教义原则：道成肉身，三位一体，复活。所谓"道成肉身"就是耶稣成了世界上的人信奉基督教的现实楷模。三位一体即圣父、圣子、圣灵三位一体。这当然是为了保证耶稣的神性。如果没有三位一体，就自然没有耶稣的神圣性地位。复活只是说明耶稣成了基督，即耶稣是弥赛亚转世的证明而已。我们可以毫无疑义地说，《圣经·新约》就是在海德格尔的存在主义本体论意义上的基督教本体论。

　　同样的论证还可以用于犹太教的成熟过程。众所周知，犹太教的经典只是《圣经·旧约》。犹太人尽管在基督教产生之前，就有了自己的宗教崇拜形式。但是，基督教兴起之后，犹太教曾经一度表现出衰落。只是后来犹太教的拉比们创造了"塔木德"这种信仰的细节形式说明，犹太教才真正走上了正轨。其实在创造的先后上说，肯定是犹太教在先；而在成熟的先后上说，肯定是基督教在先。塔木德其实就是犹太教的生存论目标和生存论规范。宋儒们对于儒学的贡献在本体论而不在认识论。当然，宋儒的那些有关"格物致知"的论述，有点认识论的命名色彩，但不是认识论的实质内容。"格物致知"只是让人明白做官取仕的道理，而不是对于世界的本来面貌进行知识的探索。① 最近，我读到了中国社科院哲学所李存山先生的文章《宋学与〈宋论〉——兼评余英时著〈朱熹的历史世界〉》。这篇文章是评述余英时先生的专著《朱熹的历史世界》的。其中李先生引述了余先生的见解，并加上了一些自己的评述。我觉得是对于我的观点的支持。现引述如下："余先生所采取方法的重要意义就是从'抽离'到还

184

---

　　① 对于这一结论只要看看"格物致知"产生的学术环境——《礼记·大学》篇的整个氛围就知道了。近期内有关这方面的论述请见薛富兴：《格物致知——程朱理学悲剧命运的个案透视》，载于《南开学报》（哲学社会科学版）2007 年第 3 期。这篇文章认为"格物致知"的学术追求是一场失败。我想原因就是其出发点就不是一个纯粹的认识论原则，即不是把知识探索当成第一位的目标。

原，即把道体、道学还原到宋代士大夫的'政治文化'中。余先生将此称为'哥白尼式的回转'（Copernican revolution）。"这里谈到了一个重要的概念，即"哥白尼革命"（余先生翻译成"哥白尼回转"）。这里所说的"道学"或"道体"的重建是否就是像哥白尼革命那样壮观和伟岸，我不敢妄加评论。但是，类比为哥白尼革命，那就是说这是个冲破自我中心意识的思想革命，或者进一步说，就是本体论革命，存在方式的革命。对于把道学和道体的建构叫做"哥白尼回转"李先生是赞同的。我想这两位儒学研究的大人物对于宋明理学的中心价值是本体论的。似乎没有什么疑义。而这个本体论的核心则是知识分子的存在方式：内圣外王的终极目标。这是政治文化，同样毫无疑义。既然内圣外王的目标是一种哥白尼的革命，即知识分子脱离自我中心的过程，道学或道体，作为宋儒的终极关怀，是建立一种秩序，照样没错。

宋明理学的最高成就是本体论的。宋明理学的本体论就是知识分子生存论上的内圣外王。这当然是一种本体论承诺。即建立一个集合，每一个个体元素都是这个集合的元素。这个元素具备内圣外王的特征。

余英时先生认为："胡瑗教学，分立'经义'与'治事'两斋，即后来'内圣'之学与'外王'之学的先驱。[1]"大名鼎鼎的"北宋五子"邵雍，"高明英迈，迥出千古，而坦夷浑厚，不见圭角，是以清而不激，和而不流，人与交久，益尊信之。河南程颢初侍其父识雍，论议终日，退而叹曰：'尧夫，内圣外王之学也。'"（《宋史》列传第一百八十六）这些知识分了与内圣外王染指，显然是和内圣外王之学相关联。我们更需要了解的是"内圣外王"这一概念的内涵及其演变的过程。从中确定那些意义的踪迹和这些意义沉淀在中国人意识和潜意识里的义项和隐喻。

现在学术界几乎已经达成共识，"内圣外王"这一概念是由庄子第一个使用的："天下大乱，贤圣不明，道德不一，天下多得一察焉以自好。

185

---

[1] 余英时：《朱熹的历史世界》，第880页，生活·读书·新知三联书店2004年版。李存山先生对于余英时关于内圣外王在宋明理学中的起点定格在胡瑗这里，没有疑义。

譬如耳目鼻口，皆有所明，不能相通。犹百家众技也，皆有所长，时有所用。虽然，不该不遍，一曲之士也。判天地之美，析万物之理，察古人之全，寡能备于天地之美，称神明之容。是故内圣外王之道，暗而不明，郁而不发，天下之人各为其所欲焉以自为方。悲夫，百家往而不反，必不合矣！后世之学者，不幸不见天地之纯，古人之大体，道术将为天下裂。"（《庄子·天下》）我之所以引述了庄子这一段话的全文，是因为只有这样才能全面理解庄子使用这个概念的意图。在这段话中，"内圣"与"外王"是分别代表两种不同的人的。① 庄子使用耳目鼻口等感官的不同官能，来类比"天下之人各为其所欲焉以自各方"。这是在解构的意义上才能真正理解庄子的意图。显而易见，庄子不是把"内圣"与"外王"合二为一。这可以在荀子的著作中得以验证："曷谓至足？曰：圣王。圣也者，尽伦者也；王也者，尽制者也；两尽者，足以为天下极矣。故学者以圣王为师，案以圣王之制为法，法其法以求其统类，以务象效其人。"（《荀子解蔽》）

那么，到什么时候"内圣外王"的两种社会角色变成了合二为一的单一个体人？对于此，我孤陋寡闻，确实不知其详。余下的我们就问问，为什么到了宋代知识分子就提出了"内圣外王"的主张，并将这两种社会角色用于个体？

《宋史·太祖本纪》有两段文字，记载了宋太祖的仁慈和厚道。太祖的性格和人格对于整个宋代的历史都是一个显著的影响。即所谓初始状态的敏感性：

> 帝性孝友节俭，质任自然，不事矫饰。受禅之初，颇好微行，或谏其轻出。曰："帝王之兴，自有天命，周世宗见诸将方面大耳者皆杀之，我终日侍侧，不能害也。"

---

① 张耿光注释的《庄子》一书的注解如是说："内圣：体悟于道并深藏内心的人，即以前篇目称述的'玄圣'。外王：通晓玄理却又处于经纬世事地位的人，即以前的篇目中所称述的'圣王'。"（张耿光：《庄子》，第 842 页，台北地球出版社 1994 年版）

周世宗的残暴和愚昧真是到了无以复加的地步。再来看宋太祖：

> 晚好读书，尝读二典，叹曰："尧、舜之罪四凶，止从投窜，何近代法网之密乎！"谓宰相曰："五代诸侯跋扈，有枉法杀人者，朝廷置而不问。人命至重，姑息藩镇，当若是耶？自今诸州决大辟，录案闻奏，付刑部复视之。"遂著为令。乾德改元，先谕宰相曰："年号须择前代所未有者。"三年，蜀平，蜀宫人入内，帝见其镜背有志"乾德四年铸"者，召窦仪等诘之。仪对曰："此必蜀物，蜀主尝有此号。"乃大喜曰："作相须读书人。"由是大重儒者。

这两者的鲜明对照多少可以说明宋代初期的宽松人文环境。这对于学者来说无疑是一个极大鼓励。①

李存山先生在其《宋史与〈宋论〉》一文中详尽地记载了范仲淹在儒学复兴中的突出作用和对其他儒学家的贡献。我觉得范仲淹的学者和政治家的双重角色，对于后来学者产生"圣"与"王"合二为一有没有启示作用呢？

> 宋代书院的兴起是始于范仲淹执掌南都府学，尤其是始于范仲淹推行的庆历新政。《宋史·晏殊传》载："（晏殊）改应天府，延范仲淹以教生徒。自五代以来，天下学校废，兴学自殊始。"朱熹编《三朝名臣言行录》卷十一记："文正公门下多延贤士，如胡瑗、孙复、石介、李觏之徒，与公从游，昼夜肄业……"这正说明，"宋初三先生"乃是范仲淹门下的"贤士"，他们因得到范仲淹的激励、奖拔和提携，才成为宋代复兴儒学的前驱（关于范仲淹与"宋初三先生"的关系，参见拙文《范仲淹与宋代儒学的复兴》，载《哲学研究》2003年第10期）。

庆历三年（1043年），范仲淹从抗击西夏的陕甘前线调回京师，

---

① 李存山先生也在其文章中谈到了宋太祖时期不杀学人的政令对后世的影响。

授枢密副使、右谏议大夫，复除参知政事。范仲淹"每进见，必以太平责之"。范仲淹批评此前的科举"专以辞赋取进士，以墨义取诸科，士皆舍大方而移小道，虽济济盈庭，求有才有识者十无一二"。范仲淹注重"经济"（本于儒家的"经旨"而经世济民），将"辞藻"（诗赋）、"墨义"（记诵经书章句）置于"经旨"、"理道"之下，这对于宋代学风的转变起了关键的作用。"庆历四年，天子开天章阁，与大臣讲天下事，始慨然诏州县皆立学，于是建太学于京师，而有司请下湖州，取〔安定〕先生之法以为太学法，至今著为令。"（《居士集》卷二十五《胡先生墓表》）

如果我们接受了余英时先生的宋学即一场"哥白尼式的革命"的说法，这场革命是怎样发动的，似乎已经有了明确的答案。这场"革命"从其开始就是由政治的力量点拨的。人类历史上的"哥白尼式的革命"实在是屡见不鲜。诸如，康德把自己的认识论理论称为哥白尼式的革命，那是因为人类对知识的探索无法把握物自体这个世界的核心。皮亚杰把儿童成长的一个时期称为哥白尼式的革命，那是因为在那个时期中，儿童把自己从一种混沌的状态中解放出来，认识到自己只是无数永久客体中的一个客体。最典型的要说是基督教的改革，把马丁路德的基督教改革称为哥白尼式的革命，恰如其分，因为"圣经无误"这个口号本身就是清楚表明了人不是宗教信仰的中心。所有这些已经被人类认同的哥白尼式革命，都有一个鲜明的特点：自我中心的剔除则是由处于中心的人类自己来实现的。但是，宋儒的去自我中心化就有点牵强了。在政治史中，儒者的自我始终不是中心。在文化史中，儒者的自我又从来没有成为中心。按李存山先生的说法，在"政治史和文化史交互作用"的历史中，儒者就更没有自我的地位和作用了。内圣外王的宋儒政治文化，的确又进行了一次剔除"自我"的手术，这就是在一个没有自我但又会思考的机器中，再来一次对自我的扫荡。皮亚杰对儿童自我意识的称呼叫"永久客体"，宋儒的"内圣"最后连这个"永久客体"的位置和作用都不复存在了。这就是宋儒造圣的必然结果。其过程与方式则在李冬君先生的著述中阐述得详尽无疑。

李冬君先生用一句简单的"圣人无我"①来给宋儒的"内圣"定性。首先是圣人没有自己的生命，只有"天"赋予的属天的生命。二程说："圣人，天地之用也。"朱熹说：天生圣人，"为之修道立教，"圣人行之，"以教化百姓，所谓'裁成天地之道，辅相天地之宜'是也。"邵雍说：圣人"心代天意，口代天言，手代天工，身代天事。"张载说："天地之心惟是生物，天地之大德曰生也。"圣人无命，天命是也。

其次，圣人没有自己的心智。朱熹说："心者，一身之主宰"，"心是神明之舍，为一身之主宰。性情便是许多道理，得之于天而具有心者。""性者，心之情；轻者，性之动；心者，性情之主。"二程说："在天为命，在义为理，在人为性，主于身为心，其实一也。"圣人无心，天理是也。

再次，圣人没有自己的人性。二程说："天之赋予之为命，秉之在我之为性。""良能良知，皆无所由，乃出于天，不系于人。"朱熹说："性之所以无不善，以其出于天也。"张载说："天道即性也"，"所谓诚明者，性与天道不见乎小大之别也。②"圣人无性，天性是也。

天命、天理、天性都是什么？

对于宋儒这种无我的学术认识，李冬君把其归结为"超我"对于"自我"的替代。③"超我"这个弗洛伊德的术语用在这里恰如其分。弗洛伊德用"超我"来代表和"本我"对立的那种人格力量。④"本我"是人格中的生物成分，是人的本质力量。那么，"超我"就是人格中的社会成分，"超我"正是本我的异己对象。自我只是在超我和本我之间平衡的那种成分。⑤因此，超我绝非宋儒所想象的他们自己的神圣追求，更不是超越性

三 从儒学到孔教

① 李冬君：《孔子圣化与儒者革命》，第225页。中国人民大学出版社2004年版。
② 以上引文均转引自李冬君上书，第225～240页。
③ 同上书，第231页。
④ 弗洛伊德：《精神分析引论》第三十一讲《精神人格的剖析》，苏晓离、刘福堂译，安徽文艺出版社1987年版。
⑤ 关于超我是社会成分和本我是生物成分，以及自我是在两者之间平衡的机制，见卡伦·霍尔奈：《我们的内心冲突》第一部分，王轶梅等译，上海文艺出版社1998年版。

的"天"有什么人格化的魅力,只是社会中的那种权力结构形成的运作学术和学者的背景权力,又时常跑到前台指挥学术和压制甚至杀戮学者的现实权力。天命,天理,天性都不在我们头顶的那片天空之中,而在以天子为代表的那种现实化的权力实体之中。

关于"超我"及社会权力背景和权力话语运作改造变形知识的研究,在21世纪的今天我们切不可忘记一个伟大的学者给我们留下的宝贵的精神遗产。这个伟大的人物就是法国后现代哲学家福柯。福柯的几乎所有著作都是研究权力与知识的关系的。他的第一本书《癫狂与文明:理性时代的疯癫史》①,用事实铁证和理论构建充分证明了精神病和精神病患者,都不是疾病本身的状态和结构决定的生理现象,而是权力给精神病的定性和命名。他的另一本书《临床医学的诞生》说的是医生只是秉承权力话语的特殊行业者,医生就是有"医生权力"的特殊人物。② 而"医生权力"是在医生之外,而不是在医生之内。我把福柯引进来说明儒学的"内圣"其实是有点牵强了。牵强的不是说福柯的理论不适用于我们中国的情况,而是我们连像模像样的独立的和政治有点界限的职业人士都没有产生。更加奇怪的是福柯的理论早已在全世界耳熟能详,而我们中国却为什么就没有人站出来说说权力背景和现实权力是如何操作指挥利用扼杀中国的知识和知识的载体的? 在一定意义上说,我们今天到有点和《宋史》的认识逊色:"'道学'之名,古无是也。三代盛时,天子以是道为政教,大臣百官有司以是为职业,党、庠、术、序师弟子以是道为讲习,四方百姓日用是道而不知。是故盈覆载之间,无一民一物不被是道之泽,以遂其性。于斯时也,道学之名,何自而立哉。"(《宋史》列传第一百八十六)这种知识命运的悲惨,归根结底,还是我们没有走出中国式的宗教,即孔教。

"无我"既是伦理的一种境界,又是宗教的一种追求。目的论伦理学范式和义务论伦理学范式的本质区别就在于目的论伦理学是彻底的"有

---

① 米歇尔·福柯:《癫狂与文明:理性时代的疯癫史》,刘北成、杨远婴译,生活·读书·新知三联书店2003年版。

② 米歇尔·福柯:《临床医学的诞生》第二章,刘絮恺译,译林出版社2001年版。

我"的，而义务论伦理学范式则是部分的"有我"而又部分的"无我"的。以休谟为代表的目的论伦理学把其实现的预设条件规定为人类的伦理境遇是彻底的平面化的场域，每一个人生存在世界上的目的又是最大限度地实现自己的幸福和快乐，每一个人都实现自己的目的就会同时实现人与人之间的相互制约，于是，这种制约和平衡就是伦理的最终极体现，道德的具体规范和诫命就必须围绕着这种平衡和制约而构建起来，道德的关切与道德的呵护则必须是以每一个人的人生目的的实现与否作为其前提和归宿。① 以康德为代表的义务论伦理学则是充分假定世界有一个彻底超越的存在，这个存在既可能是存在物，也可能就是一种存在，当人类普遍认同了这种存在之后，再给这种存在赋值。要是存在物，最大的可能是上帝或者是上帝的等价物，如安拉之类的神圣称谓。要是某种存在，那就必然是先把某种存在缔造成超越性的永恒现实。面对这种超越性，人人都是平等的，比如某些民族国家的法律，就是一种彻底的超越，也就是把法律当成了信仰。这就是美国著名法学家和宗教学家伯尔曼所说的"如果法律不被信仰，就形同虚设"② 这句话的真实含义。但是，在元伦理学中，无论是一种存在物还是一种存在，都可以用"上帝"这一概念来广泛地代表，因为彻底的超越性事物只是在希伯来文明和希腊文明混合而成的两希文明③之中，才得以实现，即基督教和犹太教中所公认的唯一性的上帝。上帝只能唯一，从而可以推出这种超越的存在只能唯一。人类和人类的个体只有面对这个唯一性和超越性的存在时，人类和人类的个体都必须是无我的，是彻底的无我的。而在人与人之间的道德准则又必须是彻底的平面化的，才能真正维护这种彻底超越存在在时间上的延续性和在实践上的可行性。这两者的结合就会形成个体对于道德规范和道德诫命的信仰和自觉的遵守，这就类似于建立了一个"不朽的灵魂"，或称合格的道德主体性。康

191

从儒学到孔教

---

① 大卫·休谟：《道德原则研究》第一章，曾晓平译，商务印书馆 2001 年版。

② 哈罗德·J. 伯尔曼：《法律与革命：西方法律传统的形成》导论部分，贺卫方等译，中国大百科全书出版社 1993 年版。

③ 列夫·舍斯托夫：《雅典与耶路撒冷》第三编，张冰译，上海人民出版社 2004 年版。

德这个义务论伦理学的巅峰人物，把义务论伦理学的三大要点总结得天衣无缝：上帝存在，灵魂不朽，意志自由。彻底地崇拜上帝，则无我；彻底的意志自由，则有我。正是这无我和有我之间的张力，才保证了义务论伦理学的实施条件。

无我作为宗教的追求，则是要彻底地把自我从信仰中剔除。宗教要求信仰者面对超越性的时候，一定要彻底地无我。这不仅是因为宗教是整体性的板块，或称一个组织有效的系统，它要把每一个人都变成元素，变成没有差别的个体的集合；还因为宗教必须使其现实性变成历史性，在这个过程中，它必须把变革的可能性降低到最小限度，自我作为变革的动力和载体，对于宗教来说，自然不那么受欢迎，无我或称消灭自我，就自然是宗教的目标之一。不用说那些带有邪教性质的宗教和不成熟的宗教，前者如日本的奥姆真理教，后者如风行于 19 世纪的以一夫多妻形式体现的摩门教，就是相当成熟的天主教，在对待改革者的问题上，也从来就没有过宽松。马丁·路德的命运就是一个明证。①

当然，后来的伽利略②和布鲁诺③都是在思想上冲破宗教牢笼的斗士，他们的命运就更是悲惨。这样，宗教就和伦理的预设条件相冲突。从上文对于两种伦理范式的论述中就可以看到，伦理和道德的先决条件中，自由和自我都不可或缺。只有自由和不自由的平衡，才能产生伦理和道德的现实环境。彻底的宗教就是彻底的无我，反过来其逆命题则是彻底的无我就只能是彻底的宗教。宗教必须有其社会性组织方式上的自由度，才能真正在宗教之外给人以伦理和道德的公平和正义。

众所周知，基督教作为继发性宗教，总的来说，是比较宽容的。但

---

① 马丁·路德在贴出九十五点论纲之后，教廷让他忏悔，他不顺从，后被德国革除国籍。马丁·路德终生只能栖息在一个教会之中，译书终了一生。见唐逸主编《基督教史》第 202 页，中国社会科学出版社 1993 年版。

② 伽利略因为反对当时坚持基督教传统信仰理念的亚里士多德派，用望远镜观测月球并提出天体并不完美无缺的观点，以及坚持哥白尼的天体运行理论，遭到了教廷的迫害，被终生软禁。见唐逸主编《基督教史》第十二章，中国社会科学出版社 1993 年版。

③ 布鲁诺因为坚持哥白尼的学说而被宗教法庭判处火刑烧死。见唐逸主编《基督教史》第十二章，中国社会科学出版社 1993 年版。

是，当它成为了神圣罗马帝国的国教之后，在组织方式上彻底地科层化了和集权化了。教皇成为了最高政治权力的认证者和最高精神权力的把握者。最后而来的就是各级神权代表者的堕落和腐败。这也许在宗教史中被蓄意掩盖，但是，只要读读薄伽丘的《十日谈》，就足够了。后来的宗教改革主要是在基督教的组织方式上进行的。改革后从天主教中分离出来的新教，最重要的标志就是新教的教派，无论有多少分支，都是以圣经为主要信仰内涵，自己组织起来，自行传教和敬拜。从此之后，基督教的社群之中，才算有了伦理和道德的正义和公平。因此，作为宗教化追求的无我，必须在组织方式上保证自我的生存空间，才能有伦理和道德的生存空间。作为社会化的无我，必须在理论和实践中保证自我的生存空间，才能有伦理和道德的生存空间。

宋明理学中的"无我"是彻底地排除自我的理论和实践。关于无我的理论我们已经介绍得够多的了。实践的层面就是技术理性和具体技术的结合。历史学的最新发展揭示了技术外延不仅仅包括自然科学的技术，同样也包括人文科学的技术。这在法国年鉴学派的历史学代表著作中体现得非常明显。例如，布罗代尔的《地中海世界的资本主义》和《15 至 18 世纪的物质文明、经济和资本主义》，等等。中国作为一个历史悠久的古国，自然也有人文的技术。但是，西方的人文技术通常都体现在制度的层面，如三权分立的制度、社会契约的制度、经济保险制度、会计双轨制原则等。而中国的人文技术几乎都体现在对于人格的限定上。《十三经》之一的《孝经》就既是人文的技术理性又是人文的具体技术。

《孝经》是儒家的重要著作。说它是伦理学著作恰如其分，但是，它不是道德的著作。因为伦理在中国是历时的，即由年龄的等差级数决定的辈分之间的关系，还可以由同构性原则推及到权力的等级关系，诸如君臣关系和夫妻关系。这我们在上文中已经有所交代。而道德则是共时性的当下关系和现实性的利益关系的调整。用中国式的伦理关系占据了首要的位置，道德关系就不复存在。阐述这种伦理关系的《孝经》就既是人文的技术理性又是人文的具体技术。有人说是孔子自做，但南宋时已有人怀疑是

从儒学到孔教

出于后人附会。清代纪昀在《四库全书总目》中指出，该书是孔子"七十子之徒之遗言"，成书于秦汉之际。自西汉至魏晋南北朝，注解者及百家。现在流行的版本是唐玄宗李隆基注，宋代邢昺疏。就凭它是由唐明皇李隆基注释，我们就应该知道，它最低是不能自我相关，因为李隆基无论从哪方面上说，他都够不上孝顺的标准。

作为人文的技术理性，它比较集中地阐发了儒家的伦理思想。它肯定"孝"是上天所定的规范，"夫孝，天之经也，地之义也，人之行也。"孝是诸德之本，"人之行，莫大于孝"，国君可以用孝治理国家，臣民能够用孝立身理家，保持爵禄。《孝经》在中国伦理思想中，首次将孝亲与忠君进行了不等量和不合适的同构处理，认为"忠"是"孝"的发展和扩大，并把"孝"神圣化，认为"孝悌之至"就能够"通于神明，光于四海，无所不通"。神圣化就是宗教的预设条件中的超越性的标志。又由于孝与其同构物"忠"是由我们在伦理的关系中具体实施的，因此，它又具备了内在性的条件。于是，我们说《孝经》在技术理性上是宗教的标准范本。

《孝经》又是人文技术的实践层面的具体技术。这种具体技术则是把"孝"的规范和诚命落实在人的行动之中。"身体发肤，受之父母，不敢毁伤"，是孝的原点；"立身行道，扬名于后世，以显父母"，是孝的终点。它把维护宗法等级关系与为封建专制君主服务联系起来，主张"孝"要"始于事亲，中于事君，终于立身"，并按照父亲的生老病死等生命过程，提出"孝"的具体要求："居则致其敬，养则致其乐，病则致其忧，丧则致其哀，祭则致其严"。当然，"孝"还要体现伦理秩序，伦理等级和"孝"的具体行为标准相适应：天子之"孝"则是"爱敬尽于其事亲，而德教加于百姓，刑于四海"；诸侯之"孝"要求"在上不骄，高而不危，制节谨度，满而不溢"；卿大夫之"孝"则在"上不骄，高而不危，制节谨度，满而不溢"；卿大夫之"孝"则一切按先王之道而行，"非法不言，非道不行，口无择言，身无择行"；士阶层的"孝"是忠顺事上，保禄位，守祭祀；庶人之"孝"应该"用天之道，分地之利，谨身节用，以养父母"。而《孝经》作为人文技术的最高体现则是伦理行为的法律化，认为"五刑之属三千，而罪莫大于不孝"；国家法律成了维护宗法等级关系和道德秩序的最高手段。

《孝经》在唐代被尊为经书，南宋以后被列为《十三经》之一。宋代对于《孝经》的这种学术安排，将其纳入最高的精神成果行列，不正是宋代把剔除自我的技术放在了实施的层面了吗？

在中国古代社会中，"三纲五常"中的"三纲"标示了一个最弱势的群体：君为臣纲中的臣子，还是权力的拥有者，他们只是对应于皇帝是弱势；父为子纲中的儿子还有成为父亲的机会和成为丈夫的权力；只有夫为妻纲中的妻子，她们只有成为儿媳妇的婆婆时，才算找到点儿平衡，因此，婆婆虐待媳妇的大有人在。于是，女性则是弱势群体中的弱势。对于女性的摧残就成了对于人的精神控制和虐杀的隐喻和象征的表征。其中最典型的技术包括对于女性性控制的贞节观念和对于女性身体摧残的裹脚技术。

贞节观的发展经历了一个漫长的过程。周武王有"牝鸡无晨，牝鸡之晨，为家之索"（《尚书·牧誓》）的词句，表现了父权对女性的鄙视。孔子则走得更远，把小人与女子相提并论（"惟女子与小人为难养也"）。秦汉至隋唐是贞节观念上升至确立的时期。在一千年的历史进程中，贞节观念随着"三纲五常"一类儒学的教条逐渐深入人心而演变为一种意识形态，即依附于权力背景的思想体系。秦代，秦始皇鼓吹"从一而终"。并有会稽石刻"有子而嫁，倍死不贞，防隔内外，禁止淫佚。"（《史记》）对寡妇再嫁给予了舆论的压力。西汉神爵四年的诏赐："贞妇顺女帛"，开启了中国历史上皇帝褒奖贞节的先河，后代历朝皇帝无不效仿。关于"烈女不更二夫"思想，在春秋之后，即频有出现，但在宋代以前，这一思想还只停留在习俗的层面，口耳相传，并未上升到意识形态的高度。一直到北宋，人们对女性的再婚改嫁仍不以为非。南宋以后，理学的思想成为中国意识形态的主流，女性改嫁就不再仅仅是被社会鄙薄和歧视，而是变成了文化的禁令，董仲舒的"人道莫大于三纲，而夫妇为之首"的思想牢笼才在中国扎下脚跟。朱熹的"存天理，灭人欲"这样的警句，程颐的"凡娶，以配身也，若娶失节者以配身，是己失节也。……然饿死事极小，失节事极大"（《二程集》）的杀人诫命，像成文法一样，不遵守就要被耻辱

和鄙视所杀死。宋朝廷极力旌表节烈妇女，"贞节堂"、"贞节牌坊"遍布全国。明清两代更可谓褒贞灭欲的"中世纪"。明太祖诏令全国广修贞节牌坊，并且对节烈妇女"竞标门闾，除免本家差役。"（《明会典》）还把地方官吏每年上报贞烈妇女的人数作为官员升迁的一项考绩。明代节烈妇女，登录在册且保留下来的就不下三万人。清代在贞节崇拜的基础上还进一步提倡"室女守贞"，即"未婚守贞"，如在《儒林外史》第四十八回，就记载了秀才王玉辉闻听女儿要为夫殉葬，大为赞叹，称其为一件"青史上留名的事"，静候女儿自杀，而后仰天大笑道："死得好！死得好！"

缠足始于南唐后主李煜，李后主有位爱妾窈娘，妖媚风骚，能歌善舞。李煜为她筑了六尺高的大莲花台子，饰以宝物细带。窈娘用帛缠足，使脚纤小屈突而足尖成新月形，在莲花台上展姿起舞，以博后主欢心。这种风气随之在民间追求时髦的女子之中传播开。"金莲"之说始于南朝齐东昏侯萧宝卷，宝卷是风流昏庸之辈，他曾让匠人以金莲花铺地，爱妃潘妃袅袅婷婷走过，戏称"步步生莲"。宋代时，妇女不裹小脚被视为粗人，必须自幼被大人缠成三寸之脚才是美女。于是宋代缠足之风盛行。为了不使双足放弛，女子在睡觉时还穿着"睡鞋"，式样与弓鞋相同，这些鞋多由鞋主人亲手缝制。

这种身体的技术是文化的最鲜明标志。20 世纪 80 年代，人类学和文化学的研究发现了一个最有特色的维度——人类的身体技术，有许多重大的成果问世。其中斯特拉桑的《身体思想》[①] 相当典型。斯特拉桑揭示了人类的思想范式有相当大的成分是由身体技术表达出来的。身体不仅仅是人类的第一个征服世界的工具，又是第一个体现自己理念的荧屏。古代中国人的这种身体技术，完全有资格走上历史的宏大舞台，显示古代中国用发达的政治结构掩盖的原始文化的思维特征。古代中国的身体技术，摧残的是女性的身体，掏空的是所有人的灵魂。

在这本书的前一章我们就已经谈及关于孔子对于礼的重视，甚至是崇

---

① 安德鲁·斯特拉桑：《身体思想》第一章，王业伟、赵国新译，春风文艺出版社 1999 年版。

拜和崇尚，但我们并没有论及礼的性质。陈来先生在其《原始儒家与伦理》一书中把"礼"的作用解释得非常明确：确定秩序的社会规范。这无疑是正确的。我们在这里再引申一步，将其和缠足以及贞节观念相提并论，即上升为一种身体的技术，这样不仅十分必要，而且登堂入室抓住其实质。孔子在《论语·乡党》中战战兢兢地遵守上下级礼节的事例我们肯定还记忆犹新，礼在儒家中的重视程度可见一斑。礼当然是从弱势群体的身体语言入手的身体技术。妻子有对丈夫和公婆的礼节，儿子有对父母的礼节和对长辈的礼节，臣子有对君主的礼节。但是，君主没有对于臣子的礼节，上级没有对于下级的礼节。于是，把中国人重视礼节说成是礼仪之邦的表现，甚为荒唐。礼节就是扼杀灵魂的身体技术，和缠足没有什么两样。写到这里，我想起了由法国人佩雷菲特写的一本关于英国17世纪大臣玛噶尔尼访华的故事——《停滞的帝国——两个世界的撞击》①。17世纪的英国，迫切地需要打开世界市场，世界的一大国中国的大门尚未敞开，女王派玛噶尔尼访华是其最重大的国策。玛噶尔尼历经千难万险，损兵折将，到达中国，面见了当时的清朝皇帝乾隆。在两国的合约即将签字的时候，发生了最大的争执却是玛噶尔尼的使团向不向乾隆行三叩九拜的中国式君臣之礼。结果玛噶尔尼不同意，两国的合约就此报废。对此，人们站在不同的角度上会有不同的见解，但是，必须看到玛噶尔尼不行中国式礼节就是不被中国的身体技术所阉割。欧洲自文艺复兴以来，欧洲人"发现了发现自然的人"②，个体人权的复活，使他们当然不能接受被阉割的侮辱。

"内圣"就是一些被无我的理念和无我的技术阉割了的男不男女不女的没有精神生命的无性人。真正的"内圣"只是一个个躯壳，这些躯壳等待着某种内容来填充。在这一点上，孔子不是真正的"内圣"，因为孔子

三
从儒学到孔教

---

① 佩雷菲特：《停滞的帝国——两个世界的撞击》，王国卿等译，生活·读书·新知三联书店1993年版。

② 雅各布·布克哈特语。见《意大利文艺复兴时期的文化》第四篇，何新译，商务印书馆1979年版。

的时代，他的学说还不是意识形态，只是一种乌托邦，即和主流的依附于权力背景的思想体系相抗争的思想体系。但是，孔子的思想一旦成为意识形态，它就是创造"躯壳"的有力的思想武器。

"内圣"的性质和内涵经过了上文的论述，已经不再神秘了。但是，这只是"内圣"的自然质，我们还需要了解"内圣"的系统质。①所谓系统质就是出于结构中的性质或者说是由结构决定的性质。由于"内圣"被无我的理念和无我的技术所阉割，内圣们的社会形象和社会标志就必然是越没有个性越没有自我越好，这就是中国人所谓谦虚谨慎和虚怀若谷等人格因素形成的社会动力。"内圣"的鉴别方式和传递手段本来是需要文化资本②这样的东西来充当的。但是，千方百计要把自己掩盖起来的社会形象和社会需要绝对不可能把文化资本锻造出来，当然，更重要的是中国古代社会本来就不需要文化资本，文化只是装点门面的脂粉和首饰。中国古代社会最需要的是权力资本，权力资本则是组织社会的结构信息，权力资本就掌握在"王"的手里，"内圣"与"外王"的结合能出现什么结果，已经露出了端倪。

了解了"内圣"的性质，再来认识"外王"，就会既顺畅得多，也将深刻得多。"外王"首先是一种社会角色，一种社会组织方式的体现者和社会结构信息的传播者。"王"的自然含义就是权力的核心和枢纽，"外"的自然含义就是声名的显赫和影响力的巨大。在中国的社会史上，抑商和鄙商不仅是社会的需要更是社会的风尚。所谓社会的需要是指国家政权需要垄断重要的社会产品的生产，如秦代开始的漕运政策和汉代开始的盐铁专营政策。③所谓社会的风尚是指中国社会一直鄙视商人和经商，权力可以用各种各样的形式来剥夺商人的财富和金钱。

在中国古代社会，权力把"内圣外王"的系统组织起来，把充当"内

---

① 关于自然质和系统质的区分，请见库兹明：《马克思理论和方法论中的系统性原则》第三章，贾泽林、王炳文译，生活·读书·新知三联书店1980年版。

② 关于文化资本请见布尔迪厄：《文化资本与社会炼金术》第八部分，包亚明译，上海人民出版社1997年版。

③ 见朱伯康、施正康：《中国经济史》（上卷）第三章与第四章，复旦大学出版社2005年版。

圣"的表达和彰显承担起来，因此，有了权力就不仅是"内圣"，更是"外圣"了，权力越大就越是"外圣"。历代的皇帝都是权力最大，皇帝于是总是被称为"圣上"。皇帝在其有生之年必然是永恒的圣人。

但我们说的内圣外王指的是把"内圣"与"外王"结合在一起肯定会被权力的资本效应把整个系统（即内圣外王作为一个社会角色的系统）变成了被权力熏染和浸透的个人化的社会追求。然而，内圣外王作为一种权力获取的方式，甚至在社会的平衡态①期它则是唯一的方式。在这种情况下，内圣外王又的确是一种价值取向，甚至是社会精英唯一的价值取向。当内圣外王的追求者供应超过需求的时候，科举制度应运而生。科举制度就是这种人生追求者的选拔赛。自然也是皇帝的专制权力玩弄这些内圣外王的信仰者的游戏。正如唐太宗所说：科举制度是让"天下英才尽入吾彀中。②"武则天时代，有近十七万官宦被杀，"内圣外王"的预备生还是前赴后继。明太祖朱元璋杀了近十万官吏，也没有把后来者吓坏，排队进入官场的人士仍然络绎不绝。请问哪一个是为了"内圣"呢？在中国古代社会，那些走上了官吏队伍的人，不论其是否才能卓著，不论其是否道德超群，不论其是否清正廉洁，不论其是否关心百姓，都被人一律称之为父母官。"内圣"的道德说教和人生追求，除了能欺骗那些还没有长大的孩子之外，还有人相信吗？

内圣外王的儒家政治学到宋代才真正进入了本体论的哲学层次。这也的确是给一种思想体系的成熟作了最后的烹饪加工和点缀。那么，对于所谓宋学的评价，则是智者见智仁者见仁了。对于宋代创造出来的新儒学，尤其是内圣外王之说的兴旺和再阐释，褒扬者大有人在。批评者则实在不多。清代的王夫之曾有"陋宋"之说，其《黄书·宰制》云："圣人坚揽定趾以救天地之祸，非大反孤秦，陋宋之为不得延。"而褒扬者直到现在

199

从儒学到孔教

---

① 我在这里所说的"社会平衡态"是在普里高津的耗散结构理论的意义上讲的，社会平衡态即社会的熵（无序度）没有大到政治权力无法解决的境地，通常就是我们所指的不需要社会重组的时候。在社会重组的时候，权力则是由打天下的新朝代的开拓者创造出来的（见普里高津：《从存在到演化》，北京大学出版社2007年版）。

② 李世渝：《中国历代科举生活掠影》，第1~6页，沈阳出版社2005年版。

还是后继有人。当代国学大师陈寅恪先生就曾说过："华夏民族之文化历数千载之演进，造极于赵宋之世"，而未来中国文化的发展必归于"宋代学术之复兴，或新宋学之建立"①。我无心批评陈先生的见解。但是，我已不得不说，作为给一种宗教做的共时化的思想手术，宋学是完成了这最后一步，甚至可以说这几乎是不可避免的必由之路。我在这里最后引入心理学的一个概念：就是格式塔心理学的系统趋合。② 所谓系统趋合就是让一些由元素构成的集合形成一个系统，这在格式塔心理学中占有重要地位。格式塔心理学的大师克勒在印度尼西亚的科纳里夫岛上进行了这种系统趋合的实验，他实验的对象是一只黑猩猩。他把黑猩猩放在一个笼子里，让它饥饿几天。当实验这天到来的时候，他给黑猩猩的笼子里放了许多短竹竿，又在黑猩猩的笼子外边放了许多香蕉。黑猩猩开始时除了馋涎欲滴之外毫无办法。后来黑猩猩逐渐适应了环境，学会了把竹竿接在一起，用长长的竹竿自然就把香蕉弄到了笼子里，大饱口福了。它把竹竿对接的这一刻，就是系统趋合。要是没有宋代的"系统趋合"，中国的官吏们会永恒地享有权力的美餐吗？会得心应手地把权力的神圣外衣和权力的残酷屠刀水乳交融地结合在一起吗？儒家或称儒学是否能彻底变成宗教呢？我不得而知。我在这里让读者自己在"圣宋"与"陋宋"之间作出选择。

我的态度是明确的。我之所以形成这种认识，汤一介先生对我影响甚大。他在一篇文章中坦率承认："我越来越感到'内圣外王之道'可能是中国传统哲学存在的最大问题。"③ 这个论断既给我以勇气和意志，又给我以力量与智慧。这是我能够下决心写这本书的原因之一。这说明对内圣外王的讨伐很快就会成为公共知识或称客观知识的一部分，甚至成为中国走出传统桎梏的突破口和主攻点。正是因为如此，我将在下一节中论述有关传统和信仰的关系。

---

① 转引自李存山：《宋学与〈宋论〉——兼评余英时著〈朱熹的历史世界〉》，载于《中国思想史研究通讯》第六辑。

② 见卡尔·考夫卡：《格式塔心理学原理》，黎炜译，浙江教育出版社1997年版。

③ 汤一介：《中国传统文化中的儒道释》，第44～54页，中国和平出版社1988年版。

5 传统与信仰

传统（tradition）一词是一个舶来品，它来自于拉丁语 traditio，其意义为传递（hand down）或移交（hand over）。由历史上的某一个（不确定的）起点开始，一代人对下一代人以行为和语言传递习俗或惯例，这种代代相袭的承继方式我们称为传统。一套相对稳定的习俗和惯例，我们也可能称为传统。而在宗教学的意义上，传统又往往指一种由宗教派别或者教会实体构成的广泛的宗教运动，这个运动拥有共同的历史，共同的风俗，共同的文化，某种程度上又是共同的教育体系和教育制度培养出来的信众集团所构成的精神生活，在西方人们经常谈及的伊斯兰教的苏菲传统或者基督教的路德宗传统，等等。把宗教学上的传统推而广之，我们就会发现这个意义上的"传统"，正是文化传统所包含的内容。

与宗教传统的类比来说明文化传统，多少有点过于简单化。文化传统是围绕着广义的社会交往的范式传递的整体化的精神生命。而广义的社会交往则正是 20 世纪下半叶到 21 世纪之初这段时间内德国著名哲学家哈贝马斯的研究重点，并在这方面有令世界瞩目的研究成果。广义社会交往的理论是普遍语用学模型。① 普遍语用学当然是和语用学密切相关的更具有哲学普遍性的理论体系。关于语用学我们已在前文中有所说明，由英国语言学家奥古斯丁创立，并由美国语言学家和哲学家塞尔继承并发展的语用学理论，是指语言交际的双方要想让交际顺畅地进行下去，必须严格遵守存在于语言中的那样一些规则和惯例，这些规则和惯例是保证交际双方能够顺畅进行下去的充要条件，而对这些充要条件进行研究的学术分支就是语用学。哈贝马斯在哲学上的最大贡献就是发现了人类社会的构成原则和运行规律都是围绕人类之间的关系常数所进行的活动。所谓关系常数就是

---

① 汤一介：《中国传统文化中的儒道释》第一章，中国和平出版社 1988 年版。

指稳定的关系准则中最核心的那一点点小小的和自然世界的接口。所谓和自然世界的接口，当然就是人类挣脱开自然的锁链进入社会状态时的那一个原初的起点。

社会交往和社会流通的资本之间存在着相关性。所谓社会交往的流通资本，就是在社会关系之后充当社会关系普遍媒介的权力载体，既可能是暴力，也可能是金钱，还可能是知识，① 等等。这些权力媒体最终决定社会交往模式的性质和运行方式。普遍语用学就是对这些社会交往模式和运行方式所作的研究。这种普遍语用学的研究对象存在于交往模式之中，它最终决定着一个社会的本质属性。以上是在共时的层面上来观察的。如果将其变成一种历时的角度和视野，我们就会发现，这正是文化传统所包含的意义。换句话说，文化传统就是一个稳定的社会交往模式的传递，也就是普遍语用学的历时观察。显而易见，这种普遍语用学的核心是超越的，既不依赖于某个人物也不依赖于某个社会集团，只是以规则形式出现的那种精神现象。于是，文化传统就是社会交往模型的核心精神代际之间传递的理念。当然，文化传统从这种文化产生那一天起，就一直代代相传。

究竟什么在文化传统中从它产生那一天起就代代相传？它就是前面所说的人类社会交往的关系常数，或者说人类挣脱开自然的锁链进入社会状态时的原初起点。它在宗教中就叫做"信仰"。

信仰是一种最大的信念。信念是指对于事物衍化过程的理解与解释的唯一性坚定不移，并对于其结果的预见坚定不移。对于信念，罗素有明确的哲学阐释。② 信仰作为最大的信念，只要我们把"最大"解说清楚，信仰的内涵和外延也就明确了。"最大"肯定要包括世界的原初起点，包括人类的原初起点。因此，信仰必须是有关创世的学说和解释。世界的起点就是信仰的起点。这是一个演绎的证明，这又一定能得到现实的事例佐

① 见阿尔温·托夫勒：《权力的转移》第六章，刘红等译，中共中央党校出版社1991年版。
② B. 罗素：《人类的知识——其范围与限度》，第115～126页，商务印书馆1983年版。

证。在这方面最成熟的信仰体系当然还是基督教。

《圣经》是基督教信仰的精神源泉。在圣经信仰中，世界的起源是和人类的起源紧密相关的。如《圣经·创世纪》第一章的开头就有："起初神创造天地。地是空虚混沌，渊面黑暗；神的灵运行在水面上。神说：'要有光'。就有了光。神看光是好的，就把光暗分开了。神称光为'昼'，称暗为'夜'。有晚上，有早晨。这是头一日。"第二章则有："神用地上的尘土造人，将生气吹在他的鼻孔里，他就成为有灵的活人，名叫亚当。"世界的发生学和人类的发生学是信仰的最初始内容。

《圣经·启示录》是圣经的最后一章。这"最后"的含义不仅是这本书的最后一章，而且是整个世界过程的最后一章。这是终极的意义和终极的标准。请见《启示录》对于未来世界的特征描述：

> 我又看见一个新天新地，因为先前的天地已经过去了，海也不再有了。我又看见了圣城耶路撒冷由神那里从天而降。预备好了，就如新妇妆饰整齐，等候丈夫。我听见有大声音从宝座出来说："看哪！神的帐幕在人间。他要与人同在，他们要作他的子民。神要亲自与他们同在，做他们的神。神要擦去他们一切的眼泪；不再有死亡，也不再有悲哀哭号疼痛，因为以前的事都过去了。"
>
> 坐宝座的说："看哪！我将一切都更新了。"又说："你要写上，因这些话是可信的。是真实的。"他又对我说："都成了。我是阿尔法，我是俄梅嘎；我是初，我是终。我要将生命泉的水白白赐给那口渴的人喝。得胜的，必承受这些为业；我要作他的神，他要作我的儿子。"

还有什么能比这些叙述更明确无误地告诉我们信仰究竟是什么了呢？

信仰既是阿尔法，又是俄梅嘎；既是发生学，又是末世论；既是预设条件，又是终极标准。信仰就是用现实性承载永恒的历史和永恒的未来。这是一个怪圈，这是一个循环，这是一个用有限构思无限的思想操作，这

从儒学到孔教

是一个把人类的精神生活寄托给人类自己的希望和憧憬的伟大本性。当把阿尔法和俄梅嘎连在一起的时候，这只是一个循环的比喻，中间的元素绝不止三十二个，而是无限。当然，发生学和末世论的结合，预设条件和终极标准的同一，都预示着这是一个既有起点又有终点，既没有起点又没有终点的闭环。中间的距离可以无限的扩大，其伸缩性将永远是无限。于是，信仰就是这样的东西：它是一种自在，又是一种自为；它可以永恒地自我满足，又可以永恒地自我调整；它可以在一代人又一代人中间穿行，又让一代又一代人感到他们已经改变了以前的初衷，而实质上却还在原地踏步。总而言之，信仰就是在告诉我们：世界怎么样发生，世界还怎样结束。

让我们还是具体深入到基督教的信仰形态，详尽地看看信仰是怎样形成的。圣经中真正确立信仰体系的著述是《摩西五经》，即《创世纪》、《出埃及记》、《利未记》、《民数记》和《申命记》。据说"五经"的作者是摩西，虽然有一些异议，但现代的圣经学者基本认定五经是摩西所著。故称《摩西五经》。《创世纪》中绝对肯定了神的唯一性和绝对性。亚伯拉罕的时代就确立了一神崇拜和一神绝对的信仰。神的唯一性就充分预设了除了唯一神之外，就不会有至善和至爱，不会有全能和全知，不会有完美和完满。同时就预设了人类的有限性和原罪性，因为唯一性就意味着必须和其他类属严格区分开来，绝对性就意味着其他事物的相对性。于是，上帝创世和人有原罪这两点信仰的核心，就在一步之间完成了。

宗教的成熟最主要的标志是保证信仰对象的超越性的同时，又必须解决崇拜对象的内在性问题。在基督教和犹太教共用的《旧约》信仰中，神常常是通过某个特殊的人类个体来实施他对于创世的计划，时而也直接作用于人类的世界。这无疑是超越性和内在性的结合。显而易见，神不能永远以这种形式出现，神直接作用于世界就表明了神的作用的有限性。神只有成为一种精神的启迪和灵感的源泉时，才能最后成为把永恒的关切和万能的主宰结合在一起的绝对性和唯一性。这就是说必须解决好神的内在性问题。这样，耶稣基督应运而生。耶稣基督的神圣角色就是为了解决基督

204

教的神的内在性问题的。神必须永恒地内在于人类的中间，又要永恒地超越于人类的世界。因此，就要确立一个中介体系，来解决这个在形式上二律背反的问题。耶稣诞生在人世间，为了要保证他的神圣性，必须给他一个特殊的身份：处女未婚先孕，是受圣灵感召；被钉在十字架上，是为世人悔过和替人救赎。他是人类的一员，必然肉身，但是，他是道成肉身，他是上帝的儿子，又是上帝自己的化身，他有圣灵附体，因此，是圣父圣子圣灵三位一体。这些就决定了他必然要在死后复活。于是，三位一体、道成肉身、复活才成了基督教的三大本质要素。在犹太教时期，上帝的超越性就已经被缔造出来，并被人们认真遵守。但是，到了耶稣的时代，内在性的艰巨问题才最终得以解决。这就是说把耶稣之后的宗教称为基督教，恰如其分。

上帝创世，上帝造人。坚持上帝的唯一性和绝对性，就是信仰的核心。人类是上帝的创造物，所以上帝爱人。爱作为基督教的教义之一就这样产生了。人类有原罪，所以要将人类的罪过赎回来，耶稣基督的历史作用就是要对人救赎。所以，救赎就是又一个基督教的教义。信仰的预设条件和终极标准的结合又给人以永恒的希望和信心。这样，希望就不可或缺。信仰者必然要回归天国，这就是终极关怀。所以，我们就充分理解了基督教的教义原则的五个要素：信仰，爱，希望，救赎，终极关怀。

所有这一切都是产生于上帝创世这个核心信仰。

信仰的两个维度则是超越性和内在性。但是，无论是信仰的随机起点，还是信仰的逻辑起点，都不可能是在超越性和内在性交叉的原点上发生。这是因为超越性和内在性的双重维度是宗教成熟过程中，依据宗教传播和深入的需要，由神学家或者宗教传播者所进行的宗教教义上的必要调整，这其中充满了解释学的味道。而这种调整还将随着宗教深入和普及的需要不断地进行下去，超越性和内在性张力之中的微调则是基督教神学和基督教教义发展的动力。由于信仰的维度就是超越性和内在性这两个方面，因此，信仰是一个平面化的结构。信仰的发生学起点就处在这个平面的某一个点上。这个点有可能和超越性近一点，也可能和内在性近一点。

这就是初始条件的敏感性所决定的，它就既是逻辑的又是随机的。但是，世界上的事有很多情况则完全是不可思议的，有些随机的起点却像有一种神秘的力量安排一样。基督教信仰的起点或称发生学原点则不偏不倚落在了超越性的维度上，也就是说它完全发生在一维的线段上，即超越性这个维度的坐标轴上。当它在历史的特定时刻，即犹太民族被其他民族征服和统治的时期，迫切需要内在性的这个维度，来动员起犹太民族的精神耐力和文化延续的意志，它采取了两个内在性的神学建构措施：第一是人格化的道德示范作用，即耶稣以他的特殊身份（大维王的后代）用他人格的魅力和道德情操给堕落的犹太人民族做出了榜样；第二是使信徒们在耶稣死后自觉地用"三位一体"，"道成肉身"和"复活"来保证上帝的超越性和世界上的信众有一个稳定和永远不被世人干扰的中介。这样，基督教就创造出了内在性这个维度，基督教信仰成了一个平面，信徒有了自己的精神生活的生存空间，基督教教会当然也就应运而生。

华夏民族的信仰确切发生的时间我们已经无法可考。但是，其发生方式我们可以说既清晰又透彻。"圣王创世"这就是华夏民族的初始信仰，这个起跑线不偏不倚正好压在了内在性的坐标轴上，而这个起点和基督教信仰的开端恰恰南辕北辙。

在我们的文献中，关于创世的记载实在不多。华夏民族不太关心我们置身其中的自然界，这和古希腊人形成了鲜明的对照。古希腊人从泰勒斯开始，毕达哥拉斯、赫拉克利特、德谟克利特、阿纳克西米尼、阿纳克西曼得等一大批哲人都对自然有浓厚的兴趣。哲学史上的解释是说希腊地理环境的恶劣和物质的贫瘠使得希腊人不得不更多地思索自然的恩惠和向自然的索取。如果是这样的话，我们中国人则是面对着丰富的自然资源和优越的生存环境，自然并不对我们华夏民族构成威胁。我不知道这样的解释是否恰当。不过华夏民族确实是从一开始就把目光专注在那些帝王身上。《山海经》这部中国的神话故事有些关于创世的传说，但是，都是用"王"或者"皇"之类的政治称谓来命名这些华夏民族的先驱。伏羲、燧人、神农为远古时期"三皇五帝"中的"三皇"。《山海经·海内经》有：

"西南有巴国。大皞生咸鸟，咸鸟生乘厘，乘厘生后照，后照是始为巴人"。这个"大皞"就是伏羲氏，创世的"三皇"之首。"巴国为伏羲氏后裔，而伏羲、女娲的创世神话，就是完整保留在苗族瑶族等西南少数民族的神话里。这是一对经历了大洪水的浩劫之后，残存下来的兄妹，后来结为夫妇，成为了人类共同的祖先。"①《山海经·海内经》还记载了神农氏即炎帝的故事。炎帝是教导族人耕种庄稼的帝王和神仙合二为一的人物。《海内经》记述了辅佐炎帝耕耘五谷的祝融是炎帝的后裔："炎帝之妻，赤水之子听訞生炎居，炎居生节并，节并生戏器，戏器生祝融。祝融降处于江水，生共工。共工生术器，术器首方颠，是复土穰，以处江水。共工生后土，后土生噎鸣，噎鸣生岁十有二。"

五帝的首位是黄帝。《史记五帝本纪》说："黄帝者，少典之子，姓公孙，名曰轩辕。生而神灵，弱而能言，幼而徇齐，长而敦敏，成而聪明。"少典，天字辈，少典氏部落的人，太昊伏羲氏的后代。黄帝、颛顼、喾、尧、舜为远古时期的五帝②。《史记》既记载了皇帝和蚩尤的大战，也记载了帝颛顼观天象制鬼神的事迹。当然直到尧舜的执政时期，文献的记述越来越多，可信度也越来越大。圣王创世的信仰就实实在在地转化为了历史的记忆了。

圣王创世的信仰在孔子的精神生活中，占有最突出的地位："仲尼祖述尧舜，宪章文武。上律天时，下袭水土。辟如天地之无不持载，无不覆帱；辟如四时之错行，如日月之代明。万物并育而不相害，道并行而不相悖。小德川流，大德敦化。此天地之所以为大也"（《中庸》第三十章）。孔子说："大哉尧之为君也。巍巍乎！唯天为大，唯尧则之。荡荡乎！民

---

① 李丰楙：《中国历代经典宝库·山海经》，第102～103页，台北时报文化出版事业有限公司1982年版。

② 关于"五帝"的理解说法不一。《史记》徐氏注本的开头如是说："正义郑玄注中候勑省图云：'德合五帝坐星者，称帝。'又坤灵图云：'德配天地，在正不在私，曰帝。'案：太史公依世本、大戴礼，以黄帝、颛顼、帝喾、唐尧、虞舜为五帝。谯周、应劭、宋均皆同。而孔安国尚书序，皇甫谧帝王世纪，孙氏注世本，并以伏羲、神农、黄帝为三皇，少昊、颛顼、高辛、唐、虞为五帝。"

无能名焉。巍巍乎其有成功也。焕乎其有文章!"(《论语·泰伯》)孔子对圣王的崇拜已经到了登峰造极的地步。

到了孟子的时代,距离理想的圣王越来越远了,人类的罪恶暴露得越来越多了,战争的残酷越来越升级了,权力的败坏越来越加速了。即或这样,圣王创世的信仰却始终有增无减。但是,创世一次而成永恒的模式必须让位于创世的循环论模式。于是,孟子说:"五百年必有王者兴,其间必有名世者。由周而来,七百有余岁矣。以其数,则过矣;以其时考之,则可矣。夫天未欲平治天下也;如欲平治天下,当今之世,舍我其谁也?"(《孟子·公孙丑下》)孟子的思想当然是时代的产物。但是,他这一改动却包含着重大的历史观念的变革和知识分子视野的扩展。历史不再仅仅是孔子时代的诸侯国的范围,而是整个天下成了圣王循环的怪圈,历史的创造过程又加了一个配角。孟子在讲这句话时其实是在自我表白和自我吹捧。但是,在圣王的周围必须有知识精英的辅佐,却被后世完完全全地继承下来了。郭彧的《邵雍年表》对邵雍的称赞则使用了这样的词句:"其'仲尼生鲁在吾先,去圣千余五百年。今日谁能知此道,当时人自比于天'句,以'五百年必有圣者出'暗喻自己向圣人看齐的志向。"圣王创世的信仰深入人心的程度可见一斑。

圣王创世不仅仅是儒家的专利,中华民族的思想精英皆对此信仰坚信不疑。我们上文在介绍内圣外王思想渊源的时候,将这种思想的精确表述确定在庄子的《天下》篇。这是否意味着道家只是偶然论及这种观念而非一以贯之呢?其实老子主张的小国寡民无为而治仅仅是一种方法论而已。他真正的意图仍然是坚信圣王治世,只是圣王的特征不是咄咄逼人和严刑苛法,而是环境宽松厚待国民的王道政治。老子说:"故圣人云:我无为,而民自化;我好静,而民自正;我无事,而民自富;我无欲,而民自朴。"(《老子》第五十七章)

庄子和老子在圣王创世的信仰上可以说一脉相承。也许老子更隐讳一点,庄子则开门见山。上文关于"内圣外王"这种搭配的发明权,我们已经领略了庄子的思想线索。《庄子·应帝王》一篇中话说得更为明确。其中有一段是假借阳子与老子的对话，来阐发圣王创世的信仰：

> 阳子居见老聃，曰："有人于此，向疾强梁，物彻疏明，学道不倦。如是者，可比明王乎？"老聃曰："是于圣人也，胥易技系，劳形怵心者也。且也虎豹之文来田，猨狙之便执斄之狗来藉。如是者，可比明王乎？"阳子居蹴然曰："敢问明王之治。"老聃曰："明王之治，功盖天下而似不自己，化贷万物而民弗恃；有莫举名，使物自喜；立乎不测，而游于无有者也。"

郭象在其《应帝王》注释的开头就一语破的："夫无心而任乎自化者应为帝王。"可见道家同样主张圣王创世，只是在道家的眼中，圣王的标准则是尊重事物的本来面目。这有点类似于洛克的自然状态①，即让每一个人按照自己潜意识中的生存论目标去行事，圣王从中引导，天下的秩序就会自然形成。这又和从亚里士多德的合目的性原则引申出来的无目的的合目的性十分相近。② 这样，我们就明确了道家圣王创世的思想只是在方法论原则上区别于儒家学说，道家主张按着无目的的和目的性原则来管理社会，就是创造了盛世，创造者就是圣王。这正如庄子所说的那样："天有六极五常，帝王顺之则治，逆之则凶。九洛之事，治成德备，监照下土，天下戴之，此谓上皇。"（《庄子·天运》）

魏晋玄学在继承老庄的思想同时也继承了对圣王的崇拜。王弼的《论语释疑》给"大哉，尧之为君"一条加的注释是："圣人有则天之德，所以称唯尧则之者，唯尧于时全则天之道也。荡荡，无形无名之称也……故则天成化，道同自然，不私其子而君其臣，凶者自罚，善者自功，功成而不立其誉，罚加而不任其刑，百姓日用而不知其所以然，夫又何可名也！"

———————————

① 见约翰·罗尔斯：《正义论》第三章，何怀宏、何包钢、廖申白译，中国社会科学出版社1997年版。

② 见赫伯特·A. 西蒙：《人工科学》第四章，武夷山译，商务印书馆1987年版。

汤一介先生对于这句话的评价可以说一步到位："此尧帝俨然一道家圣王了"①。我们从道家的思想中同样看到了圣王创世信仰的传承。

中国化的佛教同样信仰圣王创世。佛教是一种自我解脱的技术，修炼者自然要把反思自我当成精神净化的目标，外在的秩序当然要尊重。因此，大慧禅师说："予虽学佛者，然爱君忧国之心，与忠义士大夫等。"又说："学不至，不是学；学至而用不得，不是学；学而不能化物，不是学；到彻头处，文亦在其中，武亦在其中，理亦在其中，忠义孝道乃至治身治人定国安邦之术，无不在其中。"慧寂回答灵裕问也说："仁义道中，与和尚提瓶挈水，亦是本分事。"荷兰著名汉学家许理和细致入微地记述了佛教本土化的过程，这其中渗透着佛教适应中国文化的艰难。②而这种适应包括着法国汉学家谢和耐在其《中国5～10世纪的寺院经济》③一书中所论述的佛教经济发展过程中，佛教的主持是如何变成了那种"外王"性质的强权人物的。这深刻反映了佛教其实是按着中国式的权力模式建构自己的天堂的。这样，佛教就融入了中国式的圣王创世的信仰之中了。④

这种圣王创世的信仰，直到今天仍然是中国人至高无上的精神追求。梁启超可以说既是被"圣王"宠爱又是被"圣王"迫害的特殊人物。他至死也还是坚持这种信仰："'内圣外王之道'一语包举中国学术之全体，其旨归在于内足以资修养而外足以经世。"（《论语考释》中文《庄子天下篇释义》）熊十力创立新唯实论哲学，唯实论传达的隐喻就是类名词是一种实在，这正是整体主义的哲学基础。故熊先生主张圣王创世就不足为奇了："君子尊其身，而内外交修，格、致、正、诚内修之目也。齐、治、平，外修之目也。国家天下，皆吾一身，故齐、治、平皆修身之事。小人不知其身之大而无外也，则私其七尺以为身，而内外交修之功，皆所废而弗讲，圣学亡，人道熄矣。"在冯友兰"新理学"体系中，其《新世训》

① 汤一介：《内圣外王之道》，原载《在非有非无之间》，台湾正中书局1995年版。
② 许理和：《佛教征服中国》，第五章，李四龙、裴勇等译，江苏人民出版社2003年版。
③ 谢和耐：《中国5～10世纪的寺院经济》，第三章，耿昇译，上海古籍出版社2004年版。
④ 以上例证皆来源于汤一介的《内圣外王之道》。

一书最后一章叫《应帝王》，其最后一句说："欲为完全的领袖者，必都需以圣王为其理想的标准。"

我们在以上的论述中是较为普遍地枚举了圣王创世信仰的传递过程。这里的确是有一种内在的文化遗传密码给中国人的精神生命编码。但是，这里还有一个至关重大的问题没有说明白，那就是我们还没有较有说服力地证明圣王创世仍然是今天中国人信仰的终极关怀。幸运的是余英时先生的新作《朱熹的历史世界》中有几段话刚好是说这件事的；更幸运的是李存山先生对余先生的解读和我的看法不谋而合。下面是李先生的引文，我们不妨摘引如下，这可以说是对我们的论证目标天衣无缝的吻合："我们必须在概念上作根本的调整，然后才能确切把握住'推明治道'在宋代所谓'道学'或'理学'的中心意义。本书断定宋代儒学的整体动向是秩序重建……道学虽然以'内圣'显其特色，但'内圣'的终极目的不是人人都成圣成贤，而仍然是合理的人间秩序的重建。""一言以蔽之，'上接孔、孟'和建立形上世界虽然重要，但在整个理学系统中却只能居于第二序（second order）的位置，第一序的身份则非秩序重建莫属。[①]"迄今为止，中国人所认定的世界的终极关怀仍然是与宋代的内圣外王的最后憧憬一模一样。这和我们在本节中所论述的初始预设和终极标准统一和同一，就是信仰的标准形态也是统一和同一的。

既然圣王创世的信仰是华夏民族精神生活的初始预设，那它就必然是生成这种文化和传统的种子，它的基因就是繁衍为中国精神的遗传密码。它的第一个衍生物就是"圣与王"合二而一的思想。"圣"主要指的是道德的力量和智慧的成就。"王"当然是指那种统治世界的权力把握者。它们的结合在其他民族的文化中实在少见。但是，这种结合在中国式的信仰中则顺乎自然。由于圣王创世，那么世界的规模就和圣王的品德必然要成正比。孟子说："不仁而得国者，有之矣；不仁而得天下者，未之有也。"（《孟子·尽心下》）当人们对圣者崇拜至极时，也就会自然产生圣极为王

---

① 李存山：《宋史与〈宋论〉》，载于《中国思想史研究通讯》第六辑，第117、118、183页。

的信念。而当这种信念升华为与初始预设和终极标准相联系时，就要把圣者称王了。孔子的弟子宰我就把他比喻为尧舜："夫子贤于尧舜。"在《墨子·公孟篇》中有一段记载："公孟子谓墨子曰：昔者圣王之列也，上圣列为天子，其次列为大夫。今孔子博于诗书，察于礼乐，详于万物，若使孔子当圣王，则岂不以孔子为天子哉！"这就是说，像孔子那样具有圣人品德的人，岂不是应该当帝王了吗？在《荀子·解蔽》中为"圣王"下了一定义："圣也者，尽伦者也；王也者，尽制者也。两尽者，足为天下极矣，故学者以圣王为师。"因此，荀子的弟子尝歌颂他们的老师"德若尧舜，世少知之"，"其知圣明，循道正行，是以为纲纪。呜呼，贤哉！宜为帝王"。看来内圣外王的思想基因早已在中国的精神层面酝酿着。只是到了宋代，这种功亏一篑的尴尬局面到了一定要被打破的时候了，宋儒们才最后临门一脚把它踢进了学术的殿堂，使之既成为了传统的潜意识传承的精神内容，又成为了文本化传承的集体记忆。

"圣"既是超群智慧和丰富知识的标志，又是优秀道德和良好人格的象征。"王"既是社会地位和政治权力的表征，又是历史责任和民意希望的载体。"圣"是超越的，但却是内在的超越。正如余英时先生的文章所阐述的那样，"王"既是超越的、外在的和显性的超越；又是仲裁的、独断的和终极的仲裁。[①] "圣"包含着价值，但是，这种价值却要由"王"来选择和仲裁。然而，"王"的价值只需要自我认定，因为有了社会地位和政治权力就获得了超越性和仲裁的话语权力。当"圣"和"王"结合而成为了内圣外王的时候，"圣"的内涵和"王"的内涵就发生了一种原始思维的互渗滤效应，[②] 这其中表现出来的二元性必然会相互印证和相互代表。但是，外在的"王"当然是永恒的先声夺人和当仁不让。于是，成了王就立刻成了圣。同时，这里还有一个现象发生，即语言学中所说的区别

---

① 即余英时：《内在超越之路》，参见其中《道统与正统之间》一文，中国广播电视出版社1992年版。

② 列维－布留尔在《原始思维》中所定义的互渗律在原始图腾中表现得最明显。图腾就是本体论的二元性，比如熊图腾，就是说信仰这种图腾的原始人既认为自己是熊又认为自己是人。见《原始思维》第二章，商务印书馆1981年版。

性特征过渡，①"王"会把自己的特征过渡给"圣"。"圣"也会把特征过渡给"王"。这样，内圣外王就成了一个有机体。然而，"王"可以表征"圣"，因为"王"是外在的和仲裁的。王既可以表征自己又可以仲裁他人。所以，在中国历史上所有的王，在其有生之年，就都是圣。这就是既成事实就是合法性这一中国特殊的合法性鉴别机制的由来。当既成事实由暴力和组织来表达，由血缘和历史传承来表达，真正的圣人是永远也不可能成圣的，只有在他死后才能成为圣，即不再对于王产生威胁的情况下才能成为圣，就像孔子那样。要是孔子不死，他也成不了圣。那些真正的圣被王杀掉的还少吗？黄仁宇的《万历十五年》②记载了圣者李贽被杀的过程，其残酷的程度令人发指。在内圣外王的观念不被剔除之前，圣者和圣哲则永远也不可能在其有生之年成圣。

内圣外王的语义表达只见于学术的层面。在中国传统之中与其对应的语义形式则是对于王即圣的信仰。有了话语权力就是圣人，话语权力只能由王的社会地位来决定。由政治权力所生成的话语权力，则是中国唯一的终极仲裁和独断仲裁。"学而优则仕"只是用学术的话语来争取权力话语的途径和跳板。权力既有最大的社会能量和最后的仲裁地位，又有最美的道德光环和最高的人格魅力。权力集中了价值的一切内涵和外延。社会精英当然要把对于权力的追求当成自己生存论的目标。中国在隋唐时期设计了科举取士的制度，③这就是中国传统的制度形式，其实质是圣王创世信仰的衍生物。如果把这种宗教的信仰核心定义为圣王创世的话，其第一个外显的在传统之中沉淀的行为和观念就是权力崇拜，或称权力拜物教。刻苦读书的社会精英自然就是这种宗教的信徒。当然，这种社会精英只是信

---

① 语言学的区别性特征是一种语义特征，给语义所表达的内涵。比如 bachelor，它就具有 unmarried，adult，male 等语义特征。特征性过渡是指下面的例证中的现象：We must be kind to our four-legged friends. 这里的 friends 正常情况下具有 human 的语义特征，但是，放在了 four-legged 之后，就获得 animal 的特征。这正是因为 four-legged 这个词把特征 animal 过渡给 friends 的结果。

② 黄仁宇：《万历十五年》第七章，生活·读书·新知三联书店 1997 年版。

③ 科举制度即中国中央集权政府用考试方式选拔官吏的措施。隋文帝时开始用分科考试来选举人才。隋炀帝时期正式设置进士科，考核参选者对时事的看法，按考试成绩选拔人才，我国科举制度由此正式诞生。

徒中的中坚分子。其实中国的普通百姓照样也是这种宗教的信徒，只是其收益差了一层而已。

在中国古代社会，自从这种圣王创世的信仰形成之后，社会的结构信息就只有权力这个唯一的价值取向。财富与金钱的价值只在它们可以流通的时间之内和空间范围才是被认同的美好事物，而当它们和权力相较量的时候，它们一定要败下阵来，权力会毫不留情地把它们收归己有。至于说学术和学识、人格和道德等标志着"内圣"的那些本来就内在于我们的灵魂，就更不能成为价值的趋向了。价值的趋向每有解构，就会把人们一窝蜂地引导到一条窄缝之中，所谓千军万马过独木桥的比喻就正好反映了这种现象。没有价值的多样性，人们就会从众，大家就只能看准一个目标去追求。即或是某一种随机的事物，也会在某一刻变成大家的热点。独立的创造性思维就这样被这种价值的单一性给奸污了。当然，一些人那种心胸狭窄目光短浅嫉贤妒能的禀赋，照样是这种价值没有解构的必然产物。如果世界上只有稻米一种食品可吃的话，人类就会为稻米打得不可开交。扭曲的心态只因为可供选择的事物太少太少。

214

任何权力都是否定性的。这可以从福柯关于权力的论述中清晰地理出这一线索。① 同时在现实当中，只要是在任何一个方面做出点成绩，就都要和权力挂上钩。因而也就给别人带来了风险。所以，谁在自己的领域有点成绩，就都是对于他人的威胁。于是，人们处于自卫的潜意识需要，凡是有人比自己捷足先登了，那就只好把他拉下来，和自己等量齐观一概而论的情况下，才不会有风险。这同时也就回答了"不患贫而患不均"的思想动态的深层原因。价值的选择是那么狭窄和单一，处处都有他人和自己争抢那少得可怜的价值载体。人们岂能不窝里斗？② 在我写这一章时恰逢台湾著名作家柏杨先生去世。柏杨先生的伟大之处就在于他发现了中国人上述的这些人格上的弊端和陋习，发现了这些龌龊和可耻。我则是给出理论

---

① 见 P. 拉比诺：《超越结构主义与解释学》第九章及福柯的附语，光明日报出版社1992年版。
② 见柏杨：《丑陋的中国人》第5～13页，时代文艺出版社1987年版。

上的解释。

在中国古代社会，最可怕的事情还在于只有权力一种价值，价值的稀缺性就直接造成了对于权力的崇拜和珍爱。传统权力又完全是以暴力的形式体现，暴力的强制性随时有对于中国人生命的威胁。加之暴力权力又需要封闭信息的渠道和信息传播的路径，只有暴力所需要的让人们必须严格遵守的法令和规范。这就造成了斯德哥尔摩症候群这种心理绑架的必要条件。① 在这种情况下，暴力权力就把权力的对象无时无刻不绑架到自己集权的战车上。除了权力的话语之外，民众不听任何声音。历史上这样的事情屡见不鲜。例如明朝末年的袁崇焕，本来是一个骁勇善战的将军。就是他一炮把努尔哈赤打下马，半年之后就一命呜呼。他在守宁远（今辽宁省兴城市）时，遭小人陷害，被认为叛变了并凌迟处死。刽子手一共割了三千六百多刀，北京城的市民竟然等在那里花重金买袁崇焕的肉吃。② 可见这种被皇权绑架的人质多么能和满族朝廷权力同呼吸共命运。

圣与王的二元性，顺理成章地就会演变为道德和权力的二元性。《礼记·杂记下》："张而不弛，文、武弗能也；弛而不张，文、武弗为也。一张一弛，文、武之道也。"这种文武之道一张一弛，不正是道德和权力的二元性的真实写照吗？赤裸裸的权力常常是不需要道德的，但是，中国的事情就因为内圣外王的生存论目标总是要在权力之外加上神圣的意味。权力本来就不神圣，那么就要在权力之外加上谎言的宣传。

从儒学到孔教

———————————

① 斯德哥尔摩症候群又叫人质综合症。它是指发生在瑞典首都斯德哥尔摩的一起绑架案所造成被绑架人质的心理疾病。1973 年 8 月 23 日，两名罪犯在企图抢劫斯德哥尔摩市内最大的一家银行失败后，挟持了四位银行职员，警方与歹徒僵持了 130 个小时，因歹徒放弃而结束。然而这起事件发生后几个月，这四名遭受挟持的银行职员，仍然对绑架他们的人显露出怜悯的情感，他们拒绝在法院指控这些绑匪，甚至还为他们筹措法律辩护的资金，他们都表明并不痛恨歹徒，并表达他们对歹徒非但没有伤害他们却对他们照顾的感激，并对警察采取敌对态度。心理学家把这种人质被绑架之后所形成的心理疾病叫做斯德哥尔摩症候群。第一，人质确实切实感觉到生命受到威胁，相信施暴者随时会夺取自己的生命。第二，施暴者给人质以小恩小惠。第三，只有施暴者所提供的信息和思想了。第四，让你感到无路可逃。

② 明末最后一个皇帝崇祯中了皇太极的反间计，将袁崇焕凌迟处死。老百姓对皇帝的昭告信以为真，纷纷跑到西市，"将银钱买肉一块，如手指大，啖之，食时必骂一声，须臾，崇焕肉悉卖尽"。这桩千古奇冤，直到清朝乾隆年间修《明史》时才得以平反，直至真相大白。

这是政治结构上的二元性。这种二元性会直接造成人行为上的二元性的迫切需要，行为上的二元性就直接表现为人格上的二元性，这就是两重人格的生成路径。所以，大人物都要说谎。绝大多数人都会把这种谎言掩盖起来。

说到人性上的二元性和两重性，我们不得不展开论述中国特有的人性观。人性都是大致相同的。所以，才有社会生物学家威尔逊总结出的关于人性的若干条例。其中自私性居于人性之首。按着儒家的说法，自私性就是恶。那么人性就是恶的。上文中我们已经说过，基督教的预设条件是上帝创世，这样就能合乎情理地推导出世人皆恶的信仰来。但是，人是恶的，这在中国的信仰中是不能被接受的。原因很简单，圣王创世是一切华夏民族的最高理念和终极信仰。圣王也是人。如果把人性说成是恶的，那么，圣王创世的信仰不是被颠覆了吗？这也是儒家中孔孟一派最终得胜的根本原因。只有孔孟的观点始终一致坚持人性是善的，这无非是给圣王创世的信仰作注脚而已。从上文中我们已经看到了只要坚守圣王创世的信仰，那么，世界上就会给恶无限加倍。这种人性上的两重性无疑是华夏民族精神生活的最大悖论。

广义宗教的两大要素——即超越性和内在性，我们在上文中已经充分展开论述。现在需要我们回到中国国家宗教的层面上来具体说明内在性和超越性之间的张力效应。

宗教的生成条件必须要有超越性和内在性的结合，没有这两者的结合就无法实现宗教的组织化和系统化。只有超越性的事物高高在上让人仰慕，才能使得信仰生成。这就是德国神学家奥托在其《论神圣》[1]一书中所阐述的主旨，神圣的事物既要崇高又要壮美。但是，崇高和壮美要是不能在精神上走进人类的世界，那就不可能变成信仰。这就是内在性的真实含义。同样，如果内在性的事物不能产生超越性的崇高和壮美，当然也不能成为人类信仰的对象。这后一种情况，就发生在中国这一块广袤的大地

---

① 鲁道夫·奥托：《论神圣》第五章、第六章，成穷、周邦宪译，四川人民出版社1995年版。

上。圣王创世是一种不折不扣的内在性，它需要超越性的崇高和壮美。在第一章中当我们把儒学的结构系统平铺直叙地平摆在那里的时候，肯定会有人觉得多少有点唐突，似乎只是关于儒学的结构分析。现在则是揭开这五里谜雾的时候了。

圣王创世是内在性的生成物，这似乎不用怀疑。因为它是显然的，圣王也是人，和我们一样的生物性和人类性的结合。中国的历史在孔子之前为什么就记载了圣王创世的辉煌，只少量记载了像夏桀王和殷纣王这样的非圣王，我们真的不得而知。但是，这完全可以将其归结为初始条件的敏感性。也就是说中国先民从其历史的开端就认定了圣王创世的信念，并从此就形成了路径依赖。不过我们不得不说，到了孔子的时代，中国丢失圣王已经不是一日两日，也非一年两年，而是几个世纪了。没有了圣王，那么，圣王创世的信仰如何维持？孔子的责任就是要重新树立圣王创世的信心。我没有必要也没有勇气一定要把孔子的行为和言论说成是目的，但是，孔子的做法和效果确实是合目的性的。孔子就是要给已经完全内在性了甚至完全失去了光辉的圣王创世论罩上超越性的光环。其手法就是给中国的文化氛围加上预设条件和公理体系，这当然是一种比喻。读者要是不使用现代化的方法论原则，那还有什么效果历史和视界融合？

也许是中国人的确是太聪明了，早早就认识到圣王不是一个超越性的东西。不是超越性的却要人信仰，总让人觉得不可思议。于是，应该说从周公就开始了这样一场对"天"的绝对崇拜。其实醉翁之意不在酒。孔子对"天"的崇拜则完全是在为了圣王创世的信仰。于是，"孔子曰：'大哉尧之为君！惟天为大，为尧则之，荡荡乎民无能名焉！'"（《孟子·滕文公上》）尧之所以获得了超越性是因为"天"在做他的后台。尧只比天小，所以尧超越了世人。这就是为什么儒学把天的绝对权威设定为预设条件的最隐秘而又最有效的原因。天只是圣王的陪衬和圣王的工具，这个传统不是一直传递至今吗？

儒学之所以得以成立的条件，就是本书中所说的儒学的公理体系。我之所以称其为公理体系，就是因为这些条件不被满足，儒学就不能是儒

学。而满足这些条件，儒学的真谛在进入信仰系统，儒学就成为了孔教。我们下文一一分析这些公理的内容和信仰的关系，就明确了信仰是怎么样转变成传统的了。

第一条公理是天下、国与家的同构。上文中已经有了对此的分析和论证，但是，那只是科学哲学所说的理解与解释，还没有上升到预见的层次。为什么儒学把家庭的血缘关系一定要升华为政治层面的天下与其统治下的臣民的关系？升华为诸侯国的君主和其臣民的关系？其原因就是家庭关系中的血缘传承是一种天然的等级秩序，尤其是父子关系，更是父权传承中的历时机会均等的博弈关系，这是一种合理的每一个人都能获得属于自己平等权利的博弈关系。在这种历时机会均等的原则下，每一个人都会实现自己的博弈得益。这正是博弈论所说的纳什均衡，这就是社会秩序发生的博弈原则。当代的社会发生学理论中博弈论经济学对此已经给出了最令人信服的解释和预见。[1] 因此，父子关系的等差级数所表达的秩序，父亲对儿子行使的权力，都是天经地义的。换句话说，它就是神圣的。拿父子关系与天子和其臣民的关系，与诸侯国国君与其臣民的关系作类比，就是给社会化的权力交换关系加上神圣性。用一句最普通的话来说，就是造神。因为天子与其臣民的关系，是天子提供保护这个特殊的产品和其臣民交换的关系。诸侯国国君与其臣民的关系与此同理。

第二个公理是政治巅峰人物与其所治理的权力范围的自相似关系。只有这个政治巅峰人物与他所治理的权力范围自相似，他才能有生杀予夺的大权。要想有生杀予夺的权力，就只有超越于他所治理的权力范围。于是，"非天子，不义礼，不制度，不考文"。(《中庸》第二十八章) 超越性是神的本质。于是，我们不难从这里推导出这是造神的需要。

第三个公理是圣人、君子、小人的人格特征是先天注定的。圣人、君子、小人在一个确定社会的共时层面上，是被秩序固定下来的现实关系。

---

① 肯·宾墨尔：《博弈论与社会契约》，王小卫、钱勇译。上海财经大学出版社 2003 年版。安德鲁·肖特：《社会制度的经济理论》，陆铭、陈钊译，上海财经大学出版社 2003 年版。

如果不把这种现实关系维护下来，圣人就不成其为圣人。尤其那些所谓的小人，如果不把他们追求社会流动的信念打消，社会的稳定和圣人的超越就不会维持下去。在这三个人格的等级中，只有君子的社会地位是社会流动的希望和机会。他们可以成为天子的臣子和诸侯的臣子。君子是那些可教育好的拥有一定学识和天资的人。最重要的是君子是安身乐道的对于自己的命运不做反叛的人。看看儒学经典的名句就一目了然了："故君子之道（即中庸之道，引者），本诸身，徵诸庶民。考诸三王而不缪，建诸天地而不悖。质诸鬼神而无疑。百世以俟圣人而不惑。质鬼神而无疑，知天也。百世以俟圣人而不惑，知人也。是故君子动而世为天下道，行而世为天下法，言而世为天下则。远之，则有望；近之，则不厌。"（《中庸》第二十九章）再看看君子与小人的对比，就更不会有所怀疑："君子，中庸；小人，反中庸。君子之中庸也，君子而时中。小人之中庸也，小人而无忌惮也。"（《中庸》第二章）读了这些语句，还能把中庸解释成是为了社会的和谐吗？中庸首先是一种崇拜圣王的信仰体系，其次是一种死心塌地造神的人文技术。

圣王创世的信仰本来没有超越性，经过孔子孟子董仲舒等人的造神运动，圣王是否创世已经无关紧要了。但是，每一代现实中的当代的王却都成了"圣王"。不过这些宋代之前的王，被自己国家的民众推翻的事例还屡见不鲜。说明这种造神运动还没有成功到让人彻底忘却自我的程度。尤其是知识分子，还存留有抨击朝政的勇气。宋代之后，文化的冲突上升为重要的地位。中国古代的中央集权政治两次被异族推翻，看起来圣王创世的信仰在宋代之前还是缺点什么，那就是宗教学中所说的内在性。宋代内圣外王的本体论承诺彻底把中国人阉割了。所以，我们可以断言，正是宋代的新儒学运动才给孔教的最后形成提供了一个建筑稳定的平台。信仰彻底变成了传统。

现在似乎可以捋出信仰变成传统的路径了。中国先民的信仰是圣王创世。坚持圣王创世就要把在"王"中造神规定为我们的思想体系，这种思想体系当然会被历代的"王"所欣赏。"王"们当然会把圣王创世的信仰

努力变成家喻户晓和传宗接代的教化内容。罢黜百家独尊儒术的教育体系培养了一代又一代的思想传承的传教士——中国化的老师。这样就形成了话语权力的传承渠道。政治权力再把这种思想传承的内容法律化。[①] 这种思想体系彻底变成了意识形态。意识形态统治的漫长时间，使得中国人不再相信在意识形态之外还有其他的思想体系，即乌托邦[②]根本就不可能在中国有立锥之地。

西方人的信仰是上帝创世。上帝创世是超越性宗教范式的思想滥觞。经过了若干个哲学范式的转变，也经过了若干次普遍化和抽象化过程，西方人的信仰核心进入了超越性创世的范式。也就是一种不依赖于个体人或者某个人类集团的超越性事物，是世界形成秩序和规范的终极条件。这样西方从宗教思想范式走进了世俗思想范式。具体一点说，发端于13世纪的文艺复兴运动，其本质贡献是"发现了发现自然的人"[③]，缔造了一个超越性普遍化人权意识。16世纪的宗教改革运动，以"圣经无误"为改革的突破口，产生了超越于神职人员的神圣文本。[④] 这是一次影响深远的思想范式的转型。18世纪的美国独立战争和美利坚合众国的建立是创造了法律超越性的社会蓝本。[⑤] 20世纪的后现代哲学思潮则是彻底建立了人类思想和行为的超越性原则，即彻底打破了在场形而上学的统治，建立一切皆平面化的新的哲学范式。20世纪还在一种全新的理念指导下创造了政治上的最新权力结构，这就是欧盟的后主权时代的来临。温托内利宣言变成了欧洲国家的政治信念，并将其付诸实践。这是政治领域内的最伟大的创造。人类最终一定能打破大一统的政治迷信，彻底走向后主权的后现代政治模式。西方的上帝创世信仰真正实现了从超越性到内在性的历史跨越。

---

① 见布迪、莫里斯：《中华帝国的法律》第一章，朱勇译，江苏人民出版社2003年版。

② 见卡尔·曼海姆：《意识形态与乌托邦》第四章，姚仁权译。其中曼海姆把反对现行秩序的思想体系称为乌托邦。九州出版社2007年版。

③ 见雅各布·布克哈特：《意大利文艺复兴时期的文化》第四编，何新译，商务印书馆1979年版。

④ 加尔文：《基督教要义》下册（卷四），徐庆誉译，金陵神学院托事部和基督教辅桥出版社1959年版。

⑤ 见《美国独立宣言》。

有了西方信仰转型过程的参照，我们再来思索中国的信仰是如何延续和转变的，似乎就顺畅得多了。中国的信仰是圣王创世，这是彻底的内在性哲学范式的思想滥觞。孔子为了把这种圣王创世的信仰变成超越性的神圣规范，把"天"创造成圣王合法性的终极背景。又加上了三条公理化的命题，即上文中所说的"天下国与家的同构原则，""政治峰巅人物与其治理的权力范围自相似"以及"圣人君子小人的人格特征先天注定"。这样，这种缔造超越性的儒学技术就开始发酵了。从这种信仰生出了希望与终极关怀，甚至也生出了爱。希望在儒家学说创始的初期，则是圣王再度来临的期盼。到了内圣外王的儒学本体论承诺变成了家喻户晓的社会目标之后，希望就成了知识精英的现实追求。知识精英在这种本体论承诺的可能世界中，把希望永远定格在学而优则仕的目标上。终极关怀在上一节中已经进行了解释。所谓终极关怀就是整个所有人都相信未来的世界一定是圣王治世，一定会有英明伟大的人物成为中国最后的主宰。至于说爱，知识精英一定要爱那些给他们提供权力地位和机会的权力核心。当然这种爱是单向的，只是权力的对象爱权力的主体。但是，只要这些人把自己虚构成"内圣外王"的实践者，他们不也就获得了权力客体的爱了吗？

　　宗教的要素只剩下救赎了。关于救赎在宗教教义中的地位，并不是每一个宗教都必须具备的精神要件。只有那些坚信信徒的灵魂或者心灵被污染了的宗教教义才能和救赎的需要相关联。就像道教，甚至佛教，就都不需要救赎。只是基督教，因为其信仰的核心是上帝创世和人类有原罪，救赎在基督教中才是必不可少的。于是，中国"国教"没有救赎，绝对不标志着它不是宗教。

　　这样，由圣王创世的信仰衍化而成的思想体系，就在信仰的周围聚集着希望、终极关怀和爱这些宗教要素。这还有什么值得怀疑吗？至于说为什么这种宗教却一直没有被命名，其原因也非常简单。在中国古代社会中，"国教"是被权力崇尚的和被权力利用的，它没有必要为自己的生存地位发愁。它已经独占和垄断了中国传统的意识形态，它已经绑架了中国

古代社会的知识精英，它不被命名就是一种静悄悄传递自己的最好方式。至于说为什么今天我们为其命名一定要叫孔教，其原因也十分简单。为圣王创世这种内在性缔造超越性的始作俑者是孔子。孟子、董仲舒、张载、程颢、程颐、朱熹等都为之作出杰出的贡献。但是，一定要用初始者命名，这是一个惯例。而不用儒教来命名也非常简单，儒学除了孔教中创造超越性的内容之外，还有其他真正的学术。我们确实要给中国学术留下一点净土。

现在则需要我们给孔教确定一个信众的外延了。孔教的信众是一个利益等级的阶梯，有权力的人和追求权力的人都是孔教的信徒。当在一个权力相对封闭的范围内，比如说整个国家，或者是一个不受最高权力干扰的相对封闭环境，像封疆大吏的权力领域，他们则是孔教的最核心信徒。他们的最典型心态就是获得天命，就像费正清和麦克法夸尔所说的那样。他们最受不了的就是有人挑战他们的天命，更想把天命用到极致。所以他们中的一些人心狠手辣，贪得无厌，厚颜无耻，疑神疑鬼。这既是结构使然，又是信仰使然。对于这种孔教信徒的行为特征和心理状况，美国杰出汉学家孔飞力的大作《叫魂》①是最好的证明。这部书惟妙惟肖地描写了清代乾隆年间发生的"剪辫妖党"事件中的乾隆本人，是如何把其天命心态发挥到极致的。所谓剪辫妖党事件完全是子虚乌有，是传说有人偷偷剪掉别人的辫子，并使用符咒让人受难这一故事，和清朝的辫子象征着天命正统权有点瓜葛。乾隆只为了子虚乌有就兴师动众，耗巨资在所不惜。这足以说明当时的皇帝是孔教的最大信徒。

权力本身就拥有一种超越性。一方面，权力要和权力的对象进行交换，即权力以自己提供的保护和其对象的物质成果（即缴税）进行交换；另一方面权力还拥有仲裁的功能，仲裁就必须垄断，也就是说只能有一个仲裁者。这种垄断就是哲学上所说的超越性。这就是权力使人败坏，绝对的权力绝对使人败坏的内在机理。在人性恶的学说指导下，人们看清了权

① 孔飞力：《叫魂》，第229～230页，陈兼、刘昶译，生活·读书·新知三联书店1999年版。

力的这种本质，自然就会把权力装在笼子里。① 与此正相反的是孔教则给传统社会的权力再加上一层神圣和超越的光环，这就是权力变成了社会一切价值的背后价值的形成机制。人们以权力的大小来享受孔教的恩惠。这样社会上就自然分成两部分人：一部分是已在权力位置上的孔教信徒，他们当然会对孔教竭尽维护宣传吹捧之能事；另一部分则是预期收益权力的孔教的信徒，即那些以自己的努力追求功名取仕的学子或者只是功名追逐者。第一部分人决定第二部分人的命运。于是，这第二部分人就会不择手段地取悦于第一部分人。缔造超越性，或称神话权力的社会运动就是中国的历史。谁走上权力的阶梯谁也不愿意离开权力的宝座。孔教的社会基础和孔教的信众是严格重叠的，那些终身都没有机会获得权力的人，照样是孔教的信徒。当然，他们还有一条是绝对受孔教恩惠的，就是他们还是自己孩子的父母。他们可以在孩子那里找回天命，这就是父母们"重视教育"的原因所在。这就在社会运行过程中，形成一种负反馈机制，就是永远和孔教的最高目标趋于一致的反馈机制。在中国传统社会中，这是很普遍的现象。

在这一章的最后，我们必须回答的一个问题也许是这整部书的难点中最让我头痛的硬骨头，那就是孔教与儒学的符合排中律原则的分界线。这就是说必须找到儒学和孔教的互补性内容和命题体系。儒学被广大的儒学信仰者看成是道德体系或者伦理规约的系统，只要把那些阐述圣王创世的信仰和缔造超越性的公理体系排除在外，儒学的说教不能说没有真理的成分。在中国数千年的历史中，也的确有儒学的道德榜样，他们的行为和言论并不是非要把圣王捧上天的宗教狂热，甚至还有人的确是道德的楷模，就如我们前文中所说的欧阳修，就是这样的人物。儒学的道德体系是义务论的，也就是说它把遵守道德诫命看成是义不容辞的责任。这就像我们在

三

从儒学到孔教

---

① 英国人民在1290年与国王签订的《大宪章》就是把国王装进笼子里。布什在2007年6月7日的一次会议上讲道："人类千万年的历史，最珍贵的不是令人炫目的科技，不是浩瀚的大师们的经典著作，也不是政客们天花乱坠的演讲，而是实现了对统治者的约束，实现了把他们关在笼子里的梦想。因为只有驯服了他们，把他们约束起来，才不会害人。我现在就是站在笼子里向你们讲话。"

前文中介绍的康德的义务论伦理学那样。但是，义务论伦理学必须有一个必不可少的前提：义务只能是对绝对超越性的上帝的义务，因为上帝没有目的，符合上帝的原则就必然不会和某个人类的个体的目的有什么瓜葛。但是，古代中国的信仰根本就不是面对绝对超越性的事物，只是把人类历史中的或者现实中的某个人物当成绝对超越性，这个人物实质上并不超越，只是因为某种需要才由人类的群体和意识形态把他做成超越性。并且他的目的就是意识形态的目的，就是伦理学的主体必须履行的义务。于是，中国传统的伦理学和道德哲学的理论体系，就是绝对的二元论的和绝对的中心性的。于是，我不得不对那些主张儒学是道德体系的学者或者对儒学情有独钟的人士，提出一点疑问：中国的传统道德对皇帝是道德，对百姓是非道德的；对于皇帝是目的论的，对于百姓是义务论的。那么这样的道德体系或者伦理体系如何去区分呢？这当然也是在我这里的最大难题，如何才能把儒学和孔教区分开来呢？

这对于我来说曾经是一筹莫展。后来我在一个诙谐的逸事中得到启发。这个逸事的确不能登大雅之堂，但是，它发生的地缘性和围绕它的那些人物的显赫性，我又觉得它似乎可以登大雅之堂。把这其中的寓意表达展开为现代的数学工具，就能充分让人们领略其中的奥妙了。

这个故事发生在清朝皇帝逊位之后的皇宫。当事者是当时已逊位但还是以皇帝相称的爱新觉罗·溥仪和其胞弟爱新觉罗·溥杰。有一次，溥仪送给溥杰一个精美的礼品盒，里边是精致的包装，一层一层的金光闪闪的锡纸和五颜六色的软纸，一层层剥离之后，最后则"图穷匕首现"，最内层的却是一块大便。① 中国传统社会的事几乎都是这样，美丽的外表包裹着类似大便一样的"核心"。这是个世俗的甚至是卑琐的故事。但是，它所包含的隐喻却是那样深刻。儒学的结构和这个故事的结构不是天衣无缝的吻合吗？当儒学把圣王创世的信仰包裹在自己的学术内核中的时候，这个把人圣化和神化的政治需要不正是一块哲学和文化的"大便"吗？但

① 潘际炯：《末代皇帝传奇》，第8~9页，北京通俗文艺出版社1957年版。

是，内核的确是比垃圾还臭比砒霜还毒比硫酸还坏，包装物不是照样可用吗？不过问题是越接近于里层的那些包装物就越坏，就越被污染和腐蚀。于是，这就是一个模糊的集合，而且还找不到分离定理。① 即或这样，儒学与孔教之间还是会有办法作大致的区分的。

首先是把"大便"一样的内核筛出去，这种方法就是肯尼恩·阿罗在其《社会选择与个人价值》一书中所使用的数理逻辑的"超积"方法。阿罗使用这种方法构造了一套公理体系，推倒了政治选举和商品选择过程中，出现"独裁者"的可能性。这就是著名的独裁者悖论。② 民主选举可能会出现独裁者，这是数理经济学的结论。我们可以通过数理经济学的研究，对选举过程的程序加以改进，但是，决不能因为选举会出独裁者，我们就放弃选举。同理，对待儒学和孔教的混沌和良莠不分的状态，我们可以把内核"大便"先筛出去，跟内核相近的那些"包装物"我们也可以将其剔出。于是，我们在前文中所介绍的儒学的预设与公理，则是保护"内核"的最后包装。不再相信圣王创世的胡说八道，非人格化的非道义性的无内涵而又无外延的"天"就不再是社会权力的背景和舞台。政治"一把手"不是和其统治的政治范围自相似，自然也就不会再有诱人的魅力了。天下、国与家的同构原则当然也就应该像弃之如敝屣那样将其抛弃，圣人、君子、小人的命运先天注定论当然也不会再有市场。

要想给儒学存留点让人怀念的美好和希望，就要把上边的那些"垃圾"、"砒霜"、"硫酸"之类的东西和它们的包装物批倒批臭。这样，儒学就必须走下神坛。在中国古代社会中，只要儒学还是意识形态，即依附于权力背景的思想体系那就只能是孔教。只要儒学不再是意识形态，伦理本体化的理论体系就能发挥作用。作为义务论伦理学的理论建构，必须是在某种超越性的"苍穹"笼罩之下，这个"苍穹"不再是某个现实化的权力核心，而是某种对于世界上的任何人都一视同仁的超越存在或者超越

225

从儒学到孔教

① 分离定理是模糊数学中的一个重要概念，即一个集合成立的条件。

② 肯尼恩·阿罗：《社会选择与个人价值》，第56页，陈志武、崔之元译，四川人民出版社1987年版。

物，像社会整体性，像法律，像游戏的规则，甚至像上帝，等等。也就是，不是被目的论奸污的义务论伦理学体系，儒学就复活了，孔子也就像"丧家犬"一样了，也就是曼海姆所说的"乌托邦"的帮主了。看来孔教变儒学，关键是功能的转换。证明这里所论证的结论，其实不难。想想看，在当代社会，为什么儒学能在松下幸之助的管理学中发挥作用？为什么儒学能在亚洲"四小龙"的崛起之中作用非凡？其根本原因都在于不在意识形态宝座上的儒学，没有把圣王创世的谎言放在核心位置上的可能。自然那些包装物也就不在了。只有这样，儒学中那些道德说教也就在其伦理本体化的位置当家作主了。诸如，"人情是资源"，"敬老是教幼"，"和谐是效率"，"君子之道和为贵"，"仁义礼智信"之类的教诲，不都会在人际关系中起到某种心灵净化的作用吗？

226

四　孔教与统治社会

　　人类社会的分类原则五花八门。我不想在此系统介绍这些分类的标准和结果。我则认为采集狩猎社会之后，人类的社会形态分类在德勒兹的理论体系中阐述得既清晰又透彻，他选取的观察维度既全面又准确。德勒兹把人类社会区分成统治社会、禁锢社会和控制社会。[①] 在这一章中，我们将集中阐述孔教和统治社会的关系。

　　在他看来，统治社会是这样的社会：第一，土地是这种社会经济生产的主导资源。但是，这又和托夫勒[②]的农业社会的说法不尽相同。农业社会只注重产业的结构和生产能力。而统治社会却是从政治上着眼，土地的非流动性和天然循环期的能产性，决定着与其适应的政治模式。第二，这种社会的权力媒体是暴力，并且暴力还没有分化为对内和对外的部分，只是把有能力使用暴力的人组织起来，用这种有组织的暴力来进行各种各样的信息沟通，包括统治者的命令和他政治理念的实践。第三，这种统治社会的主要物质材料是铁。铁既是生产的工具，更是杀人的工具。作为生产的工具，铁更有效能，更适用于农业生产的需要。作为杀人的工具，铁大

[①]　吉尔·德勒兹：《哲学与权力的谈判》第五章，刘汉全译，商务印书馆2000年版。
[②]　阿尔温·托夫勒：《权力的转移》第五部，刘红等译，中共中央党校出版社1991年版。

大提高了战争的效率和屠杀的速度。第四，与这些要素相结合的政治模式则是统治社会，即由独裁者高度集权来控制人民的行为和组织，控制人民的思想和观念。对于这类传统社会，福柯也有相关的论述。他称这种社会为"血的政治"，即用杀死一批人的肉体来杀死另一批人的灵魂。① 活着的人就是一群没有灵魂的人。他们之所以能够活命，就是因为他们已经是行尸走肉或者说就是一批会喘气的机器。把恐怖制造到这种程度时，就是这类社会的成功之处，这类社会就会延续下去。这正如孟德斯鸠所说的那样：集权必须以恐怖来组织它的政治活动。② 这话千真万确。

哲学家是见微知著思想的生产者。德勒兹和福柯的深邃思想并没有用历史和现实的具体民族国家的社会形态予以证明。把他们的思想集中起来，就会发现，真正与其完全吻合的大概只有中国从秦代开始的中央集权社会。中国古代的这种社会形态，可以说是最标准的血的政治的统治社会。它延续的时间最久，统治的牢固程度最大，"血"的色彩最浓。所有这一切，都和孔教关系甚大。我们这一章就是要阐明孔教和中国古代统治社会的相关性的。

228

1 在历史中创造的历史性

德勒兹的人类社会分期理论之所以被人青睐，是因为它把社会管理范式作为一个超越性来进行提炼。统治社会的含义则是说，一种社会管理范式叫做"统治"，它超越于社会的物质与精神的双重要素，超越于统治者与被统治者的关系要素。这就和上文中所引述的哈贝马斯的普遍语用学社会理论不谋而合了。整个社会的交往模式就是统治。统治者和被统治者之所以能够在这种社会中保持着双方不变的关系准则，并能把这种交往长期

---

① 福柯：《权力的眼睛》，严锋译，上海人民出版社 1997 年版。
② 孟德斯鸠：《论法的精神》第三章，张雁深译，商务印书馆 1961 年版。

进行下去，就是因为在这种社会中的"普遍语用学"规则一直在发挥作用。而且这种"普遍语用学"规则又被怀特海过程哲学的一个概念所概括，这个概念就是凸显（superject）。这个概念是和"主观性"这个概念相对应的，后者是指由在场性的事物决定的生成过程，前者则是非在场性的生成过程。于是，我将其译成"凸显"。显而易见，凸显是各种因素的代数和，即由历史本身所创造的生成。

以土地为经济主导资源的社会，不尽然一定是统治社会。人类学家马林诺夫斯基对于太平洋岛屿上的一些原始人类进行过相当充分的研究，[①]他提供了相当确凿的证据说明以土地为主导资源并不一定就是类似于中国这样的由集权和暴政来实施残酷统治的社会形态。可见以生产方式来进行社会分类的标准是一个典型的单向度的思维。欧洲的封建社会虽然是很典型的以生产方式为标志的社会形态，但是，它在政治上和文化上都有其独特的历史性。政治上任何一个国家自己的力量和声望都不可能建立起对于整个欧洲的统治，必须依赖宗教的神权来为某一个国家树立合法性。[②] 所以，它是一个集各种因素的代数和而建立的社会形态。它的内在的凸显性范式，综合其各种因素，当然也是德勒兹所说的统治社会。

中国自战国时期以来，就鲜明而又确凿地进入了统治社会的初级阶段。统治社会的要素它全具备，但是，有一点还没有充分成熟，那就是统治模式的结构信息即意识形态还没有成熟。秦始皇所实行的政策，从根本上考察，和孔教的主张毫无二致。"天"是绝对的权力背景，天子和自己统治的政治氛围自相似，家与国完全同构。秦始皇本来实施的是孔教的政治模式，然而，他却数典忘祖，接受了李斯焚书坑儒的政策。他毁灭了自己的精神基石。秦王朝之所以那么快就灭亡，没有充分建立起正统观念和秦代统治者的神圣超越性，是其最大的教训。赵高能够在那么短的时间内把自己变成生杀予夺大权的掌握者，足能说明正统性和大一统性的观念根

---

① 马林诺夫斯基：《野蛮人的性生活》，高鹏、金爽译，团结出版社 2005 年版。
② 见周谷城：《世界通史》第四章，河北教育出版社 2003 年版。

本就没有深入人心，人们只是把现实化的权力看得比什么都重要。

到了汉代，经过了汉武帝的罢黜百家独尊儒术的政策之后，情况就不太一样了。王莽的时代，经过了汉武帝推崇儒术的思想变革，孔教的教义开始深入人心，王莽篡政的整个过程可以说是煞费苦心，惨淡经营，最后还是被人认为非正统而被推翻。周桂钿先生的《王莽评传》一书中，专门列了一节来说明他在当时的政治地位和贡献，尤其是他的道德表率作用更为突出。周先生将这一节名为"德行天下纪，功勋万世基"。文中列举了十二项王莽的功绩和德行，可以说他已经把那个时代的道德操守做到了登峰造极已入化境的地步。他用了两个儿子的生命和女儿的青春作为树立自己道德操守的代价，才换来了"拜宰衡之官，加九锡之宠"①。成了无皇帝之名的真皇帝。当实际权力具备之后，要想当皇帝还要有"天命"的支撑。于是，王莽就有了"天命"的证据。据《汉书王莽传》记载：

> 是月②，前辉光谢嚣奏武功长孟通浚井得白石，上圆下方，有丹书著石，文曰："告安汉公莽为皇帝。"符命之起，自此始邑。

就这样王莽还是以"居摄"为过渡时期。为此还改了年号，就称"居摄"。居摄二年，安众侯刘崇和东郡太守翟义起兵反对王莽。镇压了造反者之后，"王莽加快了当真皇帝的步伐，同时也加速了王莽的毁灭"。③ 在众人千呼万唤的情况下，王莽才自己当了皇帝。但是，没有不久，他所建立的新朝就被推翻，王莽本人也被杀死。这足以证明，汉武帝之后，正统和大一统的观念统治得多么厉害。我们不得不说孔教的逐渐成熟是这种统治社会的中流砥柱。

赵炎才先生的文章《再论中国封建政体的历史特点》，结论为："中国

---

① 周桂钿：《王莽评传：复古改革家》，第44~52页，广西教育出版社1996年版。
② "是月"就是王莽选中的只有两岁的子婴继位的那个月份（引者注）。
③ 周桂钿：《王莽评传：复古改革家》，第60页，广西教育出版社1996年版。

封建政体除众所周知的中央集权专制、官僚机构庞大、吏治腐败等负面特征外，其基本历史特点至少有四：政体形态总体适应性与具体时代性统一、政体结构内在发展性与外部开放性共存、政体演变内涵传承性与主体创新性互动、政体理念一定理想性与浓厚致用性结合"。[①]

这是个独特的研究视角，甚至是独特的重要发现。这种传统封建政体的致命罪恶当然是中央集权专制、官僚机构庞大、吏治高度腐败。这些都是显然的和严重的。按着政治运行方式的规律，这种中央集权的政体早就该寿终正寝了。然而，它却百足之虫死而不僵，一直拖延到近代。赵炎才总结的四个中国传统封建政体特点，正好是这种政体长期存活的最重要原因。仔细研究的结果，我们就会发现，这让中国传统封建政体长久存活的四个特点，恰恰是孔教的历史功绩。写到此，我还是想起了贝尔曼的那句名言："法律要是不被信仰，那就形同虚设。"同样，政体要是不被信仰，照样形同虚设。正是这种传统封建政体被信仰的结果，才使它总是能在最危急的时刻渡过难关，即或是苟延残喘，或者是被另一个民族所占领，它也会起死回生。让人们信仰这种传统封建政体的就是孔教。

关于"政体形态总体适应性与具体时代性统一"，在赵炎才看来，"所谓适应性体现的是这种政体的形成和完善与当时社会实际发展的内在需求相吻合，体现为一种历史的必然，具有历史的合理性"。这的确是一个合理的论断。中央集权的社会制度，定型于秦始皇统一中国的公元前 221 年。但是，对于这种政体的欲求早已开始。从春秋时期到战国时期近五百年的时间里，可以说是中国农业技术的成熟和农业管理模式的进化正处在最重要的阶段。农业的发展给依赖于周王朝分封建立合法性的政治模式已经不能适应了。这我们可以从中国农业史的分期中充分理解这种变化的内在根据。

中国农业史分期的情况大致是：第一阶段为原始农业时期，近似于明斯基所说的采集狩猎时期和农业生产的结合。工具以骨器和木器为主的农

四　孔教与统治社会

---

① 赵炎才：《再论中国封建政体的历史特点》，载《学术论坛》2002 年第 4 期。

业生产方式。第二阶段为沟洫农业时期（虞、夏、商、西周、春秋），也是从原始农业到精耕细作农业过渡时期；第三阶段为精耕细作农业成型时期（战国、秦、汉、魏晋南北朝），主要特点是北方旱田精耕细作技术体系的形成；第四阶段为精耕细作农业扩展时期（隋、唐、宋、辽、金、元），主要特点是南方水田精耕细作技术体系的形成；第五阶段为精耕细作农业持续发展时期（明、清），主要特点是为了适应全国性人多地少格局的形成，多熟种植的推广和耕作技术的精细化。① 于是，我们充分理解了春秋时期和战国时期生产方式的根本不同。第二阶段的沟洫农业时期，从虞夏时代起，经商、西周迄春秋止。实行从农村公社土地制度演变而来的井田制度。这一时期木石工具仍在广泛使用，但青铜工具已占主导地位。在这一阶段的后期，铁农具和牛耕均已出现。第三阶段的精耕细作农业的成型期，从战国开始，中经秦、汉、魏、晋以迄南北朝，这是我国农业生产方式形成和向上发展的时期。铁犁和牛耕的推广是这一时期农业生产工具和动力的主要特点。农业工具从质料到形制都比前一段有了很大的变化，铁农具获得普遍使用，不但有铁锸铁镬，而且有铁铧犁、耙、耱、耧车等各种工具，农业动力则由人力发展到畜力以至水力和风力。农业工具和动力的这种变化使整个农业生产和社会经济蔚然改观。

孔子所悲叹的"礼崩乐坏"其实就是农业生产的革命性变化带来的政治模式的变化。分封制的基础是只有周天子强大到足以控制整个天下的实力和拥有唯一的制度资源。到了春秋的末期，农业生产方式的改进，使得大诸侯国足可以依靠自己的农业生产成果来建立起属于自己的庞大军队。在那个时代，合法性是与实力成正比的。同样，在这种诸侯兼并的战争中，自然而然，依靠血亲家族的裙带关系已经不能适应对人才的需要了。这就是拟血缘关系代替血缘关系的历史必然。这是导致那个时代政治模式变革的生产方式。我们必须看到，这种历史变革的动力是生产力，但是，变革的结果却是许多因素的共同作用。同是铁犁牛耕出现和推广的时代，

① 吴存浩：《中国农业史》，警官教育出版社 1996 年版。

由于具体历史条件不同，在欧洲建立了希腊罗马的古典奴隶社会制社会，在古代中国则导致了中央集权的政治模式。所谓中央集权的政治模式在根本上说，就是最高的统治者，即皇帝本人，既是所有官宦和民众的唯一主人，又是所有全国财产和资源的唯一主人。

中国与欧洲同是一个历史时期，一种生产力的变革，为什么会有如此本质的差异？

古希腊人崇尚理性的思维范式在希腊的哲学史中反映得非常明显。[①]虽然我们很难确定它的真正起点，只能是将其归结为初始条件的敏感性原则，不过，古希腊的许多文献都告诉我们，人们确实是按着这种思维范式来思索问题和抉择人生。最典型的大概要属苏格拉底了吧？名著《苏格拉底之死》[②] 记载了苏格拉底在得到判决之后，本来是可以从容逃跑的。但是，他却选择了从容赴死。因为那是以法律的形式给他定的罪。法律是不可违背的，因为法律代表了一种超越性。古希腊人的价值取向已经昭然若揭了，他们不会把某一个人的历史地位和现实权力完全放在理性和法律之上。

与古希腊的情况正好相反，古代中国人的心灵则无限崇尚在世的"圣王"。《韩非子·初见秦》开头就说："臣闻：'不知而言，不智；知而不言，不忠。'为人臣不忠，当死；言而不当，亦当死。虽然，臣愿悉言所闻，唯大王裁其罪。"韩非也在论述死的必要条件：臣子对于权力不忠，甚至是说话不当，都必须去死。这和苏格拉底对于死亡条件的理解简直是天壤之别。这种东西方的差异充分显示出来了。中国的君王就像父亲可以选择让不让自己的儿子出生一样，完全有权选择自己统治范围内的臣子和民众的生命或者死亡。这就是孔教的家国同构原则的政治学解读。赵炎才先生所说的中国"政体形态的总体适应性"正是表现在对于圣王创世的信仰演变成意识形态的家国同构原则，及由此产生的政治制度。两者之间是

233

四 孔教与统治社会

① 文德尔班：《哲学史教程·上卷》第一篇，罗达仁译，商务印书馆 1987 年版。
② 白石浩一：《苏格拉底之死》，第 250～253 页，台北新潮社文化实业有限公司 2005 年版。

互为因果的关系。

在以土地为主导资源的社会形态中，社会成员要和土地融为一体。土地的本质属性则是不可分割，不可让与，不可传播。所谓不可分割，是指分割了之后就会产生和原来的主人分庭抗礼的新主人，这就会导致权力的纷争；所谓不可让与，是指让与了其主人就失去了控制社会整体性的权力；至于说不可传播，则是显然的，传播就是指信息含量不被减少却可以在人与人之间流通的这种性质。土地的这种本质属性正好和统治社会的权力媒体——暴力的属性完全吻合。暴力不可分解，不可让与，不可传播。暴力如果分解了，就像一个木棍被截成一块块小得可怜的木屑一样；暴力如果让与了，就等于把手中的武器交给了别人；暴力的传播就是把暴力工具分发给每一个人，这就像原来一个人手中有枪，现在则是每一个人发一支枪一样，自然在这种情况下就等于谁都没有了暴力。于是，我们看到了一个让人赞叹不已的无目的的合目的性：以土地为主导资源的人类社会，和以暴力作为社会的结构信息天衣无缝的吻合。当土地和暴力掌握在一个人手中的时候，则是其最理想的形式。家国同构，天下与家同构，不就是其最理想的哲学表达吗？

关于这种政体的"具体时代性"演进，赵炎才先生有一段话很精辟地说明了这种政体的无目的的合目的性：①

这一政体却经受了现实的考验，显示了强大的生命力。到隋唐五代宋时期，它得到不断加强与完善。皇帝威权大幅提升，政治上等级森严，相互制约而又分工明确的官僚体系已经形成，其他管理制度也相继成熟。虽然夏辽金元是以少数民族为主建立的政权，但封建政体②无不是这些政体发展的最终归宿，其目标合理性于此充分体现出来。

① 赵炎才：《再论中国封建政体的历史特点》，载《学术论坛》2002 年第 4 期。
② 关于中国有没有封建制度，我则赞成郭沂先生的说法，即中国没有封建社会。见郭沂：《中国社会形态的四个层面及其历史分期》，载《文史哲》2003 年第 6 期。

再看钱穆先生的一段长文，钱先生完全是对中国政治制度的一片赞赏。但是，我们仍然能从中看出中国这种政治范式的确是适合以土地为主导资源和以暴力为结构信息的传统社会：

谈者好以专制政体为中国政治诟病，不知中国自秦以来，立国规模，广土众民，乃非一姓一家之力所能专制。故秦始皇始一海内，而李斯、蒙恬之属，皆以游士擅政，秦之子弟宗戚，一无预焉。汉初若稍稍欲返古贵族分割宰制之遗意，然卒无奈潮流之趋势何！故公孙弘以布衣为相封侯，遂破以军功封侯拜相之成例，而变相之贵族擅权制，终以告歇。博士弟子，补郎、补吏，为入仕正轨，而世袭任阴之恩亦替。自此以往，入仕得官，遂有一公开客观之标准。"王室"与"政府"逐步分离，"民众"与"政府"则逐步接近。政权逐步解放，而国家疆域亦逐步扩大，社会文化亦逐步普及。总观国史，政制演进，约得三级：由封建而跻统一，一也（此在秦、汉已完成）。由宗室、外戚、军人所组之政府，渐变而为士人政府，二也（此自西汉中叶以下，迄于东汉完成之）。由民族门第再变而为科举竞选，三也（此在隋、唐两代完成之）。惟其如此，"考试"与"铨选"，遂为维持中国历代政府纲纪之两大骨干。全国政事付之官吏，而官吏之选拔与任用，则一惟礼部之考试与吏部铨选是问。此二者，皆有客观之法规，为公开的准绳，有皇帝（代表王室）所不能摇，宰相（政府首领）所不能动者。若干此等政制后面推寻其意义，此即《礼运》所谓"天下为公，选贤与能"之旨。就全国民众施以一种合理的教育，复于此种教育下选拔人才，以服务于国家；再就其服务成绩，而定官职之尊卑与大小。①

钱穆的论述不正是充分说明了孔教的家国同构原则在中国传统政治的

① 钱穆：《国史大纲·引论》，第 14~15 页，商务印书馆 1994 年版。

235

四

孔教与统治社会

发展与延续中发挥了至关重大的功能吗？

赵炎才先生关于中国封建政体的历史特点的第二点和第三点则是："政体结构内在发展性与外部开放性共存、政体演变内涵传承性与主体创新性互动"。我觉得这两点可以整合在一起，因为这两点有许多重叠之处。

关于"内在发展性和外部开放性"，显而易见，是一件事的两种表达方式。赵炎才认为，在整个中国传统制度的演进过程中，"除皇帝名号、继承制度外，后宫、宗室、宦官、外戚、宫省、服饰等制度的发展，封禅祭祀行使权力等方面的完善，使皇帝制度呈开放态势，机构庞大，皇权急速提升。①"这充分说明皇帝更像一个天下的家长。再看行政体制上的改进，就会更清楚表明皇权的逐渐加固。换句话说，就是家天下的特色在制度上充分体现出来了。中央行政体制在秦汉时只有三公九卿，以后出现了只听命于皇帝的中朝尚书。它后来的地位不言而喻，逐渐取得了主导地位。到了隋唐时期，以三省为核心的行政体制正式确立，当时，唐朝后期的翰林学士知制诏承旨制度又使三省变成了辅政机关。宋代又出现了三司使制度，同时辅以诸使差遣负责制。这就形成了多轨辅政制度。明朝朱元璋撤销中书省，废除丞相制度，提高六部的官秩职权，直接由皇帝支配。后因政务繁忙，不得不改回内阁制。清代，内阁制成为国家正式机构。但是，内阁只能处理一般性事务，机密大事只能由议政大臣伊会议奏。这些行政机构的变化，都是围绕着皇帝为中心的权力运作。这不就是我们在前文中所说的封建制的权力模型吗？只不过在柳宗元的《封建论》中所说的"辐集"现象由诸侯国变成了辅政大臣。这毫无疑义是一个家长和众子的权力模式。

我觉得中国古代政治制度中最有特色的则是二元性的外朝和内朝制度的相结合。国家政务机关是外朝制度。在此之外，还从商代开始起，就建立了宫廷事务官属。先秦国家的宫廷事务官属多由王的亲信贵族担任，位处君侧，权倾内外。商朝的冢宰，西周的内宰，战国时的太宰、郎中令、

236

---

① 赵炎才：《再论中国封建政体的历史特点》，载《学术论坛》2002 年第 4 期。

宦者令等多位尊势隆，权力很大，对政务决策和一代政治具有很大影响。商周时期开始有内廷与外廷之分，开后来历代王朝内朝与外朝之分的先河，形成古代中国政治制度的一大特点。这是把两种家庭制度并列起来，相互制约和相互比对的家国同构。这种二元性的家天下制度，虽然曾经产生无数次政治混乱和军事杀戮。柏杨先生所著的《中国人史纲》记述了三次宦官时代。① 惟妙惟肖地描述了宦官在中国历史上的罪恶活动。然而，中国封建社会的集权政治制度，却始终没有从中反思其组织形式的弊端，可见家国同构是多么深入地被中国人信仰。几乎可以说这种内朝制度，在整个中国古代始终没有太大的变化。

至于说"内涵传承性和主体创造性"，我则绝对承认。内涵怎样传承？只要我们看看在中国古代历史上最典型的两件事，就一清二楚了。这两件事就是梁武帝崇佛和唐武宗灭佛。

梁武帝崇佛十分荒唐，他不但广建佛寺，而且三次舍身同泰寺，又让臣下以数亿钱赎回。"南朝四百八十寺，多少楼台烟雨中"，可见当时建康城内有多少佛寺，老百姓贫苦交加，却要供养成千上万的僧人。

再看唐武宗灭佛，和梁武帝的手法一模一样。唐武帝继位不久，即会昌二年（842），便在道士赵归真等的劝说下，令天下僧尼中犯罪和不能持戒者尽皆还俗，行咒术、妖术等者同禁，私人财产全部"充入两税徭役"（《旧唐书卷十八·武宗本纪》），仅京城长安一地就有3459人还俗。会昌四年七月，敕令毁拆天下凡房屋不满二百间、没有敕额的一切寺院、兰若、佛堂等，命其僧尼全部还俗。会昌五年三月，敕令不许天下寺院建置庄园，又令勘检所有寺院及其所属僧尼、奴婢、财产之数。四月，下敕灭佛，规定西京长安只能保留4座寺庙，每寺留僧10人，东京洛阳留2寺，其余节度使的治州共34州留1寺，其他刺史所在州不得留寺。其他寺庙全部摧毁，僧尼皆令还俗，所有废寺铜铸的佛像、钟磬

① 柏杨：《中国人史纲》第十五章、第二十二章与第二十八章，中国友谊出版公司1998年版。

全部销熔铸钱，铁铸的交本州销铸为农具。到当年八月，"天下所拆寺四千六百余所，还俗僧尼二十六万五百人，收充两税户；拆招提、兰若四万余所，收膏腴上田数千万顷，收奴婢为两税户十五万人。"（同上）会昌六年，武宗驾崩，笃信佛教的唐宣宗即位。宣宗即位后即废止了武宗的灭佛政策。

梁武帝崇佛和唐武宗灭佛，两件事的结果南辕北辙。但是，他们不都是把自己自崇为家国同构的最高主宰，才可能畅通无阻地实施他们的荒唐和野蛮吗？

关于"主体创新性"的确也不乏其例。关于在行政体制上的"创新"上文已经有所提及。而最典型的则是隋唐时期的科举制度。科举制度的实施，打破了魏晋时期"九品官人法"一类的品评人才只看门第的狭隘做法，开拓了人才社会流通的渠道，把那些社会精英完全集中在皇帝的周围，要皇帝任意选择和使用。这当然是不折不扣的创新。但是，仔细想一想，这种做法和李斯在《谏逐客书》中反映的思想有什么区别吗？于是，我们看到了一个重大的事实：到科举制度的成熟，中国式的拟血缘权力家庭才算真正建立起来。

赵炎才的中国集权制度的最后一个特征则是政体理念上的总结："一定理想性与浓厚致用性结合。"赵炎才的定义是："所谓理想性系指封建统治者依据主观判断，认为某些治理方式具有行之有效趋势而给予实施的总括性表述，与严格意义上的同一个概念有别。"赵文列举了若干集权者的政治措施改革，例如分封制与郡县制的交替，元代的行省制的确立，清朝的秘密立储制度，等等。我倒觉得在这个话题下有许许多多的内容可以言说。

有一个最典型的绝非圣王的王——明末的亡国之君崇祯皇帝（1610~1644）。崇祯既刚愎自用、乾纲独断，又殚精竭虑、励精图治。崇祯皇帝自诩为"中兴之君"。然而，明末的社会矛盾和治理危机已经演绎发展到了千钧一发、分崩离析之边缘的危急时刻，这些威胁巨大的社会危机和祸患痼疾的总爆发终于把明末社会重组的可能性带入了现实之中。关外满清八旗的铁蹄践踏和关内中原流民的武装暴乱之双重军事夹击把这种社会重组的危机推向了顶峰。崇祯多疑嬗变和刻薄寡恩的性格缺陷和头痛医头、脚痛医脚的求治心切的急躁作风，使得他驭下的朝廷诸臣唯唯诺诺、瞻前顾后，缺乏大战略的全局观。崇祯帝政治能力的天然欠缺和外在客观环境的艰巨险恶错综复杂，使得他接手的这个日益衰败的王朝无法做到力挽狂澜的理想结果。十分顾及皇帝威仪的崇祯却在普天之下皆相信王则必圣的心态下，想出了一个十分有特色的致用性救国之道：下定决心颁布罪己诏，以图消弭天怒人怨，挽回人心，匡扶江山社稷于风雨飘摇、岌岌可危之既倒，其用心可谓之良苦。他不仅做到了责备甚至是蒙羞自己的尴尬之举，而且还成为了中国历史上颁布罪己诏最多的天子之一，这的确令后人史家感到有些匪夷所思。成为供后世史家和政客探讨和研究王朝更迭和亡国遗训的宝贵"化石"。崇祯六次"罪己"，其效果不尽然是微乎其微，而是步步走向灭亡。皇帝的罪己诏只不过是一种骗人的政治技术。这其中如果没有信仰的成分，是绝对不可能频频"罪己"还会有人信以为真。上文中所引述的袁崇焕的例子，不正好说明了这一点吗？

张传玺教授在其《这样评价历史上的中央集权不妥》一文中指出，"中国历史上的中央集权制度，不仅是中国古代政治文明的标志，也是世界古代政治文明的标志之一"。"人们都常常说中国是世界上的四大文明古国之一，津津乐道的事例极多，但有一项更伟大的文明，而且已创造出、并行用了两千余年，却为人们所忽视，这就是在中国所实行的中央集权制度。此制度的创行和存在、发展、完善，是中国古代政治文明的标志；也应当说，是世界古代政治文明的重要标志之一。"[1] 这话说得千真万确！中国古代的中央集权制度，经过了孔教的包装后把集权的核心，即皇帝既变成了教皇又变成了教父。他是信仰的中心和崇拜的极点。他不仅拥有世界上的一切，还拥有世界外的一切。中国的皇帝在地上所能拥有的就是整个世界所能拥有的。世界上在那个时代只有两种资源：土地和女人。一种是

四

孔教与统治社会

---

① 见《北京日报·理论周刊》2008 年 2 月 12 日。

个体生存的资源，即土地；另一种是种系生存的资源，即女人。皇帝拥有
他的势力所能达到的一切领域，即天下的绝对控制和任意强取的权力。皇
帝还拥有世界外的一切。始皇陵的豪华，我们只是在文献中了解了它和现
实世界的一切均同构，地上有什么地下有什么。明朝一代昏庸的皇帝万历
的陵寝，我们绝大多数的知识分子，即或没有亲眼看见，也最低是知道其
有多大的气派。这其中最大的奥妙，就是古代中国人在历史中创造了符合
以土地为主导资源、以暴力为权力媒体、以铁为主要生产工具的传统统治
社会的人文历史性。

2 凝聚与分裂

　　我们必须把"厚今薄古"和"厚古薄今"用宗教学的术语翻译过来，
才能看清这里的实质。所谓"厚古薄今"无非是说从古至今一直有一个不
变的原则和规范发挥作用，它告诉后人要按照前人已经走过的道路选择，
或者已经验证的方法行事。这恰恰就是宗教学上所说的某种超越性的东
西。所谓"厚今薄古"无非是说一切现实的事务才是判断的标准和决策的
依据，一切现实的价值才是目标和动力。我们已经充分论证了现实中唯一
的价值取向就是现实权力本身，就是现实权力的把握者和实施者。于是，
厚今薄古就是不折不扣的内在性的东西。然而，如果把具有发生学意义上
的"古老"和"远古"统统消灭，那就不仅仅是历史的迷茫，甚至是文化
或文明的断裂，那将把一个民族断送。哲学人类学研究揭示了人类本身就
是自己精神产品的缔造者，① 一位不太知名的加拿大哲学家沃杰西乔斯基

――――――――

　　① 哲学人类学的各个分支几乎在这一点上是一致的。如生物哲学人类的代表格伦则认为非
特定化的生物特征是人类的种属特征；宗教哲学人类学的代表亨斯坦贝格则认为人类的客观性
即被环境所塑造的本性是人类成长的关键要素；符号哲学人类学的代表卡西尔则认为创造和运用
符号的功能是人类进步的唯一途径和首要动力。所有这些观点和理念集中起来都是在说人类自己
的精神力量推动其进步和发展。

曾经发表过一篇阐述人类智能进化的文章，他把人类的智能进化当成人类成长的最重要的条件，并做出了智能进化和其他进化的比较分析，把人类创造自己的这一结论推向了新的顶峰。[①] 这都告诉我们彻底的和完全的"厚今"是不可能的，或者说彻底的和完全的内在性是不可能的。这样，哪一个超越的信仰留下来，尤其是留在潜意识之中，就成为了民族性和文化性的决定遗传方向的精神密码。

这种中国文化和华夏文明的遗传编码就是孔教。

从上文的例证中我们会清清楚楚地看到，孔教和最高的现实权力的结合中，将导致两种悖论：第一，明明最厚古的人却可能把自己标榜为最不厚古的人；第二，最信仰孔教信仰核心的人，却总是要把别人信仰的成果在自己手中打碎。

问题出在哪里呢？

当我们系统阐述儒学的预设条件和公理体系时，就已经埋下了伏笔。这恰恰是孔教初始条件中的逐项规定，从其基本内涵上看就是充满自相矛盾的语意内涵。首先，我们知道，"圣王创世"是这种学说直到这种宗教的核心信仰。作为信仰的核心，肯定是必须具备超越性的属性。但是，圣王本来就是内在于我们人类的群体之中的和我们没有什么两样的一分子。要想坚持圣王创世的教条和话语权力，就必须把圣王和"天"联系起来，"天"又必须是没有位格的神圣存在，[②] 因为有了位格"天"就要自己行使至高无上的话语权力。那么圣王创世就成了无源之水无本之木，甚至成了无足轻重的一句空话。

圣王创世是一次而成永恒的唯一性事件。工的传承却是一次又一次的循环。而坚持圣王创世的信仰又必须添加一个边际条件，那就是"王"必须是每一代都要表现出神圣性的本质来。这当然是异想天开的痴人说梦。

---

① 沃杰西乔斯基：《智能进化与人类进步》，载《国外社会科学》1985 年第 6 期。

② 关于"天"不能有位格，请参考西方中世纪的唯名论和唯实论之争。唯名论是说只有个体才是实在，类并不能表达实在。只有个体人是实在的。这正是"天"不能有位格的哲学证明。中国古代为什么会如此高明地把权力的背景设计得没有位格，我不得而知。但是，我想这是一个饶有兴趣的研究课题。

这自然就是虚假的超越性和真实的内在性的冲突和矛盾，永远也不可能调和和解决。王是现实中的权力制高点与其他权力的生成机制。在制高点上就会丧失自我相关的能力，[①] 即反思自己的能力和约束自己的能力，显而易见，这些能力在制高点上的权力来说，是不会在结构中产生的。于是，这种权力就绝对化了和唯一性了。这样，绝对的权力就绝对使人腐败的政治学定律就必然会发挥作用。王就绝对地腐败了。

王作为其他权力的生成机制，他就是社会结构信息的总源泉与社会价值的总源泉。只要是在社会管理范畴内的一切人，就都要从他那里获得价值的认同和行为的批准。每一个进入这个氛围的人就必须把王当成自己生命的来源和战胜一切危险的策源地。而危险又主要是来自于自己的同僚，即其他进入权力核心氛围的人。于是，取悦于王就成了王周边的人的竞争目标。在这种取悦于王的竞赛中，溜须拍马、阿谀逢迎、无限恭维、趋炎附势等人类最卑劣的行为自然要把王获取信息的渠道封闭，王就被甜言蜜语所软禁了。他就会为所欲为，随心所欲，一切决策都变得荒唐和可笑，变得武断和无知。王就绝对地加倍腐败了。

这种政治或这种政治的代表（即我们通常所说的朝代），当它开始了自己的执政时期之后，就会随着权力使人腐败与绝对的权力绝对使人腐败的定律而堕落和败坏。在这种情况下，要想维持圣王创世的信仰，就必须对于这种圣王创世的理论作某些修改。这种修改就是千方百计避免被证伪的修改。这就是科学哲学中所说的"特设性修改"[②]，就是修修补补原来的理论范式，或者对于已经暴露的问题遮遮掩掩，从而拼命维持

---

① 这就是罗素悖论所说明的问题，即一个自我构造的系统不能解决自我相关的悖论。后来罗素用分支类型论来人为规定这类系统的层次，用以解决这类悖论。最高的层次规定其他层次的规则，那么，有什么来规定这个最高层次的行为规则呢？可见分支类型只能解决第一级的层次，最高层次只能由系统外的因素来解决。见胡作玄：《第三次数学危机》第三章，四川人民出版社1985年版。

② 见 A. F. 查尔默斯：《科学究竟是什么？》第 60～62 页，商务印书馆，1982 年版。关于特设性修改的典型例证则是伽利略发现了月球并不是平滑的而是有许多山峰和沟壑的时候，那些坚持月球是完美无缺的保守派就说那些沟壑之中实际上是被不可见的物质填充了。这就是特设性修改。

原有的理论范式。

　　这种特设性修改同样也发生在中国远古圣王创世的理论范式中。圣王创世，王靠天命，天命靡常，以德配天，强者为王，这就是这种理论范式的特设性修改。《尚书》中记载了这个特设性修改的产生过程。历史记载了商汤消灭了夏桀这个事件之后商汤的心理感受和臣子的所作所为：

　　　　成汤放桀于南巢，惟有惭德。曰："予恐来世以台为口实。"仲虺乃作诰，曰："呜呼！惟天生民有欲，无主乃乱，惟天生聪明时乂，有夏昏德，民坠涂炭，天乃锡王勇智，表正万邦，缵禹旧服。兹率厥典，奉若天命。"（《尚书·仲虺之诰》）

　　汤消灭了夏桀开始还有点惭愧，大概是觉得自己破坏了圣王创世和王神圣不可侵犯的信仰，但是，在这种情况下，给他信心和勇气的反倒是自己的臣子。汤的行为合法性是不应该由臣子来肯定的，应该有一个更为超越的背景来抉择。然而，臣子的花言巧语竟然成为了汤自信自己行为合理的佐证。中国传统政治范式的特设性修改就从此开了先河。到了周代，这种特设性修改就完成了。请见下面大家熟悉的段落：

　　　　穆穆文王，于缉熙敬止。假哉天命！有商孙子。商之孙子，其丽不亿。上帝既命，侯于周服。侯服于周，天命靡常。殷士肤敏，裸将于京。厥作裸将，常服黼冔。王之荩臣，无念尔祖？无念尔祖，聿修厥德。永言配命，自求多福。殷之未丧师，克配上帝。宜鉴于殷，骏命不易。命之不易，无遏尔躬。宣昭义问，有虞殷自天。上天之载，无声无臭。仪刑文王，万邦作孚。（《诗经·大雅·文王》）

　　天命靡常的教诲和文王赋有天命的说教不正是很好地告诫了人们，圣王的天命就蕴涵在自己的暴力机器里吗？

同时，周代的统治者也最清醒地看到了这种特设性修改之后，别人同样会拿这种特设性修改的成果来诘难周朝的统治者。于是，周公说："惟命不于常，汝念哉。"（《尚书·康诰》）孔子说："郁郁乎文哉！吾从周。"这不就是说孔子接受了周代的思想体系吗？当然，这种接受一定是潜意识的而非意识的。尧、舜、禹、汤、文、武、周公的盛世信仰不也是这种特设性修改的必然结果吗？孟子则是这种特设性修改的主要传播者，他把夏桀王与殷纣王称为"劫夫"，以及他的历史循环论理论（上文已有说明），只是这种特设性修改的衍生物。"天命靡常"这种理论范式，正像现在一句惯常的口头禅所说的那样：是一把双刃剑。推翻了别人的政治权力可以说天命靡常，我有天命，故我推翻了前代人的统治；自己被别人推翻，推翻现实权力的人同样也可以说天命靡常，因此我要推翻他。中国古代历史的"翻烧饼"运动从此连绵不断。我们比较一下两种书，《上下五千年》（即简单记述中国历史的书）和《世界五千年》，就不难看出，中国的历史最典型特征就是改朝换代多得不可胜数。这就是天命靡常的直接结果。在《史记》中把这两者表达得十分充分。先看标榜刘邦是"圣王"的虚构："主其先刘媪尝息大泽之陂，梦与神遇。是时雷电晦冥，太公往视，则见蛟龙于其上。已而有身，遂产高祖"。（《史记·高祖本纪》）再来看对项羽与刘邦坚信"天命靡常"的肯定："秦始皇帝游会稽，渡浙江，梁与籍俱观。籍曰：'彼可取而代也。'梁掩其口，曰：'毋妄言，族矣！'梁以此奇籍。籍长八尺余，力能扛鼎，才气过人，虽吴中子弟皆已惮籍矣"。（《史记·项羽本纪》）"纵观，观秦皇帝，喟然太息曰：'嗟乎，大丈夫当如此也！'"（《史记·高祖本纪》）在中国有一个最让人百思不得其解的政治学原则——靠既成事实证明合法性，[①] 正是这个特设性修改的最终表达。

既成事实在中国统治社会的终极形式只能是暴力，因为暴力是权力的媒体和社会价值背后的价值。在中国历史上就形成了围绕既成事实的实力

---

① 当费正清与麦克法夸尔发现了这个中国特色的政治学定律之后，并没有给出其终极解释。我觉得正是天命靡常这个圣王创世理论范式的特设性修改是其终极原因。

大比拼。靠既成事实上台的人刚刚走上前台的时候，古代中国人的信仰，即圣王创世和其特设性修改的形式天命糜常，会有一定的迷惑力，就会形成一种凝聚力。古代中国人的信心也会呈上升趋势，加之刚刚上台的新统治者也要虚构圣王的形象，政策当然也就相应平稳和宽松。所有这些明明是自欺欺人的假象，但是，皇帝作为权力的生成机制，就会让那些进入权力氛围之中的臣子们争先恐后的阿谀逢迎的美妙的争取权力话语的话语所淹没。这样，很快这个靠既成事实上台的"王"，就因为不能解决自我相关的悖论，而走上自我否定的道路。汉代的文景之治，唐代的贞观之治，清代的康熙经雍正到乾隆的中期，都是这种情况。最有典型意义的还应该说唐玄宗李隆基的故事。可以说他的确是创造了凝聚和辉煌的时期，泰山朝圣就是明证。唐玄宗于开元十四年（725）登封泰山，次年御制御书《纪泰山铭》，刻于岱顶大观峰石壁上。铭文称："朕统承先王，兹率厥典，实欲报元天之眷命，为苍生之祈福，岂敢高视千古，自比九皇哉。故设坛场于山下，受群方之助祭；躬封燎于山上，冀一献之通神。斯亦因高崇天，就广增地之义也。"他的用心在于"道在观政，名非从欲"，所以他要"铭心绝岩，播告群岳"。这正是炫耀圣王的极好机会。但是，就在他享受歌舞升平和真挚的爱情感受①时，分裂来到了他的皇宫。曾被他宠爱的安禄山与史思明造反，搞得他狼狈不堪，连自己最宠爱的妃子杨贵妃也保护不住，被部下逼得自缢。没有等到平定叛乱，他的儿子李肃匆忙继位。少数民族血统的安禄山和史思明为争夺既成事实不惜牺牲自己干爹和干妈②的宠爱，悍然动用数十万兵力进攻朝廷杀戮人民，最后落得个身败名裂的下场。李肃为了争夺既成事实不惜牺牲父子亲情，抢班夺权。由此可见，像"孝"之类的道德规范，在权力面前脆弱得一文不值。在凝聚与分裂的震荡中，人性没有了，道德没有了，秩序没有了，真实没有了，生命没有了，自我没有了，只剩下赤裸裸的权力本身和运作权力的需要和技巧。

---

① 白居易的《长恨歌》应该是李隆基和杨贵妃真挚相爱的证明。

② 安禄山曾认杨贵妃为干妈。见（后晋）刘昫等撰《旧唐书·安禄山传》，中华书局1975年版。

以孔教作为意识形态的中国社会，当"圣王创世"和"天命靡常"这两个信仰的核心命题进入了中国人的常识知识体系之后，它们作为集体记忆和社会记忆的内容，不仅是在理论著述之中体现，还是宏观叙事和微观叙事的绝好教材。像《三国演义》、《水浒传》等评话脚本，都充满着这种意蕴。这样，这些信仰命题就不知不觉地进入了一代又一代人的潜意识之中，成为了一部分人"里比多"①之类的内在冲动，甚至是人生的目标和理想。于是，这些信仰的命题，就转化为人格成分进入了某些人的生存论模式之中。"圣王创世"往往转换为妄想狂人格，"天命靡常"就变成了妄想狂人格发泄妄想狂里比多的借口和渠道。陈涉的一句"王侯将相宁有种乎"的设问成为了千古名句，其实这正是以上两个命题的具体显示表达。唐代的黄巢写下两首题菊花的诗，绝妙地表现了这种信仰进入潜意识之后自然流露的那种状态。其一是《题菊花》，这样写道："飒飒西风满院栽，蕊寒香冷蝶难来。他年我若为青帝，报与桃花一处开。"这不是"圣王创世"的文学表达吗？第二首是《菊花》，又题《不第后赋菊》，这样写道："待到秋来九月八，我花开后百花杀。冲天香阵透长安，满城尽带黄金甲。"如果没有天命靡常作为其潜意识的积淀，一个盐贩子怎么会写出这样的诗作呢？陈涉是中国历史上第一个农民起义的领袖。黄巢是中国历史上最壮观的农民起义的领袖。有这两个人作为代表大致可以对中国历史上的农民起义做点归纳和总结了。

在中国古代社会，农民起义是被压迫和被奴役的结果，这毫无疑义。没有生活的艰辛和死亡的威胁，谁也不会铤而走险。但是，从上文的引述中我们可以看到，农民起义其实是有思想体系作为其行动指导和价值取向的。这个思想体系和皇帝君王的思想体系一模一样，是一种表达，一种理解，一个来源。当皇帝坐上了自己的宝座，他就可以说自己是圣王创世，在他还没有坐上宝座之前，那是"天命靡常"。"天命靡常"在皇帝的不同

---

① 关于"里比多"，见《弗洛伊德文集6：自我与本我》，车文博主编，长春出版社2004年版。

时段有不同的政治功能：在他要取代别人做皇帝时，"天命糜常"是曼海姆意义上的乌托邦；他做上皇帝黄袍加身了，"天命糜常"就是推翻前代的意识形态，因为，这回他是用权力背景来说话。"圣王创世"总是在皇帝的现在时中的权力话语。这个命题的公开表达总是意识形态的权力话语，这是意识中的普遍语用学。然而，在潜意识之中，这两句话的实质内涵都可以作为乌托邦出现。陈涉和黄巢的话语表达不就是明证吗？

这样，孔教的核心信仰与其特设性修改的表达式，就既是意识形态又是乌托邦。在权力舞台之上的人和在权力舞台之下的人都拿着同一个精神动力和人生目标来指点自己的行为和思想。这个双刃剑的思想体系，即孔教从表面上看，似乎是一种机会均等。但是，似乎均等必须是人面对同一个超越物机会均等，这才能给人以充分利用机会以争取良好的结果，也就是说在人与人之间能够充分展开一种平等的竞赛。然而，中国的孔教却是首先制造出一个绝对超越于社会，绝对超越于人生的与天毗连的超人。他们中一些人具有虐待狂人格，虐待狂人格就会遇到逃避自由的被虐待狂人格。这就是弗罗姆在其脍炙人口的小书《逃避自由》① 中所阐述的规律，也就是希特勒能够成功的人格搭配。当然也是斯德哥尔摩症候群实行的条件。如果碰上了某种天灾、瘟疫、战争，或者是统治者的寿命已尽，妄想狂人格也就有了施展的机会。他们就会在自己的周围同样以斯德哥尔摩症候群的方式绑架一批紧跟自己的人，就会形成小范围的凝聚，发展到一定程度，就和意识形态的"大家庭"分庭抗礼。这种凝聚和分裂就成了中国古代传统社会的重大特征之一。这就是孔教的教义所蕴涵的必然结果。

从以上的分析中我们不难看出，中国传统政治的这种凝聚与分裂张力之间的怪现象，其实是一种精神科学②的内涵。这种精神力量常常爆炸为灭绝人性的悲惨事件。在中国历史上有十四次人口灭绝，像在三国时期、

247

四 孔教与统治社会

---

① 弗罗姆：《逃避自由》第五章，刘林海译，国际文化出版公司 2007 年版。
② 威廉·狄尔泰：《精神科学引论》，童奇志、王海鸥译，中国城市出版社 2002 年版。

魏晋南北朝时期、唐末黄巢起义、明末李自成张献忠起义、满清统一中国，等等，都是人类历史上残酷杀戮、草菅人命的野蛮纪录。像吃人肉喝人血这样的事情，不用到达尔文的环球旅行日记中去寻找，在中国古代历史的这些特殊时段，其残忍的程度都令人发指。① 在这人性丧失与人伦败坏的时候，我们看到了一个让人感到非常吃惊的现象：真正把人性彻底丢失把兽性用到极致的人，绝大多数是那些出身卑微妄自尊大，依靠暴力和体能铤而走险窜上历史重要位置的暴发户，像黄巢、张献忠、李自成，包括真正做上皇帝位置的朱元璋，都是这样的人。在他们走上权力宝座之前与其过程中，天命靡常则是他们的坚定信念。② 这除了说明人是自己的创造物之外，还告诉我们，在这个世界上要想维持秩序，还是要有点超越性的东西。孟德斯鸠所说的君主制运转的动力是荣誉，民主制则是信誉，集权制则是恐怖，③ 无非是说有一种超越性被社会成员信仰，才能把这种种制度维系下去。当一个社会丢失了自己赖以存在的超越性源泉的时候，这个社会一定要崩溃，并且崩溃得非常悲惨。

想想历史自从进入春秋之后，不用说"春秋无义战"，在古代其他时期什么时候又有过义战呢？这里一个最重要的事实就是中国古代社会在孔教的信仰中，彻底丢失了中国社会赖以组织起来和维持下去的超越性原则和超越性事物。圣王创世的确是内在性产物，但是，要是没有后来的特设性修改即天命靡常的画蛇添足，也可能就在历史中创造了超越性。当然，这样，那个古老的政治家族或者古老的政治模式就会一次而成永恒地统治下去，只能等待着世界上文明的冲突把新的理念带进来，从而改变原来的面貌。但是，这种社会不会有那么多震荡。这样的事不用到遥远的欧洲去找，和我们毗邻的日本就是一个很好的典型。

大约在公元5世纪前后，日本就建立了天皇制度。一直到今天日本还是有天皇。10世纪时，武士阶层兴起，开始了日本的幕府时代。幕府掌握

① 《中国历史上十四次人口灭绝》，载于新浪网。
② 魏斐德：《历史与意志——毛泽东思想的哲学透视》，中国人民大学出版社2005年版。
③ 孟德斯鸠：《论法的精神》第三章，张雁深译，商务印书馆1961年版。

着日本的军事力量，天皇只是一个神权的象征。历经三代幕府，只有其中一百余年天皇被幕府赶到偏远的地区，而其他时间天皇都在首都过着优哉游哉的生活，尽管有时要受点幕府的气，但并不会丢失性命。就是到了明治天皇维新的时候，幕府的军队仍然可以打败天皇的军队，只是幕府担心如果两支军队打得两败俱伤，虎视眈眈的美国会再来敲诈和火中取栗。幕府才因此而承认了天皇的至高无上地位。日本的历史不是清清楚楚地写着超越性的天皇的历史作用吗？当然，天皇的超越性肯定是从内在性中经过虚构和神化缔造出来的。① 但是，有就比没有强。

　　日本文化中有一个最值得我们重视的现象，就是长子继承制。② 长子继承在中国古代社会中也曾经是一种制度性的建构，或者用宗教学的术语说，就是一种超越性。《日本史》③ 记载了 15 世纪日本的战国时代。室町时代的第八代将军足利义政当政时，为了将军的继承问题各分成了两派，兵戎相见的战乱总共持续了十一年（应仁之战）。最后，因两军兵困马乏而息战。但是，将军的势力和实力减弱，庄园制度遭到破坏。超越性的丧失便形成了制度上的错位：暴力机器的大小成了新的内在性的决定性标准，下位者完全可以凭借实力推翻上位者，形成下克上的无秩序社会。这样的社会持续了一百年。

　　结束战国的时代依靠的就是长子继承制。日本史惟妙惟肖地记载了一位将军在老年的时候是如何捍卫长子继承制的。将军所坐的高台平常是不容许别人走上去的。一次他把长孙抱上高台，亲近地和孙子交谈着。儿媳所宠爱的次孙在儿媳怂恿下也想走上高台，将军见后大声呵斥道："给我站住，不许你走上来！"这就是用超越性制造信仰的伟大壮举。

　　在一个等级制的社会中，如果不把等级制阶梯上的人群做出超越性的规定，不把这种超越性当成信仰来信奉，这种秩序也许是永恒的科层阶

四　孔教与统治社会

---

　　① 吕玉新：《古代东亚政治环境中天皇与日本国的产生》后部，香港中文大学出版社 2006 年版。

　　② 王伟：《日本传统家庭制度的形成与特征》，中国社科院日本研究所网站。

　　③ 吴廷璆：《日本史》，第 179～181 页，南开大学出版社 1997 年版。

梯，最低是长久的叠罗汉式的人压迫人的樊篱。但是，谁在上边与谁在下边可就没有一个固定的成规了。包括皇帝在内，一切压在别人上边的人，都时刻存在着危险，被他人倾覆，被他人消灭，被他人赶走，所有这样的事情都不是意料之外的。而且其概率还大得惊人。当初在下层的苦痛与悲哀已经非常鲜明地成为了集体记忆和社会记忆之后，任何人都会在这种情况下不假思索地选择自己的行为方向：千方百计捍卫住自己现有的地位，只有向上争取，没有任何后退的余地。踩住下边的人，拉下上边的人，这就是人们行为的目标选择。为达到这一目标当然可以无所不用其极。当然，把这样的目标选择装进了当代中国人的精神程序之中后，还能有超越性可言吗？人类中最卑劣最下流最不道德最能利己的那些行为选择就是必然的和显然的。李宗吾写的《厚黑学》① 就可以理解了吧？同时，又必须修改哈耶克在其《通往奴役之路》② 中的一个定律：极权让坏人上台。的确，极权让坏人上台在希特勒的第三帝国真的变成了现实，正如哈耶克论述的那样。文化也照样让坏人上台，还能让蠢人上台。从"圣王创世"到"天命靡常"这个精神震荡就是明证。

250

谈到等级制社会的超越性问题，尤其是简单介绍了日本的历史中关于长子继承制的超越性给日本带来的秩序稳定之后，就不能不谈谈中国帝王的立嗣制度。中国古代像许多国家一样，最早的立嗣制度也是"立嫡以长不以贤，立子以贵不以长"。这是规则，当然就是超越性的体现。就像足球运动的规则必须是超越性的一样。但是，帝王们对其的践踏举不胜举。最典型的又最有影响的当然就是鲁隐公破坏了这种制度，这在孔子的《春秋》中是被孔子避讳掉的事实。在《春秋公羊传》和《春秋谷梁传》中发生分歧最大的事件，我们在上文中已有评价。后来的中国政治权力的传承虽然也有一些比较固定的成规，如秦汉的预立太子制度，唐朝出现了东宫建制，就是为候补皇帝设立一个"影子"朝廷。然而，"玄武门之变"

---

① 李宗吾：《厚黑学》，群言出版社 2006 年版。

② 哈耶克：《通往奴役之路》第十章，王明毅等译，商务印书馆 1962 年版。

却打破了所有为立嗣稳定所作的努力。如果中国的继承制度是完善和严格的，变成了一种超越性的规则和信仰，李世民绝对不敢冒天下之大不韪，弑兄杀弟；即或他这样干了，也不会有人追随他，文化的氛围不是将其阻止，就是将其杀死。后来的皇位争夺战在历朝历代都没有停息过，像明朝的"靖难之役"，肯定是立嗣制度的随机性产生的灾难之一。靖难之役的主角明成祖朱棣要不是"圣王创世"和"天命靡常"的信奉者，最低也是其鼓吹者。他在南京明孝文帝的皇宫立就杀死了嫔妃与宫女近三千人，后来他做了皇帝，残忍的本性仍然不改。至于说清代的雍正皇帝是如何继位的，这是清史的悬案，我们不想涉及。但是，雍正对自己骨肉同胞的残忍和暴虐大概是无人怀疑的。

至于说皇族内部的纷争在中国历史上始终没有间断。周代之前的分封制是同姓和异姓同时分封的，王族家庭内部的斗争还不太明显。秦代只是短暂的一瞬。汉代建立之后，刘邦实行分封，起初是同姓王和异姓王并存，后将异姓王渐次削夺，只保留同姓王。这些同姓王在封国内有政治、经济、军事大权，后来终于造成"吴楚七国之乱"，旗号是"清君侧"，实际上是要夺皇位。晋初大封同姓子弟为王，且握有军政实权，后酿成"八王之乱"。唐代虽也封皇室子弟为王，但"有名号而无国邑"，都要住在京城的宅院里，由宦官进行管理。这显见是汲取了从前的教训所进行的改革。宋代大体沿用了唐代的做法，只是稍作改动。宋代封王只及自身，不得世袭，可以像庶民子弟一样，参加科举考试为官。元代封皇子为王，派往各行中书省，专制一方，俨然是地方上的军政首领，明显带有民族压迫的色彩，这是异族统治的必然选择。明朝建立之后，在明太祖朱元璋看来，还是汉代的分封办法比较好，使封国和郡县相间，便于监视。在此基础上，他建立了自己的分封制度。这种制度对明代的政治产生了极为重大的影响。正是这种分封制度，才导致了"靖难之役"。藩王的嫡长子立为世子，即藩王的未来接班人，10岁时就授予金册金宝。其他诸子则授予涂金的银册银宝，封为郡王。以后各世子孙都有封爵，自六世孙以下都封为奉国中尉。他们升的时候要向宗人府请名，年龄大了要请婚。但他们不能

从事士农工商之类的行当，只是坐糜俸禄。明中期以后，皇室成员的俸禄成了国家沉重的包袱。这是压垮明朝的最后一根稻草。不过这倒是缓解了皇族血亲中较远的分支对于皇权的威胁。但是，在皇宫内关于立储的斗争却愈演愈烈，导致了著名的"明宫三案"，就是围绕立储发生在皇宫中的"梃击案"、"红丸案"和"移宫案"①。

"明宫三案"以立储为核心，牵涉到万历、泰昌、天启三代皇帝，以太子和后来的泰昌帝朱常洛为轴心人物。从表面上看，这三桩案子只是皇家的立储争执，但其影响早已超出了"宫案"本身。

第一，"明宫三案"影响朝廷决策。"三案"将朝廷注意力吸引到宫廷斗争。《明史·后妃传》记载："群臣争言立储事，章奏累数千百，皆指斥宫闱，攻击执政。"因之，朝廷不能将注意力集中到国家大政、要政上，诸如关外的辽事等，致使许多重大问题或束之高阁，或拖而不决，或决策草率，或决而不行。

第二，"明宫三案"加速宦官专权。《明史纪事本末》记载："魏忠贤杀人则借三案，群小求富贵则借三案。"明末宦官魏忠贤专权，阉党跋扈，使本来腐败、黑暗的明末统治更加腐败、更加黑暗。

第三，"明宫三案"成为党争题目。明朝后期，有东林党、浙党、楚党、宣党、齐党等。这些党系，各自为战，时常就朝政争执不休，"明宫三案"就成为了党争的题目。这当然是分裂的明证。

在明朝廷"宫廷三案"闹得乌烟瘴气之时，正是努尔哈赤建元、兴兵——下抚顺、清河，萨尔浒大战，又连下开原、铁岭的时期。努尔哈赤看准了时机，继续向明朝辽东重镇沈阳与辽东首府辽阳发动进攻。在明朝朝廷内部必然的权力分裂正在向着另一个新的凝聚过渡。这个新的凝聚就是以努尔哈赤为核心的后金政权。当然又是一个分裂与凝聚的震荡漩涡将

---

① "梃击案"是指万历年间受宠的郑贵妃派人袭击皇长子朱常洛的案件；"红丸案"是指朱常洛在登基之后突然患病。廷臣李可灼的红药丸先好后坏，并最终致其突然死亡的案件；"移宫案"则是朱常洛的宠妃西李选侍居占乾清宫，不愿离开，威胁天启皇帝继位的案件。见人民网社会新闻《明末三大奇案》，2007 年 12 月 14 日。

在中国上演。这就是孔教所导演的形式上既有悲剧又有喜剧的故事，而其深层和本质则是文化和文明的清一色的悲剧。

努尔哈赤效仿汉族家国同构的政治模式在其权力传承的问题上还真有点创新，他临死之前并没有指令任何直系后代接他的班，只是让大臣和贝勒们共议一个贤能者出来执政。四贝勒皇太极脱颖而出，不过走出来的肯定不是心慈手软的菩萨，一定是心狠手辣的歹徒。然而，努尔哈赤的传承模式只传了一代，皇太极临死时和其父亲截然不同，他指令由他只有六岁的儿子福临登基。当然这种新的凝聚自然包含着许许多多的分裂。要不是多尔衮念及爱新觉罗氏的江山和少数族群的征服欲望，也可能他自己就会取而代之。这位功劳显赫的摄政王在 39 岁时撒手人寰，其尸骨未干顺治皇帝就将其从棺材里扒出，鞭尸示众。这告诉我们在这种集权的政治中，只能是一个凝聚的核心。康熙年间的所谓盛世也只是新的凝聚力还没有到即刻分裂的程度，而其突然离世的戏剧却暴露了凝聚之后的分裂是多么悲惨！雍正是怎么上台的？到今天还是一个谜团。他所经历的事情告诫他必须在立储问题上有新的突破，秘密立储制度就是他的得意发明。然而，这也并没有从根本上改变中国权力中心的凝聚和分裂的交替。到同治之后，皇储甚至皇帝都是由一个女人说了算。[1] 清代的权力传承到此就完全改变了颜色。说到底，在古代社会，还是"圣王创世"的伟大开端最后总是被"天命靡常"的渺小结尾收场。

3 尊孔与反孔——辉煌与衰败

把孔教定义为国教，有一个最大的难题：并不是每一个中国人和每一代中国人都把孔子奉为神明，这个宗教的象征性人物没有都被尊崇，那么，孔子所代表的思想体系能是宗教吗？回答这个问题，需要宗教学中关

---

① 见赵尔巽《清史稿》卷二十一和卷二十二穆宗本纪，中华书局 1976 年版。

于"超越性"和"内在性"的诠释和解读。我们上文中虽然已经多次使用这两个概念,但是,并没有严格定义和界说。我觉得在这里进行系统和详尽的说明,更有必要。

"超越性"(transcendence)一词,来源于拉丁语,字面意义是"爬到或者走到某一范围之外"(climbing or going beyond)。它主要是用来说明上帝与世界关系的神学术语。其意义主要有:第一,它指上帝彻底在世界之上或者世界之外。亚里士多德关于上帝为第一推动的观念,就是这一意义的展开,人类的这种自我意识既是非物质化的又是超越性的。第二,则是中世纪西方哲学的认识论用法,指处在亚里士多德的范畴之外的存在或者特征,如"整合","真理","美德",等等。第三,则是伊斯兰教神智学(theosophy)的用法,指先于本质的存在(existence precedes essence)。近代与现代哲学家有许多都对这个概念情有独钟,如康德,休谟,胡塞尔等。他们使用"超越性"都是由以上意义引申出来的。

与"超越性"对应使用的是"内在性"(immanence)。(其实在正规用法中,应该在"内在性"之前加上"神圣的"(divine)修饰语加以限定,才能真正体现这个概念的实际内涵。在与"超越性"的对应中,才能将这个修饰语省略。)在哲学和神学中,内在性指上帝在宇宙中的无所不在性。其极端的形式则是泛神论,在这种理论中,上帝和世界是绝对同一的。对于一神教的开创者来说,则把内在性与超越性并列使用。于是,在犹太教与基督教中,上帝作为宇宙的创造者、持守者、仲裁者和救赎者,既无所不在又活跃于人类的事务中。①

超越性只有在和内在性对应之中才能凸显神圣性,这就是我们在上文中所介绍的奥托定义"神圣"的基本前提。超越性是这对概念的主导方面。没有先于本质的存在,没有外在于人类的生活氛围,不仅没有神圣的超越性,也没有神圣的内在性,这是继发性宗教的典型特征。继发性宗教正是因为创造了这种以形式二元性表达的实质一元性,即绝对超越者的依靠怀特海意

---

① 见 Wikipedia 百科全书的 Transcendence 与 Immanence 词条。

义上的凸显性来实现对于其"鸟瞰"① 之下的事物的控制。这种"鸟瞰"正是和怀特海的凸显有异曲同工之妙的哲学思索。这样一来，才使得继发性宗教脱离开原始宗教的蒙昧躯壳，走向精神的成熟和健康。在这种情况下，所谓的内在性是在一种不在场的超越性以鸟瞰的形式实现的。这也正是人类社会的行为自律从良心的在场性走向程序的不在场性的必由之路。

通过超越性与内在性对应分析的结果我们就会看出，存在先于本质的超越性是这种二元对立的主导方面。就像上帝的超越性那样，上帝的本质是我们在上帝的内在性中认识的。阿奎那的《神学大权》就是这种依靠有限认识无限的上乘之作。换句话说，超越性的本质永远是康德意义上的物自体（being-in-itself）②。物自体的本质和存在是不能被物自体之外的认识主体所认识的。我们只能依据物自体显现自身的现象来对其做出分析和一定范围内的判断。而这种判断不是其有与无的判断，也不是其对与错的判断，更不是其好与坏的判断，只能是我们的行为是否和其适应与不适应的判断，我们对其的认识与其显现的现象是否一致的判断。这种超越性与内在性的关系，就是法国哲学家德勒兹所定义的"平面内在性"（plane of immanence）③。在德勒兹的哲学中内在性只能是面对超越性的平面，并且内嵌（embedded）在超越性之内。在这个意义上的内在性才能和标准化的超越性的超越物（如基督教的上帝和伊斯兰教的安拉，等等）对应。只有这样的超越物才能在超越物的实在性无法证明的情况下，彻底转化为超越性。这就是美国等国家依靠基督教精神立国，却不是基督教国家的哲学解释。基督教的超越性变成了美国的宪法和各种法律。尤其是宪法，它是给政治家装进笼子里的政治技术。只有这种平面化的内在性，才能树立起真

---

① 这是中国数学家吴学谋自己构造的数学分支"泛系分析"中的术语。我觉得怀特海的"凸显性"（superject）就是以"鸟瞰"这种操作原则来实现其作用于宇宙和世界的。所谓"鸟瞰"类似于足球比赛的规则对于足球运动员的规范和指导。见吴学谋：《泛系：万悖痴梦——一种形而泛学：哲学与非哲学的创生》，湖北教育出版社 1998 年版。

② 康德：《纯粹理性批判》第二卷第二章，商务印书馆 1960 年版。

③ 见 Plane of Immanence, *In Wikipedia*, *the free Encyclopedia*. The Wikipedia Foundation, 2001.

正意义上的超越性的超越物。也只有这样的超越物才能不被历史和时代所颠覆，不被暴力和谎言所掩盖。但不排除它自己却是暴力与谎言的产物。拥有这样超越性和超越物的宗教是比较彻底和合格的宗教。但是，没有这样的超越性和超越物的信仰体系只要具备信仰、希望、终极关怀等宗教要素，照样是宗教。当然，这样的宗教只能是把信仰体系建筑在教皇和教父的不断更替上。就连这种宗教的创立者，也自然而然包含在时刻被替代和被批判的地位上。而批判这个信仰体系的创立者的那些数典忘祖者，却始终是把这种宗教的核心教义和规范体系运用得得心应手，与其生存论状态和生存论目标浑然一体，就像他本人又创造一次这个宗教一样。

显而易见，中国传统的思想意识和信仰系统根本就没有这种超越性，自然也就没有这种超越物。尧、舜、禹、汤、文、武、周公只是儒家的信仰对象，并不是我们刚才所阐述的超越性的超越物。就连法家也不承认这些所谓圣王的超越性。[①] 我们在本书中曾经集中论述法家其实也是孔教的信徒。他们的超越性也需要一代一代地创造和复制。于是，把这些圣王的形象虚构出来，把这些圣王的超越性制造出来，的确是孔子的功绩，最低是孔子在最关键的时刻将其复制下来了。就像孔子心目中的圣王并不超越于历史一样，孔子本人也不是超越于历史的永恒超越物。但是，孔子所创造的思想体系和信仰核心对于后世的统治者却是永恒有益的。所以，孔子可能被一代又一代人所反对和颠覆，但是，孔子的思想体系和宗教教义则肯定被颠覆和批判他的人情有独钟地钟爱和崇拜。但不排除这些拼命使用孔子宗教精髓的统治者，把孔子的宗教教义和思想精髓改头换面和精密包装，在贩卖自己的形象时实际上是贩卖着孔子的那一套货色。而这样的统治者则一定是在内心深处把孔子当成自己顶礼膜拜的对象的。因为孔子所创立的宗教，已经把中国古代的统治术和政坛登龙术阐述和证明得无以复加了。当然不排除这些政治强人只是在自己潜意识里对于孔子顶礼膜拜。

---

① 见南京大学韩非子校注组编：《韩非子校注》第 661~704 页，江苏人民出版社 1982 年版。

所以，一个人尊孔与反孔并不标志着他是孔教的信徒与否。而真正能够有能力反孔的人，则一定是孔教的虔诚信仰者。

封建社会的农民军队大都反孔。这是因为他们还没有彻底登上权力宝座，还没有取代正统的政权而成为天命的代表。在"文革"期间中国出版了一本书，是说历代农民军队反孔的故事。[①] 书的编纂者竟然不知道反孔的发动者正是在骨子里完全尊孔的人。例如，书中列举了下列农民军的反孔事例：陈胜吴广揭竿而起就开始反孔；绿林赤眉"斗筲"造反立刻就撑起了反孔的大旗；"巨人"擎天，黄巾起义声势浩大地批判孔教；隋末农民纷纷起义点起反孔烽火；举"冲天"旗黄巢造反大批孔子；元代的红袄军愤怒捣毁孔庙；红巾军奋勇反压迫，明代的农民起义领袖刘六刘七扫荡孔子宗室；李自成的农民军把孔子批判得体无完肤；洪秀全更是砸孔子牌位，于紫荆山开始了自己的暴力时代；这其中最典型的是洪秀全，我们看看洪秀全是真的反孔还是假的反孔。

洪秀全的人生是从科举取士的目标开始的。他从 15 岁起开始应试。23 岁在广州应试时偶然得到一本基督教的《劝世良言》，随便翻阅一下即丢进书箧。24 岁又一次应试不取，回家生了一场大病。30 岁，他最后一次应试，也名落孙山。缕缕失败使其妄想狂人格迅速走到了原来目标的反面，发誓要"从此不考清朝的科举，要自己来开科取士。"他愤而砸毁村塾里供奉的"大成至圣先师"孔丘的牌位。这正是自己要当圣王的明证，其本质正是孔教的精髓。他创建"拜上帝会"时，需要创立一整套披着神秘宗教外衣的革命理论，当然要排斥百家，独尊自己所信奉的"独一真神皇上帝"，反对一切其他的宗教和信仰。就是在这种情况下他仍自觉不自觉地应用儒家经典的语言，来帮助阐述上帝教的教义。据《太平天国革命思潮》一书中所作统计，孔孟的《诗》、《书》、《易》、《礼》、《论语》、《孟子》、《中庸》等书都曾被太平天国官书所引

---

① 山东师范学院中文系：《历史上劳动人民的反孔斗争》，第 27～75 页，山东人民出版社1975 年版。

用。洪秀全在批判各种怀疑上帝教的论调时，总是先引"中国经史"为据，其次才引"番国圣经"为证。连洪秀全亲手著述的《原道救世歌》、《原道醒世训》、《原道觉世训》等上帝教的经典，也引用了不少古典的属于孔孟之道范畴的诗书中语。尤其是同时期所作《百正歌》更富于传统思想。

太平天国在其起义的第一年（1851）颁布的《幼学诗》和《太平礼制》，都充满孔孟之道的忠孝仁义思想。当时一个叫毛隆保的知识分子在所著《见闻杂记》中就评论说："《幼学诗》一本，后俱教人孝弟语，唯前一二页系天主教语。"这本教科书，把天朝的秩序规定为"生杀由天子，诸官莫得违"。把夫妻关系规定为"妻道在三从，无违尔夫主，牝鸡若司晨，自求家道苦"。这当然是对孔教的复制。《太平礼制》所定各级官吏及其亲属的称呼，均依尊卑等级而严格区分，这也是取法儒家。故时人评论说："饰以儒术"，"大抵所学者，《诗》及《周礼》二经也。"（汪悔翁乙丙日记）

太平军从广西北上途中颁发的《奉天讨胡檄布四方谕》、《奉天讨胡救世安民谕》和《救一切天生天养中国人民谕》等主要文告，只号召反对清政权，反对菩萨偶像阎罗妖，说这些都是魔鬼，并没有提及孔孟和孔孟的书。只是到了1853年的革命最高潮中，太平天国一度曾公布命令说："凡一切孔孟诸子百家妖书邪说者尽行焚除、皆不准买卖藏读也。"这无非是又一个秦始皇的效仿者而已。然而，他并没有秦始皇那样彻底。只过了几个月，洪秀全又突然下令宣布"孔孟非妖书"，把孔孟的书，从"诸子百家妖书邪说"区分出来。据《金陵纪事》一书记载："八月初十日在南京开科取士，连出三示，用文用策，又谓孔孟非妖书。"咸丰三年八月十日，洪秀全定都天京伊始，在百废待兴之中，却及时纠正反孔的过激政策，允许士子诵读，还提倡用考试方法选取儒生参加革命。当时洪秀全亲自宣布"开科取士"，实现了自己的誓言。

洪秀全为了较系统地推广儒家思想，还特意指派太平军中最有学问的曾钊扬、何震川、卢贤拔等担任修改儒家经典的工作，陆续刊布了改订四书五经。改动的原则主要是两条：凡是牵涉到鬼神丧祭的事，因与上帝教教义相左太甚，故删去不存。按照表彰上帝、贬斥历代帝王圣贤的原则，进行增字或改字，如"上帝"加上"皇"字为"皇上帝"；降历代的"帝"为"侯"，"王"为"相"；把《论语》中的"夫子"改为"孔某"，"子曰"改为"孔某曰"。（据《金陵省难纪略》、《江南春梦庵笔记》、《汪悔翁乙丙日记》三书有关洪秀全改字删书的记载）按照上述两个原则，改动的只是鸡毛蒜皮，而孔孟之道的精髓——整套封建政治理论和道德理论，则原封不动保留了下来，刊成"钦定"的新书，利于儒家思想广泛流传。

太平天国还公然以法令形式鼓吹孔孟之道"合于天情道理"，鼓励士子多读孔孟的书。《钦定士阶条例》所附《劝诫士子文》中指出："天父前降有圣旨云：'孔孟之书不必废，其中有合于天情道理亦多。'既蒙真圣主御笔钦定，皆属开卷有益者。士果备而习焉，则焕乎成文、斐然成章。"它又说："诵书习史、博览篇章，目染耳濡，课学即求心之道；通经致用，家修即廷献之资。"洪秀全之所以欣赏孔孟之道，原来是认为孔孟之道在许多方面合于"天情道理"——即合于洪秀全本人的思想，因此决定利用它为自己的政权服务，"通经"为的"致用"，"致用"就是"廷献"，他的政治目的说得再清楚也没有了。

从洪秀全对待孔教的态度上就可以总结出一些规律性的东西。洪秀全是一类反孔的典型，他可以作为权力争夺者的代表。还有一类人，就是以孔教的诠释和理解作为职业的人。但是，我们还不能将他们叫作知识分子。因为知识分子不是那些掌握了知识的人，而是被一切权力当成坏人的人。也就是那些把制造和生产乌托邦的思想体系当成己任的人。所谓乌托邦的思想体系就是和意识形态针锋相对的思想和观念。这样的人之所以不是知识分子，就是因为在孔教横行的社会里，接受了孔教就不能是知识分子。他们已经没有了关于权力之外的知识的概念和意识。所以，这样的人无论是尊孔还是反孔，就不再是他们自己的事。而是他们背后的人在指使他们，在强迫他们，在诱导他们尊孔和反孔。

4 以人为食的利维坦

"利维坦"一词源于霍布斯的名著《利维坦》。它是指人类社会构造起来之后，就形成一种特殊的生命。这种生命体当然被个体的精神因素运转，但是，在整体性上就像一个庞大的怪兽那样，时刻会做出自己的选择。[①] 霍布斯的社会理论，在它产生的那个时代，人们除了对这种贴切的比喻佩服得五体投地之外，是不会对于这类"生命"做出像今天的生命科学之类的理解的。在当代的生命科学看来，生命就是能够独立地或者在载体上进行自我复制的那样事物。在这个意义上，计算机病毒是生命，地球的生态是生命。后者就是著名的地质学家拉夫洛克和马格丽特的学说"盖雅"假说的结论。[②] 同时，我们看到霍布斯所说的"利维坦"其实就像拉夫洛克和马格丽特所说的"地球盖雅"这样的生命。人类的组织则是这个生命的载体，就像地球的表面是"盖雅"的载体一样。我们在探索利维坦的时候，最重要的事情有：第一，看看人类社会是不是一种生命？第二，如果它真是一种生命，它怎样自我复制？

我们说社会是一种生命，显然不是指人类在生物性上的自我繁衍，并维持一种群体的状态，而是指人类的组织因素。只有组织起来的人类社会，靠集体记忆和社会记忆维持下来的整体性形式，才是霍布斯所说的利维坦。在这个意义上，人类社会的确是自我复制的。不论是社会的组织形式，还是社会的运转方式，都在时间上传递和延续。于是，我们说社会确实是利维坦。它的载体就是一个个的人类个体。

利维坦复制自己的过程不外乎两种：其一是它的生命形式就像自然的生命系统一样，生命只是在许多元素与子系统之上的凸显，只要元素与子

260

---

① 霍布斯：《利维坦》第二部分第十七章，黎思复、黎廷弼译，商务印书馆1985年版。

② 见 *Sientists on Gaia*, edited by Stephen H. Schneider & Penelope J. Boston. The MIT Press, 1993.

系统在运转，它的能量就能从个体那里集中起来，它的生命就有保证；其二则是它的生命形式依靠某个个人，或者某些个人组成的集团，这个个人或集团把组织形式和运转方式强加给其他个人或集团，靠这种强制来实现利维坦的生命。前者就是德里达所说的不在场，后者则是他所说的在场性。利维坦的生命就只有两种：在场性复制与不在场性复制。

我们先说不在场性复制。因为将这种复制的社会排除，剩下的就只有在场性的复制了。不在场性的复制一定要有一种超越性，甚至要有一种超越物。依据上文对于德勒兹的内在性平面的理论，与超越性或者超越物对应的内在性一定拥有平面化的特征。不在场性还可以换一种说法：某种超越时间和空间的规范和事物就是不在场性的另一种表达。① 现代社会的宪法和其他行文法则是超越性的典范。当然权力制衡的机制，新闻自由的规定，司法独立的原则，就都是超越性的具体体现。并非彻底的超越性同样也能给社会带来这种不在场的复制。例如上文所说的日本社会，有两件超越性的事务，即天皇的神权和长子继承制，也在一定程度上给日本社会自我复制以稳定性和继承性。

在场性的复制就是以某个时间性中的事物作为动力因和目的因②对利维坦的生命所进行的复制。某一个独裁者，某一个在朝的政治派别，某一个并不拥有超越性的血缘家庭，都是这种时间性中的事物。当然，也只有这种物质性生命的事物才能拥有动力因和目的因这两个通过意志才能产生的本体论根据。这种物质性生命当然指那些掌握权力并运用权力将社会的传承按着自己的意志进行下去的最高统治者。这就是一种在场，所谓在场就是一种把自己的个体性等价于整个社会的强制行为。个体性和整个社会在本质上是不能等价的，要想让两者等价，就只有强制。强制是要有成本的。这种成本就是由社会偿付的巨大资源，包括社会成员的生命，社会所生产的物质财富，某一个地理范围内的自然资源。把这种哲学的语言翻译

---

① 奥古斯丁的《忏悔录》在这一点上有深刻的论述。见《忏悔录》，周士良译，商务印书馆1963年版。

② 见亚里士多德的《形而上学》第三章，吴寿彭译，商务印书馆1959年版。

成普通的现代汉语，在场性复制人类社会就是制造一个吃人的利维坦。霍布斯在当年杜撰出"利维坦"这个概念时，主要是在这个意义上使用的。

个人和整个社会等价，是和孔教的天子和天下，诸侯和诸侯国同构等价的命题。如果这些同构关系具有超越的性质，即某个血缘家庭创造了超越性，这个血缘家庭的代表则是这种超越性的超越物，也可能向日本天皇和英国国王一样，在适当的时候成为了一种有限的不在场的复制利维坦的生命。但是，中国古代社会有"天命靡常"这样的信条始终在发挥作用，每一个人走上利维坦的肩膀，就自然而然要把回避妄想狂人格用"天命靡常"的借口来将其颠覆。他要想方设法把这种复制变成永恒，他自然就会把整个社会的全部财富和资源用于巩固延续它自己和其传承者的地位。实现这样的目的只有一种可能：让利维坦的结构信息只有一种，也就是只用一种资源来整合社会和国家。这种资源就是暴力，就是权力，就是把他个人的话语变成权力的唯一载体。

当整个社会用一种资源即暴力资源来整合社会，来解构利维坦的时候，人类所能使用的各种资源将都被整合到暴力资源的场域中。这种社会就会形成畸形的结构。这种社会的畸形可以用下面的结构方式对其进行描述：

人类社会可以区分成四个子系统：政治子系统，经济子系统，文化子系统，生物子系统。这其中的生物子系统只有在十分特殊的情景下才能发挥作用，通常只是按着生物的规律自然生存和繁衍。其他子系统也只是间接地作用于生物子系统。因此，在我们构造模型的第一步时可以将其暂时略去。待到整个大系统的系统效应对其的影响达到一定程度时，再来阐述。我们先来构造包含其他三个子系统的模型。

政治子系统表现为统治者和被统治者的对立，但是，其资源则是完全集中在统治者的手中。虽然统治者并不创造价值，但是，他们可以暴力机制来实现资源的控制和垄断。经济子系统表现为供应和需求的对立，而资源的增值完全体现在需求一方。因为只有需求才能是硬约束，即需求的增长才能最终给生产以动力。文化子系统则是表现为传统和创新的对立，而文化资源变成文化资本的唯一路径只能是创新的力量，即创造文化新形态和新产品的能力才能给文化的自立带来充分条件。然而在场性复制利维坦的人类社会，只能是有一种资源用于构造这种社会的结构信息。这种资源就是暴力资源。

在具体的社会运作方式中，则是在三个子系统中分别进行有利于暴力资源来充当结构信息的措施。在政治子系统中则是强化统治者的势力和权力，也就是给统治者的代表政府以加权。于是，暴力资源的整合功能就充分突出出来了。在实际的操作过程中，则是强化政府的职能和加强政府的权力。关于我国古代的政府强化到什么程度，最近有一个典型性的考古事件充分揭示了秦代的政府强化的程度。这就是湖南省里耶秦代竹简的发现。其报告说："考古工作人员清理出土的秦简数量达到 37000 多枚，纪年由秦始皇（秦王政）二十五年（前 222）到秦二世二年（前 208），一年不少。且所有发掘出的秦简均为官署档案，内容涉及社会生活的各个方面，如邮递、军备、算术、记事等，所提到的地名有洞庭郡、迁陵、临沅、酉阳等数十处，职官有司空、司马丞、守丞、令守等"①。连每天抓多少老鼠都要汇报。政府的强化到了何等地步可略见一斑。

在经济子系统只要控制供应就能达到控制整个物质资料生产的目的。这种控制的根本方法就是将生产纳入国家的轨道。德国当代的最伟大学者当属哈耶克。哈耶克在其《通往奴役之路》一书中，系统阐述了国家统治经济就是通往奴役之路。全面地控制了经济，就是全面的奴役和暴政。②对于哈耶克理论的见证可以再举秦简以证明。这就是 20 世纪 70 年代出土的云梦秦简。

云梦竹简充分证明了秦代是国有制经济。③ 这对于那些生搬硬套西方史学理论的教条主义者是一个多么大的打击！秦代绝不是什么地主经济，而是完全的国有经济。即一种以奴役人民为主要目标的经济制度。我们将

① 见《北京科技报》2007 年 12 月 7 日。
② 哈耶克：《通往奴役之路》第七章，王明毅等译，商务印书馆 1962 年版。
③ 杨师群：《从云梦竹简看秦的国有制经济》，《史学月刊》1995 年第 4 期。

四

孔教与统治社会

仔细分析秦代的国有经济，来进一步证明所谓法家其实只是把孔教的家国同构扩大到整个天下的范围内。法家同样是孔教的忠实实践者。

从商鞅变法开始，实行"明尊卑爵秩等级，各以差次名田宅，臣妾衣服以家次"（《史记·商君列传》）的政策，说明秦国贵族官僚的田宅数量应与其爵秩等级相符，官爵一旦失去，土地也同样失去。商鞅实行的田制改革，其实质就是土地国有化，而并非私有化。

《商君书境内》规定：军士"能得甲首一者，赏爵一级，益田一顷，益宅九亩，除庶子一人，乃得人兵官之吏"。益田一顷，乃授田之数。就是说有军功的士卒，可得加倍授田，并派给无爵平民"庶子"一人前去助耕。这样的军功田，肯定也要"身死田收"（《韩非子·诡使》）。《秦简中的《秦律杂抄》规定："战死事不出，论其后"。只有父亲为国战死，儿子才能承受其父的军功爵田。如果"又后察不死，夺后爵，除伍人；不死者归，以为隶臣"。由此可见子承父爵是被严格控制的，对违反者的惩罚是极其严厉的，甚至要降为奴隶。这也说明父亲的军功爵田，不是儿子可以随便世袭的，它依然是国有土地。

秦统一前后，经常大批强制迁徙豪富和民众，如"始皇二十六年，徙天下豪富于咸阳十二万户"（《史记·秦始皇本纪》）。此类记载绝非个别现象，更可以有力地证明，秦国没有土地私有制的概念，国家可以任意迁徙人民。否则就很难设想，国家可以如此频繁且大规模地迁徙豪富与民众。商鞅变法的"制辕田"措施，实际上已有国家授田的性质。① 而秦国普遍实行授田制，可以从秦简中窥见一斑。《田律》规定："入顷刍、稾，以其受田之数，无垦不垦，顷入刍三石，稾二石"。《法律答问》说："部佐匿诸民田，诸民弗知，当论不当？部佐为匿田，且何为？已租诸民，弗言，为匿田；未租，不论为匿田。"在当时国家对土地租税合一的情况下，所谓"租诸民"，亦应即是授田与民，而收取租赋之意。其"部佐"，乃乡部之佐。国家让如此基层的小吏掌管土地的租授权，便

---

① 杨师群：《战国法家代表地主阶级吗?》，《学术月刊》1991 年第 3 期。

可清楚说明授田制的普遍程度。而授田制的普遍实行，又无可争辩地证实了国家土地所有制的支配地位。

秦不但将大部分土地授给农民耕种，同时还有相当部分土地由国家奴隶直接耕种。《仓律》规定："隶臣田者，以二月月禀二石半石，至九月尽而止其半石。"据《厩苑律》可以看到，国家还有着许多面积广大的直属牧场：太厩、中厩、宫厩等。饲养着大批公家的牛马，其中包含着相当数量的耕牛。同时，国家还有专门人员"牧公马牛"，游牧于若干县或更大的地区之间。《厩苑律》要求："将牧公马牛，马牛死者，亟谒死所县，县亟诊而入之。"即游牧到哪里，有牛马死亡，便应及时向所在县呈报，再由县加以核验后上缴。这是国家土地所有制的明证。另外，专供统治者游猎玩赏的国有苑囿园池，也占有后人难以想象的广大国土。总之，整部秦简中非但没有承认土地私有制的有关法律，甚至连私有土地的概念也不存在。因此《法律答问》中关于"盗徙封，赎耐"的律文，只能是宣布国有土地制度和支配这些土地的授田制的不可侵犯，而不可能是在保护什么私有土地。商鞅变法后秦国是土地国有制占据了绝对支配的地位。

秦国于公元前378年"初行为市"（《史记·秦本纪》）。后来商鞅又规定："事末利及怠而贫者，举以为收孥"（《史记·商君列传》）。他把私营工商业者看作罪犯，而要将其沦为奴隶。云梦秦简也大致继承了这一基本国策，使私营工商业在变法后也没有多少发展余地。《商君书·垦令》是变法"垦草令"的底本，其中透露出商鞅采取的一系列抑商措施，而其在秦简中也有反映。首先"重关市之赋"，就是"不农之征必多，市利之租必重"，用关市盘剥私商的利润，从而限制其发展。《法律答问》有一条说："盗出珠玉邦关及卖于客者，上珠玉内史，内史材予购。"这是严禁偷运贵重物品出境贸易，否则大多要处以"耐罪以上"。可见由于关赋之重，偷运之事不少，而其严禁又必将阻碍各国间正常的商业贸易往来。再者，商鞅实行"壹山泽"政策，就是国家独占山泽之利，实行盐铁专卖，在各地设置盐铁官，控制其生产与流通领域。《秦律杂抄》中记载秦负责采矿、冶铁的官府有"右府、左府，右采铁、左采铁"，其官吏有"啬夫、佐、曹长"等，可见规模不小。商鞅主张国家严格管制粮食贸易，"使商无得籴，农无得粜"，即商人不得进行粮食买卖。也就是要由国家全面把握粮食的生产与流通。秦对农民"收泰半之赋"（《续汉书·郡国志》注引《三秦记》）。一般民众是不会有多余的粮食出售给商人。《仓律》所记："栎阳二万石一积，咸阳十万一积。"说明国家府库粮食十分充裕，从而使政府完全控制这一关系国计民生的最重要物资。

商鞅还严禁雇佣制及其在运输业诸方面的经营，"使军市无得私输粮者"，"令送粮无取僦，无得反庸"。《效律》也规定："上即发委输，百姓或之县僦及移输者，以律论之"。雇佣与运输可以视之为私营工商业生存的基本条件，这些方面被扼死了，就无法正常运作了。同时，政府还严格苛求甚至加重其劳役负担。商鞅规定："以商之口数使商，令之厮、舆、徒、童者必当名。"《司空律》对一般以劳役抵偿债务而雇佣他人来代役的要求，只要年龄相当，都予允许。唯独私营工商业者不得雇他人代役，"作务及贾而负债者，不得代"。秦国一贯奉行压制打击私营工商业的政策，实际上也就是在全面推行官营工商业的发展，这一点从云梦秦简中有确切反映。先是采矿冶铁业。秦律中多处提到铁器，如《金布律》说："县，都官以七月粪公器不可缮者，有久识者靡。"即将无法修理的官有器物中的铜和铁上缴，以作为回炉的金属原料。《司空律》明确要"为铁工，以攻公大车"。即要设立铁工作坊，来修缮公家的大车。前述官营采矿冶铁机构还有"右府、左府、右采铁、左采铁"等。可以说秦国官营冶铁业有相当的规模，铁器的使用也极为广泛。官府甚至还出借铁制农具，《厩苑律》中有"假铁器"条款。其次是冶铜和制造各种兵器、用具，还包括制陶业的官府工室。从目前的文物资料看，各类工室分属朝廷、郡、县各级管理，如朝廷直接管理的工室有栎阳、咸阳、雍等国都所在城邑，属郡一级管理的工室有上郡、蜀郡等，县级工室最为普遍，几乎各县一般都置有。《工律》规定："县及工室听官为正衡石累、计桶、升，毋过岁壹。"要求县级工室每年校正一次衡器。据《秦律杂抄》，工室官吏包括工室啬夫、工师、丞、曹长，还有工匠和大量隶臣（奴隶）、鬼薪（刑徒），可见其数量与规模都不小。

还有土木工程建筑业，专管修城、建房、筑路、造车及宫室营造事务。《徭律》说："度功必令司空与匠度之，……而以其实为徭徒计。"即在估算工程量时，必须有主管官员司空与匠人一起计算，再按工程量算出所需民工徒众的数量。据《司空律》看，为土木工程建筑干活的大多是服劳役的民工和大批刑徒，还有以劳役来赎债的人及公、私各类奴隶。单从秦始皇修筑阿房宫、长城所用数十万民工计，这一官营工程建筑业的规模是后人难以设想的。20 世纪 70 年代出土的秦兵马俑，足可以证明秦代是国有经济。

秦的国有制经济占主导地位还有一些有力的佐证。我们先看"啬夫"官职的普遍设置，秦律中有大啬夫、县啬夫、官啬夫、田啬夫、仓啬夫、库啬夫、亭啬夫、司空啬夫、厩啬夫、皂啬夫、苑啬夫、工室啬夫、漆园啬夫等十多种，实际社会中恐怕还不止此数。其中大多数为基层管理经济部门的官员，加上其佐官、工师、曹长等，数目很是庞大。秦国实行禀给制度，即国家供给制。据《金布律》、《仓律》、《司空律》、《传食律》、《佚名律》的记载，秦时由官府禀给的对象是十分广泛的，几乎包括所有官府的奴隶、各类工匠、各种刑徒、现役军人和各级大小官吏，皇室人员自不必多言，甚至包括外来的宾客。秦国的官奴、刑徒、军人、官吏的数目都十分庞大，是靠国家实行的完备的禀给制度完成的。

为此，杨师群先生给出了他自己的惊世骇俗的结论："秦国的国有制经济占据着主导地位，其中国家土地所有制的农业生产占据着绝对支配的地位，官营工商业经济也有着极其重要的位置，国家对于经济运作有着周密规划和一系列细致的管理制度。而当时并不存在什么新兴地主阶级，虽然官营工商业中使用着大量的奴隶和刑徒，但秦国毕竟是一个以农业经济为主的大国，在农业生产中主体劳动者是国家授田的农民。这样，商鞅变法后秦国的社会性质，与传统的定论就有着极大的距离。我们认为，如果将'封建'这个概念，仅限于农民受田租剥削的生产关系而言，那么，当时的秦国应是一个较为成熟的国家封建制社会。法家在

四
孔教与统治社会

经济方面的主张其实是'一种超阶级的国家主义经济观'①"。"百代皆行秦政事",秦制这种国家封建制社会正是我在本书中所说的天下与家庭同构的社会,这种结论和石约翰关于中国封建制与郡县制对立的说法完全不同。

我不厌其烦地说明秦代对于经济的国家控制和国有经济的状况,除了说明传统社会是一个吃人的利维坦之外,还要论证无论是法家,还是什么其他的家,诸子百家更确切,所有那个时候的"家",以至于以后的"家",都是中国国教的信奉者。商鞅上演了一出诋毁儒家的政治大戏,却在实质上完成了孔教的全国性统一。到现在我们该知道了正是孔教打开了潘多拉盒,放出来的是统治中国数千年的皇权恶魔。到此我们就没有必要再来论述在中国有没有文化子系统的资本流通了。孔教是传统,加强这个传统,就是在根本上把孔教的资源完全统一在政治的战车上。供奉它的人,只是拿它当一块敲门砖而已。无论是皇帝,还是俗人,皆如此。孔教沦为一种工具性宗教是由其教义所决定的。

在中国古代传统社会中,只有一种资源可以变成资本,那就是暴力这种促使人让与自己的自由、时间、才能、尊严、生命和财产的强制力。在上文对于秦代的经济制度的介绍就充分展示了这种资源变成资本的过程。资本是在所有使用价值的背后充当元价值的那种价值,最典型的资本形态当然是货币,即运转市场经济不停流动的一切商品的等价物。暴力在古代统治社会中就是这种相当于商场中的货币一类的价值。它把社会结构起来,把一些人变成暴力工具,或者就是暴力本身,另一伙人则被暴力所管治和运转。这既是生产模式又是生存模式,是生产模式和生存模式的高度统一。既然暴力是统治社会的唯一资本,暴力又必然是不可让与(让与了暴力,自己就成了暴力的对象和受害者),不可分解(暴力一旦被分解了,就不再是暴力了,正如一根木棍变成了木屑就不再拥有暴力的内涵一样),不可传播(所谓暴力的传播则是指每一个人都拥有了暴力,暴力就会相互

---

① 杨师群:《从云梦竹简看秦的国有制经济》,《史学月刊》1995 年第 4 期。

抵消）的。所以，统治社会中，一个权力核心中只有一个人拥有暴力，即一个人拥有运转社会的资本。全社会的所有资源和资本被他控制，全社会的所有物质生产和再生产由他管理，全社会的所有精神生产和再生产由他掌握。这就说明了为什么长城这样的宏伟建筑能在中国出现，始皇陵这样的巨大工程能在秦代产生。秦国从商鞅变法开始，就在政治学上开始了实施孔教的艰苦过程。可以说，到了秦始皇统一中国的时候，当秦始皇焚书坑儒要消灭一切在精神上的竞争者的时候，孔教的核心教义彻底实现了，连孔子也在被打倒之列，这才是天子和家长的高度统一，教皇与教父的高度统一。可以毫无疑义地说，历史上只有两次这样的机会，孔教实现了其巅峰状态。真正孔家的信徒是必然要以打倒孔子为己任的那样的宏图伟愿者，并在自己的有生之年实现了这样宏图伟愿的暴力绝对拥有者。

暴力这种资本是这样一种东西，它绝对不容许其他形态的资本在自己的时代和自己的范围内有一点点生存的空间。无论是货币资本，还是文化资本，在暴力资本的统治下，都不可能破土而生。于是，这就产生了一个颇耐人寻味的问题：孔教一直在中国没有被命名。因为命名孔教的结果，就是在至高无上的暴力资本之外莫名其妙地引进了另一种资本的形态，即文化资本。现代的逻辑理论对此给出了明确无误的证明：命名就是必然性。美国著名逻辑学家克里普克（Kripke）的一本名著就叫《命名与必然性》[①]。命名就会形成历史的链条，并在历史中变大和变强，也一定会在历史的某一刻和暴力权力分庭抗礼。由此就会引申出来关于在历史上给孔教命名的种种尝试。

要想写孔子之教，岂能不了解陈焕章这个响亮的名字和他那伟大的给孔教命名的努力？孔教是这样一种宗教：只要它的生命还没有走到尽头，真正把握这种宗教的教皇与教父是绝对不容许给他命名的。当给孔教命名的运动能够顺利过关的时候，说明孔教的巅峰时刻已经过去，孔教的精髓

269

四　孔教与统治社会

---

① 克里普克：《命名与必然性》，梅文译，上海译文出版社 1988 年版。

已经不再辉煌。

陈焕章先生如是说："必谓如西人之神道教者方可为教，……若必谓非迷信不得为宗教，……亦太不识宗教进化之理矣！夫神话时代，则野蛮世界之教主，每假托于鬼神；若人文时代，则文明世界之教主，每趋重于伦理，此亦天演之道也。我中国自五帝、三王以来，其文明至春秋而大备，而鲁又为国中文明之中心点，其时其地，皆与孔子以特别之位置，而孔子乃诞生于其间，质本生知，性复好学，久游列国，遍接通人，经验既多，年寿又永，且得天下之多数英才，而与共荷大道，呜乎！孔教之成一特别宗教也。"① 孔子所创立的宗教的确是一个特别的宗教：它活着不能被命名，它弥留之际或者是它干脆死了才能被命名。孔子自己也是他的宗教所崇尚的那种社会利维坦的食物，孔子的精神所创造的这个大怪物从来就是数典忘祖的精灵。

但是，在中国总有人想把孔子的学术与孔子的宗教区分开来。蔡元培1913 年在《对教育方针之意见》中说："孔子之学术与后世所谓儒教、孔教者当分别论之。"② 1916 年《在信教自由会之演说》指出，孔子与宗教"义理各别，勿能强作一谈。"③ 连陈独秀这个把马克思主义引进中国的代表人物都说："孔教绝无宗教之实质（宗教实质，重在灵魂之救济，出世之宗也。孔子不事鬼，不知死，文行忠信，皆入世之教，所谓性与天道，乃哲学，非宗教）与仪式，是教化之教。非宗教之教。"④ 后来的新儒家更是这种论调的倡导者。当孔教还是宗教的时候，它的教父和教皇是绝对不容许任何人给他以宗教的地位的，孔教没有创造出神权来，只是创造出了和神权等价但又是在场性的暴力拥有者作为神权的代表。倒是梁漱溟先生发现了这里的奥秘，只是他对此大加赞赏而已："中国古来崇信'天'之宗教观念，沿至东周而有变化，到春秋战国争鸣之时而分两路。儒家和道

270

---

① 陈焕章：《孔教论》，第 16 页，上海孔教会 1913 年版。
② 蔡元培：《蔡元培全集》，第 130～137 页，中华书局 1984 年版。
③ 同上书，第 490～491 页。
④ 陈独秀：《独秀文存》，第 68～72 页，安徽人民出版社 1987 年版。

家，皆怀疑一路之代表；唯墨家则代表信仰一路。道家老子庄子，显然具有无神论及唯物论机械论之论调。孔子虽没有否定神之存在，而言语间模棱含糊，其神好像存于主观而止。所以墨子《非儒篇》讥评他们'无鬼而学祭礼'，是很切当的。下传至孟子荀子，孟子还从民意验取天意，荀子就根本否认天的意志，而说君子'敬其在己而不慕其在天'。其反对'错人而思天'（《荀子·天论》），与《左传》上'国将兴，听于民；国将亡，听于神'意思相同。后来汉朝王充作《论衡》，极力破除迷信，似渊源于荀派。墨子学派后来不传，其所根源古代的天神崇拜，则影响于中国下层社会甚大。"① 这里荡漾着唯物主义的影子，似乎没有神权的精神生活就是骄傲的资本。恰恰与此相反，没有神权就是没有创造另一种资本的条件。那就是创造文化的资本的条件。中国的宗教有神权却没有神。我们就一代又一代地造神。梁漱溟不也参与了一代人的造神运动吗？只是他是最早醒悟的人之一。

当牟宗三与唐君毅等人在台湾搞起复兴儒学的运动时，儒学没死，孔教也没有死，只是儒学已经从原来孔教的地位上摔落下来了。② 孔教死了，儒学才能复活。在他们做出这种尝试时，孔教正在台湾一点点走向死亡。但还是有点百足之虫死而不僵，只是处在弥留之际而已。孔教不死，中国人生产的任何精神产品其内核都是垃圾。包括《三国演义》，《水浒传》等这样大名鼎鼎的文学作品，它们的核心不都是"圣王创世"和"天命靡常"之类的孔教核心信仰吗？这就是因为我们的信仰体系和我们的宗教教义即孔教就是精美包装的垃圾。其现实的内核就是以权力为核心的垃圾属性被华丽的外表包装起来。其理论内核就是"圣王创世"和"天命靡常"的信仰体系。也许我们的骄傲只有一部《红楼梦》。这并非因为它是悲剧，而是因为它有个人。中国的一部《红楼梦》研究竟然成为了一种"学"，即"红学"，这严格说来是一种耻辱，说明中国太缺乏像样的把人解放出

四 孔教与统治社会

---

① 《梁漱溟全集·卷三》，第 106 页，山东人民出版社 2005 年版。
② 牟宗三：《道德理想主义的重建：牟宗三新儒学论著辑要》，中国广播出版社 2002 年版。

来的那种呼声了。但反过来又是我们的光荣，毕竟还有一部精神产品，它不是精美包装的垃圾。鲁迅说的孔教杀人，就是指孔教把人完全整合到权力的板块中，也就是装进和垃圾同流合污的精神监狱里。孔家店该砸。但是，孔家店不在曲阜，不在孔庙，不在"四书"，不在孔子的思想体系之中，而在权力漩涡的核心之中。那里形成了像柳宗元所说的那种"辐集"的权力模式，那里就是孔家店。

五　结语：孔教与权力话语政治经济学

　　权力话语政治经济学对于读者可能是有点陌生的。但是，暂时我确实是找不到一个更好的概念和术语来说明孔教在社会运行中的地位、角色和作用。好在这些年来，随着福柯和德勒兹这样的哲学家，布尔迪厄和卢曼这样的社会学家逐渐被中国知识界和中国教育界的人士所熟悉甚至钟爱，随着时间性和演化态这样的哲学思想和理念逐渐被中国学人所接受，甚至投入地爱一次，人文和社会科学中的研究范式发生了根本变革，动态研究不再是时髦玩意，而是真正的追求和行动的指南了。这样，一个被泛化了的概念——资本，即顺理成章地进入了人们的视野。资本，众所周知，在物质形态上就是货币。不过，货币是社会交换价值的静态形式，资本则是社会交换价值的动态形式。换句话说，资本就是加上了时间性的货币，又叫生产货币的货币，就是货币的自身生产。

　　当人类进入了资本的时代之后，才看清了这种价值自身生产的过程。这样，资本这个概念就具备了泛化的能力和泛化的需要，人们把世界上许许多多的具备自身生产能力的价值统统称为"资本"，诸如文化资本，权力资本，等等。这种种资本除了货币资本具有物质表达式（即和货币等价的商品形

态）之外，其他资本都是用话语的表达来完成以言行事的操作功能。归根结底是一种话语的权力。社会上生产与再生产的就是权力话语。探索生产与再生产这种社会运动的学术研究，就叫政治经济学。探索权力话语生产与再生产的政治经济学自然就应该称为权力话语政治经济学。鄙人曾经写过一篇文章，就叫《权力话语政治经济学与中国式的知识生产》①，可以作为参考的文献。

权力话语是那种表达"应该"和"应是"这种强制性与规范性的命题和命题集合构成的话语。话语变成权力，变成一种强制和规范，不言而喻，一定要有某种背景和更高更大更强的力量来充当支撑的功能，才能实现这种转变。那么，我们就要问一问，这种权力话语的背景究竟是什么？这是一个有关价值生成问题的本质追问。

价值一定要有价值之外的力量来规定其超越性的属性。休谟在其《人性论》一书中曾经有过清楚而又清醒的断定："是"与"应是"或者"应该"之间并没有排中律的界限。②这无非是在告诉我们：价值的生成不在价值之内而在价值之外，价值是由某种超越于价值的东西赋予的。关于价值的生成鄙人也写过一篇文章：《价值即意识形态化的"应该"》③。这里所说的"意识形态"和曼海姆的意识形态以及西方马克思主义的意识形态都有所不同，又相互关联。前者是指维护现行秩序的思想体系，后者是指拥有权力背景的思想体系。我则认为确定价值的则是拥有一定超越性的思想体系。价值是超越的，要有某种更超越的力量或者是更超越的实在来确保价值的生成。这里的超越当然不是指在场性的任何事物或者任何力量，因为在场性都不可能是超越性的。德里达等哲学家创造了"在场性"（presence）④这个概念，的确是论证价值生成问题的重要武器。价值是超越的，那就意味着它对于每一

274

①　季国清：《权力话语政治经济学与中国式的知识生产》，载《北方论丛》2001年第1期。
②　休谟：《人性论》下卷，关文运译，商务印书馆1980年版。
③　季国清：《价值即意识形态化的"应该"》，载《求是学刊》1997年第6期。
④　迦达穆尔：《海德格尔与形而上学》（1967），卢廷风与赵玉勇译，载百度百科·人文科学。文中对于西方那种传统的不容置疑的哲学信念发起挑战，对自柏拉图以来的西方形而上学传统大加责难。在德里达看来，西方的哲学历史即是形而上学的历史，它的原型是将"存在"定为"在场"，借助于海德格尔的概念，德里达将此称作"在场的形而上学"。我则将其扩展到非哲学意义上的"在场"，即既成事实的逻辑优先性或者时间优先性。

个人都是平等的，价值是不在场的。于是，我们就可以直接推导出价值生成的背景当然是不在场的。因为在场性就是某种"存在"优先于其他事物，价值当然也就不再超越了。权力话语是价值的一个真子集，当然，权力话语也必须是由超越性事物赋予的，它自己也必须是超越的。

随之而来的将是一个登堂入室的进一步追问：什么是超越性事物？超越性事物或者超越性本身究竟是什么？怎样才能确认超越性事物？这样的问题得不到回答，价值生成就是一句空话。

关于价值问题的研究可以说从亚里士多德区分"是"与"应该"以来，就已经存在于哲学的探索中。休谟、洛采、文德尔班等人都在这方面有突出的贡献。为了节省篇幅起见，我们就不再对他们的学说一一介绍。我则开宗明义直接进入我所钟爱的哲学家对于价值生成的看法和观点。这位哲学家就是怀特海。

世界哲学界的人士大概都知道20世纪有一个最晦涩的哲学家就是怀特海，他所创立的过程哲学至今还有许多难于让人理解的地方。但是，他在过程哲学中所经常使用的几个范畴和概念综合在一起，却能完美地构造出价值生成的路径。这几个概念和范畴包括：有机性（synthesis）、关系（nexus）、共在（concrescency）、凸显（superject）。怀特海在其最重要的著作《过程与实在》（*Process and Reality*）中，有一段话把这些概念和范畴整合在一起，精确地说明了价值生成的过程："所有范畴的类集合可以浓缩到一起，形成一个公式：在一个共在之中，任何一个可以被定性的事物，都将被定性，但是，在这种共在的在下——凸显的抉择过程中，总要有一个'剩余'。这个在下——凸显则是有机性中的宇宙，在其之外没有实在。这最后的抉择则是整体性的合成对其内在决定的反作用。这整体性的反作用情感，增益与目的的最后调整，整体性的最后抉择既不受决定部分的行为影响，又紧密地和这种决定部分的行为相关。"（This category can be condensed into the formula, that in each concrescence whatever is determinable is determined, but that there is always a remainder for the decision of the subject-superject is the universe in that synthesis, and beyond it there is

nonentity. This final decision is the reaction of the unity of the whole to its own internal determination. This reaction is the final modification of the emotion, appreciation, and purpose. But the descision of the whole arises out of the determination of the parts, so as to be strictly relevant to it.)① 在这段话中，怀特海准确而又精辟地说明了宇宙的形成是价值和事实共同发挥作用的机理。在整体性质上凸显出来的那种事物和规则，正是我们在这里所说的超越性。这就是缔造价值的源泉。没有整体性的凸显，就不会有价值。

怀特海进而对终极的价值生成做出了十分合理的解释。这个终极的价值就是上帝。"上帝是与其自身的创造性相称的禀赋所超越的创造物，它满足斯宾诺莎关于实体的定义，即自因。"（God is a creature transcended by the creativfeldity which it qualifies…. his character satisfies Spinoza's definition od substance, that is causa sui.)② 这里定义的上帝是和自然的宇宙形成一脉相承的。自因的事物才具有原生价值的属性。这个上帝绝不和人世间的某个祈求灵验帮忙的渺小弱者有任何相关性，它只是规定了价值的生产方式和价值的源头特征。超越自身和凸显的"剩余"（remainder）就缔造了价值。超越自身说明价值的载体，即"在下"（subject）一定要和它的凸显（superject）处在二元对立的关系之中，凸显就创造了超越性。在下只能和那些并不具备凸显属性的事物等量齐观，一概而论。这就形成了大名鼎鼎的既是神学的预设条件又是价值论的预设条件的超越性和内在性的对立。这就是人类的事物包括人类自身存在的场域（field）。而这个场域形成和运转的条件则必然是前文中引述的德勒兹所定义的内在性的平面化（plane of immanence）。也就是说非超越的事物和以超越性为价值的事物、超越性的凸显是处在以下这种关系之中：第一，超越性事物和内在性事物永远存在着不可弥合的距离，两者之间有排中律的界限，内在的东西不可以充当超越的东西；第二，超越性事物和所有内在性事物之间的距离是平

---

① Alfred North Whitehead: *Process and Realty*, pp. 27 ~ 28. Edited by David Ray Griffin and Donald W. Sherburne. The Free Press, New York, 1978.

② 同上书，第88页。

等的，无论内在性事物之间是如何组织和排序的；第三，内在性事物可能因为组织和排序而出现"褶皱"①，这是内在性事物自身运动的结果，是其自身包含的"力"，以多元化的形态相互作用的结果，和超越的事物没有丝毫关系。绝对化的超越性与平面化的内在性，这是一个社会，一个群体，一个场域生产价值的充分和必要的条件，这两者缺一不可。天主教到基督教的这段历史，精致绝伦而又惟妙惟肖地向我们展示了价值的生产过程。

《圣经·旧约》中关于以色列的历史给后来的天主教传统信仰奠定了上帝创世一神论信仰的基础，更树立了上帝的绝对超越性。《圣经·旧约》中的《创世纪》既记载了上帝创世的故事又记载了上帝用话语创世的过程。这里既包括了上帝的绝对性和超越性，也包括了话语的绝对性和话语的超越性。上帝是个有位格的神，亚伯拉罕作为犹太人的祖先，对于一神论信仰的坚定性和拯救以色列的重要历史人物摩西所制定的律法都在最深层次上和最广范围内树立了上帝的绝对性和超越性。但是，犹太教并没有解决上帝的超越性和信众的内在性的互动关系。当犹太教的神圣话语和核心教义经过了从犹太语境进入希腊语境之后，创立了"三位一体"的教义形式。为了解释的明晰性和精确性，我们不妨尝试性给出"三位一体"树立上帝的绝对性和超越性的神学理解。

圣父、圣子、圣灵既各自独立又本质合一的上帝，不仅是上帝万能和全知的形式需要和功能需要，更是创造世界和绵延世界的本质需要和现象需要。圣父表达一种发生学意义上的创世和一种决定论意义上的绝对，表达一种整合意义上的大全和终极意义上的唯一。《圣经·旧约》中的创世记载和洪水记载，上帝在关键时刻的显现，亚伯拉罕——神性的至高无上崇拜，摩西律法的成就，出埃及的奇迹，以及大维王的故事，都是在彰显这种绝对和唯一。《圣经·旧约》的功绩和功能就是要整个世界了解和记忆上帝的绝对性和唯一性。这毫无疑义是基督教信仰的最高境界。神必须

---

① 见德勒兹：《福柯·褶子》第 152～166 页，于奇智、杨洁译，湖南文艺出版社 2001 年版。

有位格，没有位格的神就成了万物有灵论的原始信仰形式，就是列维－布留尔所说的原始互渗律和集体表象，那就会把信仰带入灾难。这种有位格的神一定是唯一的，这种唯一性既是绝对同一的整合性，又是绝对差异的个体性。因为，如果有两个以上的神，他们不同一，就会有坏的神，有坏的神就是对于世界的终极目标的亵渎和破坏，就是不承认神的创世奇迹，不认同神的存在和神的功效。如果是所有的神都同一为一个，那么这一个一定是绝对差异性的唯一。这就是圣父的知识论意义和圣父的本体论启迪。

圣子的出现是神的空间性定格。圣子的行为和表征，只在耶稣基督出现于四维世界的短暂的三十余年时间里。对于神来说就是空间化的定格。圣子的出现就是告诉世界，存在于神人之间的二元性，存在于天堂和人间的二元性，神要亲自来弥合，亲自充当中介体系的中间环节。圣子的行为和言论，正是弥合这种二元性的最好示范和最好效果。圣子耶稣基督留下的生命印记和具体言行，就既是绝对同一的整合性，又是绝对差异的个体性。这告诉我们，耶稣基督一定是唯一和空前绝后的，任何想取代耶稣基督的下意识的或者意识的行为和言论，都是冒牌货，都是魔鬼的驱使。圣子一次而成永恒，就标志着神在创世过程中已经把世界的成长历程设计完毕，已经把神圣话语发挥作用的方式设计完毕，把神圣话语的神圣性彰显方式设计完毕。既然宗教的最高标志就是超越性和内在性的高度统一，就是超越性中有内在性，内在性中有超越性，圣子就是完成这个神圣使命的神圣显现。那么，内在性究竟是什么不是一目了然了吗？内在性就蕴涵在耶稣基督的行为和言论之中，就表现在绝对听从耶稣基督的教诲和告诫之中，就体现在把耶稣基督当楷模和榜样的自我约束和自我反省的思考之中，就成功于追随耶稣基督的脚步奔向未来的方向和速度之中。于是，我们一定会理解了为什么有那么多二元性理论体系最终归于失败，唯独基督教的二元性本体论体系却必然要成功，必然能准确地确定合理而又合适的中介体系，来弥合这种天然的二元性分野。这里充满着辩证和神奇：如果没有这种天然二元性，世界不能产生，人类不能产生，未来不能产生。然

278

而，有了这种二元性，如果不能弥合这种二元性，不能中介化这种二元性，世界照样会走向堕落和毁灭。

"三位一体"的学说的确是有效地解决了上帝的超越性和绝对性问题。但还必须有话语的超越性和绝对性才能最终有效而又有力地一劳永逸解决价值的超越性和事实的内在性的最大问题。在我们的世界之内，无论是哪一个因世界的"褶皱"而把自己缔造成时代的英雄和伟人，都是世界的内在性之内的暂时现象。就像今天的美国总统离开自己任期仍然是一介平民百姓一样，任何人不可能超越自己的种属和自己的时代。而天主教的教皇和其他神职人员却在神圣话语的解释权和推行权上超越了在世的其他人。这些人已经在平面化的世界之上给自己搭建了直接通往上帝的阶梯，就这样破坏了上帝的超越性和绝对性，当然内在性的平面化也已荡然无存。世界就这样完全操纵在了天主教的教皇和神父的手中，世界就会堕落和毁灭。天主教出卖赎罪卷，十字军东征，教皇和神圣罗马帝国皇帝之间的明争暗斗，不一而足的种种黑暗和卑鄙，都在那个时代上演了。只有宗教改革出现之后，基督教即新教的运转和传播才真正使这种宗教创造出了元价值的生产范式。

马丁·路德的宗教改革宣言既那么简单又那么深刻彻底："《圣经》无误"这句话看起来是那么简单和明了，而它足能颠覆整个传统的世界。《圣经》无误，说的虽然是基督教的神学经典集《圣经》是绝对权威性，它实质上则是说有一种话语的表达式和话语的内涵量是绝对超越性的和绝对唯一性的。其他人都是处在平面化的内在性之上。难怪天主教的教皇们和神父们对于马丁路德的改革是那么仇视和惧怕。树立一种话语体系的绝对超越性和唯一性，这些高高在上的神的代理人就会一落千丈，生杀予夺的特权和神圣无比的形象就会立刻丢失，自己从前的罪过当然也会昭然若揭。但是，基督教的这种改革是无法避免的。因为基督教教义中就已经蕴涵了这种必然突破混淆神圣的超越性和平面的内在性的格局。这就解释了韦伯所迷惑的为什么基督教改革而其他宗教不能改革的原因。

《圣经》的表达式和内含量的凸显，给后来的世界的最大启示则是在人类的生活氛围之中，必须有一种话语体系，即彻底的权力话语是绝对超越性和唯一性的。真正的权力话语绝对不可能是在场性的，即有某一个人类的个体来充当权力话语的缔造者。权力话语就是自然存在于人类的世界之上的自然存在。权力话语绝对不是由人类自己创造出来，而是由人类在自己的历史进程中去发现它。因为超越性就意味着绝对不是某个人或者某几个人能够在世界之内或者世界之外找到它，这种操作原则本身就和超越性相矛盾。只有存在着一种话语的超越性才能把宗教的超越性和绝对性转化为世俗的超越性和时代的超越性。这就是法律的功能在今天的世界所充当的角色。由法律的超越性又随之而来的是社会结构的超越性和社会运转程序的超越性。权力的再生产其实是这种权力话语的再生产，由此就可以推导出权力话语的政治经济学。

皇权话语是由一种绝对超越性和绝对唯一性创造出来的。那么这种创造就只能是自然的创造，当然，自然的创造和神的创造是一个同义语，只要神的创造是绝对不依赖于某个自然人的，两者就不仅同构而且同一。这种权力话语的最典型的标志是：第一，它只能是被发现，而不是被创造；第二，这种皇权话语必然是被每一个人所拥有，而不是被少数人所拥有。最后权力话语就充分体现为自然法的精神：人人生而平等。这就是皇权话语的终极形式。维持这种权力话语的内涵量，就是皇权话语的简单再生产。让每一个人有言说自己需求的权力，不断扩大每一个人言说自己需求的权力，要求自己的生存状态越来越好的权力，构造曼海姆意义上的"乌托邦"的权力和批评社会组织者的权力，在人类的历史中越来越得到保证，这就是话语权力的扩大再生产。

值得在此特殊提出的是，在人类的历史上，已经充分证明了这种话语权力的简单再生产和扩大再生产是一个无目的的合目的性的过程。马斯洛人本主义心理学的最大贡献就是给世界提供了人类的需求等级模型，并且严格证明了人类的需求是逐渐攀升的，满足了前一个需求就会产生下一个需求。需求的逐级满足就是一个无目的的合目的性过程。这和社会生物学等学科关于人类的自私本性是高度吻合的。由此就可以推出一个新的结论：人类物质资料的生产即经济活动一定是不断发展和增长的。这同样是一个无目的的合目的性过程。古老的政治经济学，包括马克思的政治经济学，对此都有自己的论证途径。当社会进入市场经济之后，商品生产者的最大目标就是减少自己生产某类产品的社会必要时间，从而降低成本，使自己生产该商品的个别劳动时间低于社会必要劳动时间，并以社会必要劳动时间的价值销售，从中获得更多的利润。这就是自由竞争的含义和经济发展的原理。经济的增长同时就要求人类个体的解放，个体解放的主要标志就是话语权力在种类上的扩展和在单项权利数量上的增长。整个过程并不需要某个人或某些人来设计和组织，这就是保证这个自然过程的自然性，话语权力的简单再生产和扩大再生产就不会停滞。这就是哈耶克所说的自由秩序原理。这种无目的的合目的性过程绝不是人类的创造，只是人类的发现。发现这个自然的规律，保护这个自然的规律，遵循这个自然的规律，这就是人类的崇高天职。忽略这个自然的规律，破坏这个自然的规律，违背这个自然的规律，这就是人类的最大罪恶。

把人类的发展定义为一个自然过程，需要对人的类本质进行深入的探讨。任何事物都会有类本质。然而，表达类本质的方式却是截然不同的。这里不得不说叔本华关于意志的分类则是和类本质的表达有密切的相关性。无机物在叔本华的体系中有持守自己本质的意志，但是没有表达的能力。植物级别的事物产生了表达的可能，却又十分有限，只能是在一个固定的空间中随着自然秩序和时间的变迁来显示自己的生命。动物则是具有了一定的主动性来表达自己的类本质了。比较心理学告诉我们动物尤其是哺乳类动物已经有了意识，但动物却不会产生类意识。个体没有类意识，就是说个体绝无可能个别地表达类本质。人类则不然，人类的个体不仅有类意识，而且还能表达类意识。所谓个体表达类意识的深刻含义则在于人类是一个十分独特的种属：人类是一个自我创造的动物。综合从 19 世纪发展起来的哲学人类学的成果，就会自然得出这个结论。以格伦为代表的生物哲学人类学把人类定义为非特定化的动物，即人类在生物特征上并不具

有特定发展的机体结构，只是人类的大脑可以无限制地发展起与外界需要相适应的智力模式，创造出为自己所利用的物质环境和智能环境。以亨斯坦贝格为代表的宗教哲学人类学则认定人类是客观化的动物，即人类个体将随着环境的变化产生出适应环境的能力和组织结构。这同样是一个个体性的类本质学说。以卡西尔为代表的符号哲学人类学则告诉人们，人是符号化的动物，即人用自己创造的符号体系来构造属于自己的特殊世界——与客观世界同构的平面化的知识世界。这个理论体系最鲜明的特色就是人类的个体以自己的意识世界来表征外在的宇宙。人类是靠它的个体来表征和创造其本质的独特生物。

如果接受以上的论证，就立刻出现一个新的问题：人类作为一个种属的历史分期必须把人类自己有意识地创造出个体和个体性作为一个最典型的分期标准。当人类的群体和其组织形式容许鼓励帮助个体人来创造自己并把自己创造的成果融入整体人类创造自己的进程时，人类的本质才算成熟，人类才能说是真正达到了类的标准。在此之前的人类历史只能算作是进入真正人类成熟历史阶段的预演和过渡。

以上的论证被人类的智能史和制度史所支持。怀特海写过一部书叫《观念的冒险》①。在这部书中怀特海反复说明了古希腊和古罗马的社会制度和那里的人类智能发展对后世的影响。众所周知，古希腊和古罗马是人类古代史中非常典型的奴隶制度。人被人为地划分成不同的类别，或者说得直截了当些就是人类被划分动物和人两个截然不同的种属，虽然奴隶在生物性上也是人。这在伦理学上当然是十分不道德的现象，甚至是十分残酷的非人制度。然而，这样划分的结果，却是给了一部分人即自由民以创造的空间。这些自由民以平等的身份进入世界，进入社会的管理，这就在本质上形成了上文中所论述的内在性的平面化，这也就形成了某种超越性，这种超越性平等地对待每一个自由民，这就有了价值的自在空间。虽然这种价值的自在空间只能是给予少数人的，但那毕竟是一种精神的伟大

---

① 怀特海：《观念的冒险》，第 9～13 页，周邦宪译，贵州人民出版社 2007 年版。

发明。于是我们不得不说，古希腊和古罗马的自由民，较早地进入了人类的类本质成熟的阶段。加上前文所论述的基督教文明即希伯来文明有关上帝超越性和人类内在性平面化的前提条件，也就是所谓"两希"（希腊和希伯来）文明对人类的贡献，更加显示了个体性觉醒和成熟的意义。难怪怀特海把那时的奴隶亲切地称为文明的烈士了。

上帝死于具体，人则死于抽象。人在哲学的意义上和在人类学意义上的生活就是人要是其自己，就是他必须在世界的已知之外创造出属于自己的对于别人来说是未知的事物来。这就是人类个体的本体论存在条件。当人完全被符号化了的时候，人就是一种精神上死亡的状态。因此，亚里士多德说：吾爱吾师，吾更爱真理。当把人抽象化的时候，就是把人杀死了。这就像把上帝具体化了就是杀死了上帝一样。人类的发展和演化就是更多地创造个体人具体化的数量和质量。否则就是在停滞人类的脚步。所以，复制人，符号化人，压制人的个性空间，都是和人的类本质针锋相对的反动，是历史的逆流。

人的类本质是一种超越性，它给每一个人以机会均等，来持守人类的本质，发挥人类的本质，实现人类的本质。这是一种权利和权力，获得它是自然法则赋予的权利，表达它是人类种属赋予的权力。这样，哲学人类学就和自然法精神一脉相承了。这同时也就不难理解为什么像亚里士多德、西塞罗和斯多亚学派等这些创建自然法学说的先驱，都出现在最早有个体人的国度了。

人的类本质是一种超越性，因此，它是一种价值。又因为它是自然而然地存在在那里，人类只能是发现它，而不是创造它，所以，它是一种元价值。对于这种元价值来说，似乎人类的理性对它不那么敏感。也许是当人类面对它的时候，人类的理性还没有发展起来就要直接做出选择；也许它天然就是要人类的直觉下意识地拿出自己的态度。当人类选择了尊重这种元价值的时候，在选择者之中就缔造了一种超越性，一种对谁都一视同仁的光芒和呵护，对谁都同样关照的爱心与鼓舞。当它进入了人们的潜意识之中时，人们就会形成一种道德和良知，形成规范和戒律，找到一种终

极标准和判定程序。试想一想，康德的实践理性即道德哲学的义务论的最高标准即上帝存在，灵魂不朽，意志自由不正是这种元价值超越性的具体体现吗？当然，休谟的道德哲学的目的论即道德必须是与每一个人的最初始目的相一致，不也照样是这种元价值的另一种表达式吗？

人的类本质，道德哲学，自然法这三者的相同性和相通性不仅仅是一种巧合，而且是一种逻辑的必然和必然的逻辑。这告诉我们不把人当人，就没有道德；不把人当人，就没有法律；没有道德和没有法律，就没有整体性的时间；没有时间，就没有生命。生活在这种没有整体生命的群体中，每一个生命就只能是自然的生命，就像动物的生命那样，是活着或者死去，都将无声有臭地继续下去。无声是肯定的，那是因为在这种群体中每一个人都不会真正拥有话语权力，连最高统治者也如此，当它进入历史之后，后来的统治者说不定就会在某一刻惊讶地发现保留这位过去时的统治者的话语对于自己有害，于是，就将其从历史上铲除。有臭也是肯定的，就是尸体腐烂的那种臭味而已。说到底在这种群体中只有像动物一样的生命在延续。

在以上的论证中我们特殊强调了元价值的所谓"被发现性"。这绝非是说人类不去积极主动地探索元价值就不可能现身，只是在肯定它早在人类发现它之前，它就已经存在。其实"发现"就是"认同"的同义语。这种认同当然是类的认同，也就是整个类的成员无一例外都要对于这种价值不折不扣地遵守，就像动物世界中所有的动物都要认同"物竞天择适者生存"的法则一样。动物界的许多生活与繁衍的方式是绝对不可思议的，例如，蜘蛛和螳螂等类昆虫，在雌雄交配达到顶峰雌性会回头一口把雄性的头颅咬掉吞下，等小昆虫出世之后，雌性又会让下一代把自己吃掉。这就是这类生物的价值。"认同"这类价值是这类生物的生存前提。绝不可能出现一个雄性或雌性的蜘蛛在繁衍后代之后还会活下来。尽管这种元价值在我们人类看来是残酷的，但它就是这些生物生命中不可更改的"应该"。动物世界下意识地认同这种"应该"。

当人类产生之后，这种会思维的种属多了一点能动性，多了一点选择的机会，更多了个体的狡黠与自私。无论是这种能动性也好，选择的能力也好，个体的狡黠与自私也好，都是在一个前提和预设之下来发挥个体的聪明才智创造人的类本质的。这个前提和预设就是超越性的人人有创造类本质的权力。破坏了这一条，也就是和人类的本质相冲突。与人类的本质冲突就是一种群体的自杀。这正像雄蜘蛛为了不让雌蜘蛛咬掉头颅而不和雌蜘蛛性交，那还有蜘蛛这种生物在世界上存在吗？

　　与非人生物界不同的是人类群体的自杀不是把每一个个体都杀死，而是人类的生物形态退回到动物的水准。动物的生存模式完全决定于这个模式本身，而没有个体的自由选择。换句话说，动物的生存是模式在生存，而不是个体在生存。当人类一旦回到动物的生存模式，个体就无关紧要了。哪怕是那些处在显赫地位上的大人物，都和那些平庸的小人物在本质上没有任何区别。这就像那些非洲每年都要迁徙的角马，那个领头的角马死去和那个并不在前列的角马死去，没有任何区别一样。动物的生存模式就是只有这种生存模式本身是一种权力话语，大自然的权力话语，这种权力话语僵死到不会有任何变通的余地，当然也不区分任何个体。当人类的生存模式凸显出来之后，世界上就多了一种依靠个体的创造性来发展自己的生存论状态。我在上文中引述的加拿大哲学家沃杰西乔斯基关于智能进化的公式，正是对于这种人类生存模式的真实写照。

　　人的类本质与道德哲学的高度统一，类本质与自然法的内在一致，构成了人类生存模式的核心内涵。但是，人类的群体在直接面对初始选择的时候，并没有理性的判断和分析，只能是任凭一种随机性的抉择。当各种各样的选择几率几乎相等的情况下，幸运者一定是少数。那些不幸的选择肯定是多数。如果没有走在人类的正确鼓点上，历史的偏颇就会由于初始条件的敏感性而把当初微小的差别放大到南辕北辙的地步。人的类本质是以个体的创造性来完成人类的自我创造。道德哲学同样是要保证每一个人的道德主体地位。自然法更是要把人生而平等作为衡量一切价值的终极标准。那么，只要不是选择了人类的正确生存模式，就一定是滑入了整体主义的泥坑。整体主义是和人的类本质针锋相对的。而人的类本质又必然是

285

五

结语·孔教与权力话语政治经济学

个体人的个性的张扬和创造力的发挥。个体人的生命和才智就是整体主义的成本。人类的生存论模式总是积淀为一种制度，这就是霍布斯所说的"利维坦"，吃人的利维坦。维护这种"利维坦"就必然是把个体人送到这个大怪物的嘴里。由于"利维坦"其实是由一个个人组成的类似于现代球队那样的生命，"利维坦"吃人就表现在身居社会组织层面的那些人吃人。人类的组织方式必然是二者必居其一：其一是让每一个人都在创造自己从而创造人类的生机勃勃的活动中；其二是让每一个人都在不同角色中等待着被整体性吃掉。

两种不同的组织方式成就了两种不同的社会形态。它们将维持自己在时间上的延续，这就构成了两种不同的社会形态再生产，这种再生产不是物质形态，也不是暴力机器，更不是统治集团，而是权力话语的生产与再生产。即我们在前文中所说的权力话语政治经济学。

社会形态的生产与再生产其实是权力话语的生产与再生产，这是一个简单的命题。人类社会的组织功能是以言行事的典范，这个普通语用学的研究课题是奥古斯丁对世界的最大贡献，后来被哈贝马斯在其交往行动理论①中进一步拓展到几乎人类社会生活的所有领域，充分揭示了人类社会的所有事情，包括整个社会的无目的的运转，有目的的管理，社会子系统之间的内在联系，无一例外是由以言行事的话语功能来实现的。至于说在社会运转过程中常常使用暴力等非以言行事的方式，那只是话语权力的分配不公平和不和谐所造成的交往断裂的必然结果。这就是我们在结语中所要论证的重点。

人类在漫长的历史中逐渐学会了对于超越性的尊重和遵守，崇敬与崇爱，并且在这一过程中也逐渐尝到了甜头。人类在这一方面的最成功最典型最持久最有代表性的领域就是市场。市场被赫伯特·西蒙称为一种无目的的合目的性的典范。② 所谓无目的的合目的性是指在市场上交易双方能

① 见哈贝马斯：《交往行为理论》第 260～312 页，曹卫东译，上海人民出版社 2004 年版。
② 赫伯特·西蒙：《人工科学》，第 34～47 页，武夷山译，商务印书馆 1987 年版。

够达成交易的目的是一种合目的性。但是，并没有任何人或者任何机构在其中进行设计和指导，只是交易双方自愿达成的一种交易。其过程是这样的：交易者 A 与交易者 B 双方都怀着自己可能在交易过程中获利的希望，用一个简单的数学关系来表达就是：A 希望交易的结果是自己交换回来的商品价值大于或等于自己提供的商品价值，B 则是希望交易的结果是自己交换回来的商品价值大于自己提供的商品价值。最后成交的结果当然是双方实现了等价交换。这是一种合目的性，但却是无人设计无人指导的必然结果。但是，西蒙这样判断市场交换的本质则是必须在一个前提与预设之下才可能成立。这个前提与预设就是市场必须有一个超越于市场之上的条件：交易双方是平等的，交易双方是自愿的，交易双方要对市场的价格机制和价格水准有一个合乎理性的判断。因此，市场是在一种绝对超越性被交易双方绝对遵守的情况下才可能实现无目的的合目的性。在市场交易过程中，交易双方的任何一方，都既是话语权力的生产者又是话语权力的消费者。市场的超越性是交易双方共同拥有的话语权力。我们尝试性给出一个极端的例子：如果有一方在自己的袖子里暗藏了一支手枪，在双方砍价的过程中有枪一方用枪口顶住对方的腰间，悄悄地说：不答应我的条件就打死你。那么交换的结果还能公平合理吗？还有无目的的合目的性吗？

看来无目的的合目的性这样的东西绝对不是先天就能给参与者带来平等和公正的简单模式，它其实是在一种超越性的呵护之下和导演之下完成的旷世杰作。超越性就是君临于每一个人头顶的那种无形的网络，它既笼罩着每一个人的行动氛围，不让每一个人越雷池半步去侵害他人；也光照着每一个人的前程和坦途，让人都有和他人平等分享获利和恩惠的机会。当人们在实现自己意志过程中都将可以把自己的行为变成话语权力的时候，也就是人人都有自己的话语权力了。当话语权力平均分配给每一个人的时候，话语权力政治经济学的秘密也就不再隐藏起来了。在同一个原则之下每一个人都有言说自己需求的权利，都有阐明如何让人的话语内涵增值的权利，现实生活中就会形成一种反馈，即扩大分异

的正反馈。① 整个社会就会在平等和正义的原则下，信息和财富就都会增加和拓展。这就是在超越性原则下的话语权力政治经济学模型。在这个故事中的鸟和蛾，其实都是在超越性原则即自然法的物竞天择适者生存原则下的生存模式。它们用自己的形态演变来述说了自己的"话语权力"。维护这种法则就是话语权力的简单再生产，扩大分异和信息增值就是扩大再生产。

对于上文理论推导的结果，20 世纪后半叶的学术研究成果提供了最充分的佐证。在伦理学中最典型的就是罗尔斯的《正义论》和诺奇克的《无政府国家和乌托邦》。罗尔斯侧重于论证和揭示社会正义的充要条件，社会正义的根本保证就是要每一个社会成员都能处在一个平面化的起点之上，不能因为历史和社会的原因把任何一个人人为拔高，或者把任何一个人人为降低。面对社会的优越岗位最大限度向每一个人开放，全社会则最大限度地关怀最需要惠顾的人。这就是有名的"最大最小原则"②。把罗尔斯的伦理学说当成社会道德的最高标准，这不就等于说世界和宇宙先于人类的存在之前就已经给人类制定了一个超越性的准则了吗？

288

诺奇克的《无政府国家和乌托邦》③ 则比罗尔斯学说的逻辑起点上溯了一步。诺奇克假定了人类的初始状态就是被某种神圣的力量所规定的平等条件。而只有每一个人都拥有等价进入社会的通行证，才能从无政府状态进入国家状态；进入国家状态并不是一劳永逸的秩序和法则、繁荣和昌盛，国家的风险就在于国家状态是一伙人对于话语权力的垄断，因为国家不光保护公民还要仲裁，仲裁就必须垄断；那么防止这种垄断变成整个社会的灾难，就要每一个人都拥有平等的话语权力，这种话语权力就是指向

---

① 关于正反馈给系统增加信息量日本学者丸山荪郎在其《形态发生的认识论》一文中举了一个很有说服力的例证：在南美洲的一个自然保护区中有一种鸟，还有一种蛾。这种鸟世代以这种蛾为食。在漫长的时间演化中，这种蛾变得越来越善于伪装，而这种鸟则变得越来越善于发现伪装中的蛾。两者在形态发生的变化中扩大了分异，信息量大幅度增加。这就是正反馈增加信息量的原理。

② 见罗尔斯：《正义论》第 60 ~ 65 页，何怀宏等译，中国社会科学出版社 1988 年版。

③ 诺齐克：《无政府国家和乌托邦》，何怀宏译，中国社会科学出版社 1991 年版。

社会管理者的，就是要在现行社会秩序的基础上大胆设计颠覆这个现行社会的新方案，即"乌托邦"。诺奇克则是证明了无论是在起点上还是在过程中，充分保证话语权力的平等和畅通是人类社会发展和进步的前提。

在制度经济学的前沿，博弈论制度经济学独领风骚。这个新兴的学术门类十分强调在社会形成的起点上，最理想的生成状态就是让每一个人都像一个对弈中的棋手那样，拥有和对方平等的取胜的权力。这就是博弈的隐喻。这个隐喻就告诉我们在人类社会之上有一种超越性的每一个社会都必须遵循的准则。这就是说每一个人进入社会就是一个具有和他人平等博弈权力的对手。博弈论制度经济学的成果在一个更具普遍意义的层面上证明了非博弈原则形成的社会，在其发生学上就是对人类的反动。因为不把人的类本质，道德哲学的逻辑起点和自然法当成超越性原理先验地遵守，就是对人类的亵渎和否定。

卡西尔的哲学人类学在一个新的起点上阐述人类的本质，这就是人类是符号化的动物。人类生产符号的能力的确是迄今为止他所独享的禀赋和特权。和其他哲学人类学的派别相比，我觉得符号哲学人类学更能代表人类的独特性，对于个体来说，就是人的本性。这充分向我们展示了人类在理想状态中，其实只需要符号这一种东西就能达到人际交流和社会组织的功能。符号最普通的形式和最通用的系统就是自然语言。同时，一切符号形态的事物最终都能转化为自然语言。那么人只需要一种能力即自然语言的交际能力，就是一个自然人。人也只需一种权力即话语权力来表达自己的需要和自己的态度，就是一个社会人。人类社会的演进归根结底就是要缔造一个环境和氛围，创造一种管理模式和运作方式，让每一个人只用话语权力来表征自己。这样人就彻底成为了人，彻底实现了人的类本质。科学已经证明了并不存在着彼岸世界，那么，人类所向往的天堂大概也不过如此吧？

我们现在也许还不能充分而必要地演绎证明这就是人类的必由之路。但是，总能从人类已经走过的道路中充分看清这种趋势。从古希腊古罗马的市民社会，到卢梭霍布斯的社会契约，直到格劳秀斯的国际法，当代欧

盟的国际组织，等等，这一宗宗，一件件，哪个不是朝着这个伟大的方向一步步走来呢？

从以上的论述中让我们明白一个最重大的事实：人作为人的权力和权利也是一个拥有原发性和继发性的区别。其实最根本的权力和权利就是话语权力。有了这种权力就能获得一切权利。话语权力就是人之所以为人的最根本的条件。失去了这种权力人就堕落为动物。哈耶克在他那个时代发出了振聋发聩的呐喊：控制经济就是奴役。这话千真万确。在他的时代中，人们对于一种控制人经济的社会存在着普遍的模糊认识，他则以先知的敏锐的眼光看清了这其中的奥妙，向人们一针见血地指出了这种组织方式的实质。这当然是伟大的壮举。但仔细想一下，控制经济的社会行为还不是控制话语权力的具体表现吗？我们登堂入室进一步探索的结果就会对此清清楚楚。剥夺了人的话语权力，就是让这个人成为被人役使的动物。而争得了话语权力其他权利几乎就迎刃而解了。一个国家的民主化进程也是如此。在民主的逐项要求中，有一项是实实在在的能够被弱势者拥有的权力，那就是话语权力。其他都是在某种信念之下做出的补充规定，或者说是为了保证每一个人的话语权力能够顺利和全面实施的进一步措施而已。全民普选只是话语权力的另一种表达形式。

普遍地实施话语权力和普遍地拥有话语权力，就是社会平等，就是人类正义，就是在实现人的类本质。这告诉我们另一个事实：剥夺他人的话语权力并不可能用话语权力来实现。一定要用话语之外的某种东西，这种东西就是托夫勒在其《权力的转移》①一书中所说的"权力的媒体"。他将其界定为暴力、金钱和知识。这是迄今为止人类的社会生活中传达权力的三种事物。暴力是什么，人所共知，就是那种能够剥夺人的内在时间和活动空间的强制性力量。我们早已对其有所了解：它不可让与，不可分解，不可传播。于是，它只能集中在少数人手中，被少数人当成剥夺他人

---

① 见托夫勒：《权力的转移》第四章、第五章和第六章，刘江、陈方明、张毅军、赵子健等译，中共中央党校出版社 1991 年版。

内在时间和活动空间的游戏。金钱我们也不陌生：它可以让与，可以分解，不可传播。于是，它集中在谁的手里，谁就能够把它和暴力交换，成为一种役使的力量。对于知识来说如何成为权力的载体，我们似乎还不十分明确。当然，在今天知识的确是可以交换金钱和暴力，只要把知识控制在少数人手中。然而，知识是可以传播，可以分解，可以让与的信息态符号表达。它的本性就告诉我们如果不是转化为暴力和金钱，知识自身能够充当权力的载体吗？这是一个牵强的类比。我无意挑战托夫勒的未来学分析，只是在阐述一个事实：当知识真正成为权力载体的时候，这不是在说人类的历史进程一定要让话语权力变成最基本的相互交往和相互认证的那种事物吗？这说明本书的观点即人权就是话语权力，因此，人的基本权力并不需要载体。一旦权力有某种载体来充当其表达式，那就是在用基本权力之外的某种冒牌货来剥夺他人的权力。暴力，金钱，知识，都是权力的载体。它们不仅仅可以非法地剥夺他人的权力，更能够非人地剥夺他人的权力。就是说有了知识，就有了权力，这同样是在剥夺他人的权力。谁规定的有了知识，就应该有权力？知识无非是一种被人普遍认同的信息体系而已。它没有什么特别之处。与精英对应的知识就更是荒谬。凭什么拥有知识的精英就一定要统治他人？看来人的基本权力只能是一种表达自己欲求和表达自己对世界的理解的那种可能性。加上了载体的权力，无一例外，都是对于他人权力的剥夺。

这再一次告诉我们：在中国古代社会，没有超越性的权力，即人的话语权力，一切通过载体表达的权力都是对这种原发性权力的破坏和剥夺。当人类社会用暴力来传播权力的时候，其实只是暴力在说话，虽然从表面上看是掌握暴力的代表人物在说话，他们只是暴力的暂时代言人而已。在中国历史上皇帝可以说是暴力的最高把握者。但是，皇帝真是暴力的拥有者吗？在中国历史上皇帝成为了刀下鬼的概率远远高于平民百姓，就足以证明了皇帝更是暴力青睐的对象。春秋战国时期被杀的国君不算，就从秦始皇建立统一的政权以来，被杀的皇帝就有秦二世、晋安帝司马德宗、晋恭帝司马德文、南朝宋文帝刘义隆、后梁太祖朱全忠、北魏太武帝拓跋焘、北魏孝

武帝元修、东晋孝武帝司马曜、北魏孝明帝元诩、唐武宗李纯、唐敬宗李湛……最有代表性的是刘裕、宗爱、萧鸾和宇文泰，他们都杀了两个皇帝，然而，他们还当不上杀皇帝的冠军。北周的宇文护则是杀了三个皇帝，拔了头筹。① 连皇帝尚且如此，那么，其他暴力拥有者自不待言。

知识如何作为权力的媒体？除了在托夫勒的未来学中有一点阐述之外，其他地方并不多见。历史的确曾出现过一个让知识耀眼的时期，那就是资本主义经济危机让资本所有者吃尽了苦头的时候。他们想出了一个办法：把利润最大化变为市场最大化。在这个过程中，集团的作用骤然凸现出来了。他们这样做的动机包括他们不是资本所有者，对利润的追求未必像资本所有者那样迫切，而他们又是大权在握的经营者。但是，在这一过程中究竟是他们的知识起的作用大，还是他们的地位起的作用更大？这肯定是一个暂时还没有结论的问题。因此，知识如何作为权力的媒体，其实是悬而未决。

托夫勒关于权力媒体的转移没有说错，而问题则是他所考察的人文地理只限定在一块狭小的范围内，那里的确发生了权力媒体从暴力向金钱，再向知识转化的所谓"权力的转移"。他真的没有看到这些发生了"权力的转移"的人文地理的上空，早已笼罩着一种没有媒体的超越性权力。这种超越性的权力就是"两希文明"留给那里的自然法原则，道德哲学的超越性和人的类本质信念。这种超越性对于生活在那里的人来说，一直不太陌生。上文引证的古希腊哲学家苏格拉底之死，就已经充分证明了早在公元前四世纪的开端，② 那里的人就知道了对于一个公民的处理要用法律审判的形式，即一种超越性的形式。苏格拉底正是为了维护这种超越性才在那里等死。这是古希腊的超越性原则给世界留下的最深刻印象。

希伯来文明能在犹太人的国家灭亡之后一直流传下来的秘密就在于犹太人坚信自己的民族和这个民族的个体生命是超越的。《圣经·旧约》记

---

① 以上内容均见青岛灯塔：《中国历史上谁是杀皇帝最多的人？》，载《中国历史·铁血论坛》网。

② 苏格拉底生于公元前469年，死于公元前399年。即死于公元前四世纪的第一年。

载的故事只是给上帝一个绝对超越性的地位，这还没有深入到人的层面。到了耶稣基督的时代，犹太人已经没有了自己的国家，整个民族需要以个体的形式保存这个民族的种子。耶稣基督的出现让犹太人的眼睛立刻亮了起来，作为个体代表的耶稣基督以三位一体的形式超越于人世间的一切。这种超越性精神是否是从希腊人那里抄袭了自然法的超越性，我们不得而知。但是，犹太教的希伯来文经典被希腊文的宗教经典取代了之后，这种超越性就变得强烈和自如。这一段历史由于文献的缺乏和历史的久远，把这样的悬念证明下来确实行之不易。但是，后来的基督教经典从希腊文到拉丁文，以及从拉丁文到日耳曼语言（英语、德语等），都随着语言的变迁而产生了内涵的变迁，则是有据可查的。在耶稣生活和死去的地方，是个不大的城市，即拿撒勒。耶稣死后只有拿撒勒那里的上千人坚信耶稣就是基督，就是弥赛亚。换句话说，只有拿撒勒的人坚信自己将随着耶稣基督而变得"超越"起来。后来的基督教大规模传播的过程中，征服那些非拿撒勒人，就是因为这种"超越性"信念成了让犹太人以个体形式保存文化和文明的坚强后盾。从公元50～60年代保罗和彼德殉难的时代，到公元四世纪罗马帝国的君士坦丁大帝宣布基督教是国教的漫长时间里，信奉基督教的犹太人就是依靠着这种超越性才能够坚定不移地活下来，即或遭遇到像尼禄这样的暴君也面不改色心不跳地面对死亡。基督教的本质教义就是人的预成论原则，也就是人的生命的超越性原则。① 君士坦丁为什么皈依了基督教，最通常的一种说法是在公元312年米尔维安大桥战役的前夕，君士坦丁看到天空上闪耀着十字架样的火舌与这样的话："这是你克敌的迹象。"于是，君士坦丁大帝彻底击败了他的劲敌马克森提。现在已有证据表明，这只是君士坦丁的政治智慧，② 即那时君士坦丁大帝的军队中许多人都信了基督教。基督徒的奋勇作战使得君士坦丁大获全胜。基督徒就是坚信人的预成论模型的群体。基督教成为了西方人最普及最广泛的宗教

293

五 结语：孔教与权力话语政治经济学

---

① 见舍斯托夫：《在约伯的天平上》第162～166页，董友、徐荣庆、刘继岳译，上海人民出版社2004年版。

② 见张晓校：《罗马军队与帝位嬗递》第262～270页，中国社会科学出版社2006年版。

信仰。当基督教的天主教时期教皇和教职人员普遍腐败的时候，正是这种宗教教义的深层内涵包含着人的预成论成分，才有可能在其内部蕴含着反抗的力量。因为教职人员的堕落和败坏就是对于这种人的类本质理论的重大冲击。

关于"两希文明"的通常说法是指古希腊的理性和希伯来文明的人的预成论，即像耶稣那样做人的榜样力量。所谓理性就是在世界之上有一种原则和逻辑的规范，理性就是不在场的那种超越性，它演变成了自然法精神和道德哲学的超越性准则。人的预成论变成了人的类本质，是顺理成章的演化路径。

于是我们看到在全球的一个特殊的人文地理中，发生了权力媒体的变化，最低是暴力作为主要权力的现实形态，在地理大发现给人类增加了货币这种权力的新的附着物之后，暴力不再像以前那样风光。在本书中我们有大量的关于金钱的精神属性和暴力的精神属性的本质区别的论述。金钱因其可让与性和可分解性（虽然不可传播）而要比不可让与不可分解不可传播的暴力不知要好多少倍。经营金钱的规则必须要有自反性，就是说规则必须适用于金钱权力的握有者。这一进步是至关重要的，因为自反性就是没有例外，没有超越于规则的特殊性，这就像游戏中不准许有人不受规则约束一样。而暴力权力则始终不可能解决自反性的问题。因为，暴力的把握者是不可能让暴力来处罚自己的。我们必须看到这种变化是一种更高层面的不需媒体的超越性权力监护的结果。这种变化是发生在更高的权力背景之上的。权力媒体变得温和，是一种超越性权力的约束和管辖的必然结果，是这种超越性的客观要求。当然，这也反映了权力转化的趋势和规律。我们似乎有理由把这看成是权力话语政治经济学的生产和再生产模式。最终是一种超越性话语在起作用。

以上的论述有两个作用：一是给本书确定了一个理论框架。这个框架就是把文化的理论起点定格在一维的线段上，两个端点一个为超越性，另一个就是内在性。两者正好是两个极端。这样，借用初始条件敏感性的原理，就可以把两种文化的演变路径既解释和理解，同时又可预见到其未来状况，如果没有任何外在干预的话。二是给孔教找到了一个镜像效应的样板。只要是对于我们已经论证的内容充分理解和把握，那么，孔教作为核心思想体系的文化，其在历史中所充当的角色也就不言而喻了。

本书中多次引证了德勒兹关于内在性的平面化论述，这的确是一个伟大的发现。把内在性这个术语变成我们日常生活中所面对的和所经验的事物，这就是指我们人类生活的世界和人类社会所营造的氛围。那不是说我们在故弄玄虚在愚弄读者吗？这种理解就大错特错了。内在性是把人类生存空间和人类生活氛围对应于超越性之后的合适称谓，只有进入了与超越性的二元对立，才能把我们人类的事物主要是人类社会的组织方式称为内在性的世界。这是个铁定的二元性，永远也不能打破。把超越性只是留给神圣性的事物那也是一种不可原谅的误解。柏拉图所说的彼岸世界只是说那里是超越时间和空间的世界，即不变化的世界。世界必须有不变性，这是世界构成中必不可少的材料。亚里士多德的确是反对柏拉图的两个世界的分法，但是，亚里士多德强调的在我们自身的世界中的合目的性原则，他要确定世界之中的世界。这个世界之中的世界，就是一个不变的世界。在我们日常生活中，更多的是体验那个世界之中的世界：社会要有法律。法律是相对稳定的保证社会正常运转的规范。法律面对着变化的世界。法律说不清楚罪犯究竟在什么时候犯罪。但是，法律一定要有关于那种犯罪的处罚条例。足球要用规则，规则一旦形成就会保持一个相当长的时间。但是，足球的规则不能规定参赛的球队是用什么结构队形。这不就是不变的世界对应着变化的世界吗？世界就是这两者之间的平衡。

考察人类文化和文明的发生学，很难找到有哪个种族脱离了原始先民的本性，就能泾渭分明地缔造出超越性和内在性的分野。但是，有一条是肯定的：在文化（而不是文明）发生的早期，都有超越性色彩。人总是把自己想象成是某种超越性事物所创造出来的生存物。迄今为止所有人类学的成果无一例外都对此给予了毫无疑义的肯定。中国人也不例外。在远古的历史材料中，诸如《尚书》等古文献，都在这方面提供了证据。说明在文化的发生学上，人类借用原始的超越性来解释自己的起源，无一例外。

295

五

结语·孔教与权力话语政治经济学

当我们把文明理解为文化发展到某种程度之后的产物时，中国的情况就发生了某种意想不到的偏转。中国在进入文明的那个特定时刻，中国人把整个世界都说成是权力拥有者的杰作了。圣王创世不就是这个概念的高度概括吗？周公的时代就已经把这个文明的范式定型了。我们在此还要重申中国文明的发生期不是亚斯贝尔斯所说的轴心期。其实中国文明的起点无论是从中国的文明模式上论证，还是从中国文献对于自己世界观的解释上，都毫无疑义是早于亚斯贝尔斯所说的轴心期。

当把圣王确定为世界的创造者，这就是一个不折不扣的内在性中涌现出来的超越性，也就是圣王本身创造出了超越性。这当然是一种冒牌货。圣王能够凌驾于社会之上，当然也能凌驾于自己之上。他自己的刀削不了自己的把。这就像拓扑学中的一个定理所说的那样：一个球向自身的投影必然要有一个盲点。当然最低是一个，很可能千千万万。这千千万万就是那些为所欲为我行我素"超越的"的无法无天者。就是只有一个也不行。试想想，唐太宗可以说是中国历史上最开明的皇帝，他创造的贞观之治，不也是毁在了他自己的手中吗？

这种圣王创世的理论萌芽是在周公的时代。孔子只是抄袭了周公的范式，孔子把它理论化了。这就像库恩在其《科学革命的结构》中所说的那样，从周公经孔子直到历代的儒教信奉者，形成了一个历时的"科学家共同体"。孔子则是这个思想范式和信仰范式的代表者。孔子作为这个文化范式的逻辑专名是当之无愧的。第一，孔子是一个独立的文化探索者，当过鲁国的小官也不太得宠，后来一生流离颠沛，就是李零称其为"丧家犬"那样的生活，就这样他乐此不疲，坚持自己的观点和立场。他所追求的思想体系在那个时代正是曼海姆所说的乌托邦，即没有权力背景的思想体系。第二，孔子的思想一出笼就一次而成永恒，前无古人后无来者，继承者只能是步其后尘，连修修补补的可能性都几乎没有，尤其是这种思想体系成为意识形态之后，后来者就只能歌功颂德吹捧之至了。第三，孔子思想体系变成了宗教之后，真正信奉者是那些皇帝老儿和达官显贵。他们自己借孔子的英明宣传自己，要比他们自己直接吹捧效果更好。因此，他们则是千方百计让孔子的声望扶摇直上。这其中的奥秘我们还要在超越性中去寻找。所有把孔子当遮羞布的也好，当包头巾的也好，当垫脚石的也好，其实都是所谓在场的追求，都是内在性的那种庸俗和无耻的人性贪欲，都是凡夫俗子的那点东西，但是，又要让这些平庸和卑鄙变成超越性的那种"神圣"。于是，就事先缔造了孔子的光环，然后再借用孔子的光环。

中国文明史的起点是一种把内在性装扮成超越性的荒诞剧。当周公抛出圣王创世的理论体系时，就是用以人造神代替自然成神。但是，周公开辟了这一先河并没有在他之后形成普遍的对于人造神的崇拜。周朝的天子在春秋战国时期是绝对的窝囊废、受气包，楚庄王在公元前 606 年居心叵测地"问鼎中原"①就足可以证明周公的造神术并不成功。但是，汉代之后情况就大不一样了。每一个拥有既成事实权力宝剑的强人，无论其人性如何，能力大小，他都将成神成圣。这是为什么？其根源我们还是要从孔子的学说中寻找。

话语权力是人的类本质的终极表达。在古希腊和古罗马的奴隶社会中，拥有话语权力的公民们开宗明义把奴隶们当非人对待。因而，奴隶没有话语权力，只要是人就要有话语权力，当古希腊人和古罗马人的社会演变成取缔奴隶的普遍的公民社会之后，话语权力就成了公民普遍享受的做人的条件。与此形成鲜明对照的是，在孔子的学说中，他只把表达的权力给了那些既成事实权力的拥有者，即天子或者是诸侯国的国君。把社会的一部分人全部排除在话语表达的权力之外，他们就是孔子命名的小人。而最可怕的一件事则是孔子在中国一劳永逸地消灭了人类社会中的一个最重要的社会成员，即知识分子。

知识分子在人类的历史上充当了最重要的社会角色。古希腊锡迈尼时代就涌现了像荷马这样的知识分子。当古希腊进入了泰勒斯时代之后，一大群思想的巨人叱咤风云呼啸而起。这些思想巨人不仅创造了古希腊精神

---

① 见《史记·楚世家》第 1700 页，中华书局 1959 年版。

世界的无比辉煌，更创造了到今天仍然熠熠发光的人类价值系统。人类精神家园中的几乎一切概念，如连续、离散、存在、等值、蕴涵、原子、虚空，等等，不一而足，都是起源于古希腊的知识探索者。再来看"两希文明"的另一支脉，希伯来人的社会成员，就更让人称奇。他们的社会中有三类人，即国王、祭司、先知，其中的先知就是和古希腊人的知识分子相提并论的精神家园的看守者。知识分子是干嘛的？知识分子就是用超越性的精神产品挑战权力拥有者的现实权力的。知识分子就是首先要思索现成超越性的合理性和缔造新的超越性的精神卫士。读者可以在本书中看到我数次引用诺奇克的《无政府国家和乌托邦》，就是因为诺奇克在现代学术的层面上把知识分子生产价值的机制和机理论证得天衣无缝。消灭了知识分子就是消灭了人类的灵魂。

由此我们就有了登堂入室探讨孔子的所谓道德问题的可能性。在《论语》中，以及在后来的无数儒学著作中，有无数的关于道德的说教。在一个没有超越性价值的社会里，自然没有一种超越的道德哲学。没有超越的道德哲学，就没有普遍的对人的道德约束。无论在儒学著作中有多么显赫和强劲的道德规范，那只是让君子们去为权力送死和为权力卖命的戒规。有两类人被孔子式的道德抛弃了：其一是权力拥有者，他们从来就没有过道德，也从来就不知道道德是何物，更不需要了解道德是何物；其二是孔子定义为小人的人，他们被排除在道德之外，是因为孔子根本就不准备为中国人写普遍关于道德的说教，他只关心权力造神有没有帮凶。把儒学解释为道德学说的人可曾想过孔子的道德具有普遍性吗？孔子建立道德学说的超越性在哪里呢？亚里士多德的道德学说的伦理原则是幸福论即每一个人追求幸福的权利与义务。康德的道德学说的伦理目标是实践理性的最高标准，即人实现自己本体论存在的生存状态。休谟的道德哲学则是让每一个人都能平等地实现自己内心深处的崇高追求。而孔子的道德原则则是让道德的实践者去为权力无限忠诚地服务。这里还有一点点道德的影子吗？之所以如此，归根结底就是中国古代社会从孔子开始就消灭了超越性。

"圣王创世"作为中国古代社会文明的一个历史起点，的确是一种悲哀。它是把一种人类社会中的偶然性上升为必然性和崇高性的范例。但是，如果一直坚持某一个圣王的种姓神圣和高尚，这也可能要比实际情况好得多，虽然这本身是有点荒诞不经的闹剧。前文所说的日本不就是如此吗？可中国偏偏就出现了一个"天命靡常"的理论。说实在话，这并不是孔子所坚持的信念。周公是"天命靡常"理论的始作俑者。孔子的"郁郁乎文哉，吾从周"的信仰要是能够实施下去，把周朝的开拓者种姓缔造成一种莫名其妙的超越性，历史当然也是悲剧色调，不过可能会比实际情况少一点杀戮和背叛，少一点谎言和欺骗，少一点颠沛与流离。说孔子在这个独特的权力发生学上没有责任，只是说他并没有在这方面多着笔墨。然而，孟子在完成这个理论证明的具体说教中，正是借用了孔子的圣人身份来说明圣者的轮回规范的。圣王轮回，就意味着圣王没有了超越性。没有了超越性就是彻底堕落到纯粹内在性的弄虚作假上了。从内在性产生超越性，就是俗话所说的造神。中国古代传统社会一代一代不停地造神。

　　我们在前文中反复论证孔教没有超越性，那是在本体论意义上说的。而在表象的层面上，孔教是有超越性的，只是这种超越性是由纯粹的内在性中经过人为的造神运动随时随地制造出来的，只要有人把暴力运用到极致并形成了既成事实的对权力的控制。孔教既为造神创造了理论基石，又随时随地把神造出来然后就顶礼膜拜。对这个虚假的人造神的虔诚程度，要比对于那些"真神"还要强烈。那么，这不是宗教又是什么呢？所谓的"真神"并不是指在世界上真有神之类的超自然的伟力和威力，而是指不是由人经过暴力和谎言只为了成神的目的才造出来的"神"。

　　孔教的本质到此已经不再扑朔迷离了。它把根本不具有价值属性的事物像变戏法一样变成了超越的种属，这就是我们在前文中所说的溥仪的"垃圾隐喻"。无论孔教的学说多么耀眼和光辉，它都是用精美外表包装的垃圾。它所崇尚的"圣王"就是这精美包装内的垃圾。当人们贩卖这些包装物的时候，可能还显示了价值的华美。但是，一到它的核心，所散发的腐臭就难于掩盖。在我们这本书的结语中，我这里所要说明的最重大理论问题就是，真正的权力只是那些绝对超越性的与每一个人距离都完全相等的话语权力。在孔教统治和肆虐的漫长古代封建岁月中，传统中国人已经习惯于把在场性的暴力权力看成是世界上独一无二的价值源泉。人们自觉与不自觉地去维护那些虚假的价值目标，不惜性命争先恐后去争取权力的青睐。只要能分得权力的一点残羹剩饭，哪怕是丧失人格，丢弃父母，牺牲尊严也在所不惜。

作为中国古代传统文明的范式，孔教并没有选择某种超越性来缔造古代中国人的价值。价值无论是在文德尔班的新康德主义哲学体系中，还是在鲍桑奎的新黑格尔主义的思想樊篱中，更不用说在洛采的价值哲学里，价值都在其起点上拥有"应该"的属性。这就是休谟在《人性论》所定义的最基础的价值要素。孔教没有给古代中国人真正的"应该"，只让人们记住世界上有一种东西叫权力，它除了依靠强制之外一无所有。古代中国人久而久之就失去了价值意识。它只把强制性当成世界上唯一的"应该"。这就是郝大维与安乐哲所说的情景化思维的由来。所谓情景化就是看看有没有强制性的东西在自己头上挥来挥去。

在没有价值的古代中国，虚假价值即皇权和其代表成为了唯一的人生追求。虚假的价值既然是虚假的和滥竽充数的，得到这种冒牌货就必然是三种心态：第一是稀缺性本身会使拥有者对它爱不释手。对其珍爱不是对权力本身的珍爱，而必然是对赏赐者珍爱有加。这样，就会对更高权力奴颜婢膝，竭尽阿谀奉承之能事。第二是虚假性会让持有者总要有一种危机感，高悬在自己头顶。时刻担心自己早晚有一天失去它。于是，在权力尚在手中的每一刻都要把它充分用尽。皇权委派的权力拥有者会把权力用来实现自己所希冀的一切。第三是唯一性使得它的拥有者趾高气扬，他要拿这个唯一性的"假价值取向"来诱惑、压制、打击、拉拢那些对于权力垂涎三尺的后来者。

以上这些对于中国古代社会权力价值取向的微观分析，最后都会落实在权力话语的生产与再生产上。

当我们把儒家的奥秘揭示得淋漓尽致之后，它在中国古代社会的权力话语生产的过程中所扮演的角色已经昭然若揭了。传统儒家崇尚的圣王创世的坚定信仰，把整个国家的权力理论化和制度化地交给了一个被神化的人物。即或整个社会的成员都已进入了人类种属的阶段，那么，这个被神化的最高统治者，就被这种制度和这种理论又重新让他们倒退。他们会残忍和任性来实施暴力权力。中国古代历史上这样的"动物"屡见不鲜，如秦始皇、赵高汉武帝、黄巢、张献忠、多铎、洪秀全等，数不胜数。

当孔教被意识形态化之后，它就自觉地加入了符号暴力的生产过程中。正是孔教把既成事实这样的随机性变成了合法性的基础。接受了这样的合法性，就是接受符号暴力把自己变成了自觉协助暴力的实施者来把暴力主动加在自己身上。这种主动"洗脑"一方面把恐怖自然而然地装进了自己的灵魂，另一方面又把逆来顺受的惯习自觉地传递下去。所以，中国古代社会的传统思维的历史传承只有两件事物：恐怖意识和逆来顺受。这就是孔教这样的宗教给我们的最大遗产。

中国古代的权力话语政治经济学一定要把圣王创世和天命靡常两者综合在一起来考察和分析。坚持圣王创世就是上文中所说的结果：向动物的回归，就制造了一个被无限的与所处的时代完全相称的美好称谓和美好物质包装起来，而本质上是动物的最高权力拥有者。这样的最高统治者成为了动物当然就意味着这个政权同时进入了死亡时期。所以，中国的历代皇朝，其诞生的时间节点和其死亡的时间节点是统一的和同一的。① 在这一刻，这个新兴的权力机构生产了自己的虚假权力话语，即把暴力经过意识形态即孔教包装的权力话语，向世界宣称自己的"永恒"和"伟岸"，其实质则正是其死亡的开始。因为一个动物向人类实施的任何权力都只能是向着死亡走去的旅程，只是有孔教生产的符号暴力在给它输入一点强心剂而已。所以，中国古代社会的权力话语政治经济学是一个奇怪

---

① 见季国清：《利维坦的灵魂》第 80～81 页，黑龙江人民出版社 2006 年版。

的循环：它只有伪话语权力的生产，而没有再生产。因为再生产包含着扩大再生产。

历史的断裂是一个民族最悲哀的事情。但是，中国古代社会的事情和世界上的所有事情一样，执行简单性原则。这是爱因斯坦的坚定信念。多一点超越性，就会多一点希望。

参考文献

中文作者作品索引

B

柏杨：《丑陋的中国人》，时代文艺出版社，1987年。

白石浩一：《苏格拉底之死》，台北新潮社文化实业有限公司，2005年。

柏杨：《中国人史纲》，中国友谊出版公司，1998年。

C

陈来：《古代宗教与伦理》，允晨文化实业股份有限公司（台北），2005年。

陈焕章：《孔教论》，上海孔教会，1913年。

蔡元培：《蔡元培全集》第二卷，中华书局，1984年。

陈独秀：《独秀文存》，安徽人民出版社，1987年。

D

杜维明：《杜维明文集》，武汉出版社，2002年。

F

（晋）范宁注；（唐）杨士勋疏；黄侃经文句读《春秋谷梁传注疏》，上海古籍出版社，1990年。

G

葛洪：《抱朴子内篇》，上海书店发行，1986 年。

《郭沫若书信集》，中国社会科学出版社，1992 年。

郭沫若：《十批判书》，人民出版社，1954 年。

H

黄仁宇：《赫德逊河畔谈中国大历史》，生活·读书·新知三联书店，1997 年。

黄仁宇：《万历十五年》，生活·读书·新知三联书店，1997 年。

胡作玄：《第三次数学危机》，四川人民出版社，1985 年。

J

江晓原：《天学真原》，辽宁教育出版社，1995 年。

季国清：《隐形女权的王国》，黑龙江人民出版社，2003 年。

K

孔飞力：《叫魂》，上海三联书店，1999 年。

L

梁漱溟：《梁漱溟全集》，山东人民出版社，2005 年。

柳宗元：《柳宗元文集》，中华书局，1982 年。

刘向：《说苑》，文津阁四库全书子部·儒家类第二三一册，商务印书馆，2005 年。

李冬君：《孔子圣化与儒者革命》，中国人民大学出版社，2004 年。

李世渝：《中国历代科举生活掠影》，沈阳出版社，2005 年。

李丰楙：《中国历代经典宝库·山海经》，台北时报文化出版事业有限公司，1982 年。

（后晋）刘昫等撰：《旧唐书·安禄山传》，中华书局，1975 年。

吕玉新：《古代东亚政治环境中天皇与日本国的产生》，香港中文大学出版社，2006 年。

李宗吾：《厚黑学》，群言出版社，2006 年。

M

牟钟鉴、张践：《中国宗教通史》，社会科学文献出版社，2000 年。

牟宗三：《道德理想主义的重建：牟宗三新儒学论著辑要》，中国广播出版社，2002 年。

N

南京大学韩非子校注组编：《韩非子校注》，江苏人民出版社，1982 年

P

潘际炯：《末代皇帝传奇》，北京通俗文艺出版社，1957 年。

Q

钱穆：《灵魂与心》，广西师范大学出版社，2004 年。

屈超耘：《"父母官"新解》，载《秦风网·文萃之窗》，2007 年。

钱穆：《国史大纲·引论》，商务印书馆，1994 年。

S

司马迁：《史记》，中华书局，1973 年。

山东师范学院中文系：《历史上劳动人民的反孔斗争》，山东人民出版社，1975 年。

T

唐逸主编：《基督教史》，中国社会科学出版社，1993 年。

汤一介：《中国传统文化中的儒道释》中的论文：《论儒家的境界观》，中国和平出版社，1988 年。

汤一介：《内圣外王之道》，原载《在非有非无之间》，台湾正中书局，1995 年。

W

王弼：《老子》，台北金枫出版社，1987 年。

吴晗：《朱元璋传》，生活·读书·新知三联书店，1980 年。

吴毓江、孙启治：《墨子校注》，中华书局，1993 年。

吴存浩：《中国农业史》，警官教育出版社，1996 年。

王年一：《大动乱的年代》，河南人民出版社，1988 年。

吴廷璆：《日本史》，南开大学出版社，1997 年。

吴学谋：《泛系：万悖痴梦——一种形而泛学：哲学与非哲学的创生》，湖北教育出版社，1998 年。

X

许倬云：《西周史》，生活·读书·新知三联书店，1995 年。

许觉民编：《林昭，不再被遗忘》，长江文艺出版社，2000 年。

Y

于丹：《〈论语〉心得》，中华书局，2006 年。

杨真：《基督教史纲》，生活·读书·新知三联书店，1979 年。

余英时：《朱熹的历史世界》，生活·读书·新知三联书店，2004 年。

余英时：《内在超越之路》，中国广播电视出版社，1992 年。

Z

张光直：《美术·神话与祭祀》，辽宁教育出版社，1988 年。

张光直：《考古学专题六讲》，文物出版社，1986 年。

张光直：《中国青铜时代》，生活·读书·新知三联书店，1999 年。

张本祥：《非线性科学在人文科学中的应用》。（未找到此书）

张耿光：《庄子》，地球出版社（台北），1994 年。

朱伯康、施正康：《中国经济史》（上卷），复旦大学出版社，2009 年。

周贵钿：《王莽评传——复古改革家》，广西教育出版社，1996 年。

周谷城：《世界通史》，河北教育出版社，2003 年。

赵尔巽：《清史稿》，中华书局，1976 年。

306

国外作者作品索引

A

亚里士多德（Aristotle）：《尼各马可伦理学》，商务印书馆，2003 年。

A. 麦金太尔（A. MacIntyre）：《德性之后》，中国社会科学出版社，1995 年。

爱德华·奥斯本·威尔逊（Edward. Osborne. wilson）：《新的综合》，四川人民出版社，1985 年。

埃德蒙德·胡塞尔（Edmund Husserl）：《现象学的观念》，人民出版社，1994 年。

安德鲁·肖特（Andrew schotter）：《社会制度的经济理论》，上海财经大学出版社，2003 年。

亚瑟·叔本华（Arthur Schopenhauer）：《作为意志和表象的世界》，商务印书馆，1982 年。

泰勒（A. E. Taylor）：《柏拉图：生平及其著作》，山东人民出版社，1991 年。

B

哈罗德·J. 博尔曼（Harold J. Berman）：《法律与革命》，中国大百科全书出版社，1993 年。

布拉德利·亨利（Bradley Henry）：《现象和实在》。

鲍桑奎（Bosonquent）：《美学史》，广西师范大学出版社，2001 年。

贝塔朗菲（1901～1972）（Bertalanffy. Ludwig von）：《一般系统论》发表于 1948 年。

C

查尔斯·L. 史蒂文森（Charlies. L. Stevenson）：《伦理学与语言》，中国社会科学出版社，1991 年。

Charles de Secondat, Baron de Montesquieu：《论法的精神》，商务印书馆，1961 年。

D

涂尔干（Durkheim Emile）：《宗教生活的基本形式》，桂冠图书股份有限公司（台北），1992 年。

崔瑞德、鲁惟一（Denis C. Twichett）：《剑桥中国秦汉史》，中国社会科学出版社，1992 年。

郝大卫（David Hall）与安乐哲（Roger Ames）：《中国文化的哲学探源》。

郝大卫（David Hall）与安乐哲（Roger Ames）：《孔子哲学思微》，江苏人民出版社，1996 年。

〔美〕朱·弗登博格（Drew Fuderberg）、〔法〕让·梯若尔（Jean Tirole），《博弈论》，中国人民大学出版社，2002 年。

Dilthey, Wilhelm：《精神科学引论第一卷》，中国城市出版社，2002 年。

E

埃德加·莫兰（Edgar Morin）：《迷失的范式：人性研究》，北京大学出版社，1999 年。

恩斯特·布洛赫（Ernst Bloch）：《未来哲学纲领》：《论"尚未"范畴》。

F

费尔迪南·德·索绪尔（Ferdiand de sausure）：《索绪尔第三次普通语言学教程》，

参
考
文
献

上海世纪出版社，2007 年。

G

格奥尔格·威廉·弗里德里希·黑格尔（Georg Wilhelm Friedrich Hegel）：《小逻辑》，商务印书馆，1962 年。

加里·S. 贝克尔（Gary·S. Becker）：《人类行为的经济分析》，上海三联书店，1995 年。

吉尔·德勒兹（Gilles Deleuze）：《什么生成》。

吉尔·德勒兹（Gilles Deleuze）：《哲学与权利的谈判：德勒兹访谈录》，2000 年。

Grenz, S. J. and Olson, E. R.：《二十世纪神学史》，校园书房出版社（台北），1998 年。

H

哈贝马斯（Habermas. Jürgen）：《交往与社会进化》，重庆出版社，1989 年。

赫施：《解释的有效性》，王才勇译，生活·读书·新知三联书店，1991 年。

休谟（Hume. David）：《人性论》，商务印书馆，1992 年。

赫尔曼·哈肯：《协同学》，上海世纪出版集团、上海译文出版社，2001 年。

昂利·伯格森（Henri Bergson）：《创造进化论》，华夏出版社，2000 年。

芬格莱特（Herbert Fingarette）：《孔子：既凡而圣》，江苏人民出版社，2002 年。

迦达穆尔（Hans. Georg. Gadamer）：《真理与方法哲学诠释学的基本特征》，上海译文出版社，2004 年。

I

伊曼努尔·康德（Immanuel Kant）：《道德形而上学原理》，上海人民出版社，1986 年。

伊利亚·普里高津（Ilya Prigogine）：《结构、耗散和生命》，商务印书馆。

J

让－皮埃尔·韦尔南（Jean-Pierre Vernant）：《神话与政治之间》，生活·读书·新知三联书店，2001 年。

J. 梅西（J. Missy）：《文学的故事》，中国档案出版社，2001 年。

珍妮·古多尔（Jane van Lawick-Goodall）：《人类的近亲》。

John F. MaCarthur：The Second Coming, Crossway Books, Wheaton Illinois, 1999.

费正清与麦克法夸尔（John King Fairbank \ Roderick MacFarquhar）：《剑桥中华人民共和国史》，上海人民出版社，1992 年。

石约翰（Jolhn. E. Schrecker）：《中国革命的历史透视》，东方出版中心，1998 年。

Jacques Derrida：《论文字学》，上海译文出版社，2005 年。

Joseph R. Levenson：《儒教中国及其现代命运》，中国社会科学出版社，2000 年。

K

卡尔·亚斯贝尔斯：《历史的起源与目标》，华夏出版社，1989 年。

卡尔·曼海姆（Karl. Mannheim）：《意识形态与乌托邦》，九州出版社，2007 年。

肯·宾默尔（ken. Binmore）：《博弈论与社会契约》，上海财经大学出版社，2003 年。

K. R. 波普（Karl raimund popper）：《开放社会及其敌人》，1999 年。

Kripke，Saul Aaron：《命名与必然性》，上海译文出版社，1988 年。

L

伊·拉卡托斯（Lakatos，Imre）：《科学研究纲领方法论》，上海译文出版社，1986 年。

列维－布留尔（Lvy-Bruhl, Lucien）：《原始思维》，商务印书馆，1985 年。

列夫·舍斯托夫（Lev Shestov）：《雅典与耶路撒冷》，云南人民出版社，1999 年。

路德维希·冯·贝塔兰菲（L. von. Bertalanffy）：《一般系统论》，社会科学文献出版社，1987 年。

列夫·舍斯托夫（Lev Shestov）：《在约伯的天平上》，生活·读书·新知三联书店，1989 年。

M

Michel Foucault：《权力的眼睛》，上海人民出版社，1997 年。

N

N. 维纳（N. Wiener）：《控制论》：科学出版社，1985 年。

P

保罗·利科（Paul Ricoeur）：《活的隐喻》，上海译文出版社，2004 年。

Paul Tillich：《存在的勇气》，贵州人民出版社，1998 年。

R

罗伯特·诺齐克（Robert. Nozick）：《无政府国家和乌托邦》，中国社会科学出版社，1991 年。

笛卡儿（Rene. Descartes）:《第一哲学沉思录》，商务印书馆，1998 年。

罗伯特·霍夫斯塔特（Robert. Hofstadter）:《GEB———一条永恒的金带》，四川人民出版社，1983 年。

Ruth Benedict:《文化模式》，华夏出版社，1987 年。

S

E. F. 舒马赫（Schumacher, E. F）:《小的是美好的》，商务印书馆，1984 年。

西格蒙德·弗洛伊德（Sigmund Freud）:《弗洛伊德文集》，长春出版社，1998 年。

T

托马斯·库恩（Thomas. S. Kuhn） 《科学革命的结构》，北京大学出版社，2003 年。

托马斯·摩尔（Thomas. More）:《乌托邦》，商务印书馆，1982 年。

托马斯·阿奎那（Thomas. Aquinas）: 《阿奎那政治论文集》，商务印书馆，1982 年。

W

魏斐德（Wakeman. Frederic）:《历史与意志》，贵州人民出版社，1994 年。

魏斐德（Wakeman. Frederic）:《满清外来政权如何君临中国》，页时英出版社（台北），2003 年。

W. B. 坎农（Cannon. Walter. Braford）:《躯体的智慧》，商务印书馆，1982 年。

卫理贤（R. Wilhelm）:《中国心灵》，国际文化出版公司，1998 年。

W. R. 艾什比（W. Ross. Ashby）:《控制论导论》，科学出版社，1956 年。

策划编辑:张文勇
责任编辑:何　奎
装帧设计:肖　辉

图书在版编目(CIP)数据

儒家的当代阐释/季国清著. −北京:人民出版社,2010.1
(学术中国丛书汪传生、高云球主编)
ISBN 978 − 7 − 01 − 008636 − 1

Ⅰ. 儒… 　Ⅱ. 季… 　Ⅲ. 儒家-研究 　Ⅳ. B222. 05

中国版本图书馆 CIP 数据核字(2010)第 009134 号

儒家的当代阐释
RUJIA DE DANGDAI CHANSHI

季国清　著

人 民 出 版 社 出版发行
(100706　北京朝阳门内大街 166 号)

北京龙之冉印务有限公司印刷　新华书店经销

2010 年 1 月第 1 版　2010 年 1 月北京第 1 次印刷
开本:700 毫米 ×1000 毫米 1/16　印张:20. 5
字数:310 千字　印数:0,001 − 3,000 册

ISBN 978 − 7 − 01 − 008636 − 1　定价:36. 00 元

邮购地址 100706　北京朝阳门内大街 166 号
人民东方图书销售中心　电话 (010)65250042　65289539